Contabilidade Governamental

O GEN | Grupo Editorial Nacional – maior plataforma editorial brasileira no segmento científico, técnico e profissional – publica conteúdos nas áreas de ciências sociais aplicadas, exatas, humanas, jurídicas e da saúde, além de prover serviços direcionados à educação continuada e à preparação para concursos.

As editoras que integram o GEN, das mais respeitadas no mercado editorial, construíram catálogos inigualáveis, com obras decisivas para a formação acadêmica e o aperfeiçoamento de várias gerações de profissionais e estudantes, tendo se tornado sinônimo de qualidade e seriedade.

A missão do GEN e dos núcleos de conteúdo que o compõem é prover a melhor informação científica e distribuí-la de maneira flexível e conveniente, a preços justos, gerando benefícios e servindo a autores, docentes, livreiros, funcionários, colaboradores e acionistas.

Nosso comportamento ético incondicional e nossa responsabilidade social e ambiental são reforçados pela natureza educacional de nossa atividade e dão sustentabilidade ao crescimento contínuo e à rentabilidade do grupo.

Lino Martins da Silva

Contabilidade Governamental

Um Enfoque Administrativo da nova Contabilidade Pública

9ª Edição

O autor e a editora empenharam-se para citar adequadamente e dar o devido crédito a todos os detentores dos direitos autorais de qualquer material utilizado neste livro, dispondo-se a possíveis acertos caso, inadvertidamente, a identificação de algum deles tenha sido omitida.

Não é responsabilidade da editora nem do autor a ocorrência de eventuais perdas ou danos a pessoas ou bens que tenham origem no uso desta publicação.

Apesar dos melhores esforços do autor, do editor e dos revisores, é inevitável que surjam erros no texto. Assim, são bem-vindas as comunicações de usuários sobre correções ou sugestões referentes ao conteúdo ou ao nível pedagógico que auxiliem o aprimoramento de edições futuras. Os comentários dos leitores podem ser encaminhados à **Editora Atlas Ltda.** pelo e-mail editorialcsa@grupogen.com.br.

Direitos exclusivos para a língua portuguesa
Copyright © 1988 by
Editora Atlas Ltda.
Uma editora integrante do GEN | Grupo Editorial Nacional

Reservados todos os direitos. É proibida a duplicação ou reprodução deste volume, no todo ou em parte, sob quaisquer formas ou por quaisquer meios (eletrônico, mecânico, gravação, fotocópia, distribuição na internet ou outros), sem permissão expressa da editora.

Rua Conselheiro Nébias, 1384
Campos Elísios, São Paulo, SP – CEP 01203-904
Tels.: 21-3543-0770/11-5080-0770
editorialcsa@grupogen.com.br
www.grupogen.com.br

Editoração Eletrônica: Set-up Time Artes Gráficas
Capa: Nilton Masoni
Imagem da capa: iStockphoto | wsfurlan

Capa: Aldo Catelli

Composição: Lino-Jato Editoração Gráfica

DADOS INTERNACIONAIS DE CATALOGAÇÃO NA PUBLICAÇÃO (CIP)
(CÂMARA BRASILEIRA DO LIVRO, SP, BRASIL)

Silva, Lino Martins da
   Contabilidade governamental : um enfoque administrativo da nova contabilidade pública / Lino Martins da Silva. – 9. ed. – [5. Reimpr.] – São Paulo: Atlas, 2018.

   ISBN 978-85-224-6163-9

   1. Contabilidade pública 2. Contabilidade pública – Brasil I. Título.

CDD-657.835
-657.83500981

91-0608

Índices para catálogo sistemático:

1. Brasil : Contabilidade governamental 657.83500981
2. Contabilidade governamental 657.835

A Heloisa, Adriana e Lino Junior peço desculpas pelas horas subtraídas ao convívio familiar.

"O Estado, em matéria de finanças, está em uma posição diferente de qualquer cidadão; ele é capaz de controlar o dinheiro, em vez de ser controlado por ele."

(Lord Beveridge)

Há duas maneiras de reduzir despesas. A maneira inteligente... ir a cada ministério e estudar cada programa. E há a maneira estúpida: anunciar o montante dos cortes orçamentários e obrigar cada ministério a fazer os correspondentes cortes. Eu sou a favor da maneira estúpida.
Michael Belanger, Presidente do Banco Nacional de Québec, 7-5-92

Não podemos continuar a pagar cada vez mais pela nossa Administração Pública e a receber cada vez menos. A resposta para todos os problemas não pode ser sempre outro programa ou mais dinheiro. É tempo de mudar radicalmente o modo como a Administração Pública funciona – passando da burocracia hierarquizada para uma Administração Pública empreendedora que devolva poderes ao cidadão e às comunidades para mudar o nosso país de alto a baixo. Temos que recompensar as pessoas e as ideias que dão resultado e pôr de lado as que não funcionam.
Bill Clinton e Al Gore, Putting People First, New York, Times Books, 1992, p. 23-24.

Sumário

Apresentação da 9ª edição, xiii

1 A contabilidade pública e o campo de sua aplicação, 1
1.1 Iniciação ao estudo do Estado, 1
    1.1.1 Formação e funções básicas do Estado, 1
    1.1.2 Meios para manutenção do Estado, 3
1.2 Características e delimitação do setor público, 6
    1.2.1 Introdução, 6
    1.2.2 Fazenda Pública, 9
    1.2.3 Principais usuários das informações contábeis do setor público, 12
    1.2.4 Estrutura da Administração Pública, 17
        1.2.4.1 Classificação das funções, 17
        1.2.4.2 Classificação dos órgãos da administração, 26
    1.2.5 Estrutura do órgão de controle contábil, 32
    1.2.6 Ciclo da gestão da Fazenda Pública, 36
        1.2.6.1 Introdução, 36
        1.2.6.2 Atividade financeira do Estado, 41
1.3 Principais características da contabilidade pública, 43
    1.3.1 Definição, 43
    1.3.2 Princípios de contabilidade sob a perspectiva do setor público, 52
    1.3.3 Classificações da Contabilidade Pública, 61
    1.3.4 Planejamento de Contabilidade Pública, 65
    1.3.5 A contabilidade pública como sistema de informações, 70

1.4 Sistema contábil no setor público, 81
    1.4.1 Introdução, 81
    1.4.2 Apuração do resultado no setor público, 88
        1.4.2.1 Estudo dos critérios de contabilização, 88
        1.4.2.2 Resultado financeiro, 91
        1.4.2.3 Reconhecimento de receitas e despesas, 91
        1.4.2.4 Perspectivas futuras no reconhecimento dos resultados, 97
    1.4.3 Plano de contas, 98
        1.4.3.1 Introdução, 98
        1.4.3.2 Estrutura do plano de contas para o setor público, 102
        1.4.3.3 Modelo de plano de contas, 112

Exercícios, 116

Bibliografia, 119

2 Patrimônio na administração pública, 121

2.1 Conceito, 121

2.2 Patrimônio sob o aspecto qualitativo, 122
    2.2.1 Introdução, 122
    2.2.2 Substância patrimonial, 124
    2.2.3 Contrassubstância patrimonial, 130

2.3 Patrimônio sob o aspecto quantitativo, 132
    2.3.1 Introdução, 132
    2.3.2 Avaliação dos componentes patrimoniais, 133

2.4 Depreciação, amortização e exaustão, 140
    2.4.1 Introdução, 140
    2.4.2 Métodos de cálculo da depreciação, 142
    2.4.3 Contabilização da depreciação, 152

Exercícios, 152

Bibliografia, 154

3 Inventário na administração pública, 155

3.1 Conceitos, 155

3.2 Princípios do inventário, 156

3.3 Inventário dos bens patrimoniais: móveis e imóveis, 157
    3.3.1 Aspectos gerais, 157
    3.3.2 Controle dos bens patrimoniais, 160

3.4 Inventário dos bens em almoxarifado, 162

Exercícios, 169

Bibliografia, 170

4 Orçamento público, 172

- 4.1 Introdução, 172
- 4.2 O orçamento nas constituições brasileiras, 174
- 4.3 Sistema de Planejamento, 178
- 4.4 Características do orçamento, 188
    - 4.4.1 Tipos de orçamento, 188
    - 4.4.2 Princípios orçamentários, 189
    - 4.4.3 Aspectos do orçamento, 202
- 4.5 Orçamento base zero ou por estratégia, 206
    - 4.5.1 Introdução, 206
    - 4.5.2 Aplicação do orçamento por estratégia na área governamental, 209
- 4.6 Recursos para execução dos programas, 211
    - 4.6.1 Exercício financeiro, 211
    - 4.6.2 Créditos orçamentários e adicionais, 212
    - 4.6.3 Vigência dos créditos adicionais, 218
    - 4.6.4 Remanejamentos, transposições e transferências, 219
    - 4.6.5 Endividamento e operações de crédito, 220
    - 4.6.6 Reserva de contingência e passivos contingentes, 222
- 4.7 Execução do orçamento, 222
    - 4.7.1 Programação financeira de desembolso, 222
    - 4.7.2 Ciclo orçamentário, 225
- 4.8 Receitas públicas, 227
    - 4.8.1 Definição, 227
    - 4.8.2 Classificação das receitas, 229
    - 4.8.3 Classificação legal da receita orçamentária, 230
    - 4.8.4 Estágios ou etapas da receita orçamentária, 236
    - 4.8.5 Reconhecimento da receita orçamentária, 242
    - 4.8.6 Contabilização da receita orçamentária, 243
- 4.9 Despesas públicas, 247
    - 4.9.1 Definição, 247
    - 4.9.2 Classificação das despesas, 250
    - 4.9.3 Classificação legal da despesa orçamentária, 253
    - 4.9.4 Estágios ou etapas da despesa orçamentária, 267
    - 4.9.5 Reconhecimento da despesa orçamentária, 277
    - 4.9.6 Contabilização da despesa orçamentária, 278
- *Exercícios*, 283
- *Bibliografia*, 287

5 Escrituração na administração pública, 289

- 5.1 Introdução, 289
- 5.2 Normas de escrituração, 289

5.2.1 Objetivos, 289
5.2.2 Classificação contábil, 290
5.2.3 Livros e registros, 291
5.3 Duas aplicações práticas: modelo tradicional × modelo patrimonialista, 300
5.3.1 Introdução, 300
5.3.2 Sistemática com a influência do subsistema orçamentário sobre os subsistemas financeiro e patrimonial, 300
5.3.3 Sistemática com enfoque no patrimônio utilizando como insumos o sistema orçamentário, financeiro, patrimonial e de custos, 310
5.4 Registro de operações típicas com foco no patrimônio, 318
5.4.1 Introdução, 318
5.4.2 Balanço Patrimonial Inicial, 318
5.4.3 Operações durante o exercício, 319
5.4.4 Razonetes, 325
5.4.5 Levantamento do Balancete de verificação, 332
5.5 Demonstrações contábeis básicas, 334
5.5.1 Introdução, 334
5.5.2 Balanço patrimonial, 337
5.5.3 Demonstração das variações patrimoniais, 338
5.5.4 Balanço orçamentário, 341
5.5.5 Balanço financeiro, 343
5.5.6 Demonstração dos Fluxos de Caixa, 345
Exercícios, 346
Bibliografia, 349

6 A nova contabilidade pública, 350
6.1 Transparência e evidenciação no âmbito governamental, 350
6.2 Demonstração do resultado econômico, 357
6.3 Convergência para as normas internacionais aplicadas ao setor público, 363
6.3.1 Preliminares da convergência, 363
6.3.2 Modelo das demonstrações contábeis constantes das Normas Internacionais do IFAC, 366
Bibliografia, 376

Apresentação da 9ª Edição

O ensino da Contabilidade Pública, ao longo dos anos, tem sido restrito a questões orçamentárias e fiscais, ficando o estudo do patrimônio público limitado a breve resumo de contas e lançamentos com o singelo objetivo de conhecer tão somente a previsão e execução orçamentária da receita e da despesa e a produção, ao final do exercício, de relatórios que permitam a prestação de contas dos administradores.

Entretanto, com a divulgação, pelo Conselho Federal de Contabilidade, das diretrizes estratégicas para a Contabilidade Governamental, foi iniciado movimento que pode ser denominado de "a nova Contabilidade Pública" tendo em vista a perspectiva modernizadora e estimuladora que se instalou com o objetivo de trazer para a administração dos negócios públicos as boas práticas de governança. Tais práticas cujas fontes são o cenário das normas internacionais de contabilidade aplicadas ao setor público (IPSAS), editadas pela Federação Internacional de Contadores (IFAC), e, principalmente, as experiências acumuladas a partir das discussões iniciadas no Brasil com a proclamação da República (1889), levaram à edição do Código de Contabilidade Pública (1922), posteriormente aperfeiçoado pela Lei Federal 4.320/64 e pelo Decreto-lei 200/67.

Com base nas diretrizes estratégicas e após a ampla divulgação e debate foram aprovadas as Normas Brasileiras de Contabilidade Aplicadas ao Setor Público (NBCASP) dando início a uma verdadeira revolução na Contabilidade Governamental brasileira, cuja ênfase passou a ser o patrimônio como objeto de estudo da contabilidade enquanto ciência. Nesse sentido, o orçamento deixa de ser o protagonista da história da administração pública para se tornar um coadjuvante importante que trata do fluxo de caixa do Governo com base em autorização legislativa para arrecadar receitas e realizar despesas.

Sem dúvida a mudança é grande e os profissionais de Contabilidade do serviço público terão que ficar preparados para essa ampliação do seu campo de atuação. Todos os fatos administrativos serão examinados e registrados não porque têm origem no orçamento, mas sim porque produzem alterações em algum elemento do ativo, passivo e patrimônio líquido.

Os Contadores que ainda creem ser o orçamento o único *input* da Contabilidade e que as variações patrimoniais devem refletir o que foi "resultante da execução orçamentária" precisarão ler muitas vezes os artigos da Lei 4.320/64 a partir do número 83, que trata do processo de evidenciação dos elementos patrimoniais.

Trata-se, portanto, de mudança radical que será vitoriosa na medida em que todos os Contadores do setor público passem a registrar em primeiro lugar as movimentações do patrimônio e posteriormente os reflexos de tal registro no sistema orçamentário, pois somente a Contabilidade evidencia de modo integral a riqueza patrimonial segundo o princípio da competência, vez que o orçamento está intimamente ligado ao regime de caixa, para não falar do obscurantismo a que pode estar submetido por força das relações institucionais entre o Poder Executivo e o Poder Legislativo. Rui Barbosa[1] tratou do tema orçamento e emitiu em determinada época a seguinte opinião:

> "[...] os orçamentos são escandalosas mentiras, que escondem sob o nome de "receita" os empréstimos que a nossa pobreza nos obriga a contrair, e dissimulam com a expressão de saldos os déficits tenebrosos que assoberbam as nossas finanças".

O propósito desta 9ª edição é apresentar a alunos e estudiosos as principais reflexões teóricas e os desafios a que os Profissionais de Contabilidade estarão submetidos nos próximos anos em relação à teoria do conhecimento contábil cujos estudos têm indicado as seguintes orientações ao longo do tempo:

a) De orientação meramente jurídica em que o Balanço é uma demonstração de direitos e obrigações de essência eminentemente jurídica.

b) De orientação instrumental em que o Balanço é uma recapitulação de contas, síntese final da Contabilidade.

c) De orientação econômica em que o Balanço tem o objetivo de evidenciar a real e verdadeira situação do patrimônio da entidade sem menosprezar as questões anteriores.

Num retrospecto histórico é possível identificar uma preferência pelos registros orçamentários, sempre voltados para períodos de curto prazo, com forte

---

[1] Discursos e conferências: Porto: Emp. Literária e Topografia, 1907, p. 13.

ligação com a exposição política dos agentes e sua prestação individual de contas em detrimento dos registros referentes à dinâmica do patrimônio.

Neste aspecto, a Contabilidade Orçamentária, portanto, tem relação direta com as pessoas e objetiva muito mais a sua responsabilização política; enquanto a Contabilidade Patrimonial tem relação com a Entidade e, sem descuidar da responsabilização das pessoas, permite o acompanhamento evolutivo e preditivo do patrimônio, possibilitando a análise da repercussão futura dos atos e fatos praticados pelos administradores.

Com tais diretrizes foi confirmado o relevante papel da Contabilidade como ciência social que aplica, no processo gerador de informações, os princípios, as normas e as técnicas contábeis direcionados à evidenciação das mutações do patrimônio das entidades, oferecendo aos usuários informações sobre os atos praticados pelos gestores públicos, os resultados alcançados e o diagnóstico detalhado da situação orçamentária, econômica, financeira e física do patrimônio da entidade.

Assim, o conteúdo desta nova edição tem por base a Contabilidade Governamental sob o enfoque administrativo da nova Contabilidade Pública e reflete as alterações que vêm sendo produzidas com o objetivo de implementar as Normas Brasileiras de Contabilidade Aplicadas ao Setor Público (NBC T SP) editadas pelo CFC a partir das conclusões do Grupo de Estudos de Contabilidade Pública, bem como o novo Plano de Contas elaborado pela Coordenação de Contabilidade do Ministério da Fazenda.

O livro está estruturado em seis capítulos assim distribuídos:

O Capítulo 1 trata da Contabilidade Pública e o campo de sua aplicação apontando os aspectos mais relevantes do estudo do Estado, as características e delimitações do setor público além das principais características da contabilidade pública e do sistema contábil público.

Os Capítulos 2 e 3 tratam, respectivamente, do patrimônio e do inventário na administração pública, apresentando questões de avaliação desses componentes. No aspecto relativo ao patrimônio é incluída questão polêmica sobre a incorporação dos ativos denominados de bens de uso comum merecendo destaque a questão relativa à depreciação dos bens patrimoniais como uma característica das contabilidades voltadas para as informações preditivas e de custos dos serviços prestados, que estão muito além do típico raciocínio orçamentário.

No Capítulo 4, são objeto de exame as fases de gestão e execução do orçamento, descrevendo seu tratamento e analisando cada uma das etapas tanto da Receita Orçamentária como da Despesa Orçamentária. Por outro lado, ainda que o orçamento seja efetivamente um elemento importante da gestão pública o livro revela, em consonância com a nova contabilidade, a existência de operações de diversas índoles não consideradas, seja na previsão seja na execução do orçamento e que também são objeto de estudo na contabilidade governamental.

O Capítulo 5 é dedicado especificamente à escrituração na administração pública mostrando o modelo tradicional com forte influência do sistema orçamentário sobre o sistema financeiro e patrimonial e o modelo patrimonialista com enfoque no patrimônio, mas utilizando como insumos os subsistemas orçamentários, financeiro, patrimonial e de custos. Tal enfoque serve para mostrar que os resultados, na nova contabilidade, são exatamente idênticos, mas agora acrescidos de informações do movimento patrimonial, antes esquecidas, como é o caso de valores tributários a receber, de depreciações e de provisões para passivos que no curso do exercício sejam reconhecidos.

Finalmente, no Capítulo 6 é realizada uma análise das novas premissas da Contabilidade Pública partindo da diferença entre transparência e evidenciação no âmbito governamental, da demonstração do resultado econômico e da apresentação das preliminares para a convergência para as normas internacionais aplicadas ao setor público.

Este livro, portanto, deve ser encarado como um desagravo em relação à Contabilidade como ciência do estudo do patrimônio, a partir da constatação de que os relatórios produzidos pela contabilidade governamental sempre foram, ao longo dos anos, muito mais direcionados para órgãos internos da própria administração cuja ênfase maior é a legalidade dos atos e não a evidenciação do patrimônio.

Constitui um desagravo e um *mea culpa* trazendo para discussão acadêmica uma nova agenda voltada para o rompimento do paradigma da aderência do fato contábil à sua conformidade, apenas, com a lei orçamentária, pois a importância da evidenciação está exatamente no registro dos fatos, segundo sua ocorrência econômica ou de custos sobre o patrimônio público.

Para isso é preciso que a Contabilidade Governamental seja mais que uma simples coletora de dados e fornecedora de informações, pois a administração, à medida que utiliza seus instrumentos, torna-a mais útil e significativa, obrigando os profissionais a renovarem seus métodos de trabalho para que o processo de tomada de decisões seja eficiente e eficaz.

Os profissionais, pesquisadores e professores de Contabilidade Governamental têm consciência da importância da missão que assumem no mundo moderno e globalizado e conhecem os múltiplos problemas contábeis, econômicos e financeiros que devem resolver. Para que obtenham êxito nessa missão devem lutar pelo controle, como atividade permanente dos entes públicos, como função de Estado e não de Governo, e trabalhar para implantação definitiva de um sistema de informações gerenciais que atenda às necessidades dos entes do próprio Estado e, principalmente, dos usuários externos nominados no texto da obra.

Com esta 9ª edição esperamos contribuir para divulgar a ciência contábil no âmbito de estudantes, professores e pesquisadores e estaremos plenamente recompensados se os profissionais da área conseguirem aplicar os conceitos aqui estudados verificando, de modo independente, o grau de adesão dos agentes públicos ou políticos às ações do Governo detalhadas nos instrumentos de planejamento emanados do Poder Legislativo e gerando informações que viabilizem o conhecimento integral do patrimônio público.

As respostas das questões discursivas estão disponíveis para *download* no *site* www.EditoraAtlas.com.br, para os professores adotantes cadastrados na editora. As respostas das questões objetivas estão disponíveis no mesmo *site* para o público em geral.

As críticas e sugestões serão sempre bem-vindas.

Lino Martins da Silva
Livre-Docente pela Universidade Gama Filho
Professor Voluntário do Programa de Mestrado em Contabilidade da UERJ
E-mail: smartins@uninet.com.br

1

A Contabilidade Pública e o Campo de sua Aplicação

1.1 Iniciação ao estudo do Estado

1.1.1 Formação e funções básicas do Estado

O estudo da formação do Estado se reporta ao homem individual que não consegue mais se defender sozinho e busca a outros para constituírem uma sociedade na qual conseguirá a defesa de seus bens. Em decorrência, a organização política das sociedades modernas reconhece a existência do Estado como expressão de máxima autoridade dentro de seu território. Como consequência, cabe ao Estado legislar sobre os mais variados aspectos da vida dos indivíduos, entre os quais se incluem os relativos às atividades econômicas e também o exercício do poder de polícia com o objetivo de intervir e corrigir as falhas e imperfeições do mercado.

Estudando a estrutura Constitucional do Estado, Miranda (2004, p. 13), após apresentar as concepções mais significativas sobre cada uma delas, conclui que o Estado é um caso histórico de existência política e esta, por seu turno, uma manifestação do social, qualificada ou específica, esclarecendo que "em Hobbes, pelo contrato social transfere-se o direito natural absoluto que cada um possui, constituem-se, ao mesmo tempo o Estado e a sujeição a esse príncipe ou a essa assembleia".

Neste sentido o Estado passa a ter existência a partir do momento em que o povo, consciente de sua nacionalidade, organiza-se politicamente e deve ser estudado como instrumento de organização política da comunidade, que inclui um sistema de funções disciplinadoras e coordenadas para atingir determinados objetivos.

Na concepção aristotélica, o Estado tem como finalidades básicas:

- a segurança, com o objetivo de manter a ordem política, econômica e social;
- o desenvolvimento, com o objetivo de promover o bem comum.

Estudando o Estado e o poder político, Maurice Duverger (1985, p. 423) esclarece que o estado e o poder político devem ser considerados numa perspectiva evolutiva e distingue três fases: 1ª) O Estado como instrumento de domínio de classe; 2ª) O Estado como meio de construção do socialismo; 3ª) O enfraquecimento do Estado.

Por outro lado, segundo Souza Franco (1992, p. 140), "a visão simples de um Estado homogêneo, típico do pensamento e da realidade do liberalismo, sucedeu no nosso tempo a complexidade de um conceito de atividade financeira centrada sobre o setor público".

Com tal sucessão, é preciso, cada vez mais, que os estudos dos fluxos do patrimônio incluam a análise das estruturas e das instituições que integram o Estado. Assim, ao tratar das funções básicas do Estado, é preciso incluir no temário a discussão sobre sua reforma, que tem dominado os debates desde o início da década de 80.

Abrúcio e Costa (1998), citando artigo de Donald Kettl, esclareceram em judicioso trabalho que, "independentemente do perfil ideológico dos governos, e mesmo levando em conta as diferentes respostas dadas à crise fiscal e administrativa, a reformulação do aparelho estatal tornou-se uma questão universal".

De qualquer modo, para cumprir suas finalidades, o Estado contemporâneo desempenha as seguintes funções:

- a de instituir e dinamizar uma ordem jurídica (função normativa, ordenadora ou legislativa);
- a de cumprir e fazer cumprir as normas próprias dessa ordem, resolvendo os conflitos de interesses (função disciplinadora ou jurisdicional);
- a de cumprir essa ordem, administrando os interesses coletivos, gerindo os bens públicos e atendendo às necessidades gerais (função executiva ou administrativa).

Assim, as funções do Estado podem ser representadas como na Figura 1.1.

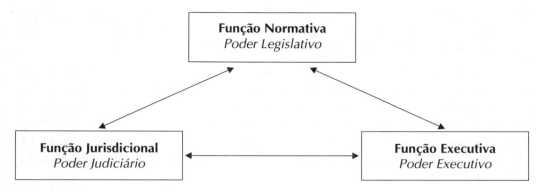

Figura 1.1 *Estrutura dos poderes do Estado segundo as funções.*

Por outro lado, em todas as funções citadas, que podem ser denominadas de funções preponderantes, existem desdobramentos específicos que traduzem a competência de cada um dos Poderes para realizar sua própria gestão administrativa, financeira, patrimonial e de controle, conforme Quadro 1.1.

Quadro 1.1 *Classificação das funções preponderantes e específicas.*

FUNÇÕES PREPONDERANTES		FUNÇÕES ESPECÍFICAS
Legislativa	Principal	Normativa
	Acessórias	Administrativa Judicativa Controle Interno
Executiva	Principal	Administrativa
	Acessórias	Normativa Judicativa Controle Interno
Judiciária	Principal	Judicativa
	Acessórias	Administrativa Normativa Controle Interno

1.1.2 Meios para manutenção do Estado

Organizado o Estado, foi necessário obter os meios indispensáveis para manter sua existência e cumprir suas múltiplas atividades, política, administrativa, econômica, financeira, sendo esta última a que se preocupa em obter, gerir e aplicar recursos necessários para fazer funcionar as instituições. As atividades do Estado estão concretizadas nos objetivos nacionais que fornecem os critérios norteadores da política financeira adotada.

O estudo dos meios para manutenção do Estado exige o conhecimento da evolução da atividade financeira pública no período que vai do final do século XIX até os dias atuais e que passaram de finanças clássicas, consideradas neutras e associadas ao conceito e ao papel do Estado liberal em que o dinheiro público não influenciava a atividade econômica, para as finanças modernas, consideradas ativas, representativas do Estado intervencionista, do Estado social e do Estado providência.

Tratando da teoria das finanças públicas, Baleeiro (1958) relata com precisão desde as teorias clássicas, segundo as quais a atividade do Estado deveria limitar-se ao estritamente necessário, como: defesa, justiça, diplomacia e obras públicas, na qual as funções públicas eram consideradas um mal necessário, até as teorias mais modernas, das finanças funcionais, do Estado intervencionista, influenciando o processo de formação e distribuição de riquezas.

No Estado moderno, as finanças públicas não são somente um meio de assegurar a cobertura para as despesas do governo, são, também, fundamentalmente, um meio de intervir na economia, de exercer pressão sobre a estrutura produtiva e de modificar as regras da distribuição da renda.

Com este instrumental, as finanças públicas, de simples provedoras de recursos, passaram a confundir-se com a nova finalidade do Estado, qual seja, a de estabelecer um equilíbrio geral das estruturas institucionais (jurídica, política, moral e religiosa), o que ultrapassa de muito o conceito clássico e restrito do equilíbrio orçamentário.

Por sua vez, a alocação dos recursos para a satisfação das necessidades pode ser observada sob duas óticas de fundamental importância nos estudos de Contabilidade aplicada ao setor público e que são:

a) A ótica política que tem relações com o processo decisório para estabelecimento das prioridades, mas que deve estar em consonância com os limites e normas Constitucionais condizentes com a separação dos Poderes, bem como com o processo legislativo, em especial o que se refere aos instrumentos de planejamento e orçamento.

b) A ótica técnica que, a partir da ótica política, estabelece restrições ao poder discricionário e determina a aplicação permanente de critérios de economia, eficiência, eficácia e avaliação e acompanhamento do planejamento, execução e controles.

É neste ambiente que a Contabilidade estuda os movimentos patrimoniais provocados pela atividade financeira do Estado, compreendendo o estudo da receita, da despesa, do orçamento e do crédito público, bem como de todos os demais reflexos decorrentes da ação dos administradores que tenham impacto sobre a *massa patrimonial*. Além disso a Contabilidade Pública, ainda, estuda e analisa os diversos aspectos que consubstanciam formas de atuação do Ente público na prestação de serviços indispensáveis à satisfação das necessidades do cidadão.

Para atingir a plena satisfação das necessidades da população, a administração pública é dividida, segundo as atividades que exerce, em:

- atividades-meio, que envolvem o próprio papel do Estado e sua estrutura para atender às necessidades da população;
- atividades-fim, que estão voltadas para o efetivo atendimento das demandas da população.

Tanto as atividades-meio como as atividades-fim podem ser divididas de acordo com a área de atuação em: (1) atividades estratégicas e políticas e (2) atividades administrativas e de apoio.

O Quadro 1.2 mostra essa divisão:

Quadro 1.2 *Atividades-fim e atividades-meio*.

	POLÍTICAS E ESTRATÉGICAS	
• Justiça • Segurança Pública • Defesa Nacional etc.		• Planejamento • Orçamento • Recursos Humanos • Controle Interno Integrado
ATIVIDADES-FIM		**ATIVIDADES-MEIO**
• Educação • Saúde – Saneamento • Transporte • Urbanismo • Agricultura • Gestão Ambiental etc.	ADMINISTRATIVAS E DE APOIO	• Material e Patrimônio • Documentação • Serviços Gerais • Controle Interno de cada Poder

1.2 Características e delimitação do setor público

1.2.1 Introdução

Não obstante todo desenvolvimento das normas de natureza financeira tendentes a facilitar a administração dos bens públicos, isso foi obstaculizado pelo predomínio e pela prática das teorias absolutistas do poder.

Nas sociedades antigas, o patrimônio público era considerado propriedade exclusiva de quem detinha o poder político e, por conseguinte, o príncipe podia dispor livremente dos bens da comunidade que se confundiam com seus próprios bens. Não existia orçamento público, já que não havia limites para gastar e as contribuições dos súditos eram determinadas pela vontade soberana do príncipe.

As poucas normas de controle que foram adotadas nas sociedades antigas, como Egito, Grécia e Roma obedeciam tão somente ao interesse do monarca e objetivavam muito mais assegurar a fidelidade dos administradores do que o controle das mutações ocorridas no patrimônio público.

O estudo das instituições antigas revela a inexistência de uma Contabilidade Pública organizada de forma sistemática, pois padecia de vários males, entre os quais cabe destacar:

- inexistência do aspecto preventivo (controle parlamentar através do orçamento);
- organização contábil rudimentar;
- controle ineficaz.

É fora de dúvida que a contabilidade teve grande avanço à medida que floresceram as formas democráticas de organização política e estas estão na razão direta da utilização do orçamento como meio de controle financeiro exercido pela população, através de seus representantes legitimamente eleitos.

Podemos afirmar, portanto, que a contabilidade aplicada ao setor público está intimamente ligada com o regime democrático adotado nos Estados modernos, pois, quando o poder se exerce em nome do povo, todos os aspectos da contabilidade encontram ambiente propício para suas elaborações teóricas e para suas aplicações práticas. Assim, todo avanço da autocracia e do despotismo implica um retrocesso da contabilidade como integrante do sistema de informações do Governo.

Os estudos de Floriani (1998) mostram que após exercer um papel estratégico no desenvolvimento econômico no período, que abrange dos anos 30 aos anos 70 do século passado, o Estado mergulhou numa crise durante os anos 80. Esta crise se traduz por três tipos de problemas: primeiro, a crise fiscal, que ocasionou de uma só vez a perda da margem de manobra econômica do Estado e um aumento da dívida pública, associada às taxas inflacionárias elevadas, ao déficit interno crônico e a uma relativa estagnação do crescimento econômico; em seguida, por excesso de regulamentação econômica e de abuso de subsídios, o Estado tornou suas intervenções cada vez menos eficazes; finalmente, o sentimento generalizado de que os serviços públicos são administrados de maneira burocrática, ineficaz e rígida.

Tem sido recorrente a ideia de que, no início do século XXI, o papel do Estado-nação foi posto em causa a partir das ideias de globalização que incluem a internacionalização dos objetivos e das políticas públicas anteriormente exercidas com exclusividade pelo Estado. Por sua vez, o desenvolvimento de novas tecnologias da informação e de comunicação contribuiu para a transição da sociedade industrial em direção a uma nova sociedade exposta a uma mobilidade global dos fatores de produção, decisivos no século XX, que são a informação e o conhecimento (Messner, 1999). Conjugados, estes fenômenos desencadearam na sociedade transformações no poder do Estado, em termos de funções, arranjos institucionais, base social, soberania, autonomia e legitimidade política (Gómes, 2000).

Para alguns estudiosos, como Bresser-Pereira e Pacheco (2005) e Matias-Pereira (2008), o Estado brasileiro viveu inúmeras tentativas de reformas e modernização. Entretanto, de modo geral podem ser destacados dois padrões de reforma: (a) a fragmentação institucional e (b) a separação entre a formulação e a implementação política. Este modelo evoluiu a partir da década de 30 com a criação do Departamento Administrativo do Serviço Público (DASP), dando início à administração burocrática até 1990, quando foram introduzidos na administração pública conceitos gerenciais, prevalecendo a ideia de governança, participação social, *accountability* e controle social (MATIAS-PEREIRA, 2008).

As tentativas de mudança de um estado burocrático para um estado gerencial tiveram alguns marcos históricos, tais como o Plano Diretor de Reforma do Aparelho do Estado de 1995, a Emenda Constitucional nº 19 de 1998, o *New Public Management*, o *Progressive Era*, todos alicerçados no modelo neodesenvolvimentista, traduzido pela ruptura em relação ao tradicional paradigma do Estado-Administrador, seu direcionamento para o usuário do serviço, cidadão-cliente e para o resultado, tendo como objetivo o enfoque social. A favor de tal ruptura foram invocados fundamentos muito variados: a necessidade de cumprir, de forma adequada à nossa era, imperativos constitucionais como o da igualdade, a acumulação de fracassos do modelo patrimonialista e burocrático e as vantagens práticas decorrentes da opção por uma atuação libertadora de energias e sinergias criativas. Porém, no Brasil, estas tentativas resultaram em um modelo híbrido que apresenta em alguns momentos o viés burocrático e em outros o gerencial.

O paradigma da administração pública gerencial centra-se na clara distinção da obsessão antiestatista e privatizadora que marcou os anos 80. As concepções que, hoje em dia, transpõem para o setor público, de forma mecânica, soluções testadas no mundo empresarial estão fundadas numa cultura administrativa e numa concepção do trabalho revalorizadora do fator humano, apostando numa revolução, quanto ao papel dos funcionários, e no uso de novas tecnologias (Gore, 1995).

Tudo isso tem o objetivo de revelar que no cenário globalizado os Estados contemporâneos são confrontados com uma multiplicidade complexa de exigências que provoca uma quebra da capacidade de governança, bem como a fragilização das instituições e a deslegitimação da respectiva autoridade. Neste contexto, que continua a evoluir, o principal desafio que se coloca aos Estados é descobrir novas formas de conciliar as conquistas históricas do Estado democrático, especialmente o princípio do Estado de direito (fundado em princípios, como a separação de poderes, a legalidade, a proporcionalidade, a segurança jurídica, a responsabilidade dos titulares de cargos públicos e o controle judicial), com as abordagens à modernização da administração pública concebidas a partir do chamado "modelo de mercado", voltadas sobretudo para os cidadãos enquanto clientes e para a economia.

Essa complexidade do Estado levou Fukuyama (2005) a prever o "fim da história" com a ascensão da democracia liberal e do capitalismo global para, em seguida, tratar, paradoxalmente, da sua construção na tentativa de vencer o grande desafio de lidar com Estados fracassados ou em processo de fracasso. E concluiu pela necessidade de um Estado menor, porém mais forte, esclarecendo no capítulo final de sua obra:

> "No século XX, muitos Estados eram demasiado poderosos: tiranizavam populações e cometiam agressões contra seus vizinhos. Aqueles que não eram ditaduras impediam o crescimento econômico e acumulavam uma variedade de disfunções e ineficiências devido ao excessivo escopo do Estado. Portanto, surgiu a tendência de reduzir o porte de setores estatais e entregar ao mercado ou à sociedade civil as funções que haviam sido erradamente apropriadas. Ao mesmo tempo, o crescimento da economia global tende a erodir a autonomia de Estados-nação soberanos aumentando a mobilidade de informações, de capitais e, em menor extensão, da mão de obra."

Esses problemas não devem ser enfrentados isoladamente, mas inserir-se no âmbito mais vasto de todas as atividades da organização destinadas a melhorar cada vez mais a eficiência de todo o conjunto da administração pública e, em particular, a ajudar a direção nas suas funções de "proceder a opções", coordenar, programar e controlar.

Neste contexto aparece a ênfase à Contabilidade Governamental que preferimos adotar no lugar da tradicional Contabilidade Pública conforme estabelecem as Normas Brasileiras de Contabilidade Aplicadas ao setor público, por entendermos que a primeira é mais abrangente e envolve o enfoque administrativo como pressuposto para o conhecimento do negócio, enquanto a segunda restringe-se ao estudo dos componentes do patrimônio.

Estamos assistindo nos últimos anos a um esforço no sentido da modernização e normatização dos modelos de gestão pública implantados nos distintos países, a partir da Constituição Federal, que, nos artigos 70 e 74, refere nominalmente a necessidade de um sistema de controle interno capaz de permitir a avaliação a economicidade, eficiência e eficácia.

Nesse sentido, as administrações públicas dos diferentes países iniciaram no final dos anos 80 movimentos para repensar o modelo de gestão tradicional, caracterizado pela centralização dos recursos, a orçamentação sobre objetivos e programas pouco definidos e um entorno de gestão pouco estimulante para os funcionários e insatisfatório para os políticos.

A denominação *Contabilidade Governamental* advém do fato de que nos últimos anos o estudo de contabilidade aplicada a qualquer atividade implica no estudo e análise das operações correspondentes com o objetivo da validação de sua pertinência. Portanto, o sentido gerencial é mais abrangente e impõe a denominação *Contabilidade Governamental*, enquanto o estudo específico da evidenciação patrimonial implica normativamente na adoção do termo *Contabilidade Pública*.

1.2.2 Fazenda Pública

No desempenho de suas atividades e realização de seus fins, além das atividades políticas, sociais, econômicas, administrativas, educacionais, policiais etc., o Estado precisa obter meios financeiros decorrentes, quer da exploração de seu próprio patrimônio, quer das contribuições de várias espécies efetuadas por particulares.

Uma vez obtidos os meios financeiros, cabe ao Estado aplicá-los no pagamento de pessoas e bens utilizados na criação e manutenção dos diversos serviços públicos.

Essa atividade que o Estado desenvolve para atendimento das necessidades públicas é denominada Atividade de Gestão e Administração Financeira e consiste em obter, criar, gerir e despender o dinheiro indispensável àquelas necessidades, assumidas direta ou indiretamente pelo Estado.

Portanto, a atividade financeira pode ser definida como o conjunto de princípios, normas, organismos, recursos, sistemas e procedimentos que intervêm nas operações de programação, gestão e controle necessários para arrecadar os recursos e aplicá-los em função dos objetivos e metas do Estado, de modo mais econômico, eficiente e eficaz para atendimento das necessidades coletivas.

É fora de dúvida que as unidades administrativas gestoras dos recursos são responsáveis pela programação e avaliação do orçamento e devem estar inter-relacionadas com os responsáveis pela administração do sistema tributário, assim como realizar a gestão das operações de crédito, regular a execução dos gastos e ingressos e, ainda, administrar o Tesouro Público e contabilizar com todos os níveis de detalhe as transações relativas à captação e aplicação dos recursos públicos.

Em decorrência do exposto, o exame da gestão e administração financeira de qualquer ente público evidenciará que ela desenvolve-se fundamentalmente nos seguintes campos:

- orçamento;
- administração financeira ou tesouraria;
- crédito público;
- contabilidade.

Orçamento – é considerado o ato pelo qual o Poder Legislativo prevê e autoriza aos Poderes Executivo, Judiciário e ao próprio Poder Legislativo, por certo período, as despesas destinadas ao funcionamento dos serviços públicos e aos investimentos indicados pela política econômica, assim como a arrecadação das receitas já criadas por lei. Portanto, o orçamento tem como objetivo prever as fontes dos recursos financeiros e registrá-los anualmente para o financiamento dos planos, programas e projetos, de modo a satisfazer às necessidades coletivas.

Para execução do orçamento são necessários:

- adequada decisão sobre as políticas públicas;
- clara definição da estrutura organizacional;
- atribuição das responsabilidades pela gerência dos programas e atingimento das metas estabelecidas.

No aspecto relativo à gestão e administração financeira, o orçamento deve cumprir o duplo papel de integrar a gestão e administração financeira pública na busca da economicidade, eficiência e eficácia (orçamento anual) e também de ferramenta de execução das políticas e planos a médio e curto prazo (plano plurianual).

Administração Financeira ou Tesouraria – compreende o conjunto de princípios, normas e procedimentos que intervém diretamente no processo de identificação das fontes de arrecadação, assim como das aplicações de tais recursos na liquidação dos compromissos do Estado.

Crédito público – é uma das formas pela qual o Estado financia o déficit público, ou seja, quando as despesas são maiores do que as receitas, é preciso obter ingressos que cubram a diferença. Tais ingressos são simples entradas de caixa, pois não criam novos valores positivos para o patrimônio público: a cada soma que o Ativo do Tesouro recebe a título de empréstimo, corresponde uma obrigação de longo prazo.

A gestão do crédito público deve, portanto, perseguir os seguintes objetivos:

- otimizar o aproveitamento dos recursos disponíveis;
- melhorar a capacidade de negociação do setor público;
- gerir de forma eficiente e sistemática os passivos do Estado;
- estar sempre integrado aos demais instrumentos de gestão financeira;
- controlar os compromissos com o serviço da dívida.

Contabilidade – a contabilidade opera como um sistema integrador dos registros orçamentários, econômicos, financeiros e patrimoniais, com o objetivo de evidenciar todas as movimentações do patrimônio público e identificar os responsáveis por tais movimentações com vistas à prestação de contas que todo agente público deve apresentar, pelo menos, ao final de cada exercício. Para isso devem ser aplicados os princípios de contabilidade[1] e as normas brasileiras de contabilidade aplicadas ao setor público indicadas a seguir:

NBC T SP – Normas Técnicas do Setor Público		
NBC T	**Resolução CFC**	**Conteúdo**
16.1	1.128/2008(*)	Conceituação, objeto e campo de aplicação
16.2	1.129/2008(*)	Patrimônio e Sistemas Contábeis
16.3	1.130/2008	Planejamento e seus instrumentos sob o enfoque contábil
16.4	1.131/2008	Transações no setor público
16.5	1.132/2008	Registro Contábil
16.6	1.133/2008(*)	Demonstrações Contábeis
16.7	1.134/2008	Consolidação das Demonstrações Contábeis
16.8	1.135/2008	Controle interno
16.9	1.136/2008	Depreciação, Amortização e Exaustão
16.10	1.137/2008	Avaliação e Mensuração de Ativos e Passivos em Entidades do Setor Público

(*) As normas indicadas tiveram nova redação aprovada pela Resolução CFC nº 1.268/2009.

---

[1] Resolução CFC nº 750/93, alterada pela Resolução CFC nº 1.282/2010, que dispõe sobre os princípios fundamentais (PC) e Resolução CFC nº 1.111/2008, que aprova o Apêndice II da Resolução CFC nº 750/1993 relativo à interpretação dos princípios fundamentais de contabilidade sob a perspectiva do setor público.

O patrimônio constitui o campo de aplicação da Contabilidade Pública e registra todos os fatos administrativos decorrentes da execução dos serviços públicos, tais como: previsão e arrecadação de receitas, autorização e realização de despesas e, principalmente, todos os movimentos que afetem o patrimônio público constituído pelos bens, direitos e obrigações.

A arrecadação de receitas é realizada pela administração e seu produto é aplicado nas mais variadas despesas – obras, educação, saúde, segurança, saneamento –, de modo que as receitas obtidas de cada cidadão revertam em benefício coletivo.

A Figura 1.2 mostra a integração das áreas de gestão e administração financeira:

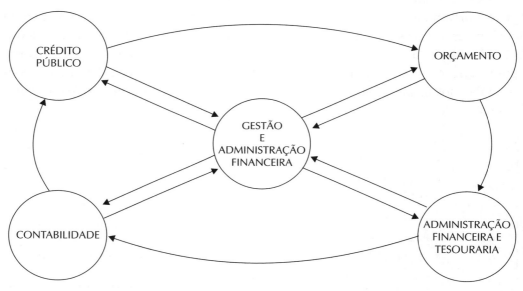

Figura 1.2 *Integração das áreas de gestão e administração financeira.*

1.2.3 Principais usuários das informações contábeis do setor público

Ao estudar o campo de aplicação da contabilidade pública, é preciso levar em conta, além das regras pragmáticas da Fazenda Pública relativas ao estudo do orçamento, administração financeira ou tesouraria e crédito público, o processo do negócio público e os grupos de interesse, como a seguir detalhado.

a) Processo de negócio público

Nesse aspecto, é preciso considerar que o modelo de negócios do setor público é basicamente diferente do modelo do setor privado em que a maioria das receitas tem relação direta com as despesas, e a apuração do resultado decorre do confronto direto entre receitas e despesas.

Na atividade empresarial, prevalece a seguinte regra estabelecida pelo *International Accounting Standards Board* (*IASB*) e aprovada conforme pronunciamento conceitual básico do Comitê de Procedimentos Contábeis (CPC)[2] ao tratar do reconhecimento das despesas:

> *"95. As despesas são reconhecidas na demonstração do resultado com base na associação direta entre elas e os correspondentes itens de receita. Esse processo, usualmente chamado de confrontação entre despesas e receitas (Regime de Competência), envolve o reconhecimento simultâneo ou combinado das receitas e despesas que resultem diretamente das mesmas transações ou outros eventos; por exemplo, os vários componentes de despesas que integram o custo das mercadorias vendidas devem ser reconhecidos na mesma data em que a receita derivada da venda das mercadorias é reconhecida. Entretanto, a aplicação do conceito de confrontação da receita e despesa de acordo com esta Estrutura Conceitual não autoriza o reconhecimento de itens no balanço patrimonial que não satisfaçam à definição de ativos ou passivos."*

Portanto, numa transação empresarial típica, a contabilidade promove o reconhecimento simultâneo do benefício (receita de vendas) e do sacrifício (custo dos bens ou serviços vendidos) pelo fornecimento do produto ou serviço e, por via de consequência, registra a diferença entre os dois como resultado.

É claro que, no setor privado, nem sempre essa relação é tão direta entre custos e receitas, mas sempre existe a possibilidade da associação a períodos específicos. Em consequência, na administração privada existem custos que beneficiam um único período, como eletricidade, água e outros serviços reconhecidos como despesas, e custos que beneficiam vários períodos (como o estoque de produtos ou o seguro pago antecipadamente), sendo por isso alocados a períodos subsequentes, como custo de mercadorias vendidas ou como despesas de seguros, respectivamente.

No que se refere às atividades do setor público, principalmente da chamada administração direta, verifica-se que, de modo geral, não há qualquer relação de confronto entre as receitas arrecadadas e os serviços específicos prestados, uma vez que a maioria das receitas do governo tem origem nos impostos arrecadados dos contribuintes que, necessariamente, não recebem serviços públicos diretamente proporcionais aos impostos que pagam. Assim, não existe relação direta de troca entre o imposto pago e o recebimento dos serviços, pois o pagamento de impostos não assegura ao contribuinte valor equivalente de serviços ou benefícios.

---

[2] <http://www.cpc.org.br/pdf/pronunciamento_conceitual.pdf> acesso em 26/9/2010.

Tal regra está inserida na Constituição Federal sob a forma de não vinculação ou não afetação da receita conforme art. 167, IV, da CF/88, que proíbe, expressamente, a vinculação de receita proveniente de impostos a determinada despesa, órgão ou fundo.

Tratando do princípio da não afetação, Torres (2004, p. 118) esclarece:

> O princípio da não afetação se restringe aos impostos, ao contrário do que ocorria no regime de 1967/69, quando abrangia todos os tributos; está permitida, portanto, a vinculação da receita de taxas a órgãos ou fundos, com o que se volta a antigas práticas financeiras, que tanto mal fizeram a administração pública.

Releva observar, porém, que o princípio da não afetação da receita admite exceções, reconhecendo a vinculação das receitas de impostos nos casos de destinação de recursos para ações e serviços de saúde, para manutenção e desenvolvimento do ensino, para realização de atividades da administração tributária, para prestação de garantias às operações de crédito por antecipação de receita e, em especial, nas hipóteses de repartições tributárias constitucionais.

No setor público, em decorrência dessa característica, a apuração dos resultados implica em duas abordagens quando do reconhecimento de receitas e despesas, a saber:

- Abordagem orçamentária em que o confronto entre receitas e despesas orçamentárias tem relação com o fluxo de caixa e é efetuado em períodos de tempo definidos tanto na Constituição como nas leis orçamentárias (princípio da anualidade) com o objetivo de apurar o déficit ou superávit nesse mesmo período.
- Abordagem contábil em que o objetivo é a evidenciação do resultado econômico mediante a utilização plena do princípio da competência para reconhecimento de receitas e despesas e avaliação dos ativos, passivos e do patrimônio líquido.

b) Grupos de interesse

Tradicionalmente a contabilidade pública tem a finalidade de elaborar a prestação de contas a partir de uma perspectiva do estrito cumprimento da legalidade e, sob este enfoque, tem como usuários quase exclusivos os próprios gestores responsáveis por sua elaboração e os órgãos de controle.

Entretanto, como marco das reformas empreendidas pelas administrações públicas, aparece como elemento essencial o amplo fornecimento de informações relativas à execução orçamentária e financeira relacionada com a transparência e a eficiência e eficácia na gestão dos recursos, aí incluídos todos os ativos a serviço das atividades de responsabilidade direta ou indireta do Estado.

A partir da constatação dessas necessidades, a contabilidade pública assume um caráter utilitário que considera como fim último da contabilidade o fornecimento de informação útil para tomada de decisões. Neste aspecto é possível vislumbrar dois tipos de usuários:

a) Usuários internos (direção, gerência etc.), que dispõem de um poder imediato ou direto no sistema informativo, por estarem integrados no ambiente organizacional;

b) Usuários externos (investidores, fornecedores etc.), com poder de decisão mediato e indireto, mas que não são parte da organização.

O *Governmental Accounting Standards Boards (GASB)*,[3] em trabalho divulgado em outubro de 1985, reconhece três tipos de usuários das informações contábeis do setor público:

- o cidadão, para quem o governo é o principal responsável pelas informações;
- os membros do Legislativo, que representam os cidadãos;
- os investidores e os credores, que emprestam recursos ou que participam no processo de financiamento.

O referido estudo não inclui os gerentes, executivos e administradores por serem os responsáveis pela elaboração dos relatórios e, embora façam uso deles, não são considerados usuários primários dos relatórios contábeis.

Sem dúvida, conhecer e estudar os tipos de usuários é uma obrigação das instituições governamentais e dos responsáveis pelo sistema contábil do governo, pois o contribuinte tem o direito de conhecer a realidade, principalmente a partir da Lei de Responsabilidade Fiscal, que estabelece a transparência como uma das premissas básicas da gestão responsável e indica instrumentos a serem utilizados com o objetivo de melhorar a interação entre o Estado e o cidadão.

O Quadro 1.3 a seguir mostra os grupos e os tipos de usuários:

---

[3] *Governmental Accounting Standars Boards (GASB). The Needs of Governmental Financial Reports*. A research report, GASB, Stamford, Connecticut, Oct. 1985.

Quadro 1.3 *Tipos de usuários*.

Tipos de usuários		Usuários
Usuários relacionados com a regulação legislativa e elaboração dos atos normativos pertinentes		Poder Judiciário Poder Legislativo Poder Executivo Dirigentes de cada entidade e seus desdobramentos técnicos e administrativos
Usuários da previdência social		Trabalhadores ativos Empresários Sindicatos Beneficiários de aposentadorias e pensões
Usuários relacionados com a prestação de contas dos governantes	Interesse no cumprimento da legalidade e utilização correta dos recursos públicos	Poder legislativo Tribunal de Contas Cidadãos em geral
	Interesse geral nas ações administrativas	Contribuintes Empresários Trabalhadores
Usuários relacionados com os aspectos econômicos e financeiros do Estado	Como financiadores	Bancos públicos Bancos privados Entidades de crédito e financiamento em geral
	Como investidores	Bancos em geral Agências de *rating* Cidadãos em geral
Usuários relacionados com o controle interno e auditoria		Dirigentes da entidade de todos os níveis. Representantes dos funcionários ou trabalhadores

Os grupos dos cidadãos estão interessados nas demonstrações contábeis com o objetivo de avaliar as condições financeiras e a probabilidade de aumento de impostos ou de taxas de serviço. Nesses grupos podem ser encontradas diversas associações de defesa do cidadão com interesse nos relatórios para exigir o aumento da aplicação em determinadas funções, como, por exemplo: educação, saúde, saneamento etc.

Aos membros do Poder Legislativo, na condição de usuário, cumpre avaliar a condição financeira global, inclusive a estrutura da dívida e os recursos disponíveis, calculando a dívida consolidada líquida. O objetivo desse grupo de usuários é monitorar o resultado nominal e o resultado primário para assegurar o cumprimento da "regra de ouro" das finanças públicas, que proíbe operações de crédito (empréstimos) com o objetivo de dar cobertura a despesas correntes. Preocupam-se, ainda, com o nível e as fontes de recursos e o nível e tipos de gasto, principalmente nas funções em que estabeleceram aplicação mínima, com Educação e Saúde.

Os investidores e credores precisam da informação sobre recursos financeiros disponíveis e preocupam-se com a avaliação das responsabilidades atuais e contingentes, bem como a posição da dívida consolidada do governo com o objetivo de identificar sua habilidade para continuar arrecadando e comprometendo recursos, principalmente em relação à continuidade de certos gastos de natureza fixa. Para isso, precisam conhecer os resultados operacionais e os dados de fluxo monetário (atual e futuro), com o objetivo de fazer análise das tendências e identificar pontos fortes e pontos fracos na geração de recursos, principalmente para amortização da dívida.

1.2.4 Estrutura da Administração Pública

1.2.4.1 Classificação das funções

As funções podem ser classificadas em duas categorias: funções quanto aos órgãos e funções quanto ao objeto:

a) Funções quanto aos órgãos

No que se refere à administração pública, as funções quanto aos órgãos variam de acordo com a organização particular de cada Estado. Entretanto, quando estudamos a gestão financeira vamos encontrar como funções fundamentais as seguintes:

- funções volitivas;
- funções diretivas;
- funções executivas.

Funções volitivas são exercidas pelo órgão volitivo ou de decisão, ou seja, por quem tem a atribuição de formar e expressar a vontade suprema da entidade.

Em face dessas funções, o órgão volitivo ocupa lugar de destaque na organização dos Estados, já que a ele compete discutir e votar a Constituição do Estado, fixar os seus fins e decidir afinal sobre o destino da entidade pública e, uma vez formado o organismo, ordenar, orientar e decidir segundo as regras estabelecidas.

No nosso regime de organização política, o órgão volitivo é representado pelo Poder Legislativo, composto na esfera Federal pelo Congresso Nacional, que é constituído pela reunião da Câmara dos Deputados e do Senado Federal.

Com o objetivo de interpretar as deliberações dos órgãos volitivos e, ainda, de verificar se os órgãos diretivos e executivos estão agindo de acordo com as decisões tomadas e exercer a vigilância para que não excedam os limites de sua autoridade, existem os órgãos do Poder Judiciário e os Tribunais de Contas, que exercem funções subsidiárias das funções volitivas.

Funções diretivas são exercidas pelos órgãos de direção que interpretam e colocam em execução as decisões adotadas pelos órgãos volitivos, completando e regulamentando o que foi decidido, bem como dirigindo e coordenando o trabalho dos órgãos de execução, vale dizer, o órgão diretivo é intermediário entre os órgãos volitivos e executivos.

As funções diretivas objetivam determinar a arrecadação das receitas e a realização das despesas em obras públicas, educação, saúde, saneamento, segurança, transportes, segundo as prioridades estabelecidas pela Lei Orçamentária.

A Constituição Federal, quando estabelece que os Poderes da União são independentes e harmônicos (art. 2º), evidencia que as funções dos órgãos diretivos são confiadas não só ao Presidente da República, como também aos titulares dos órgãos dos Poderes Legislativo e Judiciário.

O Quadro 1.4 mostra, segundo as esferas de Governo, os principais ordenadores primários e secundários.

Quadro 1.4 *Ordenadores de despesa segundo as esferas de governo.*

Esferas de Governo / Ordenadores	União	Estados	Municípios
Primários ou Natos	– Presidente do Senado – Presidente da Câmara dos Deputados – Presidentes dos Tribunais – Presidente da República – Ministros de Estado	– Presidente da Assembleia Legislativa – Presidentes dos Tribunais – Governador do Estado – Secretário de Estado	– Presidente da Câmara dos Vereadores – Presidente do Tribunal de Contas (quando houver) – Prefeito Municipal – Secretários Municipais
Secundários	– Titulares das Unidades Orçamentárias e/ou Administrativas	– Titulares das Unidades Orçamentárias e/ou Administrativas	– Titulares das Unidades Orçamentárias e/ou Administrativas

Os titulares desses órgãos, no exercício da atividade financeira, são denominados *ordenadores primários,* enquanto *ordenadores secundários* são todas as autoridades com delegação para o exercício daquela autoridade.

Os responsáveis pelos órgãos diretivos têm como característica básica o fato de serem eles que ordenam o que deve ser arrecadado, bem como o que deve ser gasto e, em razão dessas atribuições, precisam apresentar prestações de contas periódicas dos atos que praticam.

Funções executivas são referentes à realização das tarefas que visam atingir os fins da entidade; são exercidas pelos órgãos que cumprem as decisões e instruções dos órgãos volitivos e diretivos.

Sob o enfoque da administração financeira, os órgãos da execução são constituídos pelos agentes arrecadadores e agentes pagadores, sendo que os primeiros podem ser classificados em dois grupos:

- **agentes públicos** – são as próprias repartições do governo com atribuições legais para arrecadar receitas públicas (tesourarias, coletorias, exatorias, delegacias policiais, postos fiscais volantes etc.);
- **agentes privados** – são os bancos e outras organizações privadas autorizadas pela administração a exercerem, por delegação, a mesma atribuição dos agentes públicos.

b) Funções quanto ao objeto

As funções quanto ao objeto são assim classificadas:

- funções de direção;
- funções de gestão;
- funções de controle.

Funções de direção são aquelas cujo objetivo é informar, disciplinar e governar todo o trabalho econômico, de tal forma que os esforços empregados sejam convergentes para a realização eficaz dos fins almejados.

Funções de gestão representam a maior parte da atividade da instituição e relacionam-se com os processos que visam à obtenção, transformação, circulação, aplicação e consumo de bens com o fito de atingir a finalidade proposta pela administração.

Funções de controle devem ser exercidas em todos os níveis e em todos os órgãos, compreendendo:[4]

---

[4] Neste aspecto recomenda-se a leitura dos princípios fundamentais da administração estabelecidos pelo Decreto-lei nº 200/67, de 26 de fevereiro (arts. 7º a 14).

- o controle, pela chefia competente, da execução dos programas e da observância das normas que governam a atividade específica do órgão controlado;
- o controle, pelos órgãos próprios de cada sistema, da observância das normas gerais que regulam o exercício das atividades auxiliares;
- o controle da aplicação dos dinheiros públicos e da guarda dos bens pelos órgãos próprios do sistema de contabilidade e auditoria.

É também princípio de controle aquele que estabelece que o trabalho administrativo será racionalizado mediante simplificação de processos e supressão de controles que se evidenciarem como puramente formais, ou cujo custo seja evidentemente superior ao risco.

A necessidade de controle aumenta à medida que cresce a atividade econômica de um indivíduo ou grupo, isto porque tal atividade, em função do próprio desenvolvimento econômico, não pode ser mais diretamente administrada pelos interessados, tornando-se necessário o uso cada vez mais intenso dos registros sistemáticos e dos controles. Na formação do Estado, os fatos ocorrem mais ou menos do mesmo modo, embora a gestão de suas atividades seja fortemente influenciada por ciclos administrativos de curto prazo.[5]

Uma das divisões do controle é a seguinte:

- controle contábil;
- controle administrativo ou operacional.

O **controle contábil** compreende o plano de organização e todos os métodos e procedimentos que se relacionam diretamente com:

- a salvaguarda dos ativos;
- a idoneidade dos registros.

No controle contábil, incluem-se ainda:

- sistemas de autorização e aprovação;
- separação de deveres relacionados com registros nos livros e custódia de valores;
- preparação de relatórios, inventários e conciliações;
- auditoria interna.

---

[5] Para maiores detalhes sobre a influência dos ciclos políticos, recomenda-se a leitura da dissertação de Mestrado intitulada *Evidências de ciclo político na economia brasileira*: um teste para a execução orçamentária dos governos estaduais – 1983/2000, apresentada por Jeferson Luis Bittencourt como requisito para obtenção do título de Mestre em Economia no Programa de Pós-graduação em Economia da Faculdade de Ciências Econômicas da Universidade Federal do Rio Grande do Sul. Porto Alegre, 2002.

O controle contábil é preventivo e escritural. Seu objetivo é a segurança da veracidade do registro das operações no que se refere à legalidade dos atos e à fidelidade funcional dos agentes da administração.

O **controle administrativo ou operacional** compreende o plano de organização e todos os métodos e procedimentos que se relacionam com a eficiência das operações e a observância às políticas administrativas e que, em geral, relacionam-se indiretamente com os registros.

No controle administrativo, podemos incluir:

- análise estatística;
- acompanhamento físico dos contratos;
- controle de qualidade;
- auditoria de programas e operacional.

O controle administrativo objetiva auxiliar o processo decisório, acompanhando as operações, intervindo em sua realização com a finalidade de assegurar a continuidade dos programas e projetos do Governo, mormente no que se refere à eficiência operacional e à conveniência e oportunidade de sua realização.

A Figura 1.3 mostra os objetivos do controle contábil e administrativo ou operacional:

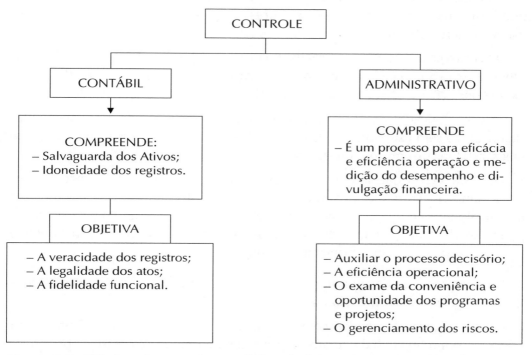

Figura 1.3 *Objetivos do controle contábil e administrativo ou operacional.*

A função de controle, do ponto de vista econômico e financeiro, é orientada pelo órgão de contabilidade com o fim de demonstrar, estimular, vigiar e recordar toda a atividade exercida em determinado período.

Sob esse aspecto, o controle na administração pública objetiva, principalmente, a fixação de responsabilidades mediante:

- controle da legalidade dos atos;
- controle da fidelidade funcional;
- controle do cumprimento dos programas de trabalho.

O controle pode ser efetuado em vários momentos em relação aos fatos administrativos. Assim, temos:

- controle antecedente;
- controle concomitante;
- controle subsequente.

O **controle antecedente** é exercido por intermédio da promulgação de leis, elaboração de contratos, instruções e regulamentos que disciplinam as atividades.

O **controle concomitante** é exercido através da vigilância sobre o trabalho administrativo, à medida que ele se processa como emissão de empenhos, arrecadação da receita etc.

O **controle subsequente** é realizado mediante a utilização de relatórios contábeis e extracontábeis, bem como a realização de auditorias que possibilitam o exame das ações efetivadas e avaliação crítica em relação ao planejado.

A Constituição Federal estabelece que a fiscalização financeira e orçamentária da União será exercida pelo Congresso Nacional mediante controle externo e pelos sistemas de controle interno de cada Poder.

Ao estabelecer que cada um dos Poderes terá seu sistema de Controle Interno, a Constituição de 88 inovou em relação às normas anteriores, que previam o controle interno apenas como sendo de responsabilidade do Poder Executivo. Além dos objetivos já delineados, o sistema de controle interno no setor público tem, ainda, as seguintes e principais finalidades:

- proteger e salvaguardar os bens e outros ativos contra fraudes, perdas ou erros não intencionais;
- assegurar o grau de confiabilidade da informação contábil-financeira com o objetivo de auxiliar o processo de tomada de decisões; promover a eficiência das operações;

- impulsionar a adesão à política estabelecida pela administração à qual se vincula e servir de elemento propulsionador da transparência com vistas ao controle social das ações governamentais.

Sob o aspecto estrutural, o controle interno deve estar infiltrado em toda a organização e inclui os sistemas de contabilidade, administração financeira e auditoria interna. A Figura 1.4 mostra os componentes do sistema de controle interno de cada Poder:

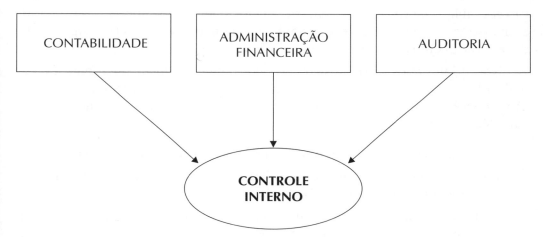

Figura 1.4 *Composição do sistema de controle interno.*

No que se refere à entidade – Estado –, a Constituição indica que o Controle Interno será mantido, de forma integrada, pelos Poderes Legislativo, Executivo e Judiciário, com a finalidade de:

- avaliar o cumprimento das metas previstas no plano plurianual, a execução dos programas de governo e dos orçamentos;
- comprovar a legalidade e avaliar os resultados, quanto à eficácia e eficiência, da gestão orçamentária, financeira e patrimonial nos órgãos e entidades da administração, bem como a aplicação de recursos públicos por entidades de direito privado;
- exercer o controle das operações de crédito, avais e garantias, bem como dos direitos e haveres;
- apoiar o controle externo no exercício de sua missão institucional.

Ao tratar do controle interno, a Constituição Federal inclui dois dispositivos importantes para resguardar a sua independência, bem como cria a possibilidade para denúncias sobre irregularidades. Assim, temos:

- os responsáveis pelo controle interno,[6] ao tomarem conhecimento de qualquer irregularidade ou ilegalidade, dela darão ciência ao Tribunal de Contas, sob pena de responsabilidade solidária (§ 1º, art. 74);
- qualquer cidadão, partido político, associação ou sindicato é parte legítima para, na forma da lei, denunciar irregularidades ou ilegalidades perante o Tribunal de Contas (§ 2º, art. 74).

No tocante ao controle externo, ele será exercido pelo Poder Legislativo, com o auxílio do Tribunal de Contas ou órgão equivalente e constitui-se na fiscalização contábil, financeira, orçamentária, operacional e patrimonial dos órgãos da administração direta e indireta, quanto à legalidade, legitimidade, economicidade, aplicação das subvenções e renúncia de receitas.

Nos últimos anos, observa-se que o setor público, principalmente na área de auditoria, vem tratando o controle como um processo fundamental para proteção da entidade em relação a riscos, segundo o modelo do COSO,[7] que divide o controle em três categorias:

a) operacionais, que são orientados para o êxito dos resultados;

b) de relatórios financeiros, os relativos à veracidade e fidedignidade das demonstrações contábeis;

c) de cumprimento que estabelecem a necessidade da adesão às normas legais e regulamentares vigentes.

Neste contexto o órgão de Contabilidade assume maior amplitude no que diz respeito à administração pública, ou seja, o órgão que acompanha todas as atividades e estuda os fenômenos patrimoniais pondo-os em evidência, demonstrando os efeitos dos atos de gestão sobre o patrimônio, procurando, desta forma, servir de balizador dos órgãos da administração que devem atuar em consonância com a parametrização estabelecida.

É claro que isso não significa que todo controle é função exclusiva da Contabilidade. Os demais órgãos da administração também exercem de maneira acessória ou complementar essa função. Assim, o tesoureiro ou o almoxarife não podem deixar de autofiscalizar-se, conferindo os valores sujeitos à sua guarda ou, ainda, exercendo fiscalização sobre seus auxiliares.

Ao mesmo tempo em que damos relevância vital ao órgão de contabilidade por atingir todas as demais funções, devendo por isso não se subordinar a ne-

---

[6] Em nossa opinião, por força da harmonização e da independência dos Poderes do Estado, a responsabilidade pelo cumprimento deste dispositivo Constitucional é do titular do Poder Executivo principalmente porque o controle primário é atribuição de todos os componentes organizacionais.

[7] COSO (Committee of Sponsoring Organizations of Treadway Commission) <http://www.coso.org/>.

nhuma delas, é importante alertar para o fato de que será incorreto sobrepô-lo às demais funções. Um perigo que se deve evitar é o da tendência do controle em imiscuir-se na direção e na execução das demais funções que são típicas do Estado, em especial, no que se refere ao processo de escolhas públicas.[8]

O Quadro 1.5 revela a composição dos órgãos volitivos, diretivos e executivos nas várias esferas de Governo.

Quadro 1.5 *Distribuição das funções segundo as esferas de governo.*

ESFERAS DE GOVERNO / FUNÇÕES	UNIÃO	ESTADOS	MUNICÍPIOS
Volitivas	Congresso Nacional	Assembleias Legislativas	Câmaras dos Vereadores
Diretivas	Presidente da República Ministros de Estado e outros com delegação	Governadores de Estados Secretários de Estado e outros com delegação.	Prefeitos Secretários do Município e outros com delegação.
Executivas	**Executores das Tarefas:** Agentes Arrecadadores Agentes Pagadores Tesoureiros	**Executores das Tarefas:** Agentes Arrecadadores Agentes Pagadores Tesoureiros	**Executores das Tarefas:** Agentes Arrecadadores Agentes Pagadores Tesoureiros

Temos, portanto, que as atividades desenvolvidas na administração pública são denominadas funções. As funções próprias dos órgãos recebem designações que remetem ao órgão de origem. A Figura 1.5 exemplifica a assertiva.

---

[8] Escolha pública (*public choice*). Para maiores informações: Disponível em:<http://pascal.iseg.utl.pt/~ppereira/docs/analsoc6.pdf>. Acesso em: 8 abr. 2009.

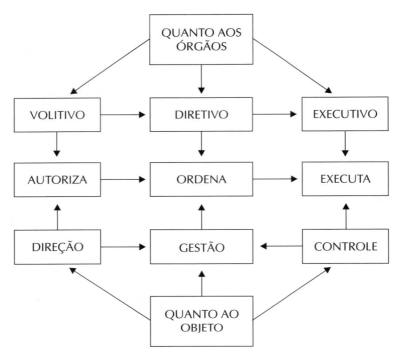

Figura 1.5 *Diagrama das funções quanto aos órgãos e quanto ao objeto.*

1.2.4.2 Classificação dos órgãos da administração

Conforme podemos constatar, a organização tripartida dos poderes do Estado não é absoluta. O Poder Legislativo e o Poder Judiciário realizam, dentro do seu organismo, atividades executivas; o Poder Executivo, por sua vez, também participa na formação de leis e interfere no âmbito judicial, para designação dos magistrados.

De qualquer modo, o fundamento básico para o entendimento da organização do Estado é a Constituição Federal, as Constituições Estaduais ou a Lei Orgânica dos Municípios.

A análise da estrutura estatal indica que a função executiva é desdobrada em

- administração direta;
- administração indireta;
- administração auxiliar.

A Figura 1.6 demonstra o desdobramento da estrutura sistêmica da administração pública.

Figura 1.6 *Desdobramento da estrutura sistêmica da administração pública.*

a) Administração direta

A **administração direta** compreende a organização administrativa do Estado como pessoa administrativa. É na administração direta que encontramos o denominado núcleo central constituído pelas diferentes esferas de governo representativas das funções preponderantes de cada um dos Poderes, conforme o Quadro 1.6:

Quadro 1.6 *Estrutura dos Poderes do Estado segundo as esferas de governo.*

PODER LEGISLATIVO	Federal	Senado Federal Câmara dos Deputados Tribunal de Contas da União.
	Estadual	Assembleia Legislativa Tribunal de Contas do Estado Conselhos de Contas dos Municípios[9]
	Municipal	Câmara dos Vereadores Tribunal de Contas[10]
PODER EXECUTIVO	Federal	Presidência da República Ministérios
	Estadual	Governadoria do Estado Secretarias de Estado
	Municipal	Prefeito Secretarias Municipais e Departamentos auxiliares.
PODER JUDICIÁRIO	Federal	Supremo Tribunal Federal Superior Tribunal de Justiça Tribunais Regionais Federais Tribunal Superior do Trabalho Tribunal Superior Eleitoral Superior Tribunal Militar
	Estadual	Tribunal de Justiça

No âmbito da administração direta, encontramos no Poder Executivo o órgão central de controle interno, onde se insere a contabilidade de cada entidade que é responsável pela evidenciação do patrimônio público e, para isso, tem como função básica promover os registros contábeis e exercer vigilância sobre desvios e desperdícios, bem como a elaboração das prestações de contas dos gestores públicos.

b) Administração indireta

A **administração indireta** corresponde à organização administrativa das pessoas jurídicas vinculadas que são criadas pelo Estado para com ele comporem a administração pública, auxiliando-o no exercício da atividade administrativa.

---

[9] Nos termos do § 1º, art. 31, da Constituição Federal, em alguns Estados ainda existem Tribunais ou Conselhos de Contas dos Municípios.

[10] Nos Municípios da Cidade do Rio de Janeiro e de São Paulo ainda existem Tribunais de Contas.

Esse tipo de descentralização é denominado de descentralização institucional por conferir a organismos autônomos a personalização ou personificação que é a marca característica dessa descentralização.

Integram a administração indireta as seguintes entidades vinculadas:

- as autarquias;
- as fundações;
- as empresas públicas;
- as sociedades de economia mista.

As **autarquias** são serviços autônomos, criados por lei, com personalidade jurídica, patrimônio e receitas próprias, para executar atividades típicas da administração pública, que requeiram, para seu melhor funcionamento, gestão administrativa e financeira descentralizada. As autarquias podem ser classificadas em duas categorias:

- autarquias institucionais – que prestam serviços autônomos personalizados;
- autarquias corporativas – representadas por órgãos fiscalizadores de profissões (CRC, CREP, CREA, CRTA etc.).

As autarquias como pessoas jurídicas distintas dos entes que as instituiu respondem diretamente pelos seus atos, havendo responsabilidade subsidiária dos entes políticos.

As **fundações** são entidades dotadas de personalidade jurídica de Direito Privado, sem fins lucrativos, criadas em virtude de autorização legislativa, para desenvolvimento de atividades que não exijam execução por órgãos ou entidades de Direito Público, com autonomia administrativa, patrimônio gerido pelos respectivos órgãos de direção, e funcionamento custeado por recursos do ente público ou de outras fontes. (Exemplos: Universidade de Brasília (UnB); Universidade Federal do Rio de Janeiro (UFRJ), Fundação Parques e Jardins etc.).

As **empresas públicas** são instituídas mediante autorização em lei específica, com personalidade jurídica de Direito Privado, com patrimônio e receitas próprias, têm como objeto a prestação de serviço público ou a exploração de atividade econômica, podendo revestir-se de qualquer das formas jurídicas admitidas em direito (na prática, a maioria das empresas públicas são sociedades anônimas, sendo o Poder Público proprietário de 100% (cem por cento) das ações).

As **sociedades de economia mista** são instituídas mediante autorização por lei específica, com personalidade jurídica de Direito Privado, com patrimônio e receita próprios e na qual a maioria das ações com direito a voto pertence ao Poder Público.

Nos últimos anos têm sido criadas as denominadas **Agências Executivas**, que não constituem uma nova figura jurídica, mas uma qualificação dada pelo Poder Executivo a autarquia ou fundação que tenha cumprido os seguintes requisitos:

- ter um plano estratégico de reestruturação e de desenvolvimento institucional em andamento;
- ter celebrado Contrato de Gestão com o respectivo Ministério Supervisor.

Cabe ao Poder Executivo editar medidas de organização administrativa específicas para as Agências Executivas, visando assegurar a sua autonomia de gestão, bem como a disponibilidade de recursos orçamentários e financeiros para o cumprimento dos objetivos e metas definidos nos Contratos de Gestão.

Na realidade, as Agências Executivas são um instrumento de implementação de planos de qualidade que viabilizem a implantação do modelo de administração gerencial voltado para os resultados.

Outra modalidade de administração é representado pelas **Agências Reguladoras**, que são mecanismos criados quando o Estado decide deixar de prestar os serviços de sua responsabilidade e assume o papel de regulador e indutor. Objetivam assegurar a satisfação do cidadão-usuário dos serviços e garantir a qualidade dos serviços transferidos para o setor privado por intermédio da descentralização ou da concessão. (Exemplos: Aneel, Anatel, ANP etc.).

c) Administração auxiliar

A **administração auxiliar** complementa a ação do Estado e pode ser assim dividida:

- descentralização por cooperação;
- descentralização por colaboração.

Descentralização por cooperação ou institucional é uma forma que faz surgir pessoas jurídicas próximas à administração pública, embora posicionadas fora dela. São organizações para-administrativas de direito privado, criadas pelo Estado isoladamente ou em conjugação com particulares, como, por exemplo: Sesi, Sesc, Senai e Senac.

Descentralização por colaboração é a que descentraliza a atividade administrativa do Estado para a órbita privada. Essa descentralização consiste na delegação do exercício de encargos públicos a terceiros, como, por exemplo, os concessionários, os permissionários e as organizações sociais.

São concessionários de serviços públicos os que recebem, por intermédio de *contrato*, delegação para prestar serviços, como os de energia elétrica, alguns serviços de telecomunicações etc.

Permissionários de serviços públicos são os que recebem, em caráter precário, *sem contrato*, a permissão para executar transportes coletivos, transportes aéreos etc.

Finalmente, são organizações sociais as entidades privadas, sem fins lucrativos, que desempenhem atividades classificadas como não exclusivas do Estado como por exemplo de: ensino, pesquisa científica, desenvolvimento tecnológico, proteção e preservação do meio ambiente, cultura e saúde.[11]

A Figura 1.7 resume o exposto.

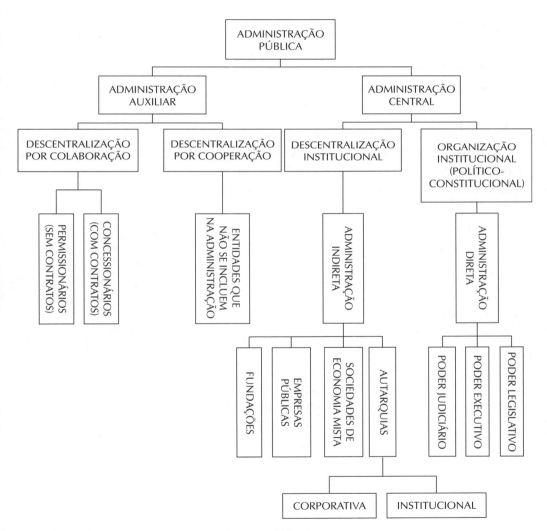

Figura 1.7 *Estrutura das organizações públicas.*

---

[11] O assunto foi tratado na **Lei 9.790 de 1999, denominada Lei das Oscip** que dispõe sobre a qualificação de pessoas jurídicas de direito privado, sem fins lucrativos, como Organizações da Sociedade Civil de Interesse Público, institui e disciplina o Termo de Parceria.

1.2.5 Estrutura do órgão de controle contábil

Estudos realizados no âmbito do setor público, desde a edição do Código de Contabilidade Pública de 1922, admitem quatro tipos de estrutura do órgão central de Contabilidade. Todos pressupõem a conjugação dos registros contábeis em um órgão central, que tem a responsabilidade de apresentação das demonstrações contábeis e de resultado. São as seguintes estruturas:

- centralizada;
- descentralizada;
- integrada;
- descentralizada-integrada (mista).

a) Centralizada

A estrutura pode ser altamente centralizada, sendo a contabilidade de todos os órgãos escriturada por uma contadoria central. Esse sistema é admitido para entidades de pequeno porte, conforme Figura 1.8.

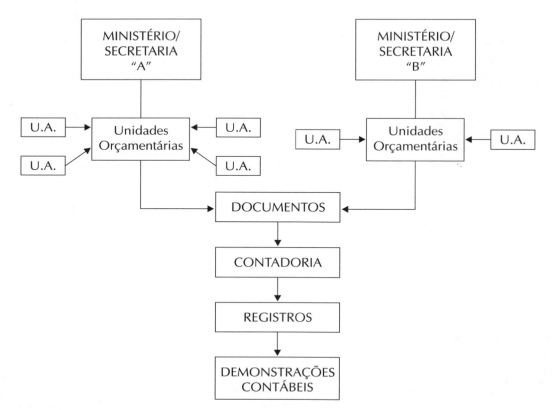

Figura 1.8 *Estrutura centralizada*.

Na estrutura centralizada, as unidades gestoras preparam, apenas, os documentos básicos de suas transações, tais como: boletins de arrecadação, empenhos emitidos, boletins de alterações orçamentárias, despesas pagas e outros. Tais documentos são enviados à contadoria central, onde são escriturados no Diário.

O uso desse sistema implica a falta de escrituração por parte das unidades gestoras. Se for de interesse da administração conhecer os resultados de cada unidade gestora, a contabilidade deve manter contas específicas no Plano de Contas para registro dos fatos da unidade, possibilitando o controle dos dados e a apresentação das demonstrações que permitem a prestação de contas dos administradores.

Uma consequência importante da centralização das atividades contábeis num único órgão é a considerável economia nas despesas administrativas. Há, ainda, maior certeza quanto à uniformidade dos métodos de mensuração e avaliação de ativos e passivos. Podem ocorrer atraso e inexatidão no envio dos documentos ao órgão central responsável pelos registros. Essa desvantagem leva a um dos graves problemas na centralização que é a morosidade dos relatórios dificultando a tomada de decisões com base no sistema de contabilidade.

b) **Descentralizada**

Na estrutura do tipo descentralizado, cada unidade do Governo tem seu próprio órgão de contabilidade, havendo um núcleo central incumbido da centralização, normatização técnica e fiscalização específica, conforme pode ser verificado na Figura 1.9.

A estrutura descentralizada dificulta o processamento eletrônico de dados, em virtude do excessivo fracionamento dos órgãos que o compõem e, principalmente, inviabiliza o comando administrativo sobre o órgão contábil setorial, pois o mesmo é subordinado ao titular do próprio órgão no qual está inserido.

Essa parece ser a grande desvantagem de tal estrutura, visto que não parece conveniente que o órgão de controle setorial esteja subordinado ao agente a quem deve controlar.

Quando a contabilidade é descentralizada, cada órgão mantém seu próprio sistema contábil com todo o conjunto de livros e registros necessários não só a análises setoriais, como também ao encaminhamento para que o órgão central proceda à consolidação dos registros.

A contabilidade pode ser descentralizada por vários níveis hierárquicos sempre utilizando o Plano de Contas Único. A Figura 1.10 mostra os níveis de funcionamento da descentralização na área governamental.

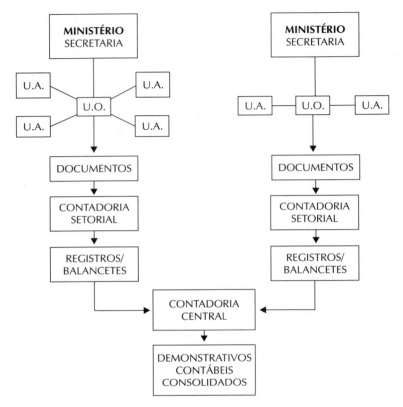

Figura 1.9 *Estrutura descentralizada.*

Figura 1.10 *Níveis de funcionamento da estrutura descentralizada.*

c) Integrada

A estrutura integrada pressupõe a existência de um órgão central de contabilidade com delegações funcionando junto aos órgãos. Essas delegações são técnica e administrativamente subordinadas no núcleo central do sistema.

As delegações possuem a tarefa de examinar e efetuar os registros orçamentários e patrimoniais da despesa e receita ou das variações que independam da execução orçamentária, conforme se verifica na Figura 1.11:

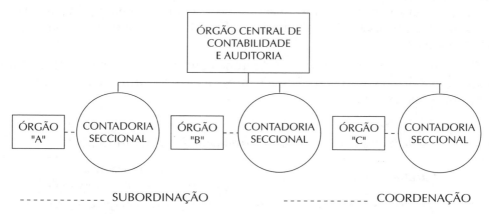

Figura 1.11 *Estrutura integrada*.

Essa estrutura apresenta inúmeras vantagens. Entre elas, destacamos:

- unidade de comando administrativo, que assegura o comando técnico;
- unidade do quadro de pessoal técnico, que possibilita maior especialização;
- uniformidade de procedimentos;
- viabilidade de maior velocidade na obtenção de informações;
- garantia de adequada autonomia técnica, indispensável ao exercício da função de controle.

d) Descentralizada-integrada (mista)

A estrutura descentralizada-integrada corresponde a uma conjugação da estrutura integrada com a estrutura descentralizada. Essa possibilidade tem origem na consistência de sistemas tecnológicos em que os bancos de dados periféricos, como folha de pagamento, almoxarifados, patrimônio imobiliário, orçamento, estão plenamente integrados ao sistema contábil.

A implementação dessa estrutura é facilitada quando a entidade está localizada num centro administrativo que permite a concentração das diversas contadorias ou órgãos setoriais num só espaço com o objetivo de atender indiscriminadamente a todos os órgãos localizados num mesmo prédio ou em blocos próximos. Nessa estrutura, o corpo funcional é centralizado enquanto as operações continuam ocorrendo no âmbito das próprias secretarias ou órgãos, mas com os bancos de dados integrados no órgão central de contabilidade ou de controle interno.

Enquanto as estruturas descentralizada, centralizada e integrada têm como foco a atribuição vertical das responsabilidades, segundo o organograma estabelecido, a estrutura descentralizada-integrada tem a preocupação de, sem descuidar da estrutura vertical da responsabilização, cuidar, também, da observação horizontal dos processos de trabalho identificando a cadeia de valor das organizações públicas.

O Quadro 1.7 a seguir mostra a diferença entre os tipos de estruturas tradicionais (centralizada, descentralizada e integrada), e a estrutura descentralizada-integrada acima referida:

Quadro 1.7 *Diferenças entre a estrutura tradicional e a estrutura mista.*

Estrutura tradicional	Estrutura mista (descentralizada-integrada)
Estruturas tradicionais (voltadas para a verticalidade da estrutura) e a responsabilidade dos agentes públicos.	Estrutura mista (voltada para a matricialidade dos processos) e a identificação das relações insumo-produto ou serviço e também para a responsabilidade dos agentes públicos.
Uso excessivo de fichas de lançamento para capturar as operações.	Interface com todos os demais sistemas corporativos.
Ações administrativas de requisição, reserva orçamentária e adjudicação de licitações ou dispensa fora do sistema contábil.	Ações administrativas de requisição, reserva orçamentária ou dispensa incluídas como módulo administrativo no próprio sistema.
Contabilização das receitas tributárias e despesas de pessoal com base em relatórios de papel (transcrição).	Contabilização *online* das receitas tributárias e despesas de pessoal.
Entrada no sistema contábil pós-fato.	Entrada eletrônica em tempo real.

1.2.6 Ciclo da gestão da Fazenda Pública

1.2.6.1 Introdução

A gestão na Fazenda Pública é definida como o conjunto de operações que visam diretamente alcançar os fins próprios da administração governamental. A gestão desenvolve-se pelas ações dos órgãos do Estado; essas ações devem ser estudadas não só quanto a seus aspectos particulares, mas também quanto à interação que as vinculam e integram nos objetivos do ente público.

O ciclo da gestão da Fazenda Pública é de suma importância no estudo da *gestão financeira*, ou seja, do movimento de entradas e saídas de numerário, dos meios para obtenção dos recursos necessários às aplicações e dos métodos de satisfação dos desembolsos em tempo oportuno de modo a estabelecer equilíbrio.

A gestão financeira da Fazenda Pública pode ser assim demonstrada:

$$\boxed{\text{RECEITA} = \text{DESPESA}} \quad \text{ou} \quad \boxed{\text{RECEITA} - \text{DESPESA} = 0}$$

A longo prazo, se a comparação destes dois elementos revelar que $\boxed{R > D}$, podemos concluir que a administração pública está exigindo dos contribuintes um sacrifício maior do que os serviços que lhes está proporcionando ou, por outro lado, que o contribuinte está suportando uma carga tributária excessiva.

Se o resultado apresentar $\boxed{R < D}$, temos uma das seguintes situações:

- a fazenda pública atendeu satisfatoriamente às necessidades coletivas sem maiores sacrifícios dos contribuintes;
- a fazenda pública não atendeu satisfatoriamente aos contribuintes nas suas necessidades e, em decorrência, haverá o aumento das entradas, seja pelo aumento das contribuições, seja pela obtenção de empréstimos.

Essas situações levam à conclusão de que a administração pública deve almejar permanentemente o equilíbrio financeiro, sem descuidar dos planos de desenvolvimento econômico e social a que se obrigou perante a coletividade a que pertence.

Podemos apresentar, portanto, três situações distintas:

- $R > D$ – as receitas excedem as despesas, gerando um resultado financeiro positivo ou superávit.

    R – D = Superávit

- $R < D$ – As receitas são menores que as despesas e, aí, temos um resultado negativo ou déficit.

    D – R = Déficit

- $R = D$ – O montante das receitas é igual ao montante das despesas e o resultado financeiro está em equilíbrio.

    R – D = 0

Ao tratar do confronto entre Receitas e Despesas, é preciso observar que o resultado da execução do orçamento do setor público pode ser analisado de diversas formas, entre as quais cabe destacar:

- resultado nominal – corresponde à diferença entre todas as receitas e todas as despesas da entidade, levando em consideração os valores pagos e recebidos de juros nominais no sistema financeiro, o setor privado não financeiro e o resto do mundo. Assim, o resultado indica, efetivamente, o montante de recursos que o setor público necessitou captar para realização de suas despesas orçamentárias, conforme a seguir:

RECEITA	$	$
Receita Tributária	3.000.000	
Receita de Aplicações Financeiras	600.000	
Receita de Operações de Crédito	500.000	
Receita de Alienação de Bens	100.000	4.200.000

DESPESA	$	$
Despesas Correntes	2.000.000	
Despesa de Juros da Dívida	350.000	
Despesa de Capital	500.000	
Despesa de Amortização da Dívida	700.000	3.550.000

RESULTADO NOMINAL		650.000

- resultado primário – corresponde à diferença entre a Receita arrecadada e a despesa liquidada, excluindo desses valores as receitas financeiras, alienações de bens, operações de crédito e suas respectivas amortizações.

O principal objetivo do cálculo do resultado primário é mostrar o comportamento fiscal do Governo no período e avaliar se o mesmo está ou não operando dentro dos limites orçamentários e, consequentemente, evidenciar sua contribuição para a redução ou elevação do endividamento público. Tal cálculo permite medir, sob o aspecto financeiro, a capacidade que a administração tem para fornecer bens e serviços para a comunidade mediante a utilização de recursos próprios conforme demonstrativo a seguir:

RECEITA	$	$
Receita Total	4.200.000	
Menos: Receitas de Aplicações Financeiras	(600.000)	
Menos: Receita de Operações de Crédito	(500.000)	
Menos: Receita de Alienação de Bens	(100.000)	3.000.000

DESPESA	$	$
Despesa Total	3.550.000	
Menos: Despesa de Juros da Dívida	(350.000)	
Menos: Despesa de Amortização da Dívida	(700.000)	2.500.000

RESULTADO PRIMÁRIO	500.000

Os superávits primários devem ser direcionados ao pagamento do serviço da dívida, contribuindo para reduzir o estoque total da dívida líquida, enquanto os déficits primários indicam a parcela do crescimento da dívida decorrente de financiamentos de gastos que excedem as despesas.

O estudo do resultado primário mostra que o mesmo não deve ser considerado, apenas, em relação a um exercício orçamentário-financeiro, pois alguns administradores atuam na formação de resultado primário positivo (superávit) nos primeiros anos de mandato e, por via de consequência, tal resultado gera disponibilidades que darão lastro a déficits nos últimos exercícios desse mesmo mandato. Portanto, analisar os resultados de cada exercício de modo estanque sem considerar o princípio da continuidade pode levar a interpretações equivocadas, vez que os superávits acumulados nos primeiros anos de mandato podem representar acréscimos nas disponibilidades que darão lastro aos déficits no final do mandato.

O resultado nominal, segundo o demonstrativo previsto na Lei de Responsabilidade Fiscal (art. 53, inciso III), poderá, também, ser apurado pela variação da dívida fiscal líquida de determinado período comparada com o período anterior (dívida consolidada líquida, acrescidas as receitas de privatização). Por outro lado, a dívida consolidada líquida é a dívida da qual se deduzem as disponibilidades de caixa, as aplicações financeiras e os demais ativos financeiros.

É preciso notar que, além das receitas e despesas relativas à dívida, o estoque da dívida consolidada líquida é afetado por variações independentes da execução orçamentária, como, por exemplo, o reajustamento ou a confissão de uma dívida com a apropriação ao patrimônio. Em decorrência, a variação da dívida líquida poderá não ser igual ao resultado nominal da execução do orçamento.

É preciso que os estudiosos da Lei de Responsabilidade Fiscal, bem como encarregados pela elaboração dos demonstrativos nela previstos, atentem para alguns fatos que talvez mereçam apreciação de natureza jurídica, pois as normas e manuais que vêm sendo editados pela Secretaria do Tesouro Nacional têm procedido a alterações na estrutura de alguns demonstrativos, como, por exemplo, o referente à dívida fiscal líquida.

O modelo aprovado pela Lei de Responsabilidade Fiscal corresponde ao anexo VII e não inclui a dedução dos restos a pagar processados que a Secretaria do Tesouro Nacional fez incluir conforme quadro comparativo a seguir:

ESPECIFICAÇÃO	
MODELO DA LRF	**MODELO ESTABELECIDO PELA STN**
I – Dívida Consolidada (I)	I – Dívida Consolidada (I)
DEDUÇÕES: (II) Ativo disponível	DEDUÇÕES: (II) Ativo disponível
Demais ativos financeiros	Demais ativos financeiros (–) Restos a Pagar processados (exceto precatórios)
Dívida Consolidada Líquida ((III) = (I – II)	Dívida Consolidada Líquida ((III) = (I – II)
Receita de Privatização (IV)	Receita de Privatização (IV)
Passivos reconhecidos (V)	Passivos reconhecidos (V)
Dívida Fiscal Líquida (VI) = (III+IV-V)	Dívida Fiscal Líquida (VI) = (III + IV – V)

Ao abordar o tema não estamos, evidentemente, considerando se a STN ao proceder tal mudança está inserindo informação relevante para os usuários da informação, mas tão somente apresentando uma constatação de que poderemos ter aqui um possível conflito, tendo em vista que o demonstrativo refere-se à evidenciação da Dívida Consolidada que a Resolução do Senado Federal, no uso de sua competência privativa, fixou com base no art. 52 da Constituição Federal:

Art. 52. Compete privativamente ao Senado Federal:

[...]

VII – dispor sobre limites globais e condições para as operações de crédito externo e interno da União, dos Estados, do Distrito Federal e dos Municípios, de suas autarquias e demais entidades controladas pelo Poder Público federal;

Em decorrência deste dispositivo constitucional, o Senado Federal baixou a Resolução nº 40, de 2001, estabelecendo a definição de dívida pública consolidada e dívida consolidada líquida, nos seguintes termos:

> Art. 1º Subordina-se às normas estabelecidas nesta Resolução a dívida pública consolidada e a dívida pública mobiliária dos Estados, do Distrito Federal e dos Municípios.
>
> § 1º Considera-se, para os fins desta Resolução, as seguintes definições:
>
> I – . . .
>
> II – . . .
>
> III – Dívida pública consolidada: montante total, apurado sem duplicidade, das obrigações financeiras, inclusive as decorrentes de emissão de títulos, do Estado, do Distrito Federal ou do Município, assumidas em virtude de leis, contratos, convênios ou tratados e da realização de operações de crédito para amortização em prazo superior a 12 (doze) meses, dos precatórios judiciais emitidos a partir de 5 de maio de 2000 e não pagos durante a execução do orçamento em que houverem sido incluídos, e das operações de crédito, que, embora de prazo inferior a 12 (doze) meses, tenham constado como receitas no orçamento.
>
> IV – Dívida consolidada líquida: dívida pública consolidada deduzidas as disponibilidades de caixa, as aplicações financeiras e os demais haveres financeiros.

Assim, ao fazer a dedução do valor dos Restos a Pagar Processados, o valor da dívida consolidada líquida fica aumentado desse mesmo valor. Tal fato pode vir a influenciar análises sobre solicitações de financiamento e operações de crédito internas ou externas.

1.2.6.2 Atividade financeira do Estado

Segundo Baleeiro (1958, p. 2), *"a atividade financeira consiste em obter, criar, gerir e despender o dinheiro indispensável às necessidades, cuja satisfação o Estado assumiu ou cometeu a outras pessoas de direito público"*.

Portanto, podemos dizer que a atividade financeira do Estado é o instrumento utilizado pelo Estado para atender às necessidades públicas. Para Souza (1954, p. 5), no seu compêndio de legislação tributária,

> "a atividade financeira do Estado desenvolveu-se fundamentalmente em três campos: a receita, isto é, a obtenção de recursos patrimoniais; a gestão, que é a administração e conservação do patrimônio público; e, final-

mente, a despesa, ou seja, o emprego de recursos patrimoniais para realização dos fins visados pelo Estado".

A gestão financeira da Fazenda Pública deve ser estruturada no sentido de obter o máximo de recursos financeiros para que o Governo possa atingir sua política maior, qual seja, o bem-estar da comunidade.

A Figura 1.12 mostra a posição da Fazenda Pública.

Figura 1.12 *Posição da Fazenda Pública.*

A Fazenda Pública, por seu turno, constitui um complexo de subsistemas que objetiva o atendimento dos fins colimados pelas organizações públicas, conforme esquema da Figura 1.13, onde são detalhados os principais macroprocessos direta ou indiretamente ligados ao sistema da Fazenda Pública.

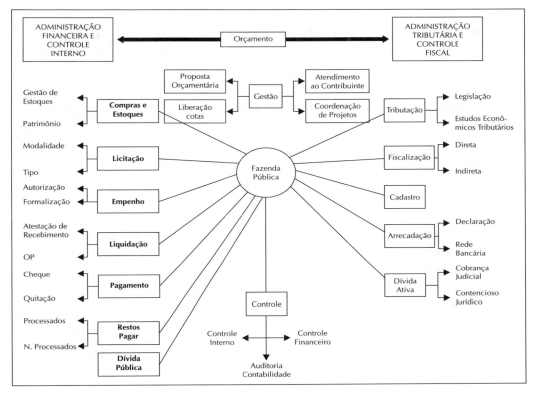

Figura 1.13 *Estrutura dos principais macroprocessos da Fazenda Pública.*

1.3 Principais características da contabilidade pública

1.3.1 Definição

Delimitado o campo de sua aplicação, temos que a contabilidade é a ciência que estuda e pratica as funções de orientação e controle relativas aos atos e fatos administrativos, e a Contabilidade Pública é uma especialização voltada para o estudo e a análise dos fatos administrativos que ocorrem na administração pública.

A contabilidade aplicada ao setor público é, pois, uma especialização da ciência contábil que objetiva fornecer à administração informações sobre:

- registro, controle e acompanhamento das variações do patrimônio do Estado;
- organização e execução dos orçamentos;
- controle de custos e eficiência do setor público;

- normas para o registro das entradas de receita;
- normas para o registro dos desembolsos da despesa;
- normas para a prestação de contas dos responsáveis por bens e valores;
- normas para a prestação de contas do Governo.

A leitura atenta da Lei nº 4.320/64 revela que ela está estruturada em 11 títulos que tratam basicamente de quatro temas: (1) Orçamento (títulos I a VIII), (2) Contabilidade (título IX), (3) Autarquias e outras entidades (X) e (4) Disposições Gerais (título XI).

O título relativo à Contabilidade está apoiado no processo de evidenciação que inclui quatro eixos a saber:

a) A responsabilização de todos quantos, de qualquer modo, arrecadem receitas, efetuem despesas, administrem ou guardem bens a ela pertencentes ou confiados, conforme art. 83 que estabelece:

Art. 83. A contabilidade evidenciará perante a Fazenda Pública a situação de todos quantos, de qualquer modo, arrecadem receitas, efetuem despesas, administrem ou guardem bens a ela pertencentes ou confiados.

b) A forma de atuação dos serviços de contabilidade conforme indicado no art. 85 a seguir:

Art. 85. Os serviços de contabilidade serão organizados de forma a permitirem o acompanhamento da execução orçamentária, o conhecimento da composição patrimonial, a determinação dos custos dos serviços industriais, o levantamento dos balanços gerais, a análise e a interpretação dos resultados econômicos e financeiros.

c) O controle contábil dos direitos e obrigações oriundos de ajustes ou contratos em que a administração for parte, anunciado no art. 87 a seguir:

Art. 87. Haverá controle contábil dos direitos e obrigações oriundos de ajustes ou contratos em que a administração pública for parte.

d) A universalidade do registro dos fatos ligados à administração orçamentária, financeira patrimonial e industrial, conforme art. 89 seguinte:

Art. 89. A contabilidade evidenciará os fatos ligados à administração orçamentária, financeira patrimonial e industrial.

Em que pesem os dispositivos citados, os estudos de Contabilidade aplicada ao setor público têm sido limitados à Contabilidade orçamentária em face da ênfase ao fluxo de caixa e às necessidades de financiamento que constituem uma característica das entidades sem finalidade lucrativa, como é o caso da atividade estatal. Tal ênfase fez com que os sistemas contábeis limitassem os registros patrimoniais aos fatos originários da execução orçamentária (receitas e despesas de capital) ou à atribuição da responsabilidade pela guarda de bens e valores aos agentes públicos (almoxarifados e bens patrimoniais). Esta prática, adotada ao longo dos anos, permitiu que os sistemas contábeis evoluíssem nos processos de acompanhamento e controle da execução orçamentária, com a implementação de sistemas sofisticados de controle financeiro,[12] mas, em função disso, foi excluído da pauta de preocupações o acompanhamento pleno da composição patrimonial, tais como:

a) valores a receber a partir do lançamento da receita;
b) provisões e valores a pagar a partir do comprometimento independentemente da apropriação orçamentária;
c) depreciação e apuração de custos dos serviços.

Interessante notar que as discussões sobre o tema não são novas, pois já no início do século passado (1903), quando da apreciação do Código de Contabilidade Pública da União foi realizada ampla discussão entre David Campista,[13] que ao apreciar o projeto apresentado por Dídimo da Veiga[14] no final de 1903, assim se manifestou:

> *"Mesmo prescindindo dos artifícios de contabilidade – criados com deliberado propósito de ocultar penosas verdades – o objeto da contabilidade ampliou-se em proporções inauditas com o desenvolvimento da atividade do Estado moderno, cujos milhares de braços recebem, administram e despendem sob formas cada vez mais variadas. Toda esta atividade pública criou – do ponto de vista da contabilidade difícil solução"* (Biolchini, 1930).

É preciso lembrar que até a edição do Código de Contabilidade Pública da União (1922), a Contabilidade pública era organizada segundo velhos princípios oriundos do período colonial em que prevalecia o regime do governo despótico, segundo o qual os bens públicos eram propriedade do soberano. Se, por um lado,

---

[12] Como são exemplos o sistema FINCON da Prefeitura da cidade do Rio de Janeiro e os sistemas SIAFI, na União e SIAFEM utilizado em alguns Estados e Municípios.

[13] David Morethson Campista foi Deputado Federal, Secretário das Finanças de Minas Gerais e Ministro de Estado da Fazenda, nasceu no Rio de Janeiro em 22-1-1863 e faleceu em Copenhagen/Dinamarca em 12-10-1911. Na sua bibliografia destaca-se o seguinte: Consolidação das leis fiscais do estado de Minas Gerais, Belo Horizonte Imprensa Oficial 1900.

[14] Dídimo Agapito da Veiga Júnior, nascido em Nova Friburgo, RJ, em 1847, diplomado em Direito, foi o Presidente do Tribunal de Contas da União de 1895 a 1917.

não prestava contas a ninguém dos atos que praticava, exigia, por outro lado, que, aqueles a que estavam afetos os negócios do Erário Régio, fossem severamente punidos caso não prestassem contas dos negócios que lhes tinham sido confiados pelo monarca.

A conquista dos direitos políticos com a implantação do governo republicano ensejou a responsabilização individual de todos quantos administrem ou tenham relação com o patrimônio do Estado. Naquela época o setor público brasileiro representava o modelo de Estado patrimonialista cujo objetivo maior era a fiscalização dos agentes responsáveis por bens e valores em função do exercício temporário de mandato eletivo e, desta forma, ficavam em segundo plano o registro e estudo da contabilidade patrimonial da entidade.

Neste aspecto, é bom lembrar que em 1918 quando o projeto do Código de Contabilidade Pública foi colocado em audiência pública, foram apresentadas diversas sugestões, entre elas a de J. Rezende Silva (Biolchini, 1930, p. 568), que, em correspondência ao Presidente da Comissão Especial do Código de Contabilidade Pública da Câmara dos Deputados, assim se expressou em relação à Contabilidade Patrimonial:

> *"Segundo os verdadeiros princípios de contabilidade, no dia do encerramento definitivo e total do exercício financeiro, todas as dívidas ativas, certas, incontestáveis, e cujos credores sejam determinados são incorporadas ao patrimônio e deixam de figurar, sob qualquer título, nos orçamentos futuros. São títulos de crédito patrimonial e serão liquidadas em qualquer exercício, pelas operações do patrimônio.*
>
> *Semelhantemente e pela mesma ocasião, todas as dividas passivas, certas, incontestáveis, pertencentes a credores determinados, para as quais já tenha havido ordem de pagamento e de registro no Tribunal de Contas, são incorporadas ao patrimônio nacional e deixam de figurar, sob qualquer rubrica, nos orçamentos futuros. São títulos de débito patrimoniais e serão liquidados em qualquer exercício pelas operações do patrimônio.*
>
> *Os primeiros são atualmente chamados alcances (fixados) e figuram no orçamento sob o título de receita extraordinária 'indenizações' e os segundos são atualmente chamados de 'restos a pagar' e são solvidos pela verba 'exercícios findos' do Ministério da Fazenda"* (Biolchini, 1930).

E o mesmo autor conclui:

> *"estabelecido o regime patrimonial, tudo isto se simplifica com grandes vantagens para a administração e para as partes interessadas"* (Biolchini, 1930).

O texto mostra que naquela época já existiam reflexões sobre o papel do orçamento, suas ligações aos atos de gestão e a função do patrimônio como objeto de estudos da contabilidade.

Nos estudos de Contabilidade do setor público, é relevante considerar as ponderações de Magnet (1978) de que a contabilidade pública, embora diariamente aplicada, apresenta algumas dificuldades para sua definição. Por sua vez, o mesmo autor revela de modo surpreendente que na França o estudo de Contabilidade Pública está ausente dos programas de ensino superior e inclusive que ela foi banida das escolas de formação profissional, concluindo que trata-se de um campo de conhecimento empírico que é feita por praticantes para ser usada por praticantes futuros.

Ao tratar da definição da Contabilidade aplicada ao setor público López apud Devaux (1995, p. 37) indica uma diversidade de definições para este ramo da contabilidade, sugerindo a existência de diversas aproximações para uma definição técnica, também denominada formal, em que a Contabilidade Pública pode ser constituída por regras da apresentação das contas; uma definição administrativa que pode ser denominada "orgânica" – em que a contabilidade pública além de fixar as regras de apresentação das contas anuais deve tratar também da organização dos serviços de contabilidade e uma definição jurídica que indica a Contabilidade Pública como um conjunto de regras que tem por objeto determinar as responsabilidades dos ordenadores de gastos e dos contadores públicos.

As abordagens acima levaram inevitavelmente à falsa ideia da existência de diversas contabilidades aplicadas ao setor público, como é o caso das denominadas Contabilidade Orçamentária e Contabilidade Financeira, que na realidade representam apenas uma particularidade das organizações sem finalidade lucrativa cuja ênfase é a arrecadação e distribuição dos recursos. A ideia de que existam tais contabilidades constitui um equívoco, pois a Contabilidade é una e tem como foco a visão integral do patrimônio, que inclui as visões orçamentária e financeira como meros elementos informativos.

Por sua vez, estudando as novas tendências da Contabilidade Pública, Ramirez (1992) mostra que a Contabilidade é um sistema de informação de caráter universal e tem sua origem no mundo empresarial que compreende a utilidade dessas informações para a administração dos negócios. Sem dúvida, esta é também a necessidade do Estado, que precisa deixar de estar unicamente centrado no controle do orçamento e, em consequência, obter a medição correta e adequada dos elementos do patrimônio.

A tradição na Contabilidade Pública é limitar seu campo de estudo à análise, registro e interpretação da movimentação orçamentária e, ao final de cada exercício, apresentar um balanço patrimonial indicando o déficit ou superávit, bem como o confronto entre receitas e despesas inicialmente orçadas com a sua realização. Nesta prática, o sistema patrimonial somente reflete no patrimônio líquido as ações decorrentes do orçamento.

Os estudos desenvolvidos sobre o texto da Lei nº 4.320/64 conforme antes referido e as reflexões de alguns pesquisadores, como Montesinos (2003, p. 159) conduziram ao entendimento de que a Contabilidade Pública está estruturada num modelo dual, que incorpora informação econômico-financeira, elaborada em consonância com os princípios de contabilidade e informações orçamentárias, estabelecidas de acordo com os princípios orçamentários que apoiam a elaboração, aprovação e execução do orçamento.

A partir das exigências da Lei de Responsabilidade Fiscal e da globalização a Contabilidade Pública apresentou grande evolução, sendo conduzida gradativamente a esse modelo dualista, que incorpora informação econômico-financeira, elaborada de acordo com os princípios contábeis e informações orçamentárias, estabelecidas de acordo com os princípios orçamentários e legais que sustentam o modelo de orçamento.

Esta dualidade supõe a coexistência de informações elaboradas em conformidade com as regras orçamentárias de apuração do resultado financeiro, em que as receitas são reconhecidas pelos valores efetivamente arrecadados e as despesas são apropriadas pelos valores legalmente empenhados (art. 35 da Lei nº 4.320/64) e, por outro lado, a utilização de todas as ferramentas teóricas e as melhores práticas com vistas à adequada mensuração do patrimônio à disposição da entidade pública.

Na aprovação do Código de Contabilidade Pública, prevaleceu a posição de Dídimo da Veiga, que dava importância à Contabilidade como Ciência. Talvez por essa resistência do Ministro da Fazenda daquela época a Contabilidade Patrimonial tenha saído da pauta de preocupações do Poder Executivo, resultando numa ênfase ao aspecto orçamentário e financeiro que prevaleceu até a edição de normas específicas por parte do Conselho Federal de Contabilidade, que, na condição de órgão regulador da Ciência Contábil, estabeleceu duas abordagens para a Contabilidade Pública, a saber:

   a) enfoque orçamentário em que o confronto entre receitas e despesas tem relação com o fluxo de caixa e é efetuado em períodos de tempo definidos tanto na Constituição como nas leis orçamentárias (princípio da anualidade) com o objetivo de apurar o déficit ou superávit nesse mesmo período. Tal abordagem está definida no art. 35 da Lei nº 4.320/64 ao indicar que pertencem ao exercício:

   I – as receitas nele arrecadadas; e

   II – as despesas nele legalmente empenhadas.

Como produto desta importante visão, temos o Balanço Orçamentário e o Balanço Financeiro.

b) enfoque contábil em que o objetivo é a evidenciação de ativos e passivos com a apuração do resultado econômico mediante a utilização plena do princípio da competência para reconhecimento de receitas e despesas, bem como avaliação dos ativos, passivos e do patrimônio líquido. Tal abordagem está apoiada no título IX da Lei nº 4.320/64 a partir da introdução do conceito de evidenciação da responsabilidade de todos os que arrecadem receitas, efetuem despesas, administrem ou guardem bens a ela pertencentes ou confiados (art. 83 da Lei nº 4.320/64) e dos resultados do exercício constantes do Balanço Patrimonial e das Variações patrimoniais (alterações verificadas no patrimônio, resultantes ou independentes da execução orçamentária).

O estudo da Contabilidade Pública, portanto, implica no conhecimento das principais características da Contabilidade Orçamentária e Financeira e da Contabilidade Patrimonial, conforme o Quadro 1.8.

Quadro 1.8 *Principais características da Contabilidade Orçamentária e Financeira e da Contabilidade Patrimonial.*

	CONTABILIDADE PATRIMONIAL	**CONTABILIDADE ORÇAMENTÁRIA E FINANCEIRA**
NORMAS APLICÁVEIS	Art. 83 da Lei nº 4.320/64	Art. 35 da Lei nº 4.320/64
	Princípios de Contabilidade sob a perspectiva do setor público (Resolução CFC nº 1.111/2007). Normas Brasileiras de Contabilidade aplicadas ao setor público (NBC TSP).	Lei do Plano Plurianual Lei de Diretrizes Orçamentárias Lei do Orçamento Anual Princípios Orçamentários
CAMPO DE INVESTIGAÇÃO	Verifica todos os fatos administrativos e registra-os segundo o princípio de competência de acordo com as variações que produzem no patrimônio líquido.	Verifica todos os fatos administrativos e registra-os considerando que pertencem ao exercício: a) as receitas orçamentárias nele arrecadadas; b) as despesas orçamentárias nele legalmente empenhadas.

OBJETIVOS	Determina o resultado do exercício pelo confronto entre as Variações Aumentativas e as Variações Diminutivas do Patrimônio.	Determina o resultado da gestão pelo confronto entre receitas e despesas sob o enfoque orçamentário (superávit ou déficit).
	Valor preditivo com ênfase em ciclos de longo prazo.	Valor preditivo com ênfase em ciclos de curto prazo.
	Evidenciação dos elementos do patrimônio para fins de prestação de contas.	Transparência da execução orçamentária e financeira para fins de acompanhamento pelo Poder Legislativo e pela população.
	Tomada de decisões com foco no longo prazo.	Tomada de decisões com foco no curto prazo.
NATUREZA DOS DADOS RELEVADOS	Releva custos e resultados de acordo com o princípio da competência e de acordo com as necessidades dos usuários.	Releva os ingressos e desembolsos financeiros e o resultado financeiro.
	Todos os ativos e passivos são necessariamente evidenciados, inclusive as perdas de valor (depreciação, amortização ou exaustão).	Identifica todas as Receitas previstas e arrecadadas em confronto com as Despesas fixadas no orçamento e as realizadas.

Para alcançar os objetivos prefixados, tanto no enfoque orçamentário, como no enfoque patrimonial, a Contabilidade Pública deve obedecer a três requisitos fundamentais:

- fidelidade à realidade operacional;
- obediência ao princípio de análise;
- estruturação em função da utilidade dos resultados.

A fidelidade à realidade operacional significa que a Contabilidade deve traduzir fielmente os fenômenos ocorridos no patrimônio público. Deve ser a fotografia dos fatos governamentais ocorridos.

Isso implica que a contabilidade aplicada ao setor público promova o registro de todas as variações patrimoniais decorrentes, tanto da depreciação de bens do ativo permanente como de obrigações existentes no final de cada mês (despesa liquidada), da receita lançada de ofício ou por meio de autuações e parcelamentos e, desse modo, possibilitar o conhecimento exaustivo e completo dos ativos, passivos e, consequentemente, do patrimônio líquido.

Dessa forma, será possível a realização de análises preditivas que viabilizem o conhecimento dos ativos como recursos controlados pela entidade em decorrência de eventos passados capazes de se transformarem, direta ou indiretamente, em fluxos líquidos de entradas de caixa. Em contraponto permitirá, também, o conhecimento do passivo que representa o provável sacrifício futuro de benefícios econômicos provenientes de obrigações atuais da entidade.

O segundo requisito significa que a Contabilidade deve decompor todas as receitas e despesas, de modo a facilitar o confronto dos efeitos com as causas.

No tocante a este requisito, podemos verificar, em qualquer análise efetuada, que a Lei nº 4.320/64 trata a despesa pela óptica apenas da legalidade financeira, dando diminuta flexibilidade ao reconhecimento de receitas e despesas pelo ângulo da economicidade, eficiência e eficácia.

Como exemplo dessa rigidez, podemos verificar a conceituação legal do que seja material de consumo e material permanente, pois *"para efeito de classificação da despesa, considera-se material permanente o de duração superior a dois anos"*.

Nesse aspecto, a legislação orçamentária e financeira deixa de lado a questão da materialidade do valor envolvido, gerando uma incoerência entre as normas legais (que obrigam ao registro de toda e qualquer despesa de capital cuja vida útil seja superior a dois anos) e a economicidade (que com certeza mostrará que em determinados níveis o custo do controle é superior ao bem que se deseja controlar).

Além disso, muitos materiais de consumo são depositados em almoxarifados ou depósitos, e, mesmo que o valor seja de pequena monta, os responsáveis ficam obrigados a uma burocrática prestação de contas que pelo aspecto da economicidade poderiam ser dispensadas e substituídas por auditorias preventivas e inspeções periódicas realizadas pelo órgão de controle.

O estabelecimento das abordagens orçamentária e contábil, como já referido, pode resolver tais anomalias, vez que uma rígida classificação orçamentária, sempre voltada para o princípio da anualidade, pode não ser suficiente para a visão patrimonial após a análise da materialidade, da eficiência e da eficácia, cujo propósito deve ser, em princípio, a continuidade da entidade pública.

Por último, a Contabilidade deve ser estruturada em função da utilidade dos resultados. Este requisito é de suma importância, especialmente na Contabilidade aplicada ao setor público, pois ela é estruturada, na maioria dos organismos, de acordo com esquemas tradicionais que objetivam muito mais a apresentação da legalidade relativa à execução do orçamento do que das necessidades de quem precisa realizar análises com o objetivo de estabelecer previsões para períodos futuros. A ênfase à contabilidade orçamentária e financeira, com o quase abandono da Contabilidade Patrimonial, tem produzido deficiências na evidenciação de certos fenômenos patrimoniais, seja em relação à estrutura do patrimônio, seja do valor dos seus componentes.

Os fenômenos patrimoniais aqui considerados podem ser de dois tipos:

- espontâneos, que ocorrem independentemente da ação dos administradores. Estão neste caso as valorizações, depreciações, prescrição de direitos e dívidas, sinistros, bem como as superveniências e insubsistências ativas e passivas;
- administrativos, que resultam da ação dos administradores (ordenadores de receitas e despesas), sendo por estes provocados e controlados. São eles: as receitas, compras, recebimentos, pagamentos, investimentos etc.

Os fenômenos espontâneos e administrativos determinam três espécies de alterações nos componentes patrimoniais:

a) variações qualitativas, também denominadas de fatos permutativos ou compensativos que determinam modificações, apenas, na composição do ativo ou do passivo, sem alterar o patrimônio líquido;

b) variações quantitativas, também denominadas fatos modificativos, que determinam modificação no valor do patrimônio líquido, pela inclusão ou exclusão de componentes ativos e passivos ou pela alteração do valor dos elementos existentes;

c) variações mistas ou compostas, também denominados fatos mistos, que modificam simultaneamente a composição qualitativa e a expressão quantitativa do patrimônio, pela transformação de alguns componentes patrimoniais em outros de valor maior ou menor.

Por certo, a partir da edição dos princípios contábeis sob a perspectiva do setor público e das normas brasileiras específicas para a atividade governamental, não devem mais proliferar omissões de registros e controles paralelos que muitas vezes levam a decisões que posteriormente o órgão de contabilidade não confirma. Nesse sentido, aqueles que são responsáveis pela Contabilidade no âmbito do setor público devem estar conscientes de que ela é um meio útil e eficaz à medida que quem a realiza sabe interpretar as exigências e as necessidades de quem tem de servir-se dela.

1.3.2 *Princípios de contabilidade sob a perspectiva do setor público*

Os princípios contábeis constituem a doutrina e, embora não sejam aprovados por leis primárias, constituem regras derivadas da razão e da experiência acumulada no exercício profissional. Em consequência, representam as verdades doutrinárias básicas que não só assinalam os objetivos da contabilidade como também sugerem a forma como tais objetivos serão atingidos.

Assim, tais princípios estabelecem a base teórica que regula os critérios a serem seguidos para elaboração das demonstrações contábeis e informações sobre a evolução do patrimônio e suas transformações ao longo do tempo, de tal modo que possibilitem a evidenciação do universo de transações que afetam a gestão patrimonial das respectivas entidades.

Com base nestas premissas, o Conselho Federal de Contabilidade editou Resolução,[15] na qual reforça tal entendimento ao prescrever: *"Os Princípios de Contabilidade representam a essência das doutrinas e teorias relativas à Ciência da Contabilidade, consoante o entendimento predominante nos universos científico e profissional de nosso País. Concernem, pois, à Contabilidade no seu sentido mais amplo de ciência social, cujo objeto é o patrimônio das entidades."*

A aplicabilidade dos princípios contábeis ao setor público tem sido objeto de amplas discussões, podendo ser identificadas duas correntes, como referido por Lopés (1995). A primeira é composta por autores que defendem a aplicação integral dos princípios e normas do setor privado ao setor público (HEPWORTH; VASSALÉM, 1984), além de Roberth Anthony (1989), e a segunda representada por Mautz e Montesinos (2002), Garcia e Vela (1991 e 1992), que defendem a formulação de princípios contábeis próprios para o setor público, de tal modo que se adaptem às características dessas organizações e sirvam aos objetivos e requisitos da informação contábil pública.

Os estudos e pesquisas promovidos no Conselho Federal de Contabilidade levaram ao entendimento da inadequação de se pensar ou formular *princípios de contabilidade* que sejam aderentes à natureza de uma organização em particular ou a um setor social ou econômico definido. Os princípios são, por definição, da *contabilidade* e não de uma espécie patrimonial predeterminada por suas características econômicas, sociais ou jurídicas.

Especificamente em relação ao setor público o CFC editou Resolução[16] esclarecendo que, sob a perspectiva do Setor Público, os princípios são *"o ponto de partida para qualquer área do conhecimento humano deve ser sempre os princípios que a sustentam. Esses princípios espelham a ideologia de determinado sistema, seus postulados básicos e seus fins. Vale dizer, os princípios são eleitos como fundamentos e qualificações essenciais da ordem que institui"*.

Na sequência, são apresentadas algumas considerações sobre a interpretação dos princípios de contabilidade sob a perspectiva do setor público, na forma da resolução acima referida:

---

[15] Resolução CFC nº 750/93 com as alterações da Resolução CFC nº 1.282/10.
[16] Resolução 1.111/07 – Aprova o Apêndice II da Resolução 750/93.

1. PRINCÍPIO DA ENTIDADE

O Princípio da Entidade se afirma, para o ente público, pela autonomia e responsabilização do patrimônio a ele pertencente. Assim como em uma empresa o instrumento caracterizador da entidade é o estatuto ou o contrato social que estabelece sua forma de funcionamento, na entidade pública essa caracterização está apoiada no poder constituinte originário,[17] que estabelece a forma de organização do Estado.

Neste sentido, o Título III da Constituição brasileira estabelece a forma de organização do Estado, indicando no art. 18:

> Art. 18. A organização político-administrativa da República Federativa do Brasil compreende a União, os Estados, o Distrito Federal e os Municípios, todos autônomos, nos termos desta Constituição.

A autonomia patrimonial de cada uma das esferas governamentais está consubstanciada em diversos artigos da Constituição ou das Leis Orgânicas dos Municípios, que indicam quais os bens pertencentes à União, aos Estados e aos Municípios e estabelecem a destinação social do patrimônio, bem como a responsabilização pela obrigatoriedade da prestação de contas pelos agentes públicos.

2. PRINCÍPIO DA CONTINUIDADE

O Princípio da Continuidade pressupõe que a entidade continuará em operação no futuro e, portanto, a mensuração e a apresentação dos componentes do patrimônio levam em conta esta circunstância.

Nesse sentido, é necessário considerar que o orçamento, embora de importância vital para a gestão dos negócios públicos, trata basicamente do fluxo de caixa de um determinado exercício financeiro, vale dizer, de tudo que a entidade pública pretende arrecadar e da aplicação de tais recursos, seja nas atividades-fins ou nas atividades-meio, sempre com o propósito de cumprir sua finalidade de atendimento às demandas da sociedade.

A aplicação estrita do princípio da anualidade orçamentária induz a uma consideração correta de que a peça orçamentária representa o fluxo de caixa do governo, facilitando a avaliação do impacto na atividade fiscal, a reconciliação dos dados monetários e o controle dos recursos disponíveis. Porém, o sistema de

---

[17] A doutrina estabelece a existência de dois tipos de poder constituinte: (a) O poder constituinte originário (também denominado genuíno, primário ou de primeiro grau) é o poder de elaborar uma Constituição. Não encontra limites no direito positivo anterior, não deve obediência a nenhuma regra jurídica preexistente e (b) O poder constituinte derivado (também denominado reformador, secundário, instituído, constituído, de segundo grau, de reforma).

caixa é insuficiente para indicar o valor dos recebíveis, como no caso de impostos com lançamento direto ou *ex officio* e de parcelamentos concedidos aos contribuintes ou, ainda, o valor das responsabilidades obrigacionais dos governos, como é o caso das responsabilidades previdenciárias e dos precatórios judiciais que frequentemente são incluídos na Lei Orçamentária por valores inferiores ao passivo real.

O princípio da continuidade tem relação direta com o valor econômico dos ativos e, em muitos casos, com o valor de vencimento dos passivos. Portanto, tem implicações com a continuidade da entidade estatal e com a avaliação das mutações patrimoniais quantitativas e qualitativas como se pode verificar na leitura do art. 17 da Lei de Responsabilidade Fiscal:

> *Art. 17. Considera-se obrigatória de caráter continuado a despesa corrente derivada de lei, medida provisória ou ato administrativo normativo que fixem para o ente a obrigação legal de sua execução por um período superior a dois exercícios.*

Em decorrência, a adoção do princípio da continuidade permitirá a identificação de ativos geradores de custeio futuro que devem ser obrigatoriamente incluídos nos orçamentos dos exercícios seguintes. Tal regra está prevista no inciso I do art. 16 da Lei de Responsabilidade Fiscal, que obriga a estimativa do impacto orçamentário-financeiro no exercício em que deva entrar em vigor o aumento de qualquer despesa e nos dois subsequentes. Além disso, a norma constitucional estabeleceu que nenhum investimento cuja execução ultrapasse um exercício financeiro poderá ser iniciado sem prévia lei que autorize a inclusão, sob pena de crime de responsabilidade (art. 167, § 1º).

Com tal dispositivo, em face da própria definição de Contabilidade como ciência de estudo do patrimônio, não é mais possível desconhecer que muitos dos programas, dos projetos e das atividades de responsabilidade do Estado, uma vez iniciados, passam a ter um ciclo próprio e, por conseguinte, não ficam limitados ao ano fiscal ou ao exercício financeiro a que corresponde a autorização inicial, resultando daí a sua inclusão em planos de médio e longo prazos (Plano Plurianual), cujos reflexos devem ser mensurados e avaliados no Ativo, no Passivo ou no Patrimônio Líquido.

O princípio da continuidade, portanto, permite que as entidades governamentais efetuem o planejamento do custo de manutenção ao invés da simples alocação do valor histórico da depreciação, vez que o planejamento da futura manutenção deve ser baseado num plano cujo objetivo será manter o ativo com o mesmo nível de serviço ao longo do tempo. Assim, o investimento em um hospital, uma escola ou em uma estrada deve pressupor, por um lado, o registro desse ativo e, por outro, o planejamento das despesas de custeio a serem alocadas nos orçamentos subsequentes.

Em face do exposto, a observância do Princípio da Continuidade é indispensável à correta aplicação do Princípio da Competência, por efeito de se relacionar diretamente à quantificação dos componentes patrimoniais e à formação do resultado, e constitui dado importante para aferir a capacidade futura de geração de fluxos econômicos e financeiros.

3. PRINCÍPIO DA OPORTUNIDADE

O Princípio da Oportunidade refere-se ao processo de mensuração e apresentação dos componentes patrimoniais para produzir informações íntegras e tempestivas. Por outro lado a falta de integridade e tempestividade na produção e na divulgação da informação contábil pode ocasionar a perda de sua relevância, por isso é necessário ponderar a relação entre a oportunidade e a confiabilidade da informação.

A integridade e a fidedignidade dizem respeito à necessidade de as variações serem reconhecidas na sua totalidade, independentemente do cumprimento das formalidades legais para sua ocorrência, visando ao completo atendimento da essência sobre a forma.[18]

Nesse aspecto, pode-se observar a obrigatoriedade da União, dos Estados, do Distrito Federal e dos Municípios de zelar e conservar o patrimônio público na forma do art. 23, I, da Constituição Federal e, certamente, para atender a tal dispositivo é necessário manter de forma adequada o registro do patrimônio e de suas mutações, compreendendo os elementos quantitativos e qualitativos bem como os aspectos físicos e monetários.

4. PRINCÍPIO DO REGISTRO PELO VALOR ORIGINAL

O Princípio do Registro pelo Valor Original determina que os componentes do patrimônio devam ser inicialmente registrados pelos valores originais das transações, expressos em moeda nacional.

Por sua vez as bases de mensuração do valor original devem ser utilizadas em graus distintos e combinadas, ao longo do tempo, de diferentes formas, a saber:

> I – Custo histórico. Os ativos são registrados pelos valores pagos ou a serem pagos em caixa ou equivalentes de caixa ou pelo valor justo dos

---

[18] A aplicação da regra da essência sobre a forma exige, entretanto, no caso de passivos, a verificação de sua efetiva validade e pertinência antes do seu reconhecimento e contabilização.

recursos que são entregues para adquiri-los na data da aquisição. Os passivos são registrados pelos valores dos recursos que foram recebidos em troca da obrigação ou, em algumas circunstâncias, pelos valores em caixa ou equivalentes de caixa, os quais serão necessários para liquidar o passivo no curso normal das operações; e

II – Variação do custo histórico. Uma vez integrado ao patrimônio, os componentes patrimoniais, ativos e passivos, podem sofrer variações decorrentes dos seguintes fatores:

a) Custo corrente. Os ativos são reconhecidos pelos valores em caixa ou equivalentes de caixa, os quais teriam de ser pagos se esses ativos ou ativos equivalentes fossem adquiridos na data ou no período das demonstrações contábeis. Os passivos são reconhecidos pelos valores em caixa ou equivalentes de caixa, não descontados, que seriam necessários para liquidar a obrigação na data ou no período das demonstrações contábeis;

b) Valor realizável. Os ativos são mantidos pelos valores em caixa ou equivalentes de caixa, os quais poderiam ser obtidos pela venda em uma forma ordenada. Os passivos são mantidos pelos valores em caixa e equivalentes de caixa, não descontados, que se espera seriam pagos para liquidar as correspondentes obrigações no curso normal das operações da Entidade;

c) Valor presente. Os ativos são mantidos pelo valor presente, descontado do fluxo futuro de entrada líquida de caixa que se espera seja gerado pelo item no curso normal das operações da Entidade. Os passivos são mantidos pelo valor presente, descontado do fluxo futuro de saída líquida de caixa que se espera seja necessário para liquidar o passivo no curso normal das operações da Entidade;

d) Valor justo. É o valor pelo qual um ativo pode ser trocado, ou um passivo liquidado, entre partes conhecedoras, dispostas a isso, em uma transação sem favorecimentos; e

e) Atualização monetária. Os efeitos da alteração do poder aquisitivo da moeda nacional devem ser reconhecidos nos registros contábeis mediante o ajustamento da expressão formal dos valores dos componentes patrimoniais.

Por sua vez são resultantes da adoção da atualização monetária:

I – a moeda, embora aceita universalmente como medida de valor, não representa unidade constante em termos do poder aquisitivo;

II – para que a avaliação do patrimônio possa manter os valores das transações originais, é necessário atualizar sua expressão formal em moeda nacional, a fim de que permaneçam substantivamente corretos os valores dos componentes patrimoniais e, por consequência, o do Patrimônio Líquido; e

III – a atualização monetária não representa nova avaliação, mas tão somente o ajustamento dos valores originais para determinada data, mediante a aplicação de indexadores ou outros elementos aptos a traduzir a variação do poder aquisitivo da moeda nacional em um dado período.

5. PRINCÍPIO DA COMPETÊNCIA

O Princípio da Competência determina que os efeitos das transações e outros eventos sejam reconhecidos nos períodos a que se referem, independentemente do recebimento ou pagamento. Tal princípio pressupõe a simultaneidade da confrontação de receitas e de despesas correlatas e tem aplicação integral no setor público nos termos da Legislação em vigor.[19]

A contabilidade aplicada ao setor público, como qualquer outra, tem estreita conexão com o princípio da evidenciação dos elementos patrimoniais e da universalidade dos registros, como determinado em diversos dispositivos da Lei nº 4.320/64 que serão estudados mais adiante.

Com a edição dos princípios contábeis sob a perspectiva do setor público e das correspondentes Normas Brasileiras de Contabilidade Aplicadas é possível identificar alteração substancial na apuração de resultados que passa a adotar tanto a abordagem orçamentária como a abordagem contábil, como já referido. Assim, o enfoque orçamentário tem origem no denominado regime misto que só considera como receitas os valores que ingressaram no caixa e apropria como despesas todos os compromissos que sejam assumidos pelos gestores. Tem a desvantagem de que as demonstrações de receita e despesa não se referem a períodos idênticos por apresentarem tão somente a visão de caixa e, consequentemente, não apresentam homogeneidade nos registros, dificultando a análise econômica do resultado.

O enfoque contábil estabelece que as receitas e as despesas devem ser incluídas na apuração do resultado do período em que ocorrerem, sempre simultaneamente quando se correlacionarem, independentemente de seu recebimento ou pagamento.

Do enfoque contábil resulta a avaliação integral e completa do patrimônio público, vez que sua utilização pressupõe os seguintes critérios de reconhecimento dos resultados:

---

[19] A leitura da Lei 4.320/64 a partir do artigo 83 revela que a aplicação do princípio da competência na contabilidade do setor público já estava previsto, mas não era aplicado principalmente pela ênfase ao processo orçamentário-financeiro.

a) das receitas quando nasce o crédito tributário mediante lançamento tributário efetuado pelo órgão público seja no lançamento direto, como é o caso do IPTU, IPVA, Taxa de Incêndio; na autuação fiscal ou no parcelamento de créditos fiscais concedidos aos contribuintes;

b) das receitas a que o Estado renuncia em função de programas de incentivo a certas atividades econômicas (Renúncia de Receitas);

c) das despesas em função dos compromissos ou obrigação assumidas;

d) dos passivos originários de obrigações reais em que a entidade toma conhecimento antes da apropriação orçamentária, como as despesas referentes a precatórios, inativos e pensionistas; e

e) das obrigações potenciais como o diferimento de despesas relativas à manutenção futura de hospitais, escolas, delegacias de polícia etc. (despesas obrigatórias de caráter continuado).

Pelo enfoque contábil as demonstrações do ativo, passivo e patrimônio líquido passam a fornecer informações relevantes para o processo de planejamento sobre os recursos utilizados e os resultados obtidos e, ainda, permitem a avaliação da eficácia e atribuição de responsabilidades pela eficiência, viabilizando também a identificação de contingências ativas e passivas principalmente as decorrentes de ativos intangíveis como avaliação da folha de pagamento para fins de contratação de estabelecimento bancário exclusivo para pagamento de servidores (ativo intangível) ou securitização da dívida ativa nos moldes permitidos por Resolução do Senado Federal,[20] que pode viabilizar uma melhora na gestão de recursos financeiros.

O princípio da competência contábil é reconhecido como o sistema que fornece um quadro explícito das obrigações, auxiliando os administradores a ver o histórico das ocorrências nos últimos exercícios e a fazer projeções para os próximos orçamentos. Sem dúvida, em períodos de crise, o princípio da competência permite que os administradores públicos vejam os riscos inerentes de suas decisões e, desse modo, possam, além de melhorar o processo de planejamento, focar o contingenciamento de dívidas de curto, médio e longo prazo, ou, ainda, reconhecer a liquidez de certos ativos, como é o caso dos valores inscritos na dívida ativa.

6. PRINCÍPIO DA PRUDÊNCIA

O Princípio da Prudência determina a adoção do menor valor para os componentes do Ativo e do maior para os do Passivo, sempre que se apresentem alternativas igualmente válidas para a quantificação das mutações patrimoniais

---

[20] Resolução do Senado nº 33/2006. Sobre tal Resolução foi impetrada Ação Direta de Inconstitucionalidade – ADI 3786. Junto ao Supremo Tribunal Federal e que está pendente de julgamento (em 18/09/2010).

que alterem o patrimônio líquido. Tal Princípio pressupõe o emprego de certo grau de precaução no exercício dos julgamentos necessários às estimativas em certas condições de incerteza, no sentido de que ativos e receitas não sejam superestimados e que passivos e despesas não sejam subestimados, atribuindo maior confiabilidade ao processo de mensuração e apresentação dos componentes patrimoniais.

A aplicação do Princípio da Prudência não deve levar a excessos ou a situações classificáveis como manipulação do resultado, ocultação de passivos, super ou subavaliação de ativos. Em consonância com os princípios constitucionais, a prudência deve constituir garantia de inexistência de valores fictícios, de interesses de grupos ou pessoas, especialmente gestores, ordenadores e controladores.

A prudência deve orientar sempre os administradores na aplicação dos princípios constitucionais que se referem à supremacia constitucional como característica fundamental do setor público, indicando a condição lógica necessária a todo ordenamento jurídico e a pressuposição da obediência à Constituição como critério de validade das demais normas. Tais princípios tanto podem referir-se à receita como à despesa, como a seguir:

- Quanto à receita, a administração pública submete-se, além de outros, aos seguintes princípios:
    (i) da legalidade, regida pelo art. 150, inciso I, CF/88, que estabelece ser [...] *"vedado à União, aos Estados, ao Distrito Federal e aos Municípios exigir ou aumentar tributo sem lei que o estabeleça"*;[21]
    (ii) da isonomia indicado no art. 5º da CF/88;
    (iii) da capacidade contributiva, constante do art. 145, § 1º, da Constituição Federal; e
    (iv) da anterioridade, que veda a cobrança de tributos *"no mesmo exercício financeiro em que haja sido publicada a lei que os instituiu ou aumentou"*.[22]

- Quanto às despesas, a prudência exige a observância, entre outros, dos princípios:

---

[21] A CF/88, art. 153, § 1º, prevê uma exceção ao princípio da legalidade (alíquotas dos impostos de importação, exportação, sobre produtos industrializados, e sobre operações de crédito, câmbio e seguro, ou relativas a títulos ou valores mobiliários), podem ser alteradas pelo Poder Executivo, desde que atendidas as condições e os limites estabelecidos em lei.

[22] Quanto à Seguridade Social prevalece uma anterioridade especial, cf. o § 6º do art. 195: "as contribuições sociais de que trata este artigo só poderão ser exigidas após decorridos noventa dias da data da publicação da lei que as houver instituído ou modificado, não se lhes aplicando o disposto no art. 150, III, *b*".

(i) do planejamento obrigatório (art. 167, I, da Constituição Federal);

(ii) da legalidade e da regra de ouro que veda a realização de operações de crédito que excedam o montante das despesas de capital, ressalvadas as autorizadas mediante créditos suplementares ou especiais com finalidade precisa, aprovados pelo Poder Legislativo por maioria absoluta.

1.3.3 Classificações da Contabilidade Pública

A Contabilidade aplicada ao setor público pode ser classificada em dois campos, segundo:

- a organização político-administrativa;
- as especializações.

a) A organização político-administrativa

Sob esse aspecto, a contabilidade é classificada em decorrência da organização político-administrativa da República Federativa do Brasil, que compreende a União, os Estados, o Distrito Federal e os Municípios, todos autônomos em sua respectiva esfera de competência, em:

- **federal** – a que trata do registro dos atos e fatos que afetam o patrimônio definido constitucionalmente como sendo da União;
- **estadual** – a que trata do registro do patrimônio e suas mutações, quando definido como sendo dos Estados;
- **municipal** – cuida do registro do patrimônio definido como municipal.

Tais entidades são pessoas jurídicas de direito público, com patrimônio e competência de atuação bem definida. Assim, em seus vários artigos a Constituição Federal esclarece quais os bens da União; quais as regras que regem os bens dos Estados, Distrito Federal e Territórios e, ainda, estabelece as respectivas competências.

A partir da Lei de Responsabilidade Fiscal foi iniciado um processo de estruturação da contabilidade pública em relação à sua nomenclatura tendo em vista a obrigatoriedade de consolidação das demonstrações contábeis das unidades da federação. Em decorrência foi aprovado plano de contas nacional[23] com o objetivo de, até certo nível de contas, padronizar contabilização das operações de

---

[23] Plano de Contas aprovado pela Portaria STN nº 751, de 16 de dezembro de 2009.

todas as entidades que estejam incluídas direta ou indiretamente no campo de aplicação da Contabilidade Pública.

b) As especializações

Sob esse aspecto, temos:

- contabilidade orçamentária, financeira e patrimonial;
- contabilidade industrial e de custos;
- contabilidade agrícola e pastoril;
- contabilidade gerencial.

A **contabilidade orçamentária, financeira e patrimonial** objetiva a evidenciação do patrimônio da entidade pública e pode ser assim desdobrada para fins didáticos:

- *contabilidade orçamentária*: procede ao registro da previsão das receitas e da fixação das despesas de acordo com as especificações constantes da Lei do Orçamento e dos créditos adicionais que acompanham todas as suas fases até a arrecadação das receitas e pagamento das despesas e a apuração final do déficit ou superávit tanto da previsão inicial como da execução orçamentária;

- *contabilidade financeira*: trata da movimentação financeira orçamentária e extraorçamentária;

- *contabilidade patrimonial*: trata do registro das movimentações do patrimônio, registrando de forma sistemática as variações qualitativas e quantitativas ocorridas no Ativo e no Passivo durante o exercício. Essas variações podem ser resultantes ou independentes da execução orçamentária conforme veremos nos capítulos seguintes.

A **contabilidade industrial e de custos** – a contabilidade industrial é praticada nos estabelecimentos industriais do Estado, mantidos no interesse público, como, por exemplo, a Imprensa Oficial, os serviços de água, esgoto, transportes, estradas de ferro e os demais serviços públicos industriais, com autonomia administrativa ou subordinados. Entretanto, é necessário considerar que muitos destes serviços têm sido privatizados e, portanto, deixam de fazer parte da estrutura dos entes públicos, embora continuem a aplicar a contabilidade industrial e de custos. Por sua vez, a contabilidade de custos é mais abrangente, atendendo a toda a administração com a finalidade de permitir a avaliação e o acompanhamento da gestão orçamentária, financeira e patrimonial. Registra-se que, a partir da vigência da LRF, os órgãos públicos passaram a ter a obrigatoriedade de sua implantação. (§ 3º, art. 50 da Lei de Responsabilidade Fiscal).

A **contabilidade agrícola ou pastoril** é praticada nos campos de experimentação e nas fazendas-modelo de propriedade do Estado e, da mesma forma que a contabilidade industrial, tem como objetivo apurar o custo da produção.

A **Contabilidade gerencial** constitui uma ferramenta importante, com o objetivo de prover a administração com informações que não podem estar inseridas na contabilidade geral ou na contabilidade orçamentária, financeira e patrimonial, por divergirem dela quanto à classificação, ao critério de acumulação e avaliação e, principalmente, como fonte geradora de informações que auxiliem o processo decisório.

Estudando a contabilidade gerencial, Horngren (1985, p. 8), afirma que "as ideias básicas da Contabilidade Administrativa foram desenvolvidas em organizações industriais. Entretanto elas evoluíram, podendo hoje ser aplicadas a todo tipo de organização, inclusive as que se dedicam à prestação de serviços".

Já para Anthony e Hekimian (1974, p. 11), "a Contabilidade administrativa está intimamente ligada ao processo conhecido como controle administrativo, ou função de controle da administração, que consiste em assegurar que os recursos sejam obtidos e usados efetiva e eficientemente na consecução dos objetivos da organização".

A apuração e controle de custos é um dos instrumentos de que se vale a contabilidade gerencial e sua aplicação nas atividades do Estado não difere, em princípio, da área empresarial, pois enquanto nesta se busca identificar o custo de um produto ou serviço, naquela objetiva-se também o conhecimento dos custos de cada uma das atividades ou departamentos que prestam serviços à população e ambas visam estabelecer a comparabilidade de tais custos com alguma unidade de medida preestabelecida.

Em resumo, podemos afirmar que a Contabilidade Pública objetiva o registro, a análise e a evidenciação dos fatos administrativos que afetam o patrimônio da entidade pública, segundo a organização administrativa das pessoas jurídico-administrativas.

Temos, portanto, várias especializações, conforme as entidades administrativas utilizadas pelo Estado no atendimento dos seus objetivos. Assim, na administração direta, não registramos os fatos ocorridos nos órgãos da administração indireta e nas fundações instituídas pelo Poder Público, pois estes possuem contabilidade própria, levantando isoladamente os seus resultados que devem ser consolidados no final de cada período.

A Figura 1.14 apresenta o sistema de informações da contabilidade aplicada ao setor público.

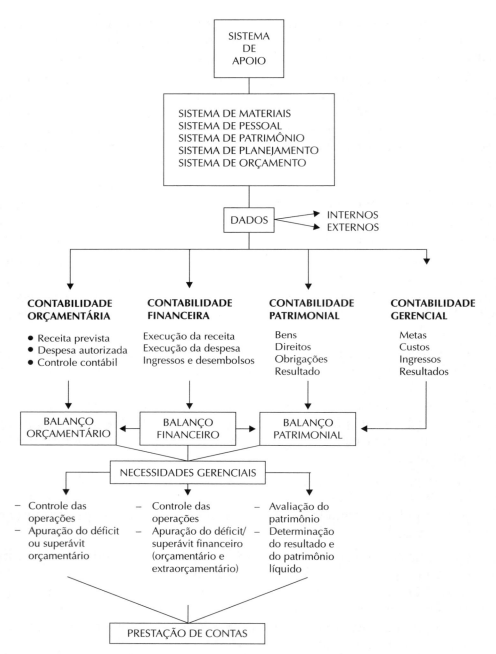

Figura 1.14 *Estrutura do sistema de informações da contabilidade pública.*

1.3.4 Planejamento de Contabilidade Pública

Um sistema otimizado de Contabilidade Pública utiliza, para desempenho de sua missão de acompanhamento do Patrimônio, um instrumental representado por: livros, fichas, impressos, anotações e cálculos, procurando estabelecer rotina especial a ser observada no encaminhamento das operações, na memorização gráfica dos fenômenos próprios da gestão e de outros fenômenos que, embora alheios à gestão, modifiquem, de algum modo, a situação financeira e patrimonial do Estado.

Desse modo, o Planejamento da Contabilidade Pública deve compreender os seguintes tópicos:

- plano de formulários;
- plano de livros e registros;
- plano de rotinas de trabalho;
- estudo de metodologia da revelação; e
- plano de contas.

O planejamento de um sistema contábil voltado para o setor público, deve levar em consideração que seus elementos devem estar dispostos de modo a garantir a permanência do controle geral eficiente e coordenado, isto é, seguro, oportuno e econômico, objetivando o armazenamento de informações que possibilitem a correta tomada de decisões.

a) Plano de formulários

Os diversos fenômenos que se desenrolam durante a gestão exigem, em razão de sua multiplicidade, memorização incontinente, e tal memorização se processa por meio da utilização de formulários próprios, que permitem, com rapidez, anotações e lançamentos, destinados a controlar os componentes patrimoniais afetados.

O planejamento dos impressos para o Sistema Contábil deve sempre ser objeto de análise permanente para possibilitar a sua constante atualização.

b) Plano de livros e registros

Os livros de escrituração estão divididos em dois grupos distintos:

- registros cronológicos;
- registros sistemáticos.

São cronológicos os que encerram a historiografia do órgão, cabendo a um deles – o Diário – a função de registrar os fatos administrativos ocorridos.

São, portanto, cronológicos:

- Diário Central;
- Diário Setorial.

São sistemáticos os registros destinados a controlar individualmente os componentes patrimoniais, suas mutações e os diversos valores que indicam a composição da situação líquida do patrimônio e suas variações, sendo que a fixação dos registros sistemáticos está ligada ao planejamento das contas.

Como registros sistemáticos, temos o Razão, sintético e analítico, os registros de estoques, de movimento bancário, de Restos a Pagar, de Depósitos e Cauções etc.

O Razão (sintético e analítico) obedecerá, em sua escrituração, ao seguinte:

- em princípio, a cada conta e a cada desdobramento corresponderá uma Ficha de Razão e Desdobramento (FRD);
- todavia, a existência de FRD para grau inferior elimina a necessidade de existência de FRD para os respectivos desdobramentos de grau superior.

A Figura 1.15 mostra o tipo de desdobramento até 4º nível ou grau:

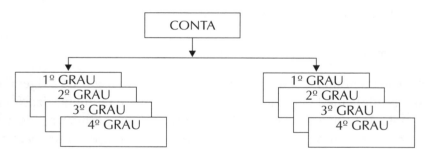

Figura 1.15 *Estrutura de conta até 4º grau.*

Na Figura 1.16, temos um modelo de Ficha de Razão e Desdobramento.

EXERCÍCIO	CÓDIGO	Nº DE ORDEM

TÍTULO ______________________________

DATA	a/de	CONTRAPARTIDA	F.L. Nº	DÉBITO $	CRÉDITO $	D/C	SALDO $	OBSERVAÇÕES

Figura 1.16 *Ficha de razão e desdobramento.*

c) Plano de rotinas de trabalho

Para que se possa efetuar a divisão do trabalho escritural, de controle e análise, de modo a obter maior rapidez, perfeição e economia na sua execução, torna-se necessário estabelecer a rotina interna que, por sua vez, exige a divisão do órgão contábil em unidades ou centros de controle ou de trabalho.

Na área de administração financeira e contábil, as rotinas devem obedecer aos seguintes princípios básicos:

- a documentação de entrada do sistema contábil deve ser encaminhada à Contabilidade no dia imediato à ocorrência do fato;[24]
- a liquidação da despesa deve ser uma atividade rigorosamente controlada pelo órgão contábil;
- a rotina deve indicar como se encaminharão os papéis, como e com que prioridade se escriturarão os diversos livros e fichas do Sistema, de modo a evitar omissões e demoras;
- após a escrituração, deverão ser efetuadas análises nos saldos das contas, objetivando:
  - conferência dos saldos contábeis com as evidências externas (bancos, almoxarifados, bens móveis e imóveis);
  - confronto entre os saldos das contas dos sistemas orçamentário, financeiro e patrimonial.

Nos sistemas descentralizados, é usual a implementação de documentos comprobatórios dos atos e fatos de gestão que constituem o suporte dos registros contábeis efetuados por unidades gestoras. Tais documentos devem ser emitidos em consonância com o ciclo de contabilização e registro que for definido e são os seguintes:

- Conformidade Diária consiste na ratificação pelo dirigente ou servidor, formalmente designado para a prática de atos de gestão e referente aos documentos emitidos no dia. Tem o objetivo de fixar a responsabilidade pelos atos praticados de acordo com a legislação vigente.
- Conformidade de Suporte Documental consiste na responsabilidade do servidor designado pela unidade gestora executora quanto à certificação da existência de documento hábil que comprove a operação e retrate a transação efetuada.

---

[24] Com a evolução dos sistemas contábeis e do processo tecnológico a tendência é o recebimento de informações por meio da transmissão eletrônica de dados.

- Conformidade Contábil dos atos da gestão orçamentária, financeira e patrimonial consiste na responsabilidade pelos registros contábeis efetuados na unidade gestora executora e demonstrações deles decorrentes. É emitida por profissional habilitado para a prática de atos de natureza contábil.

d) Estudo da metodologia da relevação

A metodologia da relevação envolve a identificação e o estudo detalhado dos componentes patrimoniais representados no Ativo, no Passivo e no Patrimônio Líquido. Nesse estudo, é de fundamental importância estabelecer as fases a serem seguidas para avaliação dos elementos patrimoniais, conforme o fluxo seguinte:

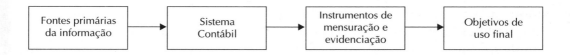

e) Plano de Contas

O Plano de Contas, que será estudado em outro capítulo, é uma relação completa das contas necessárias e suficientes ao controle dos elementos que integram o patrimônio, controle de sua situação líquida e das variações da situação líquida. Compreende, além da relação das contas, a identificação de seus atributos que corresponde ao conjunto de características próprias que a individualizam, distinguindo-a de outra conta pertencente ao plano de contas. Os atributos são definidos tanto por conceitos teóricos como por força da legislação vigente ou, ainda, por características operacionais do sistema utilizado, conforme a seguir:

- Título – designa a identificação do objeto da conta ou seja a razão para a qual a mesma foi aberta e a classe de valores que registra. A denominação da conta deve obedecer a critérios relacionados à sua compreensão e extensão.[25]

- Função – indica a natureza dos atos e fatos a serem registrados na conta, explicando de forma clara e precisa o papel desempenhado por ela na escrituração.

---

[25] A compreensão está intimamente relacionada com a extensão das contas, vale dizer, que quanto maior a extensão da conta menor será a sua compreensão. Em decorrência uma conta cujo título seja, por exemplo, Fornecedores corresponde a uma grande extensão mas de pouca compreensão enquanto uma conta intitulada Fornecedor "X" indica melhor compreensão do que a primeira.

- Funcionamento – corresponde à indicação dos fatos que implicam na movimentação da conta a débito ou a crédito, conforme o caso.
- Natureza do saldo – identifica se a conta apresenta saldo devedor ou saldo credor.

1.3.5 A contabilidade pública como sistema de informações

As NBC TSP[26] estabelecem que o sistema contábil representa a estrutura de informações sobre identificação, mensuração, avaliação, registro, controle e evidenciação dos atos e dos fatos da gestão do patrimônio público, com o objetivo de orientar e suprir o processo de decisão, a prestação de contas e a instrumentalização do controle social.

Em decorrência, a Contabilidade Aplicada ao Setor Público é organizada na forma de sistema de informações,[27] cujos subsistemas, conquanto possam oferecer produtos diferentes em razão da respectiva especificidade, convergem para o produto final, que é a informação sobre o patrimônio público. Para isso, o sistema contábil deve ser estruturado nos seguintes subsistemas de informações:

a) orçamentário – registra, processa e evidencia os atos e os fatos relacionados ao planejamento e à execução orçamentária;

b) patrimonial – registra, processa e evidencia os fatos financeiros, não financeiros relacionados com as variações qualitativas e quantitativas do patrimônio público;

c) custos – registra, processa e evidencia os custos dos bens e serviços, produzidos e ofertados à sociedade pela entidade pública, levando em conta os objetos de custo estabelecidos.

d) compensação – registra, processa e evidencia os atos de gestão cujos efeitos possam produzir modificações no patrimônio da entidade do setor público, bem como aqueles com funções específicas de controle.

A contabilidade pública, portanto, opera como elemento integrador dos sistemas de registro orçamentário, financeiro, patrimonial, orientado para a determi-

---

[26] Resolução CFC Nº 1.129/08 – *Aprova a NBC TSP 16.2 – Patrimônio e Sistemas Contábeis*.

[27] A contabilidade como sistema de informações tem sido amplamente estudado, como por exemplo, o sistema denominado Simafal – Sistema Integrado Modelo de Administracion Financiera y Control para America Latina, que é produto do processo de pesquisa realizada para estruturar uma solução que sirva de modelo para o desenho e organização do sistema de administração financeira e controle interno aplicável nas entidades do setor público. Os resultados desta pesquisa têm fundamento nas experiências positivas obtidas em diversos países da América Latina e foi preparado sob o patrocínio da Agência para o Desenvolvimento Internacional dos Estados Unidos.

nação dos resultados orçamentário, financeiro e patrimonial e, ainda, o controle das operações.

Para permitir o cumprimento dos objetivos do sistema contábil, é necessário que os subsistemas contábeis estejam integrados entre si e a outros subsistemas de informações de modo a subsidiar a administração pública sobre:

a) desempenho da unidade contábil no cumprimento da sua missão;
b) avaliação dos resultados obtidos na execução dos programas de trabalho com relação à economicidade, à eficiência, à eficácia e à efetividade;
c) avaliação das metas estabelecidas pelo planejamento;
d) avaliação dos riscos e das contingências.

A Figura 1.17 mostra um resumo das entradas e saídas da Contabilidade Pública, bem como o uso final dos produtos por ela gerados.

Figura 1.17 *Entradas e objetivos de uso final da contabilidade pública.*

Portanto, o Sistema de Contabilidade Pública constitui-se num sistema de informações que visa atender às necessidades dos administradores, às determinações legais que regem a Administração Pública e ao oferecimento ao cidadão de informes sobre o destino dos recursos dos tributos que lhe foram cobrados.

As informações geradas pelos lançamentos são dados de controle e de atualização dos arquivos contábeis descritos mais adiante e, também, relatórios conclusivos de estudos e análises que servirão de base para a tomada de decisões na administração dos negócios públicos.

São fontes de informações do Sistema Contábil todos os setores da estrutura da entidade e os dados a serem informados são todos os fatos contábeis ocorridos nesses setores.

A comunicação dos fatos contábeis ao órgão contábil que processa o Sistema é feita por meio dos próprios documentos primários envolvidos (1ª via da nota fiscal, empenho, cópia de cheque, processo etc.) ou por meio eletrônico, obedecido o seguinte:

- o setor encarregado dos recebimentos e pagamentos remeterá ao setor contábil, diariamente, todos os documentos de receita e despesa do dia anterior;
- os documentos citados devem ser acompanhados do Boletim Financeiro Diário, demonstrando, em resumo: o total da receita do dia e o saldo anterior; o total da despesa do dia e o saldo que passa para o dia seguinte.

O setor contábil analisa, interpreta e classifica, segundo o Plano de Contas, os documentos originais e emite uma "Ficha de Lançamento" (FL)[28] conforme modelo apresentado na Figura 1.18, onde são anotadas as informações pertinentes ao fato administrativo ocorrido.

---

[28] Nos sistemas eletrônicos integrados alguns lançamentos são automáticos e, nesta hipótese, a emissão de fichas de lançamento enquanto documento de entrada no sistema, é dispensável.

ÓRGÃO : ─────────────────────────────────

FICHA DE LANÇAMENTO – F.L.

	CÓDIGO	NOME DA CONTA
DEBITE		
CREDITE	CÓDIGO	NOME DA CONTA

F.L. DATA __/__/__
Nº

HISTÓRICO	VALOR

Figura 1.18 *Ficha de lançamento*.

Por sua vez, as Fichas de Lançamento são documentos que servem para os lançamentos nos livros contábeis Diário, Razão, Contas-correntes etc. e devem ser emitidas em três vias, com a destinação prevista conforme Figura 1.19, que apresenta o fluxo no órgão setorial e no órgão central.

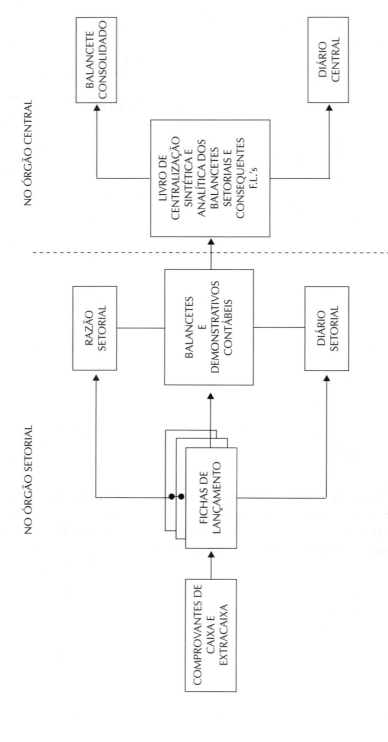

Figura 1.19 *Fluxo contábil dos comprovantes de caixa e extracaixa.*

No estudo dos sistemas de informações contábeis, é preciso considerar que à medida que as organizações públicas ampliam o volume das operações orçamentárias, financeiras e patrimoniais, precisam implementar novas tecnologias de informação que viabilizem a gestão das receitas, despesas e do patrimônio público e permitam:

- a apresentação de contas dos administradores e demais responsáveis por bens e valores;
- e acompanhamento pelos cidadãos das aplicações que estão sendo realizadas com os recursos arrecadados.

Tal necessidade ocorre, também, porque o cidadão está cada vez mais exigente por resultados, ou seja, ele quer mais serviços públicos, mais segurança, mais hospitais, mais obras públicas e, paradoxalmente, pleiteia menos impostos, menos taxas e menos contribuições. Consequentemente, os administradores precisam estar conscientes de que organizações governamentais devem estar capacitadas a transformar os dados disponíveis em informações úteis ao processo decisório, com o objetivo de facilitar a implementação das ações de governo.

Ao implantar novas tecnologias na contabilidade, podemos observar que não há diferença entre o sistema tradicional (não informatizado) e o sistema moderno (informatizado), pois as rotinas e fluxos das operações são os mesmos, vale dizer, o sistema que utiliza uma moderna tecnologia de informações tem como características principais a maior velocidade e flexibilidade no reconhecimento das necessidades e transformação dos dados em informações, conforme fluxo da Figura 1.20.

Figura 1.20 *Fluxo do processo decisório*.

O rápido progresso das tecnologias de informação teve um grande impacto sobre as operações realizadas no âmbito do setor público, oferecendo aos administradores maiores opções para decidir sobre a configuração de *hardware, software* e redes de comunicação. Essa transformação permitiu que os contadores e auditores ficassem liberados do processo de escrituração e passassem à condição de analistas contábeis dedicados à análise, interpretação e participação mais efetiva no processo decisório.

Não resta dúvida de que as inovações tecnológicas causam mudanças significativas nos sistemas de contabilidade e, por isso mesmo, merecem a atenção de contadores, auditores e gerentes que precisam controlar todos os reflexos do processamento das transações ou eventos. Entretanto, esses profissionais não podem esquecer que o processamento de dados em contabilidade constitui uma evolução das transações manuais para o atual processamento *on-line* nem das seguintes características:

Características do processamento manual:

- elaboração dos comprovantes de contabilidade, por ocasião do evento contábil (fichas de lançamento, *slips* ou *vouchers*);
- comprovantes contábeis independentes do comprovante de suporte das operações (duplicidade);
- registro dos dados do comprovante contábil nos livros obrigatórios e facultativos, conforme o caso;
- levantamento de balancetes de verificação e dos balanços;
- foco na apuração dos resultados (déficit/superávit);
- revisão dos balancetes pelo responsável pela contabilidade com as correções por meio de estornos ou lançamentos complementares.

Características do sistema on-line:

- dispensa dos comprovantes de contabilidade, pois os registros são efetuados com base nos próprios documentos primários gerados em cada setor da organização;
- programas de computação que validam as transações registradas e, automaticamente, geram entradas em diversas contas por intermédio de parâmetros previamente estabelecidos;
- os parâmetros são identificados, definidos e registrados pelos responsáveis pela contabilidade e especificam o tipo de entrada conforme a transação registrada (evento);
- lançamento automático para transações parametradas;
- levantamento de balancetes de verificação e dos balanços;
- foco na apuração de resultados e também na apuração de custos e estabelecimentos de indicadores econômicos, financeiros e sociais;
- minimização de erros de entrada.

Na atualidade, as organizações públicas têm necessidade cada vez maior de implementar sistemas *on-line* com a padronização das entradas no sistema contábil e, sempre que possível, a geração automática de certos registros com a consequente redução do trabalho burocrático. Isso, entretanto, não deve ser entendido como uma mudança nas funções básicas de contabilidade como ciência que estuda o patrimônio.

A Figura 1.21 mostra a diferença básica entre o sistema contábil tradicional e o sistema contábil moderno:

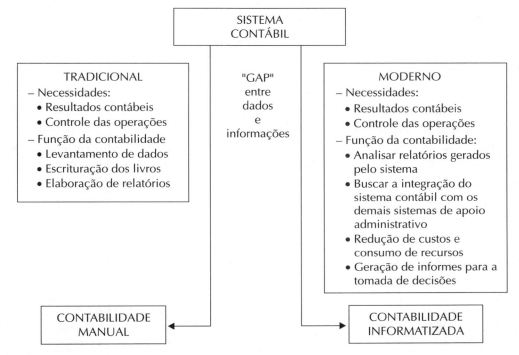

Figura 1.21 *Diferença entre os sistemas contábeis: tradicional e moderno.*

Podemos observar, portanto, que o desenvolvimento de sistemas informatizados está mudando as organizações e transformando-as, de modo gradativo, em organizações virtuais, seja externamente, para atendimento das demandas do cidadão (SAC, no Brasil ou LOJA DO CIDADÃO, em Portugal etc.), seja internamente, com a eliminação de processos, papéis e ações consideradas meramente burocráticas.

Essas mudanças resolveram a necessidade de aprimorar e aprofundar o estudo e o conhecimento dos fundamentos teóricos da ciência contábil, pois muitas vezes os sistemas implantados substituem apenas aparentemente alguns lançamentos contábeis tradicionais por eventos codificados e parametrados dos fatos administrativos. Essa sistemática revela que no futuro a contabilidade tradicional será acrescida dos conceitos relativos à contabilidade gerencial e de custos, de tal sorte que os administradores possam responder às demandas do cidadão por informações sobre a gestão orçamentária, financeira e patrimonial.

Com tal codificação, é possível abandonar certos documentos das transações ou gerar lançamentos automáticos e, desse modo, eliminar (1) documentos internos, como os relacionados com a contabilização da folha de pagamentos, que poderá ser efetuada por meio da integração dos dados do cadastro financeiro de pessoal, com o sistema de pagamento e o sistema contábil, e (2) documentos externos, como a contabilização da arrecadação que poderá ser efetuada por meio da transmissão direta dos dados dos bancos arrecadadores, ou o envio de informações de natureza fiscal e contábil (a partir da escrituração digital mantida nas empresas) e informações previdenciárias, bem como livros fiscais, comerciais e contábeis gerados a partir da escrituração, além das demonstrações contábeis.[29]

Os sistemas informatizados podem também estabelecer que um evento relativo a despesas de capital seja contabilizado automaticamente no Ativo Permanente (aquisição de bens) ou no Passivo Permanente (resgate de empréstimos), em função do simples comando relativo à liquidação da despesa e, assim por diante, para diversas contas orçamentárias de receita e despesa.

O Quadro 1.9 apresenta algumas dessas hipóteses para as receitas e despesas de capital.

Quadro 1.9 *Exemplo de eventos com registros integrados em mais de um subsistema de informações.*

EVENTOS (FATOS ADMINISTRATIVOS)	REGISTRO NO ORÇAMENTO	REGISTROS AUTOMÁTICOS	
		SUBSISTEMA FINANCEIRO	SUBSISTEMA PATRIMONIAL
– Aprovação do orçamento da receita	D: Previsão inicial da receita C: Receita Orçamentária a Realizar	Sem registros correspondentes	
– Emissão de títulos da Dívida Pública – Outras operações de crédito	D: Receita Orçamentária a Realizar C: Receita Orçamentária Realizada	D: Ativo – Disponibilidades	C: Passivo em Circulação – Obrigações (Exigíveis a Longo Prazo)
– Alienação de bens móveis – Alienação de bens imóveis		D: Ativo – Disponibilidades	C: Ativo – Imobilizado
– Cobrança da dívida ativa		D: Ativo – Disponibilidades	C: Ativos – créditos a receber
– Aprovação do orçamento da despesa	D: Dotação Orçamentária inicial C: Crédito Orçamentário Disponível	Sem registros correspondentes	

---

[29] Recomenda-se a leitura da Resolução CFC nº 1.299/2010 que aprovou o Comunicado Técnico CT 04 que define as formalidades da escrituração contábil em forma digital para fins de atendimento ao Sistema Público de Escrituração Digital (SPED).

EVENTOS (FATOS ADMINISTRATIVOS)	REGISTRO NO ORÇAMENTO	REGISTROS AUTOMÁTICOS	
		SUBSISTEMA FINANCEIRO	SUBSISTEMA PATRIMONIAL
– Compra de equipamentos e material permanente Obras e instalações – Aquisição de móveis e imóveis	D: Crédito Orçamentário Disponível C: Crédito Empenhado a Liquidar	Sem registros correspondentes	
	D: Crédito Empenhado a liquidar C: Crédito empenhado liquidado a pagar	D: Ativo – Imobilizado	C: Ativo – Disponibilidades ou C: Passivo – Obrigações em Circulação. (curto prazo);
– Resgate de títulos da dívida pública	D: Crédito Orçamentário Disponível C: Crédito Empenhado a Liquidar	Sem registros correspondentes	
	D: Crédito Empenhado a Liquidar C: Crédito Empenhado Liquidado a Pagar	D: Passivo – Obrigações em Circulação (longo prazo)	C: Ativo – Disponibilidades

Atualmente quase todos os sistemas informatizados de contabilidade pública incluem lançamentos integrados das transações, razão pela qual sua escolha não deve depender somente dos produtos gerados (relatórios de saída), mas também da arquitetura, das facilidades de operação e da flexibilidade para futuras alterações, já que a implementação do sistema não deve transformar os administradores atuais e futuros em reféns das novas tecnologias, por mais avançadas que sejam. De qualquer modo, no diagnóstico para escolha do novo sistema, é necessário que os responsáveis pela área contábil e de controle tenham informações que permitam avaliar os riscos e contingências.

Entre os aspectos a serem considerados, selecionamos os seguintes:

1. Data e denominação da versão.
2. Tamanho do sistema e número de usuários.
3. Sistema operacional, *software* e *hardware* utilizados.
4. Facilidades de operação e nível de intervenção do operador.
5. Grau de confiabilidade do aplicativo. Quedas, reprocessamentos e outras circunstâncias anormais.
6. Portabilidade ou facilidade que o aplicativo possui de adaptação e instalação em outro ambiente.
7. Frequência de novas versões e critérios de atualização: contrato de continuidade – acesso ou depósito do código-fonte.

8. Compreensão lógica dos programas e rastreamento dos problemas. Facilidade de modificação e correção do aplicativo, incluindo a determinação do efeito que isso tem em outros aplicativos.
9. Documentação: do sistema, do usuário, de operação.
10. Qualidade e quantidade de dados disponíveis para testes, além de outros recursos para avaliação de alterações.
11. Características de *performance*: existente e desejada.
12. Nível de atendimento das necessidades atuais: comparação entre funcionalidade do aplicativo e necessidades do usuário.
13. Interfaces de entrada e saída: facilidade com que o aplicativo recebe, compartilha e fornece dados para outras aplicações.
14. Controles apropriados de acesso como medida preventiva que impeça acessos não autorizados.
15. Segurança de acesso por intermédio de outros aplicativos.
16. Existência de trilhas de auditoria, principalmente para funções que manipulam valores.
17. Facilidade de extração de dados gerenciais.
18. Viabilidade de lançamentos automáticos de operações interligadas previamente definidas.
19. Estrutura do plano de contas em conformidade com as normas de contabilidade.
20. Facilidade no levantamento das demonstrações contábeis ao final de cada exercício.
21. Permitir o conhecimento dos custos mensais de operação e de manutenção, bem como o nível de utilização.

Atendidas essas questões, o sistema deve ainda:

- uniformizar a execução orçamentária, financeira, patrimonial e contábil dos órgãos da administração direta e indireta;
- possibilitar maior transparência à realização da receita e da despesa;
- permitir o acompanhamento da execução orçamentária com base em indicadores econômicos, financeiros e sociais estabelecidos quando da elaboração e aprovação do orçamento;
- dotar a administração pública de mecanismos modernos que possibilitem a evidenciação integral do patrimônio;
- otimizar a utilização dos recursos financeiros;
- eliminar as defasagens na escrituração contábil e as inconsistências de dados.

A Figura 1.22 mostra o fluxo resumido de um sistema informatizado.

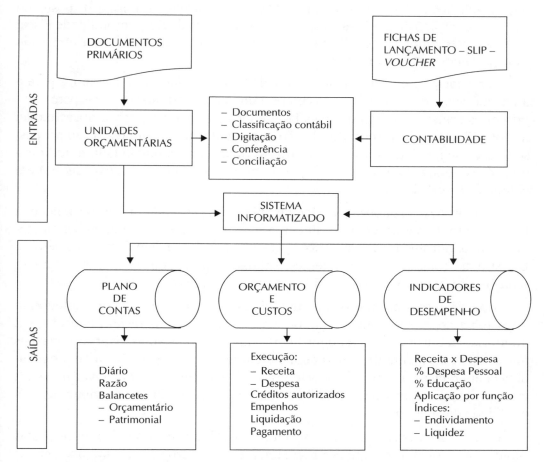

Figura 1.22 *Fluxo resumido do sistema contábil informatizado.*

1.4 Sistema contábil no setor público

1.4.1 Introdução

A administração pública direta e indireta de qualquer dos Poderes da União dos Estados, do Distrito Federal e dos Municípios deve obedecer aos princípios da legalidade, impessoalidade, moralidade, publicidade e eficiência nos termos do art. 37 da Constituição Federal de 1988. Tais princípios têm relação direta com a atividade do Estado em relação aos cidadãos. Portanto, considerado o objetivo finalístico, correspondem a uma atividade-meio.

A questão que se coloca é de que forma os administradores públicos podem cumprir tais princípios, principalmente o da eficiência, que corresponde à utilização econômica e eficiente dos recursos. Para isso devem paralelamente obedecer, no exercício de suas atividades, aos princípios do planejamento, coordenação, descentralização, delegação de competência e controle, conforme disposto no Decreto-lei nº 200 de 25 de fevereiro de 1967 e na Lei de Responsabilidade Fiscal (Lei Complementar nº 101/2000), que acresceu aos princípios anteriores o da transparência e da responsabilização.

Tais princípios dizem respeito às atividades e, portanto, estão voltados para a atividade-meio, ou seja, indicam o comportamento dos administradores para cumprirem os princípios constitucionais já referidos. Por sua vez, desde o Decreto-lei nº 200/67, as atividades do Estado são organizadas nos seguintes sistemas: pessoal, orçamento, estatística, administração financeira, contabilidade e auditoria e serviços gerais, além de outras que a critério do Poder Executivo necessitem coordenação geral.

A administração pública tem sido organizada em sistemas que correspondem a um conjunto de regras, de procedimentos e de meios que permitem aplicar métodos a um organismo (o sistema físico) para a realização de determinados objetivos. Um sistema consiste de componentes, entidades, partes ou elementos – embora também possam ser vistos como subsistemas – e as relações entre eles.

A partir desses normativos, a contabilidade passou a fazer parte integrante do sistema de controle interno juntamente com a administração financeira e a auditoria, viabilizando um enfoque aberto tanto em relação às diversas conexões que se dão no seu âmbito, como também em relação à dependência ou independência em relação a outros fatores internos ou externos à entidade, vez que para cumprimento dos princípios constitucionais é preciso melhorar continuamente a qualidade das decisões.

É necessário, portanto, que o sistema contábil no setor público dê respostas rápidas que possibilitem melhor regulamentação do próprio sistema dos demais existentes na entidade, regulando receitas, desenvolvendo mecanismos de controle e apoio ou prestando serviços aos cidadãos.

Conforme já tratado, a evolução da contabilidade pública levou a duas visões distintas: a visão orçamentária e a visão financeira-patrimonial, que apresentam o mesmo grau de importância, vez que os produtos gerados pelas duas visões são úteis para o processo decisório e o cumprimento dos princípios antes referidos, em especial o da responsabilização e prestação de contas.

Entretanto, o que se observa em muitos casos é a implantação de sistemas de controle interno nos moldes constitucionais, mas com atuação tradicional, vale dizer, com ênfase no sistema orçamentário-legalista. Tratando do tema, Vela (1992, p. 311-313), conforme referência efetuada por Torrecillas (2003), identifica entre as diversas dificuldades para a convergência às Normas Internacionais "a concepção tradicional da contabilidade pública, cujo principal objetivo tem sido a prestação de contas e o controle da legalidade, sendo sua base principal o orçamento".

No Brasil, a situação é exatamente a mesma, acrescida do limitado interesse que a matéria contábil tem despertado tanto nos usuários das informações como nos profissionais e nos cursos de contabilidade cujo programa de ensino da contabilidade pública é bastante limitado.

A nova contabilidade pública pretende resolver a questão com base na orientação estratégica divulgada pelo Conselho Federal de Contabilidade, que reconhece uma inadequada evidenciação do patrimônio público e a ausência de procedimentos contábeis suportados por boas práticas de governança que exigem o aperfeiçoamento da Contabilidade aplicada ao Setor Público.

No plano estratégico, qualquer ente da Federação que deseje conhecer as atividades relacionadas à gestão do patrimônio público deve se organizar sob o aspecto normativo, administrativo e tecnológico. Para tanto, um dos passos fundamentais é estabelecer os sistemas organizacionais e suas competências, que, por sua natureza e complexidade, devem ser apoiados por estruturas administrativas e sistemas informatizados. As boas práticas de governança exigem a implantação e constante aperfeiçoamento, no mínimo, dos seguintes sistemas organizacionais, no âmbito do setor público:

I – Planejamento e de Orçamento;

II – Administração Financeira;

III – Pessoal;

IV – Patrimônio;

V – Contabilidade; e

VI – Controle Interno.

A contabilidade aplicada ao Setor Público, como sistema de informações específico, vem incorporando novas metodologias e recuperando seu papel, adotando parâmetros de boa governança, demonstrando a importância de um sistema que forneça o apoio necessário à integração das informações macroeconômicas do setor público e à consolidação das contas nacionais.

Em decorrência dos fundamentos dessas orientações estratégicas é que se observa a atual mudança no sistema contábil brasileiro com a edição de Manuais da Receita e Despesa Pública, culminando com as discussões públicas para produzir um Plano de Contas Nacional que uniformize a estrutura da Contabilidade Pública até certo nível de detalhe e dando liberdade para desdobramentos específicos de acordo com as necessidades locais das entidades.

Tais alterações estão em consonância com o que já estava previsto na Lei nº 4.320/64, agora reforçadas com a obrigatoriedade de consolidação e padronização dos procedimentos contábeis nacionais previstos na Lei de Responsabilidade

Fiscal. Este tema também foi estudado por Montesinos (2003, p. 159), que, ao analisar a situação espanhola dentro do entorno internacional, situou a Contabilidade Pública dentro da Teoria Geral da Contabilidade, ressaltando o sentido integrador da Contabilidade ao indicar uma conexão metodológica e de informação entre os critérios e os dados macroeconômicos das entidades públicas e os critérios e dados agregados das contas nacionais e regionais do setor público. Esclarece, ainda, sobre a evolução da contabilidade dentro das exigências da boa governança mediante a introdução de uma nova concepção de prestação de contas, mais de acordo com as características da gestão pública e com as necessidades dos usuários da informação contábil.

Para integrar o sistema orçamentário com o sistema financeiro-patrimonial, é preciso fazer uso do sistema de contas utilizado em cada uma das visões acima referida que Viana (1962) assim definiu:

> *"Sistema de contas é um conjunto de contas coordenadas em relação a um objeto complexo – o patrimônio, rédito, gestão financeira, previsão etc. Daí dizer-se que há vários sistemas de contas, porque vários são os objetos complexos que podem ser relevados através de contas interdependentes entre si."*

No Brasil, o sistema de contas preconizado na Lei nº 4.320/64 é dividido de modo a permitir identificar os fenômenos patrimoniais decorrentes dos atos de gestão praticados pelos administradores, bem como os que decorrem de ações espontâneas, tais como:

- as receitas arrecadadas (ingressos) e despesas realizadas (desembolsos) orçamentárias;
- as receitas e despesas extraorçamentárias;
- as variações ativas e passivas que produzam respectivamente aumento ou diminuição do patrimônio líquido.

Para solucionar o problema de separação do patrimônio em subsistemas de contas, devemos considerar que o desenvolvimento da gestão do Estado é traduzido pelas constantes modificações na composição qualitativa e quantitativa do patrimônio, bem como a necessária ênfase que as instituições sem finalidade lucrativa devem dar ao orçamento como instrumento de gestão financeira.

Assim, o Estado recebe do mundo econômico externo bens materiais e imateriais (ingressos), realizando um processo complexo de produção de bens e serviços que servem para atender às necessidades públicas, conforme Figura 1.23 a seguir:

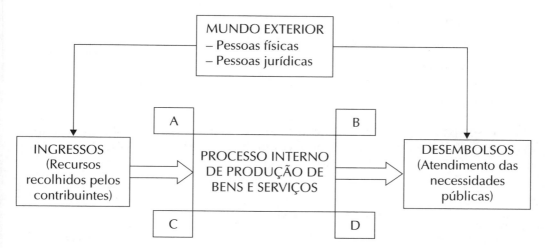

Figura 1.23 *Estrutura dos ciclos externo e interno da administração pública.*

A observação do esquema anterior permite identificar dois ciclos distintos:

- a parte que está fora do quadrado ABCD;
- a parte que está incluída nos contornos ABCD.

A primeira é denominada ciclo financeiro e constitui o que se denomina contabilidade externa ou financeira, cujo objetivo é satisfazer as necessidades de informação dos usuários externos à entidade pública e a segunda é denominada ciclo econômico e constitui o que se denomina contabilidade interna, econômica ou patrimonial, cujo foco é atender aos usuários internos com o objetivo de melhorar os processos internos e a gestão administrativa.

A contabilidade financeira está representada pelo subsistema financeiro e objetiva o acompanhamento de todo o movimento de ingressos e desembolsos com o mundo exterior, enquanto a contabilidade patrimonial, representada pelo subsistema patrimonial, objetiva a determinação das causas das variações ocorridas no patrimônio líquido, qualquer que seja sua origem interna ou externa.

Essa separação teórica da contabilidade em interna e externa vem sendo estudada ao longo dos anos por autores de renome, visto que certos pontos de uma deverão integrar-se na outra, como, por exemplo, o pagamento de despesas correntes que merece registro no subsistema financeiro, sob o aspecto do desembolso ocorrido e, também, no subsistema patrimonial, por se referir a uma parcela dedutiva do patrimônio líquido.

Cabe, portanto, refletir sobre o modo de estruturar os sistemas de contas para segregar, em função dos objetivos, a contabilidade orçamentária e financeira da contabilidade patrimonial.

Os estudiosos do assunto entendem que as duas ordens de valores contábeis podem ligar-se por meio dos seguintes sistemas:

- sistema monista;
- sistema duplo misto;
- sistema duplo.

a) Sistema monista

Nesse sistema, não há duas contabilidades, mas apenas uma, que abrange tanto a contabilidade interna como a contabilidade externa (Figura 1.24).

Figura 1.24 *Fluxo do sistema de contabilidade único.*

b) Sistema duplo misto

O sistema duplo misto parte do pressuposto de que as duas contabilidades são distintas, mas a contabilidade interna é realizada mediante procedimentos estatísticos, isto é, por meio de mapas e tabelas no lugar das tradicionais contas. Por isso, é comum dizer que nesse sistema as operações de natureza interna são registradas extracontabilmente. A Figura 1.25 mostra esse fluxo:

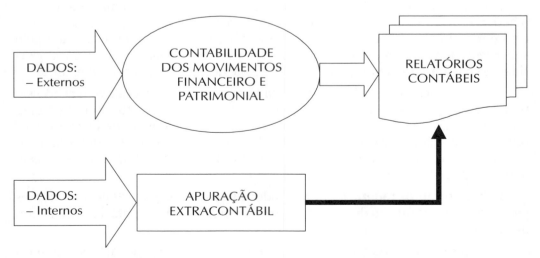

Figura 1.25 *Fluxo do sistema de contabilidade duplo-misto.*

c) Sistema duplo[30]

Com o sistema duplo, temos uma segregação entre os movimentos orçamentários e financeiros e os movimentos patrimoniais em face de exigências dos usuários das informações contábeis, como no caso do setor público, em que o Poder Legislativo e os Tribunais de Contas têm interesse direto e imediato em conhecer o processo de execução do orçamento e a movimentação financeira a ele relativa e interesse indireto pelos demais movimentos patrimoniais, principalmente no que se refere a valores recebíveis, a perdas econômicas decorrentes do uso de ativos (depreciação) e endividamento de longo prazo.

Em função das Normas de Contabilidade e do Plano de Contas único a separação dos movimentos financeiros e patrimoniais passou a ser efetuada por intermédio da identificação desse atributo nas respectivas contas.

A Figura 1.26 mostra a estrutura do sistema duplo:

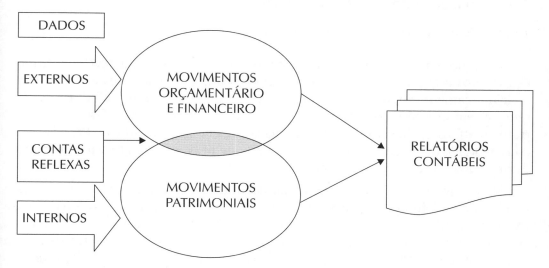

Figura 1.26 *Fluxo do sistema de contabilidade duplo.*

A Contabilidade Pública adota o sistema duplo de contabilização com o objetivo de identificar os fluxos econômicos e os fluxos financeiros, permitindo analisar as razões pelas quais o saldo disponível em caixa e bancos não é igual ao resultado

---

[30] Este sistema permite a integração do subsistema orçamentário e financeiro com o subsistema patrimonial e pode ser comparado com a sistemática adotada nas empresas privadas, em que a existência de um sistema de custos integrado com a contabilidade geral possibilita a avaliação pelo custo de produção dos produtos em fabricação e acabados registrados no ativo, conforme art. 296 do Decreto nº 3.000/99, segundo o qual o contribuinte que mantiver sistema de contabilidade de custo integrado e coordenado com o restante da escrituração poderá utilizar os custos apurados para avaliação dos estoques de produtos em fabricação e acabados.

econômico obtido, levando a gestão estatal, muitas vezes, a apresentar um superávit global sem possuir disponibilidades para fazer face aos seus compromissos.

Além disso, o superávit financeiro obtido num exercício pode ser utilizado em exercícios subsequentes, provocando um déficit orçamentário se a comparação for efetuada, apenas, em relação ao período anual. Esta questão tem sido resolvida mediante a inclusão nas demonstrações contábeis dos valores relativos à atualização da previsão da receita e das dotações orçamentárias das despesas, conforme estabelecem as NBC TSP nº 16.6, que, assim, define o Balanço Orçamentário:

> 20. O Balanço Orçamentário evidencia as receitas e as despesas orçamentárias, detalhadas em níveis relevantes de análise, confrontando o orçamento inicial e as suas alterações com a execução, demonstrando o resultado orçamentário.[31]

1.4.2 Apuração do resultado no setor público

1.4.2.1 Estudo dos critérios de contabilização

Em todo o mundo, o sistema de contabilidade orçamentária deve conceituar os distintos estágios das receitas e despesas e compatibilizar estes estágios com o ciclo orçamentário, levando sempre em conta que alguns fatos administrativos têm origem em períodos anteriores a esse ciclo e, por sua vez, fatos administrativos atuais podem repercutir em ciclos orçamentários futuros. Para isso, a contabilidade deve identificar qual foi o fato que provocou o ingresso de receitas estimadas ou o consumo de despesas autorizadas.

Na prática tem sido utilizada a expressão *execução orçamentária*, mas uma análise mais profunda mostrará que ela não é adequada, pois, em sentido estrito, executar significa efetuar uma ação, obra, e, portanto, a execução orçamentária consiste no universo das etapas da receita e da despesa, seja pela venda de bens e arrecadação de tributos, seja pela prestação de serviços, aquisição de bens ou construção de obras, e, consequentemente, nem todas as etapas implicam em reconhecimento de ativos e passivos no sistema contábil.

Esse assunto tem sido discutido de modo abrangente pelos órgãos normatizadores do sistema contábil do setor público, como a Federação Internacional de Contadores (IFAC), a Associação Interamericana de Contabilidade (AIC) e os padrões editados pelo GASB (*Governmental Accounting Standards Board*) que, constantemente, divulgam estudos e editam pronunciamentos sobre princípios específicos, bases, convenções, regras e práticas a serem adotados na contabilidade das entidades públicas. Esses organismos têm identificado os seguintes critérios de contabilização de receitas e despesas do setor público:

---

[31] Resolução CFC nº 1.133/08 com as alterações introduzidas pela Resolução CFC nº 1.268/09.

- regime de caixa;
- regime de competência;
- regime misto.

Regime de caixa

No regime de caixa, o sistema contábil adota os seguintes entendimentos:

- as despesas ocorrem no momento do efetivo pagamento, ou seja, na saída de recursos do disponível;
- os ingressos somente são registrados quando ocorre a entrada dos recursos.

O regime de caixa baseia-se, portanto, no princípio de que a receita e a despesa são reconhecidas no momento do recebimento e do pagamento, ou seja, o consumo ou utilização dos créditos orçamentários somente são considerados no resultado no momento do pagamento, enquanto as receitas são sempre registradas em função do ingresso efetivo dos recursos oriundos do sistema de arrecadação.

A contabilização com base no caixa significa o reconhecimento das transações quando do seu recebimento ou do pagamento. Mede, portanto, o resultado financeiro do período como sendo a diferença entre recebimentos e pagamentos. As demonstrações contábeis neste regime correspondem ao fluxo monetário.

Parece evidente que o regime de caixa facilita o acesso ao impacto fiscal da atividade econômica e contribui para a reconciliação desses dados no fluxo monetário do Tesouro. Todavia, é ineficiente para indicar imediatamente ou mesmo a médio e longo prazo as obrigações do Estado, como, por exemplo, as aposentadorias e pensões que não estão incluídas como passivo de médio e longo prazo e, em razão disso, na maioria das vezes, quando incluídas estão embasadas em valores subavaliados.

Pelo que se observa, o regime de caixa pode contribuir para distorcer o resultado financeiro e econômico, além de omitir do Legislativo as reais necessidades de recursos para cobertura dessas obrigações, que somente ficam evidenciadas de modo claro quando é aplicado o regime de competência.

Regime de competência

O regime de competência aplica os seguintes critérios:

- registra as receitas quando nasce o crédito em favor do Estado mediante o lançamento tributário efetuado pelo órgão competente;[32]

---

[32] Referimo-nos ao lançamento direto ou de ofício que é efetuado pela administração com base em cadastro e parâmetros previamente conhecidos, bem como lançamentos decorrentes de autos de infração e parcelamentos de débitos de qualquer natureza que constituem valores realizáveis. Não nos referimos aos tributos sujeitos a autolançamento, vez que, neste caso, é o próprio contribuinte ou

- reconhece as despesas em função dos compromissos ou obrigação assumidas.

No regime de competência, as receitas e despesas são registradas segundo o período em que foram ganhas ou incorridas, mesmo quando ainda não recebidas ou pagas. Na aplicação da competência, têm surgido algumas controvérsias que dão origem a dois critérios básicos de reconhecimento: (1) critério jurídico e (2) critério contábil.

Para os que defendem *o critério jurídico*, as despesas somente podem ser reconhecidas se estiverem legalmente empenhadas, ou seja, competem ao exercício todas as despesas decorrentes de atos ou fatos administrativos que estejam apoiados em alguma situação contratual, seja ela decorrente de empenho, contrato, ajuste, acordo, seja de outro instrumento jurídico.

Ao contrário, os que apoiam *o critério contábil* defendem que as despesas são apropriadas quando da efetiva execução do serviço, independentemente da existência do instrumento jurídico referido no critério anterior. Esse critério, uma vez adotado, permite maior utilidade das demonstrações contábeis, que passam a fornecer informações relevantes para o processo de planejamento sobre os recursos utilizados e os resultados obtidos e, ainda, permitem a avaliação da eficácia e atribuição de responsabilidades pela eficiência.

Regime misto

No regime misto, os critérios de apropriação são os seguintes:

- as despesas, pelo regime de empenho;
- as receitas, pelo regime de caixa.

O regime misto encara a apuração do resultado no setor público de modo conservador, uma vez que só considera como receitas os valores que ingressaram no caixa e apropria como despesas todos os compromissos que sejam assumidos pelos gestores. A desvantagem desse regime é que as demonstrações da execução orçamentária não se referem a períodos idênticos e, portanto, não apresentam homogeneidade nos registros, dificultando a análise do resultado.

Os organismos internacionais ainda identificam a existência do regime de caixa ajustado e do regime de competência ajustado, que correspondem a alternativas dos dois regimes acima e referem-se basicamente a critérios de contabilização dos ativos e passivos de longo prazo, quando a entidade não utiliza o regime de competência total que denominam de *full accrual basis*.

---

devedor que reconhece os valores a pagar em substituição à entidade pública. Neste último caso, as regras impostas aos contribuintes têm o objetivo de liberar o Estado dos custos de controle administrativos e, portanto, no autolançamento não se materializa o registro no ativo de valores recebíveis.

1.4.2.2 Resultado financeiro

O resultado financeiro é o déficit ou superávit apurado na contabilidade financeira, isto é, considerando os ingressos recebidos e os desembolsos efetuados.

O resultado financeiro constitui a evidência de todas as entradas e saídas de numerário num determinado período, ou seja, da execução orçamentária, mesmo que tais entradas ou saídas não exerçam influência sobre o patrimônio líquido da entidade, como demonstrado na Figura 1.27.

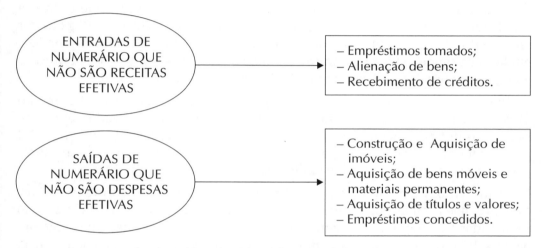

Figura 1.27 *Entradas e saídas de numerário que afetam unicamente o resultado financeiro.*

As relações entre a contabilidade orçamentária e financeira com a contabilidade patrimonial obedecem ao sistema duplo; vale dizer, são integradas durante todo o exercício e os registros da contabilidade orçamentária são efetuados em consonância com as modificações dos elementos patrimoniais.

1.4.2.3 Reconhecimento de receitas e despesas

Nos termos do art. 35 da Lei nº 4.320, de 17-3-1964, pertencem ao exercício financeiro:

- as receitas nele arrecadadas;
- as despesas nele legalmente empenhadas.

Essa definição tem relação com a execução do orçamento do exercício e no reconhecimento de receitas e despesas orçamentárias tomando por base o princípio da anualidade orçamentária. Sob o enfoque orçamentário, não resta dúvida de que as atividades do Estado estão embasadas na arrecadação e na alocação de recursos, segundo o comando da lei orçamentária aprovada pelo Legislativo na condição de representante da população.

Enquanto na atividade empresarial as receitas decorrentes de vendas estão intimamente vinculadas ao custo de aquisição ou produção dos produtos, na atividade pública as receitas são arrecadadas dos cidadãos e devem retornar a esses mesmos cidadãos, nas mais diversas formas de prestação dos serviços públicos, mas sem qualquer vínculo com aqueles que efetivamente contribuíram, vale dizer, o contribuinte "A" pode ser o maior contribuinte de imposto e não utilizar a totalidade dos serviços oferecidos pelo Estado, enquanto o cidadão "B" pode ser um devedor do Estado ou não contribuinte, mas terá direito de utilizar os serviços públicos de saúde, educação e outros, sem qualquer restrição. Por isso verifica-se que no setor público não existe vínculo direto entre receitas e custos.

É claro que a norma acima revela, à primeira leitura, que o reconhecimento de receitas e despesas sob o enfoque orçamentário é ultraconservador, pois para as receitas utiliza o regime de caixa e para as despesas o regime de empenho. Tal procedimento traduz a preocupação do Legislativo para que os administradores não comprometam recursos que ainda não existem no caixa do Tesouro.

Entretanto, é preciso distinguir as regras de elaboração e aprovação do orçamento, das normas que regem o sistema contábil, visto que as primeiras estão submetidas ao denominado regime misto, de caixa para as receitas e de empenho para as despesas, enquanto as segundas devem utilizar o regime de competência total, fazendo os ajustes necessários para a apuração correta dos resultados de cada exercício.

Quando do registro dos eventos orçamentários relativos à receita, os órgãos governamentais adotam o regime de caixa e, dessa forma, estão obedecendo ao princípio da anualidade orçamentária, mas sob o aspecto da afetação do resultado ao patrimônio, devem fazer o registro das receitas a receber decorrentes não só do lançamento direto ou "de ofício" como também no lançamento decorrente de autos de infração ou multas de qualquer natureza e, ainda, no caso de parcelamentos concedidos ao contribuinte ou quando da inscrição, em nome deste, na dívida ativa, conforme situações apresentadas a seguir:

Exercício	Evento	Lançamento	Valor
20x0	A Secretaria de Fazenda procede à emissão dos carnês de IPTU, fazendo o lançamento direto e remetendo a cobrança aos contribuintes no valor de $ 200.	Débito: Tributos a Receber (nome do contribuinte) Crédito: Variações Patrimoniais Aumentativas	$ 200
20x0	Após o lançamento acima um contribuinte com valores a recolher da ordem de $ 80 solicita parcelamento de sua dívida em 10 parcelas que é concedido pela autoridade tributária.	Débito: Tributos a Receber – Parcelamento. (nome do contribuinte) Crédito: Tributos a Receber	$ 80
	Durante o exercício o contribuinte acima efetuou o pagamento de 9 parcelas por crédito bancário.	Débito: Bancos c/ movimento Crédito: Tributos a Receber – Parcelamento. (nome do contribuinte)	72
	Metade dos valores lançados e não parcelados foi arrecadado pelo Banco: – Valores lançados ..... 200 – Valores parcelados .. (80) Valores não parcelados 120	Débito: Bancos c/ movimento Crédito: Tributos a Receber (nome do contribuinte)	60
	No final do exercício, verifica-se que somente metade dos valores não parcelados ($ 60) foi arrecadado e a outra metade é inscrita na Dívida Ativa.	Débito: Créditos Fiscais Inscritos (Dívida Ativa)[34] (nome do contribuinte) Crédito: Tributos a Receber (nome do contribuinte)	60
	Do montante parcelado ($ 80) o contribuinte pagou 9 parcelas e, por dificuldades financeiras, não pagou a última parcela que foi inscrita na Dívida Ativa.	Débito: Créditos Fiscais Inscritos (Dívida Ativa) (nome do contribuinte) Crédito: Tributos a Receber – Parcelamento (nome do contribuinte)	8

A receita do Estado apresenta diversos momentos de reconhecimento nos resultados e que vão desde quando o contribuinte obtém alguma receita, até ao efetivo recebimento pelo Estado da parcela a que tem direito. Entretanto, a

---

[33] Preferimos a utilização da conta Créditos Fiscais Inscritos por ser mais específica e compreensível para usuários externos da informação contábil. A denominação de Dívida Ativa, embora de uso amplo no ambiente público, é de difícil compreensão por parte do cidadão.

experiência tem revelado como melhores pontos para a adoção do princípio da competência, os seguintes:

a) quando é efetuada declaração de débito pelo contribuinte;
b) quando o imposto é lançado de ofício pela repartição responsável pela administração do tributo;
c) quando a obrigação tributária é reconhecida pelo contribuinte;
d) quando o pagamento é efetuado.

No que se refere à execução orçamentária da despesa, a administração pública adota o regime de empenho que, entretanto, tem-se limitado ao registro das que tenham sido *legalmente empenhadas*, excluindo, portanto, todos os demais compromissos que não decorram da execução do orçamento, conforme é o caso dos precatórios que o Poder Judiciário encaminha ao Executivo, no ano anterior ao pagamento, com vistas à inclusão no projeto de lei de orçamento a ser enviado ao Legislativo e eventuais despesas que, por insuficiência de dotação, correspondem a compromissos líquidos e certos ou, ainda, a perda de valor por efeito da depreciação. Essas operações devem, pelo regime de competência, ensejar lançamentos contábeis no momento em que a administração tomar conhecimento de sua existência, conforme exemplo a seguir.

Exercício	Evento	Lançamento	Valor
20x0	O executivo recebe expediente do Tribunal de Justiça informando que deve incluir no orçamento de 20x1 o valor de $ 200 relativo ao pagamento de precatórios.	Débito: Variações Patrimoniais Diminutivas Crédito: Provisão p/ Precatórios a Pagar	$ 200
20x0	O responsável pelo sistema contábil identifica compromisso assumido pelos ordenadores, no valor de $ 50, que constituem obrigações líquidas e certas e não foram apropriadas ao orçamento por dotação insuficiente e que serão orçamentariamente apropriadas no ano seguinte como "despesas de exercícios anteriores".	Débito: Variações Patrimoniais Diminutivas Crédito: Provisão p/ Contas a Pagar	$ 100
20x0	A entidade possui no ativo bens móveis que sofreram uma perda decorrente do uso e registra sua contabilização por meio da depreciação no valor de $ 10.	Débito: Variações Patrimoniais Diminutivas Crédito: Depreciação Acumulada	10

Em que pesem alguns entendimentos divergentes, a interpretação sistemática da Lei nº 4.320/64 permite concluir que, no Brasil, a contabilidade do setor público está apoiada em dois princípios, quais sejam, o *princípio da evidenciação* (arts. 83, 89 e 104) e o *princípio da universalidade dos registros* (arts. 93 e 100), transcritos a seguir:

a) Princípio da evidenciação

   (i) *Art. 83. A contabilidade **evidenciará** [...] a situação de todos quantos, de qualquer modo, arrecadem receitas, efetuem despesas, administrem ou guardem bens a ela pertencentes ou confiado.*

   (ii) *Art. 89. A contabilidade **evidenciará** os fatos ligados à administração orçamentária, financeira,* patrimonial *e industrial.*

   (iii) *Art. 104. A Demonstração das Variações Patrimoniais **evidenciará** as alterações verificadas no patrimônio, resultantes ou independentes da execução orçamentária, e indicará o resultado patrimonial do exercício.*

b) Princípio da universalidade dos registros

   (i) *Art. 93. **Todas as operações** de que resultem débitos e créditos de natureza financeira, não compreendidos na execução orçamentária, serão também objeto de registro, individuação e controle contábil.*

   (ii) *Art. 100. **As alterações da situação líquida patrimonial**, que abrangem os resultados da execução orçamentária, bem como as variações independentes dessa execução e as superveniências e insubsistências ativas e passivas, constituirão elementos da conta patrimonial.*

Diante desses dispositivos, constata-se que os critérios de apropriação das receitas e despesas no resultado vigoram no Brasil desde 1964 e atendem a dois aspectos que se complementam: (1) o regime de misto, para a execução orçamentária, e (2) o regime de competência para todos os eventos que indiquem reflexos no patrimônio.

Portanto, podemos afirmar que, no Brasil, são adotados os seguintes regimes de reconhecimento dos resultados:

- Enfoque orçamentário: nas operações relativas à execução orçamentária:
  - regime de caixa para as receitas orçamentárias arrecadadas;
  - regime de competência para as despesas orçamentárias legalmente empenhadas.

- Enfoque patrimonial: nas operações que não decorrem da execução orçamentária:
  - regime de competência para todos os fenômenos espontâneos e fatos administrativos que de qualquer modo afetem o patrimônio líquido.

Essas questões foram tratadas pela Lei de Responsabilidade Fiscal, que inseriu diversos dispositivos que tratam da adoção dos princípios e normas de contabilidade, principalmente o que estabelece que, além das demais normas de contabilidade pública, a escrituração das contas deve observar a competência para as despesas, como pode ser verificado a seguir:

Definição legal	Regra de apropriação	Dispositivo da LRF
1. A despesa total com pessoal será apurada somando-se a realizada no mês em referência com a dos 11 meses imediatamente anteriores, adotando-se o regime de competência.	Competência	art. 18, § 2º
2. **Além de obedecer às demais normas de contabilidade pública**, a escrituração das contas públicas observará as seguintes:[35] II – a despesa e a assunção de compromisso serão registradas segundo o regime de competência, apurando-se, em caráter complementar, o resultado dos fluxos financeiros pelo regime de caixa	Competência: a) Variações Patrimoniais Aumentativas; b) Variações Patrimoniais Diminutivas. Caixa: Resultado dos fluxos financeiros	art. 50, II
III – as demonstrações contábeis compreenderão, isolada e conjuntamente, as transações e operações de cada órgão, fundo ou entidade da administração direta, autárquica e fundacional, inclusive empresa estatal dependente.	Competência	art. 50, III
3. A administração pública manterá sistema de custos que permita a avaliação e o acompanhamento da gestão orçamentária, financeira e patrimonial.	Competência	art. 50, § 3º
4. Também integram a dívida consolidada as operações de crédito de prazo inferior a 12 meses cujas receitas tenham constado do orçamento.	Competência	art. 29, § 3º
5. Os precatórios judiciais não pagos durante a execução do orçamento em que houverem sido incluídos integram a dívida consolidada, para fins de aplicação dos limites.	Competência	art. 30, § 7º

---

[34] Pela Lei 12.249, de 11/06/2010 foi alterado o Decreto-lei 9.295/46 que atribui ao CFC a atribuição de regular acerca dos princípios contábeis e editar as NBC de natureza técnica e profissional. Tal redação leva-nos naturalmente a refletir sobre a aplicação integral dos dispositivos da Lei

1.4.2.4 Perspectivas futuras no reconhecimento dos resultados

A evolução dos conceitos orçamentários tem sido acompanhada por avanços simultâneos nos sistemas de contabilidade pública, que passaram a adotar o método das partidas dobradas e a acompanhar a evolução do patrimônio público não só em decorrência da execução orçamentária, como também de todos os outros ativos e passivos, como é o caso do Brasil em face do exposto anteriormente.

Entretanto, tais práticas foram relegadas a segundo plano em alguns países, especialmente no início da década de 70, quando o foco passou a ser o orçamento como instrumento de política econômica, voltado para o auxílio dos administradores na tarefa de perseguir a estabilidade e, desse modo, os sistemas contábeis sofreram considerável atraso em sua elaboração teórica e aplicação prática.

Na realidade, em muitos países, a ênfase ainda é a adoção do regime de caixa que, segundo alegam, permite melhor reconciliação com os dados do fluxo monetário, além de mensurar com maior precisão o impacto das operações nos tetos autorizados pelo Poder Legislativo, facilitando a prestação de contas e a identificação clara das necessidades imediatas de financiamento do setor público. Nesses países, o sistema de contabilidade, quando existe, fica restrito ao registro dos reflexos das operações orçamentárias.

Em item anterior, efetuamos as considerações de natureza orçamentária referentes aos dispositivos da LRF que tratam da geração de despesas e sua continuidade com o comprometimento de receitas futuras e, consequentemente, devem ser refletidas de algum modo na estrutura do patrimônio dos exercícios subsequentes. Este, sem dúvida, é um novo campo de estudos e pesquisa que estará na pauta das discussões futuras, seja pelo Poder Executivo, que fica obrigado ao planejamento de médio e longo prazo, seja pelo Legislativo, que sobre tais recursos não deverá mais ter qualquer ingerência sob pena de descontinuar os serviços anteriormente criados que a Lei nº 4.320/64 define como "despesas de custeio" conforme a seguir:

> *"Classificam-se como despesas de custeio as dotações para manutenção de serviços anteriormente criados, inclusive os destinados a atender a obras de conservação e adaptação de bens imóveis"* (§ 1º, art. 12, Lei nº 4.320/64).

O regime de competência é reconhecido como o sistema que fornece um quadro explícito das obrigações, auxiliando os administradores a ver o histórico das ocorrências nos últimos exercícios e a fazer projeções para os próximos orçamentos anuais. Em períodos de crise, o regime de competência permite que os administradores públicos vejam os riscos inerentes de suas decisões e, desse modo, possam focar o contingenciamento de dívidas de curto, médio e longo pra-

---

4.320/64 no que se refere à Contabilidade Pública, principalmente pela leitura de seus dispositivos a partir do artigo 83 da Lei que sempre ficaram esquecidos pela ênfase dada ao longo destes anos ao enfoque orçamentário.

zo, ou, ainda, reconhecer a liquidez de certos ativos, como é o caso dos valores inscritos na dívida ativa.

No nível de gerenciamento, a contabilidade pelo regime de competência fornece um quadro detalhado dos custos totais que podem ser compatibilizados com o fluxo de caixa do período e permite estudar os reflexos dos custos indiretos, bem como auxilia na identificação do valor dos elementos constantes do ativo permanente, especialmente os que podem gerar receitas a fim de determinar o resultado entre aluguéis recebidos e aluguéis pagos viabilizando uma gestão eficiente do patrimônio público.

Similarmente, a estimativa dos custos totais auxilia na alocação de recursos ao orçamento e facilita a tomada de decisões para que o gestor determine quais os serviços que o governo pode fornecer diretamente e quais os que pode contratar no mercado.

1.4.3 Plano de contas

1.4.3.1 Introdução

A linguagem utilizada na escrituração de qualquer entidade tem como núcleo seu plano de contas, que reúne as expressões que se associam aos diferentes conjuntos de elementos patrimoniais, cada um com uma função específica. Cada uma dessas expressões é o que se denomina de conta.

O plano de contas, portanto, corresponde a um conjunto de contas obtido pela subordinação dos desdobramentos às subcontas, e destas às contas que devem ser dispostas em ordem crescente de compreensão.

Assim a conta "Móveis e Utensílios" exprime o conjunto dos elementos materiais que, revestindo-se das características dos bens que são denominados na linguagem comum "móveis", são utilizados como instrumental para as atividades a serem desenvolvidas pela entidade. Por sua vez, os mesmos elementos, com as mesmas características materiais, se se destinarem à utilização futura pela entidade, devem ser classificados, por exemplo, na conta "Almoxarifados", e assim por diante.

A denominação de uma conta deve ser escolhida de tal modo que identifique com precisão o elemento ou a parcela do ativo, do passivo ou da situação líquida a que está associada. Nesse sentido, uma boa denominação deverá atender a requisitos técnicos e requisitos de redação.

Nos requisitos técnicos, inclui-se o rigor contábil da denominação e o estudo preciso da função de cada elemento antes da abertura da conta que a ele será associado, tendo em vista que não é a natureza do componente que deve influir na nomenclatura, mas sua função como integrante do patrimônio de uma determinada entidade. Assim, conjuntos de estrutura idêntica podem receber nomes diferentes, conforme sua função no patrimônio onde estiverem inseridos: para um corretor de imóveis, por exemplo, tais bens (imóveis) são tratados como "mercadorias", enquanto para o Estado, serão considerados como instrumento de prestação real ou potencial de serviço, constituindo, portanto, componentes do ativo imobilizado.

A estrutura do plano de contas é influenciada pela teoria patrimonialista das contas que entende o fenômeno patrimonial como objeto de estudo científico da contabilidade, levando em consideração que esses fenômenos ocorrem independentemente de serem ou não registrados, cabendo à escrituração mostrar sua evidência.

De acordo com a teoria patrimonialista, as contas são classificadas em:

- contas patrimoniais – representam a situação estática, ou seja, o patrimônio, os elementos ativos e passivos, que são os bens, direitos, obrigações com terceiros e o patrimônio líquido.
- contas de resultado – representam a situação dinâmica, as variações patrimoniais, ou seja, as contas que alteram o patrimônio líquido e demonstram o resultado do exercício.

Para isso as contas do sistema contábil devem ser distribuídas no plano de contas de acordo com a natureza das informações, nos seguintes subsistemas:

a. Subsistema de informações patrimoniais e de resultado[35] – gera informações sobre o patrimônio, situação dinâmica e estática, engloba as contas do ativo e passivo, exceto contas de compensação, e as variações ativas e passivas. Compreende os seguintes informes de auxílio ao processo de decisão dos administradores:

   i. Alterações nos elementos patrimoniais
   ii. Resultado econômico
   iii. Resultado nominal.

No subsistema de informações patrimoniais é relevante a identificação dos atributos financeiros e não financeiros das contas relacionadas no balanço patrimonial, sendo:

1. Atributo Financeiro – corresponde às contas que registram, processam e evidenciam os fatos relacionados aos ingressos e aos desembolsos financeiros, bem como as disponibilidades no início e final

---

[35] Nos estudos sobre planos de contas é importante considerar no sistema de informações patrimoniais a formação dos resultados por efeito das Variações Patrimoniais Aumentativas e as Variações Patrimoniais Diminutivas tendo em vista, principalmente, a identificação dos elementos geradores do incremento ou redução do patrimônio líquido quando confrontado com o existente no início do período. Além disso, é preciso considerar a obrigatoriedade de implementação de sistemas de custos na administração pública, como determina a Lei de Responsabilidade Fiscal (art. 50, § 3º).

do período, permitindo evidenciar o ativo e passivo financeiro na forma definida pela Lei 4.320/1964;[36]

2. Atributo Não Financeiro – corresponde a contas que registram, processam e evidenciam bens, direitos e obrigações não financeiros, bem como a posição final do patrimônio líquido e permitem evidenciar o ativo e passivo permanente na forma definida pela Lei 4.320/1964.

b. Subsistema de informações orçamentárias – registra, processa e evidencia os atos e os fatos relacionados ao planejamento e à execução orçamentária, tais como:

   i. Orçamento inicial e suas alterações

   ii. Programação e execução orçamentária

   iii. Resultado orçamentário

c. Subsistema de custos – registra, processa e evidencia os custos segundo os objetos de custeio previamente definidos, subsidiando a administração com informações relacionadas com:

   i. O método de custeio adotado para apuração de custos

   ii. Os principais critérios de mensuração

d. Subsistema de compensação – registra, processa e evidencia os atos de gestão cujos efeitos possam produzir modificações no patrimônio da entidade do setor público, bem como aqueles com funções específicas de controle, subsidiando a administração com informações tais como:

   i. Alterações potenciais nos elementos patrimoniais;

   ii. Acordos, garantias e responsabilidade.

Os subsistemas contábeis devem ser integrados entre si e a outros subsistemas de informações de modo a subsidiar a administração sobre:

---

[36] A segregação da parte patrimonial do PCASP em Financeiro e Permanente/Não Financeira tem como principal objetivo facilitar o cálculo do superávit ou déficit financeiro no Balanço Patrimonial, conforme disposto na Lei nº 4.320/64:

"Art. 43. A abertura dos créditos suplementares e especiais depende da existência de recursos disponíveis para ocorrer à despesa e será precedida de exposição justificativa.

§ 1º Consideram-se recursos para o fim deste artigo, desde que não comprometidos;

I – o superávit financeiro apurado em balanço patrimonial do exercício anterior;

.....

§ 2º Entende-se por superávit financeiro a diferença positiva entre o ativo financeiro e o passivo financeiro, conjugando-se, ainda, os saldos dos créditos adicionais transferidos e as operações de crédito a eles vinculadas.

(i) A integridade dos dados dos diversos sistemas geradores de informes para o sistema contábil.

(ii) O desempenho das unidades gestoras no cumprimento de sua missão.

(iii) A avaliação das metas estabelecidas pelo sistema de planejamento e constantes do Plano Plurianual e na Lei Orçamentária Anual.

(iv) Avaliação dos riscos e das contingências.

O sistema contábil e os respectivos subsistemas têm o objetivo de produzir as demonstrações como a seguir se identifica:

	Subsistemas	Demonstrações produzidas	
Sistema Contábil	Subsistema de informações patrimoniais e de resultado	Demonstrações patrimoniais	Balanço patrimonial Balanço Financeiro Demonstração do fluxo de caixa Demonstração do Resultado econômico Notas explicativas
		Demonstração do resultado	Demonstração do Resultado Patrimonial do Exercício
	Subsistema de informações orçamentárias	Balanço orçamentário	Receita por fonte; Despesa por grupo de despesa
	Subsistema de custos	Mapas de apropriação e apuração de custos	Demonstrativo dos custos segundo os objetos de custos definidos
	Subsistema de compensação	Demonstração das compensações do ativo e do passivo	Responsabilidades por valores, títulos e bens de terceiros Garantias e contragarantias Direitos e obrigações contratuais

A elaboração do plano de contas compreende a enunciação das contas e a determinação da função de cada uma delas. Não basta organizar um elenco ou relação de contas: é necessário estabelecer, de modo claro, a compreensão de cada conjunto, definindo os componentes que o integram e a função deles no complexo patrimonial. Além disso, a movimentação de cada conta, em decorrência da dinâmica da gestão, deve ser esclarecida no plano de contas, ou seja, em que situações a conta será debitada e em que situações será creditada para que o plano de contas seja considerado completo.

Portanto, um plano de contas bem organizado deve ter a seguinte estrutura:

- elenco das contas;
- função das contas;
- movimentação ou funcionamento das contas.

O elenco das contas constitui a relação orgânica das contas componentes do plano.

A função das contas é a explicação do que a conta registra, ou seja, para que ela serve e qual o papel que desempenha no conjunto do patrimônio.

O funcionamento ou movimentação das contas constitui a descrição das hipóteses em que a conta pode ser debitada ou creditada.

O plano de contas é, pois, um guia, um estudo prévio dos atos e fatos administrativos que deverão ser registrados, e constitui documento no qual são estabelecidas as regras básicas para o registro sistemático desses mesmos fatos. Seu objetivo é permitir que a organização contábil tire o máximo proveito dos elementos de que pode dispor. Para alcançar esse objetivo, deve-se estender o plano às contas analíticas do grau que se tornar necessário.

Assim, o plano de contas de uma entidade tem como objetivo atender, de maneira uniforme e sistematizada, ao registro contábil dos atos e fatos ocorridos na entidade, de forma a proporcionar maior flexibilidade no gerenciamento e consolidação dos dados e atender às necessidades de informações dos usuários das demonstrações contábeis.

1.4.3.2 Estrutura do plano de contas para o setor público

O plano de contas deve ser estruturado em função das informações a serem extraídas após a identificação, mensuração, avaliação, registro, controle e evidenciação dos atos e dos fatos da gestão do patrimônio público, com o objetivo de orientar e suprir o processo de decisão, a prestação de contas e a instrumentalização do controle social. Para isso, cada conta do plano deve estar associada a um subsistema contábil, de modo a facilitar a extração de informações.

O Plano de Contas está estruturado em contas que segundo o valor agregado que registram estão classificadas nos seguintes subsistemas:

1. *Subsistema patrimonial*

(a) *Relacionadas ao atributo financeiro*

1. Registro dos ingressos recebidos, tanto de natureza orçamentária como extraorçamentária.
2. Registro de todos os desembolsos, tanto orçamentários como extraorçamentários.

3. O registro dos ingressos e desembolsos orçamentários permite que simultaneamente sejam efetuadas as baixas no sistema orçamentário.

As principais contas utilizadas são as seguintes:

Contas do ativo circulante	Caixa/Tesouraria
	Bancos c/ Movimento
	Tributos a Receber
	Dívida Ativa[38]
	Responsáveis p/Suprimentos
Contas do passivo circulante	Fornecedores
	Contas a Pagar
	Depósito de Diversas Origens/Valores Restituíveis
	Provisão para Precatórios a Pagar

A figura 1.28 mostra os principais fluxos das contas cuja característica é financeira.

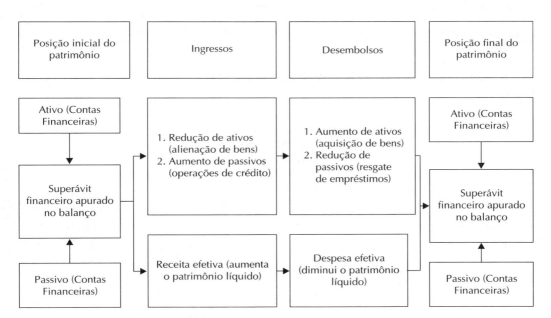

Figura 1.28 *Estrutura dos elementos financeiros do plano de contas.*

---

[37] O valor do parcelamento da Dívida Ativa ou de outros recebíveis deverá ser classificado no ativo pelo valor das parcelas vencíveis nos 12 meses seguintes à data do balanço. Tal providência implica no acréscimo das disponibilidades para fins de cálculo do superávit ou déficit financeiro no Balanço Patrimonial conforme § 2º do artigo 43 da Lei nº 4.320/64.

(b) *Relacionadas ao atributo não financeiro*

1. Registro do Ativo Permanente (não financeiro) e Passivo Permanente (não financeiro) do Estado.
2. Controle dos Bens e Valores do Estado, inclusive bens de terceiros que estejam de posse do Estado.
3. Controle de todos os valores a receber e a pagar independentemente da execução orçamentária.
4. Acompanhamento físico dos bens, direitos e obrigações por força de inventário que valide os registros efetuados.

As principais contas utilizadas são as seguintes:

Contas do Ativo não financeiro	Dívida Ativa
	Bens móveis
	Bens imóveis
	Depreciação acumulada
	Outras contas do ativo não financeiro
Contas do Passivo não financeiro	Divida Fundada Interna
	Outras Dívidas Não financeiras
Contas do Patrimônio Líquido	Patrimônio Líquido-Fundo social

A Figura 1.29 mostra os principais fluxos das contas cuja característica é financeira.

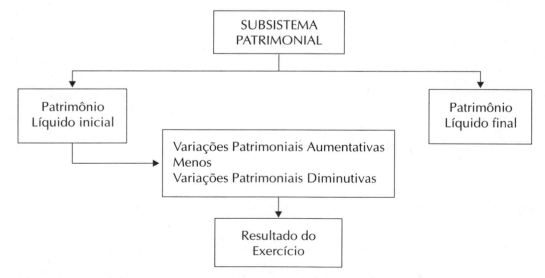

Figura 1.29 *Estrutura dos elementos não financeiros do fluxo de contas.*

(c) Relacionados com os resultados

A forma de apuração do resultado é de suma importância para não só conhecer o acréscimo ou redução ao patrimônio líquido do exercício anterior, como também para a adequada avaliação dos responsáveis pela aplicação dos recursos públicos. Nesse sentido, por tudo que foi apresentado, não é mais possível avaliar os administradores com base, apenas, na execução orçamentária de um período anual coincidente com a vigência da Lei orçamentária. É preciso que, além do simplório exame da execução orçamentária, o sistema contábil viabilize também a avaliação dos componentes do balanço (ativos e passivos) e da aplicação do princípio da competência para apuração dos resultados.

Os estudos sobre as formas de apresentação dos resultados revelam a existência de duas modalidades perfeitamente válidas; a primeira considera que o balanço de ativo e passivo tem a dupla finalidade de demonstrar a situação da entidade em determinado momento e ao mesmo tempo permitir a apuração do resultado do período; a segunda considera a necessidade da existência de um balanço de situação (balanço patrimonial) que evidenciará a origem e aplicação dos recursos da entidade em determinado momento e uma demonstração de resultados que esclarecerá todos os custos e receitas de um período e o resultado desse mesmo período que será acrescido (no caso de superávit) ou reduzido (no caso de déficit) ao patrimônio líquido da entidade.

As principais contas da formação do resultado patrimonial são as seguintes

Contas do resultado do exercício	3 Variação Patrimonial Diminutiva
	   3.1 Pessoal e Encargos
	      3.1.1 Remuneração de Pessoal
	      3.1.2 Encargos Patronais
	      3.1.3 Benefícios a pessoal
	      3.1.9 Outras variações passivas – pessoal e encargos
	   3.2 Benefícios Previdenciários
	      3.2.1 Aposentadorias e Reformas
	      3.2.2 Pensões
	      3.2.3 Benefícios assistenciais
	      3.2.9-Outros Benefícios Previdenciários
	   3.3 Benefícios Assistenciais
	      3.3.1 Benefícios de Prestação Continuada e Renda Mensal Vitalícia
	      3.3.2 Benefícios eventuais
	      3.3.3 Políticas Públicas de Transferência de Renda
	   3.4 Financeiras
	      3.4.1 Juros e Encargos de Empréstimos e Financiamentos Obtidos.
	      3.4.2 Juros e Encargos de Mora
	      3.4.3 Variações monetárias e cambiais
	      3.4.4 Descontos financeiros concedidos
	      3.4.9 Outras variações patrimoniais diminutivas financeiras

Contas do resultado do exercício	3.5 Transferências
	    3.5.1 Transferências intragovernamentais
	    3.5.2 Transferências intergovernamentais
	    3.5.3 Transferências a instituições privadas
	    3.5.4 Transferências a instituições multigovernamentais.
	    3.5.5 Transferências a consórcios públicos
	    3.5.6 Transferências ao Exterior
	3.6 Tributárias e Contributivas
	    3.6.1 Tributos
	    3.6.2 Contribuições
	3.7 Uso de Bens, Serviços e Consumo de Capital Fixo
	    3.7.1 Uso de Material de Consumo
	    3.7.2 Serviços
	    3.7.3 Depreciação, Amortização e Exaustão
	3.8 Desvalorização e perda de ativos
	    3.8.1 Redução do valor recuperável
	    3.8.2 Perdas com alienação
	    3.8.3 Perdas involuntárias
	3.9 Outras Variações Patrimoniais Diminutivas
	    3.9.1 Premiações
	    3.9.2 Incentivos
	    3.9.3 Equalização de Preços e Taxas
	    3.9.4 Participações e Contribuições
	    3.9.5 Resultado negativo com participações em coligadas e controladas
	    3.9.9 Diversas Variações Patrimoniais Diminutivas

Contas do resultado do exercício	4 Variação Patrimonial Aumentativa
	  4.1 Tributárias e Contributivas
	    4.1.1 Impostos
	    4.1.2 Taxas
	    4.1.3 Contribuições de Melhoria
	    4.1.4 Contribuições sociais
	    4.1.5 Contribuições econômicas
	  4.2
	  4.3 Venda de Mercadorias, Produtos e Serviços
	    4.3.1 Venda de mercadorias
	    4.3.2 Venda de Produtos
	    4.3.3 Venda de Serviços
	  4.4 Financeiras
	    4.4.1 Juros e Encargos de empréstimos e financiamentos concedidos
	    4.4.2 Juros e Encargos de mora
	    4.4.3 Variações monetárias e cambiais
	    4.4.4 Remuneração de depósitos bancários e aplicações financeiras

Contas do resultado do exercício	4.4.5 Descontos financeiros obtidos
	4.4.6 Outras variações patrimoniais aumentativas – financeiras
	4.5 Transferências
	    4.5.1 Transferências intragovernamentais
	    4.5.2 Transferências intergovernamentais
	    4.5.3 Transferências das instituições privadas
	    4.5.4 Transferências das instituições multigovernamentais
	    4.5.5 Transferências de consórcios públicos
	    4.5.6 Transferências do Exterior
	4.7 Exploração de bens e serviços
	    4.7.1 Exploração de bens
	    4.7.2 Exploração de serviços
	4.8 Valorização e Ganhos com Ativos
	    4.8.1 Reavaliação de ativos
	    4.8.2 Ganhos com alienação
	4.9 Outras Variações patrimoniais aumentativas
	    4.9.5 Resultado positivo de participações em coligadas e controladas.
	    4.9.9 Diversas Variações Patrimoniais aumentativas

Subsistema orçamentário

1. Registro das estimativas da receita ao início de cada exercício, com base na Lei de Orçamento.
2. Registro da despesa autorizada, ao início de cada exercício, com base no orçamento ou nos créditos adicionais.
3. Baixas da receita orçamentária arrecadada, controlando a posição da receita prevista.
4. Controle da despesa empenhada, mediante dedução no valor dos créditos disponíveis e apuração, no final do exercício, dos Restos a Pagar a serem inscritos na Dívida Flutuante (Passivo Circulante).
5. Baixa da despesa paga, para acompanhar a execução da despesa e apontar, ao final, as eventuais economias orçamentárias.
6. Apuração, ao término do exercício, da parte lançada da receita orçamentária, cuja não arrecadação ensejará o ajuizamento na Dívida Ativa e cujo valor será inscrito no sistema patrimonial.

No subsistema orçamentário, as principais contas utilizadas são as seguintes:

Controles da aprovação do planejamento e orçamento (Natureza devedora)	Planejamento aprovado	PPA por programa de trabalho Projeto inicial da Lei Orçamentária – Receita Projeto inicial da Lei Orçamentária – Despesa
	Orçamento Aprovado	Previsão inicial da Receita
		Alteração da previsão da receita Dotação Orçamentária inicial Movimento de créditos
	Inscrição em Restos a Pagtar	RP não processados inscritos RP não processados Exercícios Anteriores RP não processados restabelecidos RP Processados
Controles da execução do planejamento e orçamento (natureza credora)	Execução do planejamento	PPA a alocar no Projeto de Lei Orçamentária Anual PPA alocado na LOA PPA executado Processamento do PLOA – Receita Processamento do PLOA – Despesa
	Execução do Orçamento	Receita a Realizar
		Receita Realizada
		Disponibilidade de crédito
		Movimento de créditos
	Execução de restos a pagar	RP não processados em liquidação RP não processados liquidados a pagar RP não processados pagos RP processados a pagar RP processados pagos

Para saber a natureza devedora ou credora das contas do sistema orçamentário, quando do início da vigência da Lei de Orçamento, com a finalidade de registrar a Previsão inicial da receita e a Fixação da despesa como as respectivas contrapartidas, é preciso considerar o princípio da entidade. Assim, nas relações orçamentárias temos, de um lado, o Estado no seu esforço para obter as receitas com a qual poderá realizar as despesas e, do outro lado, está o contribuinte como destinatário das despesas do governo, mas com a obrigatoriedade de efetuar o pagamento dos tributos e outras contribuições.

Assim, pode-se dizer que a Previsão inicial da receita constitui o valor que o legislativo autoriza o Estado a receber dos contribuintes, portanto, constitui, para o Estado, um valor a receber. Por outro lado, o Crédito Disponível é a parcela alocada pelo Poder Legislativo com o objetivo de ser entregue aos contribuintes, indicando, portanto, um compromisso.

Em decorrência, pode-se afirmar que durante o exercício financeiro as diversas etapas da receita e despesa serão registradas conforme a seguir:

Operação	DÉBITO	CRÉDITO
Previsão da Receita	Previsão Inicial da Receita Orçamentária	Receita Orçamentária a Realizar
Lançamento Tributário	Receita Orçamentária a Realizar	Receita Orçamentária Lançada
Arrecadação	Receita Orçamentária a Realizar	Receita Orçamentária Realizada
	Receita Orçamentária Lançada	Receita Orçamentária Realizada
Fixação da Despesa	Dotação Orçamentária Inicial	Créditos Orçamentários Disponíveis
Empenho	Créditos Orçamentários Disponíveis	Créditos Empenhados a Liquidar
Liquidação	Créditos Empenhados a Liquidar	Créditos Liquidados a Pagar
Pagamento	Créditos Liquidados a Pagar	Créditos Orçamentários Pagos

A Figura 1.30 mostra em resumo o subsistema orçamentário.

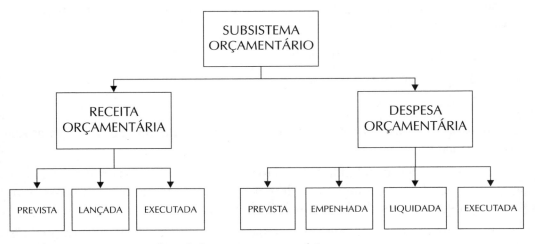

Figura 1.30 *Estrutura do subsistema orçamentário.*

Subsistema de custos

No que se refere às contas de custos, embora a exigência da Lei de Responsabilidade Fiscal, ainda existem poucas tentativas para implementação de um sistema de custos na administração pública. Na sua maioria, são rateios das despesas orçamentárias que podem ser denominados de "custos orçamentários" e, portanto, não correspondem a um efetivo levantamento de custos.[38]

Subsistema de compensação

As contas de compensação, juntamente com as contas orçamentárias, fazem parte do denominado grupo especial de contas, cujo objetivo é identificar valores componentes do sistema de controle e representa um conjunto de elementos deslocados do próprio patrimônio e de outras massas patrimoniais e dos riscos e ônus potenciais ou remotos que possam vir a afetar direta ou indiretamente os elementos primários do patrimônio evidenciado nas demonstrações contábeis.

Tais contas, embora constantes da maioria dos planos de contas, apresentam características diferenciadas e sua denominação pode variar de acordo com as necessidades e as políticas contábeis da entidade. Assim, o conjunto de contas constantes do sistema de controle estará sempre na dependência dos desejos de controle manifestado pela organização. Por essa razão, são apresentadas no modelo de plano de contas que está sendo estudado pela União e que somente a ela interessam. Não existe, portanto, qualquer garantia da sua utilização pelos demais entes da federação, vez que cada ente é que deverá fazer o estudo dos elementos potenciais que deseja acompanhar e controlar.

Nesse estudo, deve considerar que as contas de compensação compreendem três categorias distintas:

a) contas de responsabilidade;
b) contas de atos potenciais;
c) contas de risco.

Em cada categoria a uma conta do ativo corresponde uma ou mais contas do passivo e vice-versa.

As contas de responsabilidade especificam relações jurídicas oriundas da posse, pela entidade, de componentes de patrimônios de terceiros e da posse, por terceiros, de componentes do patrimônio da entidade.

As contas de atos potenciais especificam relações jurídicas decorrentes de cláusulas contratuais, das quais decorrem direitos e obrigações sobre bens e valores. Constituem-se em dois grupos:

---

[38] Sobre o assunto, recomenda-se a leitura da monografia vencedora em 2º lugar no II Prêmio STN de Monografia, Sistemas de Informação sobre a Administração Financeira Pública: contabilidade pública gerencial, de nossa autoria. Disponível em: <http://www.tesouro.fazenda.gov.br/Premio_TN/IIpremio/sistemas/2siafpIIPTN/Resumo1L_PTNsiafp.htm>.

a) controles devedores, que representam direitos contratuais da entidade (recebimento futuro de bens, compras a termo, hipotecas) e devedores por disposições contratuais;

b) controles credores, que indicam disposições contratuais e obrigações contratuais (entrega futura de bens, vendas a termo e hipotecas).

As contas de riscos correspondem a classes de valores simbólicos que traduzem relações jurídicas decorrentes de contratos tácitos ou expressos que têm por objeto corresponsabilidades ou a ocorrência de fatos aleatórios. Também nessa classificação podem ser identificados dois grupos:

a) controles devedores são os relacionados a obrigações decorrentes de fianças, beneficiários de avais, endossatários;

b) controles credores correspondem à corresponsabilidade da entidade em decorrência de fianças, avais, dados.

Como exemplo das contas do subsistema de compensação podem ser indicadas as seguintes:

Controles devedores	Atos potenciais ativos	Responsabilidades de terceiros por valores, Títulos e Bens Direitos contratuais Direitos conveniados
	Atos potenciais passivos	Responsabilidades com terceiros por valores, títulos e bens Obrigações contratuais Obrigações conveniadas
	Programação financeira	Concessão de recursos financeiros Recebimento de recursos financeiros
	Disponibilidade por destinação	Controle da disponibilidade de Recursos Limite dos Restos a Pagar por destinação
	Inscrição do limite orçamentário	Limite orçamentário estabelecido Limite orçamentário autorizado
	Controles da arrecadação	Controles de DARFs Controles de GRUs
	Controle do Encaminhamento de Créditos para inscrição em Dívida Ativa	Encaminhamento de créditos
	Controle de passivos contingentes	Passivos contingentes

	Execução de atos potenciais ativos	Execução de responsabilidades de terceiros por valores, títulos e bens
		Execução de Direitos contratuais
		Excução de Direitos Conveniados
	Execução de atos potenciais passivos	Execução de responsabilidades com terceiros por valores, títulos e bens
		Execução de obrigações contratuais
		Execução de obrigações conveniadas
	Execução da Programação financeira	Execução da concessão de recursos financeiros
Controles credores		Execução do Recebimento de Recursos Financeiros
	Execução da Disponibilidade por Destinação	Execução da Disponibilidade de Recursos
		Execução Financeira do Limite de Restos a Pagar
	Execução do Limite Orçamentário	Limite Orçamentário a disponibilizar
		Limite Orçamentário disponibilizado
	Controles da Arrecadação	Execução de Controles de DARFs
		Execução de Controles de GRUs.
	Execução do Encaminhamento de Créditos para Inscrição em Dívida Ativa	Créditos a Encaminhar para a Dívida Ativa
		Créditos Encaminhados para a Dívida Ativa
	Execução de passivos contingentes	Passivos contingentes previstos
		Passivos contingentes confirmados

1.4.3.3 Modelo de plano de contas[39]

Os Planos de Contas atualmente utilizados no Brasil pelos órgãos públicos não apresentam características de uniformidade e cada unidade da federação tem autonomia na interpretação dos fatos administrativos reais ou potenciais que afetem seu patrimônio. Em decorrência do dispositivo da Lei de Responsabilidade Fiscal o Conselho Federal de Contabilidade, em conjunto com a Secretaria do Tesouro Nacional do Ministério da Fazenda, vem desenvolvendo esforços, tanto para a produção das Normas Brasileiras de Contabilidade aplicadas ao setor público, como para a padronização dos conceitos e práticas contábeis, planos de contas e classificação orçamentária de receitas e despesas.

---

[39] A estrutura apresentada está apoiada na Portaria STN nº 751, de 16 de dezembro de 2009 e deve ser aplicada, de forma facultativa a partir de 2010 e, obrigatoriamente em 2012 para a União, Estados e Distrito Federal e 2013 para os Municípios. A premissa básica é de que o PCASP esteja adequado aos dispositivos legais constantes da Lei 4.320/1964 e Lei de Responsabilidade Fiscal – LRF e que adicionalmente viabilize a adoção de padrões de contabilidade compatíveis com os padrões internacionais de contabilidade do setor Público e de regras e procedimentos de Estatísticas de Finanças Públicas reconhecidos pelos organismos internacionais.

A padronização é imprescindível para dar cumprimento ao dispositivo da Lei de Responsabilidade Fiscal que estabelece a obrigatoriedade de consolidação das contas públicas das unidades da federação. A seguir é apresentada a estrutura do plano que, na realidade, não difere dos modelos atualmente existentes mas tem o mérito da padronização como passo importante para o estabelecimento de uma nova contabilidade pública brasileira em alinhamento com as normas internacionais de contabilidade.

A relação ou elenco das contas do plano de contas é a seguinte:

CONTAS PATRIMONIAIS (CONTAS INTEGRAIS)	

1 Ativo
  1.1 – Ativo Circulante
    1.1.1 Caixa e equivalentes de caixa
    1.1.2 Créditos Realizáveis de Curto Prazo
      1.1.2.9 (–) Provisões para créditos de curto prazo
    1.1.3 Demais créditos e valores de curto prazo
    1.1.4 Investimentos Temporários
    1.1.5 Estoques
    1.1.9 – Valores pagos antecipadamente
  1.2 Ativo Não circulante
    1.2.1 Ativo Realizável a longo prazo
    1.2.2 Investimento
    1.2.3 Imobilizado
      1.2.3.9 (–) Depreciação, Exaustão e Amortização Acumuladas
    1.2.4 Intangível
      1.2.4.9 – Amortização acumulada
	1 Passivo e Patrimônio Líquido
	  2.1 Passivo Circulante
	    2.1.1 Obrigações Trabalhistas e Previdenciárias a Pagar de Curto Prazo
	    2.1.2 Empréstimos e Financiamentos de Curto Prazo.
	    2.1.3 Fornecedores e Contas a Pagar de Curto Prazo
	    2.1.4 Obrigações Fiscais de Curto Prazo
	    2.1.5 Demais obrigações de curto prazo
	    2.1.8 – Provisões de Curto prazo
	  2.2 Passivo não circulante
	    2.2.1 Obrigações Trabalhistas e Previdenciárias a Pagar de Longo Prazo
	    2.2.2 Empréstimos e Financiamentos de Longo Prazo
	    2.2.3 Fornecedores de Longo Prazo
	    2.2.4 Obrigações Fiscais de Longo Prazo
	    2.2.5 Demais obrigações de longo prazo
	    2.2.8 Provisões de Longo Prazo
	    2.2.9 Resultado Diferido
	  2.5 Patrimônio Líquido
	    2.5.1 – Patrimônio Social/Capital Social
	    2.5.2 Reservas de Capital
	    2.5.3 Ajustes de Avaliação Patrimonial
	    2.5.4 Reservas de Lucros
	    2.5.5 Demais Reservas Ações/Cotas em Tesouraria
	    2.5.7 Resultados Acumulados
	      2.5.7.1 – Do exercício
	      2.5.7.2 Exercícios anteriores

CONTAS DE RESULTADOS (CONTAS DIFERENCIAIS)	
3 Variação Patrimonial Diminutiva 3.1 – Pessoal e Encargos 3.2 – Benefícios Previdenciários 3.3 – Benefícios assistenciais 3.4 – Financeiras 3.5 – Transferências 3.6 – Tributos e Contribuições 3.7 – Uso de Bens, Serviços e Consumo de Capital Fixo 3.8 – Desvalorização e Perda de Ativos 3.9 – Outras Variações Patrimoniais Diminutivas	4 – Variação Patrimonial Aumentativa 4.1 – Tributárias e Contributivas 4.3 Venda de Mercadorias, Produtos e Serviços 4.4 – Financeiras 4.5 – Transferências 4.7 – Exploração de Bens e Serviços 4.8 – Valorização e Ganhos com Ativos 4.9 Outras variações patrimoniais aumentativas

O Plano de contas referido acima, ainda, inclui contas para registro relativo à execução do orçamento e de outros procedimentos que tenham natureza apenas de controle, conforme estrutura a seguir:

5 CONTROLES DA APROVAÇÃO DO PLANEJAMENTO E ORÇAMENTO	6 CONTROLES DA EXECUÇÃO DO PLANEJAMENTO E ORÇAMENTO

5.1 Planejamento Aprovado
    5.1.1 Plano Plurianual Aprovado
    5.1.2 Projeto de Lei Orçamentária Anual
5.2 Orçamento Aprovado
    5.2.1 Previsão da Receita
    5.2.2 Fixação da Despesa
5.3 Inscrição de Restos a Pagar
    5.3.1 Inscrição de RP não processados
    5.3.2 Inscrição de RP processado
	6.1 Execução do planejamento
	    6.1.1 Execução do Plano Plurianual
	    6.1.2 Execução do PLOA
	6.2 Execução do orçamento
	    6.2.1 Execução da receita
	    6.2.2 Execução da despesa
	6.3 Execução de Restos a Pagar
	    6.3.1 Execução de RP não Processado
	    6.3.2 Execução de RP Processados

7 CONTROLES DEVEDORES	8 CONTROLES CREDORES

7.1 Atos potenciais
    7.1.1 Atos potenciais Ativos
    7.1.2 Atos potenciais Passivos
7.2 Administração financeira
    7.2.1 Programação financeira
    7.2.2 Disponibilidade por destinação
    7.2.3 Inscrição do limite orçamentário
    7.2.4 Controle da Arrecadação
7.3 Dívida ativa
    7.3.1 Controle do encaminhamento da dívida ativa
    7.3.2 Controle da inscrição de créditos em Dívida Ativa
7.4 Riscos fiscais
    7.4.1 Controle de Passivos Contingentes
    7.4.2 Controle dos demais riscos fiscais
7.8 – Controle de custos
7.9 – Outros controles
	8.1 Execução dos Atos Potenciais
	    8.1.1 Execução dos Atos potenciais Ativos
	    8.1.2 Execução dos Atos potenciais Passivos
	8.2 Execução da Administração financeira
	    8.2.1 Execução da programação financeira
	    8.2.2 Execução das disponibilidade por destinação
	    8.2.3 Execução do limite orçamentário
	    8.2.4 – Controles da Arrecadação
	8.3 Execução da Dívida Ativa
	    8.3.1 Execução do encaminhamento de créditos para inscrição em Dívida Ativa
	    8.3.2 Execução da inscrição de créditos em Dívida Ativa
	8.4 Execução dos Riscos Fiscais
	    8.4.1 Execução de Passivos Contingentes
	    8.4.2 Execução dos demais riscos fiscais.
	8.8 – Apuração de custos
	8.9 – Outros controles

Exercícios

a) Questões para revisão
   1. Quais as funções desempenhadas pelo Estado no cumprimento das suas finalidades?
   2. O que você entende por funções principais e funções acessórias do Estado?
   3. Quais os tipos de problemas trazidos para a administração pública com a crise vivida pelo Estado nos anos 80?
   4. Quais as principais características do *New Public Management* (NPM)?
   5. Defina o campo de aplicação e o objeto da contabilidade.
   6. Quando a LRF definiu as despesas obrigatórias de caráter continuado, qual o princípio a que estava se referindo?
   7. Por que sob o enfoque contábil devem prevalecer os princípios da evidenciação e da universalidade dos registros sobre o patrimônio?
   8. Uma organização social sem fins lucrativos tem como fonte de receita a contribuição mensal de seus associados que se reuniram e resolveram pagar de uma só vez o valor de $ 60.000 correspondente a três exercícios com o objetivo de formar um fundo financeiro. Nos três exercícios, essa organização tem custos de impressão de folhetos informativos da ordem de $ 10.000 em cada ano e no segundo resolve fazer um seguro pagando em dinheiro o prêmio de $ 6.000 com cobertura para o segundo e terceiro ano.

      O quadro a seguir apresenta o resultado tomando por base o princípio de caixa.

      Com fundamento nos conceitos relativos ao princípio de caixa e competência, faça um demonstrativo aplicando o princípio da competência. Pelo princípio de caixa, o resultado em cada exercício seria o seguinte:

	Ano 1	Ano 2	Ano 3
Receita de contribuições	60.000	0	0
Despesas: – Impressão de folhetos – Seguro	10.000 0	10.000 6.000	10.000
Lucro (prejuízo)	50.000	(16.000)	(10.000)

9. Com base no princípio da entidade, esclareça quais as desvantagens da forte influência dos ciclos políticos orçamentários de curto prazo.

10. Quais as desvantagens da estrutura de controle descentralizada?

b) Questões objetivas

1. A diferença entre todas as receitas e todas as despesas da entidade, levando em consideração os valores pagos e recebidos de juros nominais junto ao sistema financeiro, o setor privado não financeiro e o resto do mundo corresponde:

    (a) ao resultado nominal;

    (b) ao resultado primário;

    (c) ao superávit financeiro;

    (d) nenhuma das respostas acima.

2. A diferença entre a Receita Arrecadada e a Despesa Liquidada, excluindo destes valores as receitas financeiras, alienações de bens, operações de crédito e suas respectivas amortizações, corresponde:

    (a) ao resultado nominal;

    (b) ao resultado primário;

    (c) ao superávit financeiro;

    (d) nenhuma das respostas acima.

    Examine a demonstração a seguir:

RECEITA		DESPESA	
Tributária	6.000	Correntes	4.000
De Aplicações Financeiras	1.200	De Juros da Dívida	700
De Operações de Crédito	1.000	De Capital	1.000
Alienação de Bens	200	Amortização da Dívida	1.400

Com base na demonstração acima responda às questões 3 e 4 a seguir.

3. O resultado nominal é igual a:

    (a) $ 800;

    (b) $ 1.300;

    (c) $ 1.800;

    (d) $ 2.300.

4. O resultado primário é igual a:
   (a) $ 500;
   (b) $ 700;
   (c) $ 1.000;
   (d) $ 1.500.

5. A estrutura que pressupõe a existência de um órgão central de controle e é responsável pela realização de toda a contabilidade do governo é denominada de:
   (a) centralizada;
   (b) integrada;
   (c) descentralizada;
   (d) monista.

6. Quando os órgãos de contabilidade do Poder Executivo mantêm delegações de contabilidade em cada um dos órgãos da administração, inclusive nos demais Poderes, diz-se que sua estrutura é:
   (a) centralizada;
   (b) descentralizada;
   (c) integrada;
   (d) delegada.

7. Nos estudos da Contabilidade Governamental as contas do ativo e passivo financeiro tratam dos registros:
   (a) da arrecadação da receita e da realização das despesas;
   (b) da movimentação das contas do Ativo e Passivo Permanente;
   (c) da previsão da receita e fixação da despesa;
   (d) dos reflexos nas contas de Variações Ativas e Variações Passivas.

8. A relação completa das contas necessárias e suficientes ao controle dos elementos que integram o patrimônio denomina-se:
   (a) digrafograma;
   (b) balancete;
   (c) plano de contas;
   (d) balanço.

Bibliografia

ABRÚCIO, Fernando; COSTA, Valeriano M. Ferreira. A reforma do Estado e o contexto federativo brasileiro. *Pesquisas*, São Paulo: Fundação Konrad Adenauer, nº 12, 1998.

ANTHONY, R.; HEKIMIAN, J. *Controle de custos das operações*. São Paulo: Brasiliense, 1974.

BIOLCHINI, Alberto. *Codificação da contabilidade pública brasileira*. Rio de Janeiro: Imprensa Nacional, 1930.

CFC – Conselho Federal de Contabilidade. Resolução CFC nº 750/93, que dispõe sobre os princípios fundamentais de contabilidade (PFC).

_____. Resolução CFC nº 1.111/2008, que aprova o Apêndice II da Resolução CFC nº 750/93 relativo à interpretação dos princípios fundamentais de contabilidade sob a perspectiva do setor público.

_____. Resolução CFC nº 1.129/08. *Aprova a NBC TSP 16.2 – Patrimônio e Sistemas Contábeis*.

COSO – Committee of Sponsoring Organizations of Treadway Commission – <http://www.coso.org/>.

DUVERGER, Maurice. *Os grandes sistemas políticos*. Coimbra: Almedina, 1985.

FLORIANI, Dimas. *Brésil: à qui profite La reforme de l'Etat?* In La pensée comptable – État, Néolibéralisme, Nouvelle Gestion Publique. Les Nouveaux Cahiers de L'Institut Universitaire D'Études du Développement. Paris: Presses Universitaires de France, 1998.

FUKUYAMA, Francis. *Construção de Estados*: governo e organização mundial no século XXI. Tradução de Nivaldo Montingelli Jr. Rio de Janeiro: Rocco, 2005.

GÓMEZ, J. M. *Política e democracia em tempos de globalização*. Petrópolis: Vozes, 2000.

GORE, Al. *Reinventar a administração pública*. Relatório sobre o estado da Administração Pública americana. Tradução de José Magalhães. 2. ed. Lisboa: Quetzal Editores, 1995.

GASB – Governmental Accounting Standards Boards (GASB). *The Needs of Governmental Financial Reports*. A Research report, GASB. Stamford: Connecticut, Oct. 1985.

HORNGREN, Charles T. *Introdução à contabilidade gerencial*. Rio de Janeiro: Prentice-Hall, 1985.

LÓPEZ, Bernardino Benito. *Manual de contabilidade pública*. Madrid: Pirâmide, 1995.

MAGNET, Jacques. *Comptabilité publique*. Paris: Presses Universitaires de France, 1978.

MESSNER, Dirk. *La transformación del Estado y la política en el proceso de globalización*. Disponível em: <http://www.nuso.org/upload/articulos/2797_1.pdf>. Acesso em: 11 jan. 2009.

MIRANDA, Jorge. *Manual de direito constitucional*. Coimbra: Coimbra Editora, 2004.

MONTESINOS, Vicente Julve. Panorama actual de la contabilidad pública: análisis de la situacion española dentro de su entorno internacional. *Revista de la Economia Pública, Social y Cooperativa*, p. 159-185, ago. 2003.

RAMIREZ, Alfonso Rojo. Nuevas tendencias em contabilidad. *Revista Española de Financiacion y Contabilidad*, v. XXII, nº 72, p. 551-566, jul./sept. 1992.

SOUSA, Rubens Gomes de. *Compêndio de legislação tributária*. 2. ed. Rio de Janeiro: Edições Financeiras, 1954.

SOUZA FRANCO, Antonio L. de. *Finanças públicas e direito financeiro*. Coimbra: Almedina, 1992.

TORRECILLAS, José Antonio Monzó. *Incidencia de las niif en el ámbito de la contabilidad pública*: cuenta de resultados. Doc. nº 23/03. Madrid: Instituto De Estudios Fiscales, 2003.

TORRES, Ricardo Lobo. *Curso de direito financeiro e tributário*. 11. ed. Rio de Janeiro: Renovar, 2004.

VIANA, Cibilis da Rocha. *Teoria geral da contabilidade*. 2. ed. Porto Alegre: Sulina, 1962.

2

Patrimônio na Administração Pública

2.1 Conceito

Patrimônio é o conjunto de bens, direitos e obrigações vinculados a uma pessoa física ou jurídica. Entretanto, os estudos sobre o patrimônio revelam que qualquer conjunto de bens, direitos e obrigações somente constituirão um patrimônio quando forem observados dois requisitos básicos:

- sejam componentes de um conjunto que possua conteúdo econômico avaliável em moeda;
- exista interdependência dos elementos componentes do patrimônio e vinculação do conjunto a uma entidade que vise alcançar determinados fins.

As Normas Brasileiras de Contabilidade, ao tratar do setor público (NBC TSP), definem patrimônio público como o conjunto de direitos e bens, tangíveis ou intangíveis, onerados ou não, adquiridos, formados, produzidos, recebidos, mantidos ou utilizados pelas entidades do setor público, que seja portador ou represente um fluxo de benefícios, presente ou futuro, inerente à prestação de serviços públicos ou à exploração econômica por entidades do setor público e suas obrigações.[1]

Conforme se pode verificar na Contabilidade, os bens e direitos constituem o ATIVO e as obrigações, o PASSIVO, cujo conteúdo econômico é dado pelo valor que constitui o atributo comum que lhe dá homogeneidade.

Embora a administração pública opere fundamentalmente na obtenção de recursos financeiros que permitam o atendimento das necessidades públicas, não

---
[1] Resolução CFC nº 1.129/08 – com a redação dada pela Resolução CFC nº 1.268/09. *Aprova a NBC TSP 16.2 – Patrimônio e Sistemas Contábeis.*

podemos esquecer que, em decorrência dos fatos administrativos de ordem financeira, o patrimônio sofre mutações variadas, tanto nos elementos ativos, como nos elementos passivos.

Assim, por força da execução do orçamento, além dos recursos financeiros obtidos e da realização dos gastos de custeio, o Estado realiza gastos na construção ou aquisição de bens cujo conjunto deve administrar e conservar. Esse conjunto de bens constitui os BENS PÚBLICOS,[2] que pertencem ou que são produzidos pelo Estado e que, uma vez incorporados ao patrimônio do Estado, ficam submetidos à ocorrência de fenômenos espontâneos ou administrativos que podem alterar seu valor, como é o caso de valorizações e depreciações.

A administração pública também assume compromissos com terceiros mediante a obtenção de empréstimos internos e externos, a curto e longo prazos, que constituem o que se denomina DÍVIDA PÚBLICA.

O patrimônio do Estado, como matéria administrável, isto é, como objeto da gestão patrimonial desempenhada pelos órgãos da administração, é o conjunto de bens, valores, créditos e obrigações de conteúdo econômico e avaliável em moeda que a Fazenda Pública possui e utiliza na consecução dos seus objetivos.

No âmbito da Contabilidade, os estudos do patrimônio pressupõem o detalhamento do conjunto do Ativo, Passivo e Patrimônio Líquido de modo a determinar como o mesmo está evidenciado nas demonstrações contábeis da entidade e, deste modo, identificar:

- os fatores que influem na estrutura patrimonial;
- as relações entre os componentes patrimoniais;
- as modificações que o patrimônio sofreu ao longo dos exercícios;
- os riscos a que estão submetidos os elementos desse patrimônio.

2.2 Patrimônio sob o aspecto qualitativo

2.2.1 Introdução

Sob o aspecto qualitativo ou funcional, o patrimônio deve ser apreciado: por um lado, quanto às origens, isto é, quanto às fontes de que provêm os recursos e, por outro lado, quanto à forma pela qual estão aplicados esses mesmos recursos.

---

[2] O conceito de bem público aqui utilizado é o conceito contábil e não o conceito econômico, em que os bens públicos são aqueles que têm duas características básicas: uma vez disponíveis para um indivíduo, ficam disponíveis para todos e, ao mesmo tempo, o consumo de mais de um indivíduo não prejudica o consumo dos outros que já consomem o bem. O sinal luminoso emitido por um farol da Marinha para orientar os navios é um exemplo de bem público, vez que estará disponível imediatamente para todos os navios e sua utilização por qualquer navio não afeta o sinal luminoso disponível para outros navios. Entretanto, a torre e o prédio onde está localizado o farol constitui um bem público no sentido contábil.

O aspecto qualitativo não indaga o valor dos bens, mas a sua qualidade funcional, isto é, as formas e composições qualitativas que podem adquirir na instituição, procurando estabelecer a composição que melhor concorra para alcançar seus fins com a máxima economicidade e produtividade.

Assim, sob o aspecto qualitativo, o patrimônio é entendido como um complexo de bens e meios econômicos heterogêneos e coordenados que, em determinado momento, encontram-se à disposição de uma entidade e que concorrem para a realização de seus fins. Fazendo referência a alguns autores, Viana (1959, p. 120) esclarece que alguns denominam substância do patrimônio a forma de sua apresentação material e contrassubstância a forma de indicação da origem dos recursos investidos.

Qualquer estudo sistemático dos bens públicos, principalmente no que se refere à incorporação dos ativos imobilizados, revelará a existência de duas teorias, a saber:

a) não reconhecimento do ativo imobilizado, sob o argumento de que nas organizações públicas o registro deve limitar-se ao fluxo financeiro, ou seja, à contabilização do ativo financeiro.[3]

b) reconhecimento do ativo imobilizado sob dois aspectos básicos:

– parcialmente, quando os ativos estejam liberados para ser alienados e transformados em valores disponíveis;[4]

– totalmente, considerando todo o imobilizado como ativo, seja em função dos benefícios econômicos futuros ou da potencialidade, seja dos serviços que o ativo pode prestar.

Segundo a Estrutura Conceitual para elaboração e apresentação das demonstrações contábeis elaborada pelo Comitê de Pronunciamentos Contábeis, ao estabelecer a correlação às Normas Internacionais de Contabilidade, *Ativo* é um recurso controlado pela entidade como resultado de eventos passados e do qual se espera que resultem futuros benefícios econômicos para a entidade.

A aplicação desse conceito de ativo, no âmbito do setor público e das entidades sem finalidade de lucro, é pertinente, tendo em vista que tais entidades, em face do princípio da continuidade, devem reconhecer que o benefício potencial compreendido em um ativo, em especial o imobilizado, pode não resultar num fluxo positivo de tesouraria para a organização. Nesse sentido, já em 1985 o FASB incluiu nos *Statement of Financial Accounting Concepts – SFAC – n° 6*[5] que

---

[3] ANTHONY, Robert N. *Should business and business accounting be different*. Harvard Business School Press, 1989, p. 65-66.

[4] IFAC. *Elements of financial statements of national governments*. IFAC – Public Sector Commitee; study n° 2, July 1993.

[5] Financial Accounting Standards Board December 1985, SFAC n° 6. *Elements of Financial Statements*, dec. 1985, § 28. Disponível em: <http://www.fasb.org/pdf/aop_CON6.pdf>. Acesso em: 20 mar. 2009.

"a característica comum de todos os ativos (recursos econômicos) é a capacidade de proporcionar serviços ou benefícios para a entidade que os utilizam. Em uma empresa, esse potencial de serviço ou futuro benefício econômico se traduz em fluxos positivos de tesouraria. Numa organização sem finalidade lucrativa, esse potencial de serviço ou benefício econômico futuro é utilizado para fornecer aos cidadãos os bens ou serviços de que necessita ou deseja e que podem não resultar em fluxos financeiros positivos para a organização".

Assim, no âmbito do setor público, o valor e a utilidade do ativo devem ser estudados em relação à capacidade de contribuir com o objetivo finalístico da entidade e, portanto, em sua capacidade para ser utilizado no fornecimento de bens e serviços que satisfaçam às necessidades dos cidadãos.

2.2.2 Substância patrimonial

Os bens públicos formam a substância patrimonial do Estado e, não obstante as diversas formas e finalidades de que se revestem, podem ser distribuídos em dois grupos distintos:

- **Circulante**[6] – é caracterizado pela sua extrema mobilidade, já que por ele transitam todas as entradas e saídas financeiras e compreende as disponibilidades de numerário, bem como outros bens e direitos pendentes ou em circulação, realizáveis até o término do exercício seguinte, bem como as aplicações de recursos em despesas do exercício seguinte.
- **Permanente** ou não circulante – compreende os demais ativos não classificados como circulante segregado em ativo realizável a longo prazo, investimentos, imobilizado e intangível. A separação da informação patrimonial em Financeira e Permanente/Não Financeira tem por objetivo principal apurar o superávit ou déficit financeiro no Balanço Patrimonial, conforme a Lei nº 4.320/64:

"Art. 43. A abertura dos créditos suplementares e especiais depende da existência de recursos disponíveis para ocorrer à despesa e será precedida de exposição justificativa.

§ 1º Consideram-se recursos, para o fim deste artigo, desde que não comprometidos:

I – o superávit financeiro apurado em balanço patrimonial do exercício anterior;

---

[6] A partir de diversos estudos realizados e da comparação com as Normas Internacionais de Contabilidade, verificou-se que a denominação de Financeiro tanto para o Ativo como para o Passivo levava impropriamente ao conceito estrito de disponibilidade que, sem dúvida, é relevante para o acompanhamento da execução orçamentária. Entretanto, sob o enfoque da Contabilidade como campo de estudos do patrimônio, é mais adequado o uso da expressão *Circulante* para Ativos e Passivos, vez que representa a parte do ativo que pode ser utilizada para estimular a atividade operacional do Estado, gerando benefícios econômicos futuros para a população.

[...]

§ 2º Entende-se por superávit financeiro a diferença positiva entre o ativo financeiro e o passivo financeiro, conjugando-se, ainda, os saldos dos créditos adicionais transferidos e as operações de crédito a eles vinculadas.

Assim, por bens públicos deve ser entendido o conjunto de coisas corpóreas ou incorpóreas, imóveis e semoventes, créditos, direitos e ações, sobre as quais o Estado exerce o direito de soberania em favor da coletividade ou o direito de propriedade privada, quer eles pertençam às entidades estatais, autárquicas e paraestatais.

Os bens que formam o patrimônio do Estado classificam-se segundo dois critérios:

- critério jurídico;
- critério contábil.

a) Critério jurídico

O Código Civil divide inicialmente os bens em públicos e particulares, conceituando como públicos os do domínio nacional, pertencentes à União, aos Estados e aos Municípios e como particulares todos os outros.

No desenvolvimento de sua atividade, a administração tanto se serve de bens que se acham sujeitos ao seu domínio como de bens dos cidadãos sobre os quais exerce determinados poderes no interesse geral.

Esses bens, segundo o critério jurídico, são assim classificados:

- bens de uso comum do povo;[7]
- bens de uso especial;
- bens dominicais.

Os **bens de uso comum do povo**, também denominados de domínio público, são divididos, segundo sua formação, em:

- naturais – correspondem aos bens que não absorveram ou absorvem recursos públicos, como mares, baías, enseadas, rios, praias, lagos, ilhas etc.;
- artificiais – são aqueles bens de uso comum que absorveram ou absorvem recursos públicos e, portanto, cuja existência supõe a intervenção do homem, como ruas, praças, avenidas, canais, fontes etc.

---

7 Alguns historiadores atribuem a denominação "bens de uso comum do povo" ao período colonial quando o Monarca determinava a colocação de placa em obras de construção de chafarizes ou estatuais com os seguintes dizeres: "*Ao poco, o Rei*".

São, portanto, de uso comum todos os bens destinados ao uso da comunidade, quer individual ou coletivamente, e por isso apresentam as seguintes características:

- quando naturais não são contabilizados como Ativo;
- quando artificiais são contabilizados no ativo e incluídos no patrimônio da instituição;
- quando naturais não são inventariados ou avaliados;
- não podem ser alienados enquanto conservarem a qualificação de uso comum do povo;[8]
- são impenhoráveis e imprescritíveis;
- o uso pode ser oneroso ou gratuito, conforme estabelecido em lei.

Estudando as diferenças entre a Contabilidade Pública e a Contabilidade empresarial, Vela Bargues (1991, p. 579) apresenta a íntegra de duas reflexões importantes de Robert. K. Mautz e J. Pallot que servem de referência para os estudos sobre a contabilização dos ativos representados pelos bens de uso comum do povo. Mautz, em artigo publicado na revista *Accounting Horizons* em junho de 1988, trata do monumento a Washington, existente na capital norte-americana, esclarecendo que a obra não deveria ser incluída como ativo no balanço do Governo Federal dos Estados Unidos. Seu argumento é de que normalmente o referido monumento em um futuro imediato irá gerar para o governo um fluxo de caixa negativo, caso seu custo anual de manutenção e guarda exceder os ingressos que possa gerar. Como o governo não cobra qualquer taxa ou tarifa como entrada, conclui que o monumento é, na realidade, um passivo.

No mesmo artigo, Vela Bargues apresenta reflexão de Pallot esclarecendo, em resposta a Mautz, que não é possível aplicar noções concebidas pela contabilidade empresarial em situações claramente diferentes. Nesse sentido, dá um tratamento mais adequado aos ativos que estejam no âmbito do setor público, estabelecendo suas principais características, a saber:

a) ativos como recursos, ou seja, como meios subordinados a um determinado fim que no âmbito empresarial é a geração de fluxos de caixa positivos, enquanto no setor governamental os benefícios aparecem na forma de serviços (saúde e educação, por exemplo) o que é mais relevante;

b) ativos como propriedade que modernamente não podem mais estar centrados no aspecto exclusivista da titularidade privada, devendo, portanto, ser reconhecido como um conjunto de direitos entre os quais os mais importantes são: (i) o direito de sua gestão e tomada de deci-

---

[8] Entre as diversas situações em que um bem de uso comum pode ser alienado pode ser citado o caso de alienação aos proprietários de imóveis lindeiros (vizinhos, limítrofe, fronteiriços) e que sejam remanescentes ou resultantes de obra pública (modificação do alinhamento de áreas urbanas de uso comum, tais como ruas e praças), na forma e nos limites prescritos na Lei de Licitações (Lei nº 8.666/93 (art. 17, § 3º, inciso I com a nova redação dada pela Lei nº 9.648/98).

sões sobre a propriedade; (ii) o direito aos benefícios que podem ser obtidos a partir da propriedade e (iii) o direito de dispor (vender ou destruir) a propriedade.

Finalmente, esclarece sobre a conveniência de distinguir os ativos comunitários (bens de uso comum) dos ativos ordinários (bens especiais e dominicais) nas demonstrações contábeis, apontando a vantagem de permitir o tratamento contábil adequado e uma análise mais clara da posição financeira e dos resultados alcançados pelos gerentes.

As normas de contabilidade estabelecem que os bens de uso comum que absorveram ou absorvem recursos públicos, ou aqueles eventualmente recebidos em doação, devem ser incluídos no ativo não circulante da entidade responsável pela sua administração ou controle, estejam, ou não, afetos a sua atividade operacional. Assim, ao realizarem investimentos ou despesas de capital nesses bens, a entidade deve proceder a seu registro no Ativo com o objetivo de acumular o custo da construção ou reforma, bem como as perdas do valor em decorrência do uso (depreciação, amortização ou exaustão).

Com a introdução da contabilidade de custos no setor público é inevitável a manutenção do registro desses investimentos como elemento permanente no ativo, seja para fins de controle das aplicações, seja porque muitos desses ativos podem ser alienados mediante autorização legislativa ou ser explorados pelo Estado com o objetivo de auferir receitas em função do respectivo uso.

Os **bens de uso especial**, ou do patrimônio administrativo, são os destinados à execução dos serviços públicos, como os edifícios ou terrenos utilizados pelas repartições ou estabelecimentos públicos, bem como os móveis e materiais indispensáveis ao seu funcionamento. Tais bens têm uma finalidade pública permanente, razão pela qual são denominados bens patrimoniais indispensáveis.

Os bens do patrimônio administrativo têm as seguintes características:

- são contabilizados no ativo;
- são inventariados e avaliados;
- são inalienáveis quando empregados no serviço público e enquanto conservarem esta condição.

Os **bens dominicais**, ou do patrimônio disponível, são os que integram o patrimônio das pessoas jurídicas de direito público como objeto de direito pessoal ou real das entidades do setor público.

Os bens dominicais possuem as seguintes características:

- estão sujeitos à contabilização no ativo;
- são inventariados e avaliados;
- podem ser alienados nos casos e na forma que a lei estabelecer;
- dão e podem produzir renda.

Ainda sob o aspecto jurídico, os bens patrimoniais do Estado podem ser classificados em:

Bens móveis

São móveis os bens suscetíveis de movimento próprio, ou de remoção por força alheia, sem alteração da substância ou da destinação econômico-social. São também móveis por determinação legal as energias que tenham valor econômico, os direitos reais sobre objetos móveis e as ações correspondentes, bem como os direitos pessoais de caráter patrimonial e respectivas ações.

Compreendem-se entre os bens móveis os diversos materiais para o serviço público, o numerário, os valores, os títulos e, ainda, os materiais destinados a construção, enquanto não empregados, mas podendo, no futuro, readquirir essa qualidade quando provenientes da demolição de algum prédio.

Bens imóveis

São bens imóveis o solo e tudo quanto se lhe incorporar natural ou artificialmente, sendo que para efeitos legais também se consideram imóveis:

- os direitos reais sobre imóveis e as ações que os asseguram;
- os direitos à sucessão aberta.

Não perdem o caráter de imóveis as edificações que, separadas do solo, mas conservando a sua unidade, forem removidas para outro local e, ainda, os materiais provisoriamente separados de um prédio, para nele se reempregarem.

São, ainda, considerados bens imóveis, para efeito de organização dos inventários, os museus, as pinacotecas, as bibliotecas, os observatórios, os estabelecimentos industriais e agrícolas com os respectivos aparelhos e instrumentos, as estradas de ferro, conjuntamente com o material rodante necessário ao serviço, os quartéis, as fábricas de pólvora, de artefatos de guerra, os arsenais e demais bens de igual natureza do domínio privado do Estado.

b) Critério contábil

Segundo o critério contábil, os bens públicos são classificados em:

a) Ativo circulante, que compreende as próprias disponibilidades, os bens e direitos e os valores realizáveis desde que atendam a um dos seguintes critérios:

– estarem disponíveis para realização imediata; e

– tiverem a expectativa de realização até o término do exercício seguinte.

b) Ativos permanentes ou não circulantes compreendem todos os demais ativos e incluem os bens, direitos e valores, cuja mobilização ou alienação dependa de autorização legislativa.

No que se refere ao Ativo Circulante, é preciso não confundir a visão orçamentária da visão contábil-patrimonial, pois na primeira deve prevalecer o conceito restrito de ativo financeiro com condição para a abertura de créditos adicionais para fins de realização das despesas à conta do orçamento, enquanto na visão contábil-patrimonial deve ser o conceito de circulante, que inclui, necessariamente, os valores numerários, conforme comando dos §§ 1º e 2º do art. 105 da Lei nº 4.320/64, a seguir transcritos:.

> "§ 1º O Ativo Financeiro compreenderá os créditos e valores realizáveis independentemente de autorização orçamentária e dos valores numerários.
>
> § 2º O Ativo Permanente compreenderá os bens, créditos e valores, cuja mobilização ou alienação dependa da autorização legislativa."

Como já observado em outra oportunidade, os estudos do patrimônio indicam que o termo *circulante* deve ser utilizado por caracterizar, com maior precisão, a potencialidade dos ativos e da geração de futuros benefícios econômicos.

Fazem parte do Ativo Circulante desde que atendidos os critérios acima:

- numerário em tesouraria;
- depósitos em bancos;
- aplicações financeiras de curto prazo;
- valores a receber de qualquer natureza (lançamentos tributários diretos, parcelamentos tributários, valores inscritos em dívida ativa;
- valores entregues a servidores a título de adiantamento ou suprimento de fundos e que estejam pendentes de prestação de contas.

No **Ativo Permanente** ou não circulante estão incluídos os demais itens do ativo cuja mobilização ou alienação dependa de autorização legislativa, entre os quais cabe destacar:

- os valores móveis que se integram no patrimônio como elementos instrumentais da administração;
- os que, para serem alienados, dependam de autorização legislativa;
- todos aqueles que, por sua natureza, produzam variações positivas ou negativas no patrimônio financeiro;
- a dívida ativa, originada de tributos e outros créditos estranhos ao ativo financeiro, cujo prazo de recebimento ultrapasse o exercício financeiro seguinte.

As contas representativas de bens, valores e créditos compreendem o que denominamos ATIVO REAL, ou seja, são contas que registram a existência e a movimentação dos bens e direitos, cuja realização não admite dúvidas, seja por sua condição de valores em espécie ou em títulos de poder liberatório, seja por sua característica de créditos de liquidez certa, seja, afinal, pela condição de patrimônio representado por inversões e investimentos.

2.2.3 Contrassubstância patrimonial

Quanto à contrassubstância, o patrimônio é considerado em relação às dívidas e obrigações assumidas pela administração em virtude de serviços, contratos, fornecimentos, cujo pagamento não é realizado no ato, ou então em face de empréstimos contraídos no país ou no exterior.

A contrassubstância patrimonial é formada pelos seguintes grupos:

a) Passivo Circulante, que corresponde a valores:
- exigíveis até o término do exercício seguinte;
- de terceiros ou retenções em nome deles, quando a entidade do setor público for fiel depositária, independentemente do prazo de exigibilidade.

b) Passivo Permanente ou não circulante compreende as dívidas não incluídas no passivo circulante, tais como:
- as responsabilidades que, para serem pagas, dependem de autorização orçamentária;
- todas as que, por sua natureza, formam grupos especiais de contas, cujos movimentos determinem compensações, ou que produzam variações no patrimônio.

Sob o aspecto qualitativo, a contrassubstância patrimonial é apresentada em dois grupos:

a) dívida flutuante;
b) dívida fundada.

A dívida flutuante compreende os restos a pagar, o serviço da dívida a pagar, bem como os depósitos e os débitos de tesouraria e, normalmente, tem origem nas atividades operacionais decorrentes da execução orçamentária.

A dívida fundada, por sua vez, pode ser desdobrada em:

- Consolidada – quando decorrente do apelo ao crédito público e representada por apólices, obrigações, cédulas ou títulos semelhantes, nominativas ou ao portador, de livre circulação e cotação em bolsas do país e do exterior.

- Não consolidada – é proveniente de operações de crédito contratadas com pessoas jurídicas de direito público ou privado, cujos títulos são os próprios instrumentos de contrato, ou, quando for o caso, notas promissórias ou confissões de dívidas a ele vinculadas.

No estudo do passivo circulante e não circulante, cabe a mesma reflexão realizada quando do estudo do ativo em relação ao ciclo operacional, vez que uma das classificações a ser produzida no balanço patrimonial está baseada nos §§ 3º e 4º do art. 105 da Lei nº 4.320/64:

"§ 3º O Passivo Financeiro compreenderá os compromissos exigíveis cujo pagamento independa de autorização orçamentária.

§ 4º O Passivo Permanente compreenderá as dívidas fundadas e outras que dependam de autorização legislativa para amortização ou resgate."

As contas representativas da dívida pública compreendem o denominado PASSIVO REAL e registram a existência e a movimentação das obrigações e das responsabilidades cuja exigibilidade não admite dúvida, visto representarem dívidas líquidas e certas.

O confronto do conjunto de BENS, VALORES e CRÉDITOS com as DÍVIDAS evidencia a situação líquida patrimonial.

A representação gráfica do patrimônio da Fazenda Pública sob o aspecto qualitativo é a seguinte:

COMPOSIÇÃO QUALITATIVA DO PATRIMÔNIO DA FAZENDA PÚBLICA

SUBSTÂNCIA PATRIMONIAL	CONTRASSUBSTÂNCIA PATRIMONIAL
CIRCULANTE – Bens numerários – Bens de consumo – Bens de renda – Valores a receber	CIRCULANTE – Dívida flutuante (Restos a Pagar, Serviço da Dívida a Pagar e Depósitos de Terceiros – Débitos de Tesouraria
NÃO CIRCULANTE – Bens de uso – Bens de renda – Valores a receber	NÃO CIRCULANTE – Dívida Fundada ou Consolidada – Contratos de empréstimos a longo prazo – Confissões de dívida
SITUAÇÃO LÍQUIDA PASSIVA	SITUAÇÃO LÍQUIDA ATIVA

2.3 Patrimônio sob o aspecto quantitativo

2.3.1 Introdução

O patrimônio sob o aspecto quantitativo é conceituado como um fundo de valores à disposição de uma entidade, em determinado momento e cujos elementos são avaliados com a mesma unidade de medida, a fim de que possam ser reduzidos a uma única expressão numérica.

Assim, o aspecto quantitativo do patrimônio é aquele no qual o patrimônio aparece expresso através de um valor numérico sintético. Daí a definição de Patrimônio, nesse aspecto, como sendo um "fundo de valores".

Sob o aspecto quantitativo, o patrimônio é constituído pelos seguintes elementos:

- ativo;
- passivo;
- patrimônio líquido.

O **Ativo** evidencia a expressão monetária do total dos componentes positivos do patrimônio: bens, créditos e valores.

O **Passivo** possibilita o conhecimento da expressão monetária do total dos componentes negativos do patrimônio: dívida flutuante e dívida fundada.

O **Patrimônio Líquido** (ou situação líquida) é a diferença entre as expressões monetárias componentes do ATIVO e do PASSIVO.

A situação líquida pode apresentar três situações distintas:

- A > P → quando o Ativo é maior que o Passivo, a Situação Líquida é positiva, também denominada Patrimônio Líquido, Ativo Líquido ou Substância Líquida;
- A < P → quando o Ativo é menor que o Passivo, temos a Situação Líquida negativa, também denominada Passivo a Descoberto;
- A = P → quando o Ativo é igual ao Passivo, temos uma Situação Líquida nula, discreta ou indiferente.

O Quadro 2.1 resume a noção qualitativa e quantitativa do patrimônio.

Quadro 2.1 *Aspectos qualitativos e quantitativos do patrimônio.*

CONJUNTO DE BENS	ASPECTOS	
	QUALITATIVO	QUANTITATIVO (FUNDO DE VALORES)
APLICAÇÕES (Substância)	Bens Valores Créditos SOMA	300 300 400 1.000
ORIGENS (Contrassubstância)	Dívidas Situação Líquida SOMA	350 650 1.000

2.3.2 Avaliação dos componentes patrimoniais

O patrimônio das entidades do setor público, o orçamento, a execução orçamentária e financeira e os atos administrativos que provoquem efeitos de caráter econômico e financeiro no patrimônio da entidade devem ser mensurados ou avaliados monetariamente e registrados pela contabilidade.

Os registros contábeis devem ser realizados e os seus efeitos evidenciados nas demonstrações contábeis do período com os quais se relacionam, reconhecidos, portanto, pelos respectivos fatos geradores, independentemente do momento da execução orçamentária.

A avaliação dos componentes patrimoniais das entidades públicas obedece, nos termos do art. 106 da Lei nº 4.320/64, às seguintes normas:

- os débitos e créditos, bem como os títulos de renda, são avaliados pelo seu valor nominal, feita a conversão, quando em moeda estrangeira, à taxa de câmbio vigente na data do balanço;
- os bens móveis e imóveis, pelo valor de aquisição ou pelo custo de produção ou de construção;
- os bens de almoxarifado, pelo preço médio ponderado das compras;
- os valores em espécie, assim como os débitos e créditos, quando em moeda estrangeira, deverão figurar ao lado das correspondentes importâncias em moeda nacional.

As análises qualitativas e quantitativas do patrimônio são materializadas a partir da mensuração que corresponde à constatação do valor monetário para itens do ativo e do passivo decorrentes de procedimentos técnicos. Por sua vez, a avaliação patrimonial corresponde à atribuição de valor monetário, a itens do ativo e do passivo decorrentes de julgamento fundado em consenso entre as partes e que traduza, com razoabilidade, a evidenciação dos atos e dos fatos administrativos.

A avaliação e mensuração dos componentes patrimoniais em entidades do setor público obedece às Normas Brasileiras de Contabilidade[9] (NBC TSP 16.10), que estabelece o seguinte para os diversos elementos do patrimônio:

1. **DISPONIBILIDADES**
   a) As disponibilidades são mensuradas ou avaliadas pelo valor original, feita a conversão, quando em moeda estrangeira, à taxa de câmbio vigente na data do Balanço Patrimonial.
   b) As aplicações financeiras de liquidez imediata são mensuradas ou avaliadas pelo valor original, atualizadas até a data do Balanço Patrimonial.
   c) As atualizações apuradas são contabilizadas em contas de resultado.

2. **CRÉDITOS E DÍVIDAS**
   a) Os direitos, os títulos de créditos e as obrigações são mensurados ou avaliados pelo valor original, feita a conversão, quando em moeda estrangeira, à taxa de câmbio vigente na data do Balanço Patrimonial.
   b) Os riscos de recebimento de dívidas são reconhecidos em conta de ajuste, a qual será reduzida ou anulada quando deixarem de existir os motivos que a originaram.
   c) Os direitos, os títulos de crédito e as obrigações prefixados são ajustados a valor presente.
   d) Os direitos, os títulos de crédito e as obrigações pós-fixadas são ajustados considerando-se todos os encargos incorridos até a data de encerramento do balanço.
   e) As provisões são constituídas com base em estimativas pelos prováveis valores de realização para os ativos e de reconhecimento para os passivos.
   f) As atualizações e os ajustes apurados são contabilizados em contas de resultado.

---
[9] Resolução CFC nº 1.137/08 – *Aprova a NBC T 16.10 – Avaliação e Mensuração de Ativos e Passivos em Entidades do Setor Público.*

3. **ESTOQUES**
   a) Os estoques são mensurados ou avaliados com base no valor de aquisição ou no valor de produção ou de construção.
   b) Os gastos de distribuição, de administração geral e financeiros são considerados como despesas do período em que ocorrerem.
   c) Se o valor de aquisição, de produção ou de construção for superior ao valor de mercado, deve ser adotado o valor de mercado.
   d) O método para mensuração e avaliação das saídas dos estoques é o custo médio ponderado.
   e) Quando houver deterioração física parcial, obsolescência, bem como outros fatores análogos, deve ser utilizado o valor de mercado.
   f) Os resíduos e os refugos devem ser mensurados, na falta de critério mais adequado, pelo valor realizável líquido.
   g) Os estoques de animais e de produtos agrícolas e extrativos são mensurados ou avaliados pelo valor de mercado, quando atendidas a seguintes condições:
      i. que a atividade seja primária;
      ii. que o custo de produção seja de difícil determinação ou que acarrete gastos excessivos.

4. **INVESTIMENTOS PERMANENTES**
   a) As participações em empresas e em consórcios públicos ou público-privados sobre cuja administração se tenha influência significativa devem ser mensuradas ou avaliadas pelo método da equivalência patrimonial.
   b) As demais participações podem ser mensuradas ou avaliadas de acordo com o custo de aquisição.
   c) Os ajustes apurados são contabilizados em contas de resultado.

5. **IMOBILIZADO**
   a) O ativo imobilizado, incluindo os gastos adicionais ou complementares, é mensurado ou avaliado com base no valor de aquisição, produção ou construção.
   b) Quando os elementos do ativo imobilizado tiverem vida útil econômica limitada, ficam sujeitos a depreciação, amortização ou exaustão sistemática durante esse período, sem prejuízo das exceções expressamente consignadas.
   c) Quando se tratar de ativos do imobilizado obtidos a título gratuito, deve ser considerado o valor resultante da avaliação obtida com base em procedimento técnico ou valor patrimonial definido nos termos da doação.

d) O critério de avaliação dos ativos do imobilizado obtidos a título gratuito e a eventual impossibilidade de sua mensuração devem ser evidenciados em notas explicativas.

e) Os gastos posteriores à aquisição ou ao registro de elemento do ativo imobilizado devem ser incorporados ao valor desse ativo quando houver possibilidade de geração de benefícios econômicos futuros ou potenciais de serviços. Qualquer outro gasto que não gere benefícios futuros deve ser reconhecido como despesa do período em que seja incorrido.

f) No caso de transferências de ativos, o valor a atribuir deve ser o valor contábil líquido constante nos registros da entidade de origem. Em caso de divergência deste critério com o fixado no instrumento de autorização da transferência, o mesmo deve ser evidenciado em notas explicativas.

g) Os bens de uso comum que absorveram ou absorvem recursos públicos, ou aqueles eventualmente recebidos em doação, devem ser incluídos no ativo não circulante da entidade responsável pela sua administração ou controle, estejam, ou não, afetos a sua atividade operacional.

h) A mensuração dos bens de uso comum será efetuada, sempre que possível, ao valor de aquisição ou ao valor de produção e construção.

6. INTANGÍVEL

a) Os direitos que tenham por objeto bens incorpóreos destinados à manutenção da atividade pública ou exercidos com essa finalidade são mensurados ou avaliados com base no valor de aquisição ou de produção.

b) O critério de mensuração ou avaliação dos ativos intangíveis obtidos a título gratuito e a eventual impossibilidade de sua valoração devem ser evidenciados em notas explicativas.

c) Os gastos posteriores à aquisição ou ao registro de elemento do ativo intangível devem ser incorporados ao valor desse ativo quando houver possibilidade de geração de benefícios econômicos futuros ou potenciais de serviços. Qualquer outro gasto deve ser reconhecido como despesa do período em que seja incorrido.

7. DIFERIDO[10]

---

[10] Neste item do ativo é preciso considerar os termos da Lei 11.941, de 27-5-2009 que modificou a composição dos grupos patrimoniais, e estabeleceu que o ativo não circulante será composto por ativo realizável a longo prazo, investimentos, imobilizado e intangível, não incluindo o diferido. Em relação ao setor público acredita-se que será editada normas específicas sobre os saldos existentes em 31-12-2008. No âmbito empresarial o saldo em 31-12-2008 no ativo diferido que, pela

As despesas pré-operacionais e os gastos de reestruturação que contribuirão, efetivamente, para a prestação de serviços públicos de mais de um exercício e que não configurem tão somente uma redução de custos ou acréscimo na eficiência operacional, classificados como ativo diferido, são mensurados ou avaliados pelo custo incorrido, deduzido do saldo da respectiva conta de amortização acumulada e do montante acumulado de quaisquer perdas do valor que tenham sofrido ao longo de sua vida útil por redução ao valor recuperável (*impairment*).

No processo de incorporação dos bens do imobilizado, devem ser levados em conta dois requisitos para decidir sobre a relevância da informação e, portanto, a classificação dos itens de pequena monta como um ativo. Em primeiro lugar, deve ser observada a sua representação adequada e em segundo a verificação da essência sob a forma.

As Normas Brasileiras de Contabilidade[11] estabelecem a necessidade de equilíbrio entre o custo e o benefício como uma limitação de ordem prática, ao invés de uma característica qualitativa, equivalendo a dizer que os benefícios decorrentes da informação devem exceder o custo de produzi-la. Entretanto, a avaliação dos custos e benefícios é, em essência, um exercício de julgamento.

Na prática, é frequentemente necessário um balanceamento entre as características qualitativas. Geralmente, o objetivo é atingir um equilíbrio apropriado entre as características, a fim de satisfazer aos objetivos das demonstrações contábeis. A importância relativa das características em diferentes casos é uma questão de julgamento profissional. Nesse sentido, alguns profissionais da Contabilidade pública têm considerado como ativo permanente os bens que atendam a duas premissas, a saber:

a) a durabilidade seja superior a dois anos, nos termos da Lei nº 4.320/64;

b) o valor unitário não ultrapasse o montante determinado ou prazo de vida útil que não exceda a um ano.[12]

Tal critério, entretanto, precisa ser repensado, vez que para a ciência contábil deve prevalecer a ideia de ativo como elemento voltado para a geração de

---

sua natureza, não puder ser alocado a outro grupo de contas, poderá permanecer no ativo sob essa classificação até sua completa amortização. Art. 299-A da Lei 6.404/1976 (introduzido pela Lei 11.941/2009).

[11] Resolução nº 1.121/08 – Aprova a NBC T 1 – Estrutura Conceitual para a Elaboração e Apresentação das Demonstrações Contábeis.

[12] Segundo a legislação do Imposto de Renda, pode ser lançado como custo ou despesa operacional o valor de aquisição de bens para o Ativo Permanente, cujo prazo de vida útil não ultrapasse um ano ou o valor unitário seja inferior a R$ 326,61 (art. 301 do RIR/99 e art. 30 da Lei nº 9.249/95). Nesse sentido, se o bem for de valor igual ou maior a $ 326,61 e a vida útil ultrapassar a um ano, deverá ser apropriado ao ativo imobilizado.

fluxos de caixa futuros e não em função da durabilidade, do valor ou do prazo de vida útil.

Por outro lado, mesmo no caso de sua irrelevância para a geração de benefícios econômicos ou prestação de serviços, será possível adotar regras de controle que estabeleçam o registro e contabilização de bens de pequena monta que, desse modo, seriam incorporados ao ativo. Entretanto, simultaneamente, tais bens seriam totalmente depreciados ou amortizados no próprio ano de aquisição ou produção, aparecendo nas demonstrações contábeis e de resultado da seguinte forma:

Ativo não financeiro	$
Bens móveis	5.000
Menos: Depreciação acumulada	(5.000)

Demonstração do Resultado	$
Receita	XXXX
Menos: Depreciação	(5.000)

Tal contabilização e registro teriam como objetivo a geração de controles permanentes de inventário até que esses bens sejam excluídos do âmbito da entidade por deterioração ou alienação. Tal procedimento permite a evidenciação das movimentações patrimoniais e a transparência da decisão administrativa tomada.

Após o exame das características básicas do patrimônio estatal, da classificação dos bens públicos e das normas legais que dispõem sobre sua inclusão no contexto patrimonial, podemos sintetizar a composição quantitativa-qualitativa, como apresentada no Quadro 2.2.

Quadro 2.2 *Resumo da classificação qualitativa e classificação quantitativa do patrimônio líquido.*

I – ATIVO (SUBSTÂNCIA)

CLASSIFICAÇÃO QUANTITATIVA	CLASSIFICAÇÃO QUALITATIVA	ESPECIFICAÇÃO	CONTAS UTILIZADAS
ATIVO CIRCULANTE	Disponível / Bens numerários	Dinheiro em cofre, depósitos em bancos, cheques emitidos e aplicações financeiras de curto prazo.	Caixa-Bancos e Correspondente – Cheques Emitidos.
	Vinculado / Bens numerários	Depósitos em bancos pendentes de alguma providência.	Banco do Brasil S.A., Caixa Econômica Federal etc.
	Realizável / Valores a receber	Valores lançados a receber. Parcelamentos tributários e outros a receber.	– Valores tributários a receber; – Outros valores a receber; Outras Entidades Devedoras – União, Estados e Municípios Devedores.
ATIVO NÃO CIRCULANTE (PERMANENTE)	Bens do Estado / Bens de uso	Terrenos, prédios, máquinas, ferramentas, utensílios, mobiliário, veículos, semoventes etc.	Bens Móveis Bens Imóveis Bens de Natureza Militar etc.
		Máquinas e equipamentos industriais.	Bens de Natureza Industrial.
	Valores / Bens de renda	Participação no capital social de empresas.	Inversões em S.A. de Economia Mista – Ações de Sociedade de Economia Mista.
	Valores / Bens de consumo	Material de consumo depositado.	Almoxarifado.
	Créditos / Créditos de financiamento	Devedores por empréstimos.	Empréstimos Concedidos.
	Créditos / Créditos de funcionamento	Dívida ativa e outros.	Créditos Fiscais Inscritos. Outros Créditos Inscritos.

II – PASSIVO (CONTRASSUBSTÂNCIA)

CLASSIFICAÇÃO QUANTITATIVA	CLASSIFICAÇÃO QUALITATIVA	ESPECIFICAÇÃO	CONTAS UTILIZADAS
PASSIVO CIRCULANTE	Restos a Pagar	Dívida Flutuante ou de curto prazo	Contas a pagar de curto prazo resultantes de empenhos não pagos até 31/12	• Restos a Pagar
	Depósitos de Diversas Origens		Depósitos de terceiros	• Depósitos de Diversas Origens • Consignações • Outras Entidades – Devedoras.
	Provisões e outras contas a pagar		Contas a Pagar e provisões para precatórios, férias etc.	• Provisões a pagar • Contas a pagar.
	Débitos de Tesouraria		Contas a Pagar relativas a empréstimos para cobrir insuficiências de Caixa (AROs)	• Débitos de Tesouraria.
PASSIVO NÃO CIRCULANTE (PERMANENTE)	Dívida Fundada Interna	Empréstimos de longo prazo	Dívidas originárias de empréstimos tomados em decorrência de lançamento de títulos ou de contratos com agências de fomento ou outras.	• Dívida Fundada Interna – Por títulos – Por contratos
	Dívida Fundada Externa			• Dívida Fundada Externa – Por títulos – Por contratos
	Patrimônio	Situação Líquida – Inicial	Dotação inicial para formação do Ativo e Passivo	Fundo de Capital Social
		Situação Líquida – Adquirida	Resultado do Exercício	- Variações Patrimoniais Aumentativas - Variações Patrimoniais Diminutivas

2.4 Depreciação, amortização e exaustão

2.4.1 Introdução

A maior parte dos ativos imobilizados tem vida útil limitada e, portanto, sua utilização pela entidade pública ocorrerá por um número finito de períodos contábeis futuros. Em decorrência, o sistema contábil deve incluir nos períodos contábeis em que o ativo for utilizado a apropriação gradativa do valor desse ativo como custo ou despesa sob a denominação de depreciação, amortização ou exaustão, conforme a sua natureza.

Portanto, se a entidade pública adquire um veículo para seu uso por $ 100.000, é natural reconhecer que o tempo de uso promova uma redução nesse valor. Supondo que o veículo fosse utilizado durante cinco anos e que no final desse período seu valor de venda e de uso fosse zero, a entidade teria que efetuar a sua baixa no patrimônio mediante a transferência do respectivo valor original ($ 100.000) para uma conta de despesa ou de custo, afetando, portanto, o resultado do quinto ano.

O processo de depreciação constitui o reconhecimento e apropriação anual ou mensal desse desgaste em função do uso durante o tempo de vida útil. Portanto, ao invés de reconhecer o custo ou despesa apenas no exercício em que o bem é baixado, essa perda de valor é reconhecida mediante a distribuição do custo de aquisição pelo número de exercícios em que o bem for utilizado.

A questão da contabilização dessa perda de valor ao longo do tempo tem sido motivo de controvérsias entre os profissionais de Contabilidade do setor público em decorrência, como já tratado em outra oportunidade, da ênfase à Contabilidade Orçamentária como instrumento de controle da legalidade dos atos e apuração da responsabilidade a cada período de vigência da Lei Orçamentária. Esta postura tem levado a Contabilidade do setor público à não evidenciação integral do patrimônio.

Entretanto, a partir da edição dos Princípios de Contabilidade sob a perspectiva do setor público, das Normas Brasileiras de Contabilidade específicas para a atividade governamental, bem como da ampliação dos estudos sobre a contabilidade como ciência que estuda o patrimônio, passou a constatar-se a necessidade de melhor planejamento na aquisição e controle dos ativos permanentes enquanto elementos potencializadores da melhor prestação de serviços aos cidadãos.

Sob o tema e com o objetivo de minimizar a controvérsia, é fundamental conhecer as referências feitas por Carrasco (1994, p. 109) sobre o entendimento de alguns estudiosos como Anthony (1980) e Vela Bargues (1991):

> *"a continuidade da organização exige manter a capacidade do ativo prestar os serviços que justificam sua própria existência, e, por outra, o objetivo de prestação de contas, tão importante no setor público, não pode ser apresentada sem mostrar em que medida a organização mantém seu ativo. A depreciação adquire, a partir desta perspectiva, uma importância fundamental".*

2.4.2 Métodos de cálculo da depreciação

Nos termos da NBC TSP[13] específica para o reconhecimento contábil da perda do valor de custo do ativo imobilizado, há os seguintes ajustes a serem contabilizados, conforme a espécie do bem:

a) *Amortização*: a redução do valor aplicado na aquisição de direitos de propriedade e quaisquer outros, inclusive ativos intangíveis, com existência ou exercício de duração limitada, ou cujo objeto sejam bens de utilização por prazo legal ou contratualmente limitado.

b) *Depreciação*: a redução do valor dos bens tangíveis pelo desgaste ou perda de utilidade por uso, ação da natureza ou obsolescência.

c) *Exaustão*: a redução do valor, decorrente da exploração, dos recursos minerais, florestais e outros recursos naturais esgotáveis.

Tais normas indicam que para o registro da depreciação, amortização e exaustão devem ser observados os seguintes aspectos:

a) obrigatoriedade do seu reconhecimento;

b) valor da parcela que deve ser reconhecida no resultado como decréscimo patrimonial e, no balanço patrimonial, representada em conta redutora do respectivo ativo;

c) circunstâncias que podem influenciar seu registro.

A determinação da vida útil econômica de um ativo deve ser definida com base em parâmetros e índices admitidos em norma ou laudo técnico específico e considerar os seguintes fatores:

a) a capacidade de geração de benefícios futuros;

b) o desgaste físico decorrente de fatores operacionais ou não;

c) a obsolescência tecnológica;

d) os limites legais ou contratuais sobre o uso ou a exploração do ativo.

As Normas de Contabilidade também incluem dispositivo que estabelece as situações em que os bens não precisam ser depreciados, como a seguir:

a) bens móveis de natureza cultural, tais como obras de artes, antiguidades, documentos, bens com interesse histórico, bens integrados em coleções, entre outros;

b) bens de uso comum que absorveram ou absorvem recursos públicos, considerados tecnicamente, de vida útil indeterminada;

---

[13] Resolução CFC nº 1.136/08 – *Aprova a NBC T 16.9 – Depreciação, Amortização e Exaustão.*

c) animais que se destinam à exposição e à preservação;

d) terrenos rurais e urbanos.

Os métodos de depreciação, amortização e exaustão devem ser compatíveis com a vida útil econômica do ativo e, aplicados uniformemente, podem ser adotados os seguintes, sem prejuízo da utilização de outros métodos:

a) o método das quotas constantes ou em linha reta;

b) o método das somas dos dígitos;

c) o método das unidades produzidas.

a) Método das quotas constantes ou em linha reta

No Brasil, no âmbito das empresas privadas, é o método mais utilizado e certamente também é o adotado no setor público, como exemplo a seguir:

– custo do ativo $ 10.000;

– valor residual $ 1.000;

– tempo de vida útil = 5 anos.

- Cálculo da depreciação:

$$\text{Valor da depreciação do período} = \frac{10.000 - 1.000}{5 \text{ anos}} = \$\ 1.800$$

Após o cálculo do valor da depreciação, é possível elaborar mapa indicando as parcelas a serem apropriadas nas variações patrimoniais diminutivas em cada período, bem como o valor acumulado e o valor contábil respectivo, conforme se apresenta a seguir:

- Tabela das cotas de depreciação anual

Período	Depreciação anual	Acumulada	Valor Contábil
1	1.800	1.800	8.200
2	1.800	3.600	6.400
3	1.800	5.400	4.600
4	1.800	7.200	2.800
5	1.800	9.000	1.000 (Valor residual)
Total	9.000		

b) Método das somas dos dígitos

O método de depreciação com base na soma dos dígitos não distribui igualmente o valor da depreciação pelo número de períodos da vida útil, mas, ao contrário, considera que seu valor é decrescente a partir do total de anos e assim por diante. Utilizando o mesmo exemplo anterior, temos que a soma dos dígitos corresponde a 15 (1 + 2 + 3 + 4 + 5) e, neste caso, teríamos o seguinte cálculo das cotas anuais de depreciação:

Período	Taxa	Depreciação anual	Acumulada	Valor contábil
1	5/15	3.000	3.000	7.000
2	4/15	2.400	5.400	4.600
3	3/15	1.800	7.200	2.800
4	2/15	1.200	8.400	1.600
5	1/15	600	9.000	1.000 (Valor residual)
Total		9.000		

c) Método das unidades produzidas

O método das unidades produzidas é bastante útil para o cálculo da depreciação dos ativos em que seja possível estimar o total de unidades que serão produzidas.

Seguindo o mesmo exemplo, se esse ativo tiver capacidade para produzir 20.000 unidades ao longo dos cinco anos, teríamos o seguinte cálculo do valor da depreciação por unidade.

$$\text{Valor da depreciação por hora} = \frac{10.000 - 1.000}{20.000 \text{ unidades}} = \$ 0{,}45$$

Período	Unidades produzidas	Depreciação anual	Acumulada	Valor contábil
1	3.000	1.350	1.350	8.650
2	3.500	1.575	2.925	7.075
3	3.500	1.575	4.500	5.500
4	4.500	2.025	6.525	3.475
5	5.500	2.475	9.000	1.000 (Valor residual)
Total	20.000	9.000		

A partir da Lei de Responsabilidade Fiscal, com a obrigatoriedade da implementação de sistema de custos na administração pública, na forma estabelecida no § 3º do art. 50, surge a necessidade de inclusão do tema depreciação, amortização e exaustão para que os administradores públicos, além da legalidade, possam ser avaliados pela eficiência e eficácia de suas ações.

Com tal dispositivo foi possível dar tratamento contábil ao assunto, levando o Conselho Federal de Contabilidade, na condição de órgão regulador da Contabilidade brasileira, a editar norma específica que rompe a lógica anterior de que a aquisição do imobilizado é registrada contabilmente como gasto mediante uma aplicação de recursos públicos e de que as respectivas reposições implicam, tão somente, na existência de recursos originados dos impostos ou de transferências de outras entidades públicas ou privadas.

Com a obrigatoriedade de contabilização da perda de valor será possível melhorar a gestão do patrimônio público, partindo do registro extraorçamentário da perda de capacidade econômica do imobilizado e, por via de consequência, saber com mais precisão o comprometimento das receitas dos exercícios seguintes. Com tal registro será possível conhecer a qualquer tempo se o equipamento mantém a mesma capacidade de prestação de serviços públicos. Desta forma, será atendido o princípio contábil da continuidade, bem como a repercussão das despesas obrigatórias de caráter continuado nos orçamentos subsequentes nos termos do art. 17 combinado com o inciso I do art. 16, da LRF, transcritos a seguir:

> "Art. 17. Considera-se obrigatória de caráter continuado a despesa corrente derivada de lei, medida provisória ou ato administrativo normativo que fixem para o ente a obrigação legal de sua execução por um período superior a dois exercícios.
>
> Art. 16. A criação, expansão ou aperfeiçoamento de ação governamental que acarrete aumento da despesa será acompanhado de:
>
> I – estimativa do impacto orçamentário financeiro no exercício em que deve entrar em vigor e nos dois subsequentes."

O cálculo e contabilização do valor da depreciação, exaustão ou amortização permitirá conhecer o impacto orçamentário financeiro tanto no exercício, pelas reposições e manutenções efetuadas, como nos dois exercícios subsequentes, melhorando o processo de planejamento.

O enfoque patrimonial da Contabilidade Pública exige que, além da depreciação, como acima referido, as organizações públicas estudem o real sentido das despesas obrigatórias de caráter continuado, pois é necessário que, quando da fixação das despesas para a aplicação em investimentos, como a construção de um hospital ou de uma escola sejam considerados alguns aspectos relativos ao comprometimento continuado de recursos dos orçamentos futuros com o objetivo de viabilizar o pleno funcionamento desses ativos.

Este assunto tem sido objeto de diversos estudos pelo Comitê do Setor Público do IFAC (Federação Internacional de Contadores)[14] e está representado em uma norma específica que trata da desvalorização de ativos não monetários.[15] Tais estudos indicam como característica do setor público o fato de existirem despesas que estão relacionadas ao consumo de ativos colocados à disposição tanto da atividade meio como da atividade-fim.

Segundo esses estudos, os profissionais de contabilidade do mundo inteiro têm levantado questões sobre a melhor forma para medir o custo do consumo ou a perda potencial do serviço, buscando alternativas para a tradicional depreciação.

Assim, além da depreciação, as Normas Brasileiras de Contabilidade do Setor Público (NBC TSP[16]) indicam como alternativas para a adequada avaliação e mensuração dos ativos no setor público as seguintes:

a) *reavaliação:* corresponde à adoção do valor de mercado ou de consenso entre as partes para bens do ativo, quando esse for superior ao valor líquido contábil;

b) *redução ao valor recuperável (impairment):* indica o ajuste ao valor de mercado ou de consenso entre as partes para bens do ativo, quando esse for inferior ao valor líquido contábil;

c) *valor de mercado ou valor justo (fair value):* o valor pelo qual um ativo pode ser intercambiado ou um passivo pode ser liquidado entre partes interessadas que atuam em condições independentes e isentas ou conhecedoras do mercado.

A reavaliação decorre, muitas vezes, da renovação ou reposição de ativos com o propósito de viabilizar sua utilização na prestação permanente dos serviços públicos com a aplicação de recursos que permitam o aumento da vida útil desses ativos e, em consequência, permitir a recuperação do seu potencial de serviços.

Importante notar alguns estudos efetuados pelos organismos internacionais que incluem a ideia da manutenção diferida que consiste no registro de um débito para custos futuros de manutenção e, dessa forma, as entidades apresentarem um quadro mais realista da situação financeira. Tal registro dos custos futuros constitui, portanto, uma provisão com o objetivo de dar a conhecer aos interessados, principalmente, aos representantes do Poder Legislativo, quando da votação da Lei de Orçamento, do comprometimento de recursos a serem arrecadados no exercício a que se refere.

---

[14] IFAC. Study 10. Definition and recognition of expenses/expenditures. Disponível em: <http://www.ifac.org/Members/DownLoads/PSC-Study_No_10.pdf>. Acesso em: 12 abr. 2009.

[15] IFAC. 2008 Handbook of International Public Sector Accounting Pronouncements, v. 2, New York, 2008, p. 625.

[16] Resolução CFC nº 1.137/08. Aprova a NBCT SP 16.10 – Avaliação e mensuração de ativos e passivos em entidades do setor público.

Outra alternativa de avaliação recomendada pelas normas internacionais corresponde ao procedimento que permite à entidade assegurar que seus ativos estão registrados pelo seu valor recuperável. Um ativo estará desvalorizado quando seu valor contábil exceder seu valor recuperável. Assim, se o valor contábil apresentar valor acima da quantia que será recuperada através do uso ou da venda desse ativo, é possível dizer que esse ativo está em imparidade (*impairment*).

A partir da vigência das Normas Contábeis[17] já referidas, a entidade pública deve avaliar, na data do balanço, se há qualquer indicação de que um ativo possa estar em imparidade e, uma vez constatada essa situação, deve estimar a quantia recuperável desse ativo. Ao avaliar se há alguma indicação de que um ativo possa ter sofrido desvalorização, a entidade pública deve considerar, no mínimo, as seguintes indicações:

FONTES DE IMPARIDADE	
EXTERNAS	**INTERNAS**
1. Término ou término próximo da necessidade de serviços fornecidos pelo ativo. 2. Ocorreram alterações significativas, com efeitos adversos na entidade, ou vão ocorrer num período próximo, no ambiente tecnológico, econômico ou legal ou de política de governo em que a entidade opera. 3. As taxas de juro de mercado ou outras taxas de mercado de retorno sobre investimentos aumentaram durante o período, e esses aumentos provavelmente afetarão a taxa de desconto usada no cálculo do valor em uso de um ativo e diminuirão significativamente o seu valor recuperável.	1. Existe evidência de obsolescência ou de dano físico de um ativo. 2. Ocorreram no período mudanças significativas, com efeito adverso sobre a entidade, ou devem ocorrer em futuro próximo, na forma como o ativo é ou será usado. Essas mudanças incluem os ativos que sejam classificados como ociosos e planos para interromper ou reestruturar a operação no qual o ativo esteja inserido ou, planos para baixa de um ativo antes da data anteriormente esperada e reavaliação da vida útil de um ativo como finita ao invés de indefinida. 3. Decisão de parar a construção de um ativo antes da sua conclusão ou antes da sua entrada em operação.[17] 4. Existe evidência proveniente de relatório interno, que indique que o desempenho econômico de um ativo é ou será pior que o esperado.

---

[17] Além das NBC T SP, recomenda-se consultar o pronunciamento técnico CPC – 01 REDUÇÃO AO VALOR RECUPERÁVEL DE ATIVOS, em <http://www.cpc.org.br/pdf/CPC_01.pdf>. Acesso em: 15 maio 2009.

[18] No futuro, esta poderá ser a medida utilizada pelos órgãos de controle quando na mudança de governos os novos titulares resolvam parar a construção de um ativo sob a alegação de não ser

Na identificação das fontes de imparidade, é necessário tomar algumas cautelas antes de decidir sobre a sua ocorrência, pois muitas vezes pode ocorrer uma aparente imparidade facilmente solucionada com a alteração da vida útil remanescente e o cálculo da depreciação com ou sem valor residual.

Portanto, é possível encontrar algumas situações em que não existe imparidade como na entidade que compra um computador por $ 3.000 e no dia seguinte esse mesmo computador está sendo transacionado por $ 2.500. Nesse caso, não existe imparidade, uma vez que o valor de uso do computador adquirido não se alterou. Ele foi adquirido para desenvolver determinado trabalho durante determinado período de tempo e isso não se alterou. Nesse caso, não há qualquer redução do ativo relativamente à diferença de preço.

Também não é o caso de imparidade quando a entidade tem registrado na Dívida Ativa o valor de $ 10.000 que decorreu de ações de natureza tributária (certas ou erradas). Entretanto, fazendo o exame do conteúdo dos valores inscritos, chega-se à conclusão de que ocorreram erros no lançamento tributário da ordem de $ 5.000 que jamais serão cobrados e, na realidade, devem ser cancelados. Nesse caso, não existe imparidade a partir da constatação de que se trata de créditos legalmente inscritos. O que cabe é anular a inscrição no ativo e devolver o processo de lançamento tributário para a sua origem com vistas à anulação do lançamento tributário efetuado.

Por outro lado, constituem casos de ocorrência de imparidade.[19]

a) Redução da quantidade de alunos em uma escola

A construção de uma escola projetada para acolher 1.000 alunos tem atualmente, apenas, 200 alunos e não pode ser fechada, tendo em vista que a escola mais próxima é muito distante. O censo escolar revelou que a escola foi projetada adequadamente, mas em face da demora na sua construção e a degradação de seu entorno fez com que as famílias procurassem outros bairros para moradia.

Os registros da contabilidade indicam o seguinte:

- a escola foi construída em 1983 com um custo de $ 2.500.000,00;
- vida útil de 40 anos;

---

prioridade. Nesse caso, o órgão de controle poderá mensurar as perdas de depreciação, falta de manutenção e deterioração dos ativos com o objetivo de imputar as responsabilidades financeiras correspondentes ao período de mandato daquele que gerou a perda. Com tal medida parece que, finalmente, decisões de natureza política passarão a ter avaliação financeira e econômica para fins de ressarcimento ao erário. Isso somente será possível a partir da contabilidade patrimonial.

[19] Dados adaptados da norma do IFAC. Para maiores informações sobre imparidade, é recomendável a leitura da IPSAS 21 – *Impairment of Non-Cash generating assets*. Disponível em: <http://www.ifac.org/Store/Details.tmpl?SID=1238436499822020&Cart=1245436728145456#PubFiles>.

- em 2003, as matrículas declinaram de 1.000 para 200 estudantes e a direção resolveu fechar os dois andares superiores do prédio da escola de três andares;
- o custo atual de um andar da escola é estimado em $ 1.300.000,00.

A desvalorização é indicada porque a intenção do uso da escola mudou de três andares para um andar como resultado da redução no número de estudantes de 1.000 para 200. A redução do uso é significativa e as matrículas são previstas para permanecerem em nível reduzido para o futuro próximo. Nesse caso, a desvalorização seria calculada do seguinte modo:

a) Custo de Aquisição, 1983	2.500.000
Depreciação Acumulada, 2003 (a × 20 ÷ 40)	1.250.000
b) Valor Contábil, 2003	1.250.000
c) Custo de Substituição	1.300.000
Depreciação acumulada (c × 20 ÷ 40)	650.000
d) Valor recuperável do serviço	650.000
Perda por imparidade (b − d)	600.000

b) Ônibus escolar danificado em acidente na estrada

Em 1998, a Escola Municipal Duque de Caxias adquiriu um ônibus por $ 200.000 para transportar estudantes residentes em um bairro distante. A escola estimou uma vida útil de dez anos para o ônibus. Em 2003, o ônibus foi danificado em um acidente de trânsito exigindo $ 40.000 para ser recuperado e ficar em condições normais de uso. A restauração não afetará a vida útil do ativo.

Por outro lado, a direção da escola verificou no mercado que o custo de um ônibus novo para realizar o mesmo serviço é de $ 250.000 em 2003.

A desvalorização é indicada porque o ônibus sofreu dano físico em um acidente de trânsito. A desvalorização usando a abordagem de recuperação do custo seria determinada da seguinte forma:

a) A Custo de Aquisição, 1998	200.000
Depreciação Acumulada, 2003 (a × 5 ÷ 10)	100.000
b) Valor Contábil, 2003	100.000
c) Custo de Substituição	250.000
Depreciação acumulada (c × 5 ÷ 10)	125.000
d) Custo de Substituição Depreciado (parte não danificada)	125.000
Menos: custo de recuperação	40.000
e) Quantia Recuperável de Serviço	85.000
Perda por imparidade (b – e)	15.000

As duas situações acima implicam nos seguintes lançamentos de ajuste:

Operação	Débito	Crédito	$
a) Redução da quantidade de alunos em uma escola	Variação Patrimonial Diminutiva – Perda por imparidade	Conta do Ativo	600.000
b) Ônibus escolar danificado em acidente na estrada	Variação Patrimonial Diminutiva – Perda por imparidade	Conta do Ativo	15.000

Finalmente, as normas contábeis estabelecem ainda a divulgação do valor justo[20] (*fair value*) com o objetivo de permitir comparações de instrumentos financeiros que tenham substancialmente as mesmas características econômicas, independentemente das suas finalidades, e de quando e por que foram emitidos ou adquiridos. O valor justo proporciona uma base mais neutra para avaliação da gestão ao indicar os efeitos das suas decisões de comprar, vender ou reter ativos financeiros. Entretanto, quando a entidade deixar de registrar um ativo circulante ou um passivo circulante no balanço pelo valor justo, ela poderá incluir tal informação por intermédio de notas explicativas.

É preciso esclarecer que a determinação do valor justo de um ativo ou de um passivo é de responsabilidade da administração da entidade, levando em conta que quando um instrumento seja negociado num mercado ativo e líquido o seu preço de mercado cotado, proporciona a melhor prova do justo valor. Entretanto, é preciso considerar que o valor justo não é a quantia que uma entidade recebe-

---

[20] Recomenda-se a leitura do PRONUNCIAMENTO TÉCNICO CPC 14 que trata dos Instrumentos Financeiros: Reconhecimento, Mensuração e Evidenciação. http://www.cpc.org.br/pdf/CPC_14.pdf acesso em 15-5-2009.

ria ou pagaria numa transação forçada, numa liquidação involuntária ou numa venda sob pressão. Porém, uma entidade deve considerar as suas circunstâncias correntes na determinação dos justos valores dos seus ativos financeiros e passivos financeiros.

Sobre o valor justo ou imagem fiel, é preciso considerar as diversas interpretações existentes, entre as quais podem ser encontradas conforme Carvalho e Rua (2006, p. 258) *apud* Rivero Torre (1993):

a) valor justo como sinônimo de exatidão, objetividade e verdade;

b) valor justo como cumprimento dos princípios e das normas de contabilidade;

c) valor justo como proeminência da substância sobre a forma como estabelecido pelo IASB segundo o qual as demonstrações contábeis são elaboradas de acordo com o seu significado financeiro e não, apenas, com a sua forma legal;

d) valor justo como sinônimo de informação útil para os usuários das informações contábeis e financeiras.

A preferência entre os profissionais de contabilidade tende a recair sobre a segunda interpretação, que relaciona o justo valor com os princípios e normas de contabilidade. De qualquer modo, a tendência é considerar a melhor evidência de valor justo a existência de preços cotados em mercado ativo. Se o mercado para um instrumento financeiro não for ativo, a entidade estabelece o valor justo por meio da utilização de metodologia de apreçamento. O objetivo da utilização de metodologia de apreçamento é estabelecer qual seria, na data de mensuração, em condições normais de mercado, o preço da transação, entre partes independentes, sem favorecimento. As técnicas de avaliação incluem:

a) o uso de transações de mercado recentes entre partes independentes com conhecimento do negócio e interesse em realizá-lo, sem favorecimento, se disponíveis;

b) referência ao valor justo corrente de outro instrumento que seja substancialmente o mesmo;

c) a análise do fluxo de caixa descontado; e

d) modelos de apreçamento de opções.

Este certamente será um dos assuntos que entrarão na pauta das discussões sobre as despesas obrigatórias de caráter continuado, vez que até agora existem poucas experiências que utilizam o conceito de depreciação de ativos no âmbito do setor público. Apesar de vários métodos desenvolvidos para o setor privado poderem ser aplicados na área governamental, questiona-se se os métodos de depreciação dos governos deveriam levar em consideração os custos do ciclo de duração associados aos recursos, ou seja: além do custo de aquisição dos ativos também deve ser considerado o custo de manutenção e operação desses bens, de tal sorte que os interessados nas demonstrações contábeis possam conhecer o impacto econômico e financeiro futuro das decisões atuais.

2.4.3 Contabilização da depreciação

O registro contábil da depreciação constitui um lançamento típico do sistema não financeiro e corresponde a lançamento da perda do valor na conta Variação Patrimonial Diminutiva – Uso de bens e serviços, conforme a seguir:

```
DEBITE:  Variação Patrimonial Diminutiva
         Uso de bens e serviços
CREDITE: Depreciação acumulada              XXX
```

Tal lançamento será evidenciado nas contas de resultado como uma variação diminutiva e na conta respectiva do ativo imobilizado como conta redutora, na forma mostrada a seguir:

```
ATIVO NÃO FINANCEIRO
– Equipamentos                              XXX
Menos: Depreciação Acumulada            ( ) XXX
```

Exercícios

a) Questões para revisão

1. Qual a definição dada pelas Normas Brasileiras de Contabilidade (NBC TSP) para o patrimônio público?
2. Qual a diferença entre bens públicos no sentido contábil e bens públicos no sentido econômico?
3. Quais as teorias existentes relacionadas com a incorporação dos ativos imobilizados ao patrimônio do Estado?
4. Por que os bens de uso comum do povo devem ser incorporados ao ativo das entidades públicas?
5. Por que a visão orçamentária tem sempre um conceito restritivo para o Ativo Circulante?

b) Questões objetivas

1. O aspecto qualitativo não indaga o valor dos bens, mas a sua:
   (a) quantidade física;
   (b) qualidade funcional;
   (c) qualidade financeira;
   (d) quantidade funcional.

2. Quando o patrimônio é entendido como um complexo de bens e meios econômicos heterogêneos e coordenados que, em determinado momento, se encontram à disposição de uma entidade, estamos procedendo ao estudo do aspecto:
   (a) quantitativo;
   (b) monetário;
   (c) físico;
   (d) qualitativo.

3. Segundo a Lei nº 4.320/64, os créditos, valores realizáveis e valores numerários que podem ser movimentados independentemente de autorização legislativa correspondem ao:
   (a) ativo permanente;
   (b) passivo permanente;
   (c) ativo financeiro;
   (d) passivo permanente.

4. Para ser contabilmente considerado como patrimônio, um conjunto de bens, direitos e obrigações deverá:
   (a) ser constituído de elementos que funcionem harmonicamente;
   (b) ter todos os elementos avaliáveis em dinheiro;
   (c) ter conteúdo econômico, ter sido avaliado e estar vinculado a uma entidade;
   (d) estar em consonância com as normas internacionais de contabilidade.

5. O conjunto de bens, direitos e obrigações vinculadas a uma pessoa física ou jurídica corresponde ao:
   (a) Ativo;
   (b) Passivo;
   (c) Inventário;
   (d) Patrimônio.

Bibliografia

ANTHONY, Robert N. *Should business and business accounting be different.* Harvard Business School Press; 1989, p. 65-66.

CARVALHO, João Batista e Rua, Susana Catarino. *Contabilidade pública*: estrutura conceitual. Lisboa: Publisher Team, 2006.

CARRASCO, Daniel. *La nueva contabilidad pública.* Barcelona: 1994.

CFC – Conselho Federal de Contabilidade. RESOLUÇÃO CFC nº 1.129/08 – *Aprova a NBC TSP 16.2 – Patrimônio e Sistemas Contábeis.*

_____. RESOLUÇÃO CFC nº 1.136/08 – *Aprova a NBC T 16.9 – Depreciação, Amortização e Exaustão.*

_____. RESOLUÇÃO CFC nº 1.137/08 – *Aprova a NBC T 16.10 – Avaliação e Mensuração de Ativos e Passivos em Entidades do Setor Público.*

FASB – Financial Accounting Standards Board December 1985, SFAC nº 6. *Elements of Financial Statements*, dec. 1985, parágrafo 28. Disponível em: <http://www.fasb.org/pdf/aop_CON6.pdf>. Acesso em: 20 mar. 2009.

IFAC. 2008 Handbook of International Public Sector Accounting Pronouncements, v. 2, New York, 2008, p. 625.

_____. Elements of Financial Statements of National Governments. IFAC – Public Sector Commitee; study nº 2, jul. 1993.

_____. Study 10. *Definition and Recognition of Expenses/Expenditures.* Disponível em: <http://www.ifac.org/Members/DownLoads/PSC-Study_nº_10.pdf>. Acesso em: 12 abr. 2009.

MAUTZ, R. K. *Monurnents, mistakes and opportunities. Accounting Horizons,* jun. 1988, p. 123-128.

MONTESINOS, Vicente J. Panorama actual de la contabilidad pública: análisis de La situacion española dentro de su entorno internacional. *Revista de Economia Pública, Social y Cooperativa*, Ciriec. Espanha, 2003, p. 159-185.

PALLOT, J. The nature of public sector assets: a response to, Mautz. *Accounting Horizons,* jun. 1990, p. 79-85.

VELA BARGUES, Jose Manuel. La contabilidad publica frente a La contabilidad empresarial. *Revista Española de Financiacion y Contabilidad*, v. XXI, nº 68, jul./set. 1991, p. 579-620.

VIANA, Cibilis da Rocha. *Teoria geral da contabilidade.* 2. ed. Porto Alegre: Sulina, 1959.

3

Inventário na Administração Pública

3.1 Conceitos

A relação (lista, rol, arrolamento) de todos os elementos ativos e passivos componentes do patrimônio com a indicação do valor desses elementos denominamos *inventário*.

O inventário, assim definido, permite conhecer a composição qualitativa do patrimônio em determinado instante, bem como fornecer informações para que se estabeleça a sua expressão quantitativa.

O inventário do patrimônio compreende as seguintes fases ou operações:

- levantamento;
- arrolamento;
- avaliação.

a) Levantamento

O levantamento compreende a coleta de dados sobre todos os elementos ativos e passivos do patrimônio e é subdividido nas seguintes etapas:

- identificação;
- grupamento;
- mensuração.

A identificação consiste na verificação das características dos bens, direitos e obrigações. Na identificação, procura-se separar os bens, direitos e obrigações por classes segundo a analogia de seus caracteres.

O grupamento é a reunião dos elementos que possuem as mesmas características (móveis, imóveis etc.).

A mensuração resulta da contagem das unidades componentes da massa patrimonial (peso, comprimento, número absoluto etc.).

O levantamento pode ser *físico* e *contábil*. Físico, material ou de fato é o levantamento efetuado diretamente pela identificação e contagem ou medida dos componentes patrimoniais. Contábil é o levantamento feito pelo apanhado de elementos registrados nos livros e fichas de escrituração.

b) Arrolamento

É o registro das características e quantidades obtidas no levantamento. O arrolamento pode apresentar os componentes patrimoniais de forma resumida recebendo a denominação *sintético*. Quando tais componentes são relacionados individualmente, o arrolamento é *analítico*.

c) Avaliação

Na avaliação, é atribuída uma unidade de valor ao elemento patrimonial. Os critérios de avaliação dos componentes patrimoniais devem ter sempre por base o valor original.

O simples arrolamento não apresenta interesse para a contabilidade se não for completado pela avaliação. Sem a expressão econômica, o arrolamento serve, apenas, para o controle da existência dos componentes patrimoniais.

A atribuição do valor[1] aos componentes patrimoniais obedece a critérios que se ajustam:

- à sua natureza;
- à sua função na massa patrimonial;
- à sua finalidade.

3.2 Princípios do inventário

São princípios dos inventários que devem ser observados quando de sua execução:

- instantaneidade;
- oportunidade;

---

[1] Na unidade referente ao Patrimônio, já tratamos da avaliação de seus componentes conforme NBC TSP 16.10 aprovada pela Resolução CFC nº 1.137/2008.

- integridade;
- especificação;
- uniformidade.

a) Instantaneidade

Por instantaneidade devemos entender o princípio do inventário que estabelece que o levantamento refira-se a determinado momento.

b) Oportunidade

Esse princípio fixa que a execução do levantamento deve ocorrer no menor intervalo de tempo possível e que a escolha do momento para realizar o inventário seja o mais conveniente para a administração.

c) Integridade

Determina que, uma vez fixados os limites do inventário, todos os elementos patrimoniais nele compreendidos deverão ser objeto do levantamento.

d) Especificação

Esse princípio estabelece que todos os elementos inventariados devem ser dispostos em classes, de acordo com os atributos comuns.

e) Uniformidade

É o princípio que estabelece que os critérios de mensuração e avaliação para todos os elementos do patrimônio devem ser os mesmos ou, quando não for possível, deverá ser mantida a maior afinidade possível com os demais.

3.3 Inventário dos bens patrimoniais: móveis e imóveis

3.3.1 Aspectos gerais

Na administração pública, o inventário é obrigatório, pois a legislação estabelece que o levantamento geral de bens móveis e imóveis terá por base o inventário analítico de cada unidade administrativa e os elementos da escrituração sintética da contabilidade.

A fim de manter atualizados os registros dos bens patrimoniais, bem como a responsabilidade dos setores onde se localizam tais bens, a administração pública deve proceder ao inventário através de verificações físicas pelo menos uma vez por ano.

Assim, a comprovação do balanço patrimonial será efetuada através do arrolamento das existências no último dia do exercício.

Tal comprovação pode ser formalizada nos seguintes termos:

I – de conferência anual;

II – de transferência de responsabilidade, no caso de término da gestão dos responsáveis.

Na sequência são apresentados modelos dos termos:

Termo de conferência anual.

....
ÓRGÃO

....
UNID. ADMINISTRATIVA

BENS PATRIMONIAIS

Exercício de 2....

Aos 31 do mês de dezembro de 2.... foi promovido o confronto entre as existências físicas e os elementos consignados na Ficha Individual de Bens Patrimoniais, sob responsabilidade desta unidade, verificando-se que ....
....
....
....
....
....

Em decorrência, ...
....
....
....

E, para constar, este Termo é lavrado em duas vias e um só efeito.

Em .... de .... de 2....

CONFERE   VISTO

....

Termo de transferência de responsabilidade.

```
.....................
        ÓRGÃO


.....................
    UNID. ADMINISTRATIVA

         TERMO DE TRANSFERÊNCIA DE RESPONSABILIDADE

Aos . . . . . . . . dias do mês de . . . . . . de 2. . . . e tendo em vista . . . . . . . . . . . . . . . . .
. . . . . . . . . . . . . . . . . . . . . . . . . . . . . . . . . . . . . . . . . . . . . . . . . . . . . . . . . . . . . . .
. . . . . . . . . . . . . . . . . . . . . . . . . . . . . . . . . . . . . . . . . . . . . . . . . . . . . . . . . . . . . . .
foi promovido, face ao término da gestão e consequente responsabilidade pela guarda e controle dos bens, o confronto entre as existências físicas e os elementos consignados na Ficha Individual de Bens Patrimoniais, sob a responsabilidade desta unidade em data de . . . de . . . . . . . . . . . . de 2. . . ., verificando-se que. . . . . . . . . . . . . . . . .
. . . . . . . . . . . . . . . . . . . . . . . . . . . . . . . . . . . . . . . . . . . . . . . . . . . . . . . . . . . . . . .
. . . . . . . . . . . . . . . . . . . . . . . . . . . . . . . . . . . . . . . . . . . . . . . . . . . . . . . . . . . . . . .
. . . . . . . . . . . . . . . . . . . . . . . . . . . . . . . . . . . . . . . . . . . . . . . . . . . . . . . . . . . . . . .
. . . . . . . . . . . . . . . . . . . . . . . . . . . . . . . . . . . . . . . . . . . . . . . . . . . . . . . . . . . . . . .
Em decorrência, . . . . . . . . . . . . . . . . . . . . . . . . . . . . . . . . . . . . . . . . . . . . . . . . . . . .
. . . . . . . . . . . . . . . . . . . . . . . . . . . . . . . . . . . . . . . . . . . . . . . . . . . . . . . . . . . . . . .
. . . . . . . . . . . . . . . . . . . . . . . . . . . . . . . . . . . . . . . . . . . . . . . . . . . . . . . . . . . . . . .
E, para constar, este Termo é lavrado em duas vias e um só efeito.

                            Em . . . . . . . . . . . de . . . . . . . . de 2. . . .


                        CONFERE                    VISTO

. . . . . . . . . . . . . . . .     . . . . . . . . . . . . . . . .       . . . . . . . . . . . . . . . .
```

O levantamento dos Bens Móveis e Imóveis do Estado terá por base o inventário analítico em cada Unidade Administrativa, com escrituração sintética nos órgãos de contabilidade.

Para fins de atualização física e monetária e de controle, a época da inventariação deve ser:

- anual para todos os bens móveis e imóveis sob a responsabilidade da unidade administrativa em 31 de dezembro; e
- no início e término da gestão, isto é, quando da substituição dos respectivos responsáveis, no caso de bens móveis.

3.3.2 Controle dos bens patrimoniais

Cabe às Unidades Administrativas o exercício do controle dos bens patrimoniais que tenham sido por elas adquiridos ou em cuja posse se acharem. Para controle desses bens, as Unidades Administrativas devem adotar os seguintes procedimentos:

- atribuir um número de registro para cada bem incorporado, objetivando a sua identificação;
- emitir fichas individuais de bens patrimoniais;
- registrar todas as transferências de bens, recolhimento para armazenagem, reparação e baixas;
- efetuar verificações periódicas dos bens sob a responsabilidade dos encarregados dos setores de localização dos bens;
- elaborar relações de inventário de bens patrimoniais como comprovantes para o balanço geral.

Os principais formulários utilizados são apresentados a seguir.

I – Ficha individual de bens patrimoniais

```
..............................
          ÓRGÃO

..............................
    UNID. ADMINISTRATIVA

         FICHA INDIVIDUAL DE BENS PATRIMONIAIS – FBP

Identificação: _____
Nº de Inventário: _____ Código de Classificação: _____
```

DATA	OPERAÇÃO	DOCUMENTO HÁBIL	HISTÓRICO DA OPERAÇÃO	VALOR

II – Demonstração da movimentação (segundo a periodicidade estabelecida)

```
..........................
         ÓRGÃO

              BENS PATRIMONIAIS
              EXERCÍCIO DE 2...
```

DEMONSTRAÇÃO DA MOVIMENTAÇÃO (segundo a periodicidade estabelecida)

CLASSIFICAÇÃO		SALDO DO	MOVIMENTO DO PERÍODO		SALDO EM
Código do Plano de Contas Único	Interpretação	EXERCÍCIO ANTERIOR	Saídas	Entradas	.../.../...

ELABORADO POR	CONFERIDO POR	VISTO		

A incorporação dos bens patrimoniais à conta do Ativo – Bens do Estado – ocorrerá em um dos seguintes momentos:

- na data do seu fornecimento pelo órgão supridor (almoxarifado);
- na data de sua distribuição pelo órgão gestor do patrimônio.

Quando se tratar de bens imóveis, é necessário que o órgão adquirente informe sobre as características do bem adquirido ao órgão responsável pela gestão do patrimônio imobiliário.

O órgão de contabilidade deve elaborar, com base no inventário, uma relação dos "Setores de Localização" de bens patrimoniais e dos respectivos responsáveis, de acordo com as peculiaridades e a estrutura de cada órgão, para inclusão na relação de responsáveis por dinheiros, valores e bens públicos, sujeitos à tomada de contas.

A responsabilidade pelo controle da movimentação física dos bens patrimoniais é do servidor especialmente designado e compreende as seguintes atribuições:

- certificar o recebimento dos bens patrimoniais destinados ao setor;
- providenciar a distribuição dos documentos próprios;
- manter atualizado o fichário dos bens;
- providenciar para que todos os bens localizados no setor estejam devidamente identificados;
- providenciar a transferência, o recolhimento e a baixa dos bens localizados no setor.

3.4 Inventário dos bens em almoxarifado

Para fins de contabilidade e levantamento do balanço anual, a existência e a movimentação dos itens de material permanente e de consumo serão registradas e controladas mediante a observância das normas relativas ao controle de almoxarifado.

Entre essas normas, está, necessariamente, a que estabelece o controle físico e financeiro das quantidades por parte dos responsáveis pelo almoxarifado e a contabilização da responsabilidade pelo órgão de contabilidade, pois deste modo é possível identificar divergências entre o inventário físico (almoxarifado) e os valores consignados na contabilidade.

A movimentação dos materiais envolve incorporações, ou entradas e baixas, ou saídas.

São incorporações os acréscimos decorrentes de:

- aquisições;
- transferências de outras unidades administrativas;
- doações.

São baixas os decréscimos relativos a:

- consumo;
- transferências a outras unidades;
- extravio, destruição ou perecimento em virtude de razões naturais ou estranhas ao controle ou à vontade dos responsáveis;
- incidência em obsolescência ou imprestabilidade e desuso;
- doações;
- alienações.

Para escrituração analítica (física e financeira) da existência e movimentação dos materiais, as unidades que tenham sob sua responsabilidade a guarda dos bens referidos manterão registro nas Fichas de Movimento de Material, que consignarão, por espécie ou natureza do material, as respectivas existências e movimentações, bem como o seu valor.

A escrituração das fichas de movimento de material será:

- diária e em ordem cronológica das entradas e saídas;
- ininterrupta, encerrando-se, porém, ao término de cada exercício financeiro e reabrindo-se no início do exercício seguinte para permitir o conhecimento das movimentações de cada período anual.

Na hipótese de descontos obtidos por pagamentos antecipados das faturas e que não se conheçam quando da emissão do empenho da despesa, serão adotados os seguintes procedimentos:

- contabilizar o desconto como Receita, não revertendo à dotação em que foi efetuado o empenho;
- registrar nas fichas de movimentação de material o valor constante do empenho.

As bonificações em mercadorias serão contabilizadas como superveniências, observando-se, portanto, o seguinte:

- não haverá, quando do registro nas fichas, alteração do valor unitário da aquisição;
- será emitido documento de recebimento de material pelo valor da bonificação.

Os órgãos de auditoria interna deverão inspecionar, pelo menos uma vez por ano, os almoxarifados das unidades sob sua jurisdição.

A contabilização da entrada dos materiais deve obedecer às seguintes normas independentemente de outros registros referentes ao controle orçamentário e financeiro:

- o almoxarifado deverá informar ao órgão de contabilidade por meio de documento ou transmissão eletrônica o recebimento do material;
- a contabilidade procederá da seguinte forma:
  - quando se tratar de material permanente – fará os lançamentos de incorporação no ativo permanente;
  - quando se tratar de material de consumo de utilização imediata – fará os registros nas contas de resultado;
  - quando se tratar de material de consumo que será estocado – fará o registro no ativo (Almoxarifado ou outra conta do Plano de Contas), vez que o reconhecimento no resultado ocorrerá na medida do respectivo consumo por meio de requisições de materiais.

O inventário do almoxarifado deverá conter os seguintes elementos:

- código do material;
- especificação;
- unidade de medida;
- saldo do ano anterior;
- movimento do exercício: entradas e saídas;
- quantidade inventariada e valores: unitário e total;
- ao final, local e data, assinatura e identificação (nome, cargo e matrícula) dos responsáveis pelo levantamento e visto do titular da Unidade Orçamentária.

Para efeito de contabilização, os bens existentes em almoxarifados serão classificados segundo os desdobramentos constantes do Plano de Contas, a saber:

> 1. ATIVO
>   1.1 – Ativo Circulante
>   1.1.5 – Estoques
>   1.1.5.X – Almoxarifado

A inventariação e os demonstrativos de bens obedecerão, quanto aos valores apropriados, ao seguinte critério:

- para os materiais permanentes, o preço de aquisição ou construção;
- para os materiais de consumo, o preço médio ponderado.

O preço médio ponderado será apurado após cada registro de entrada na ficha de movimento de material, através da aplicação da seguinte fórmula:

$$P_m = \frac{V_1 + V_2}{Q_1 + Q_2}$$

Onde: P_m – é o preço médio;

V_1 – é o valor monetário das existências antes do lançamento;

V_2 – é o valor monetário da aquisição ou entrada ocorrida;

Q_1 – é a quantidade física existente antes do lançamento da entrada;

Q_2 – é a quantidade física adquirida ou incorporada.

O preço médio apurado, além de ser empregado para as baixas verificadas, servirá para a elaboração dos inventários de encerramento do exercício.

Os formulários mais utilizados para controle de almoxarifado são:

I – Atestado de recebimento de material[2]

ÓRGÃO...............					
ATESTADO DE RECEBIMENTO DE MATERIAL Nº			RECEBIMENTO 1 Parcial 2 Total		
PROGRAMA DE TRABALHO	NATUREZA DA DESPESA	FONTE	Nº DE EMPENHO	VALOR	

- TIPO DE MATERIAL
- FORNECEDOR
- PROCESSO
- MATERIAL
- Nº DA NOTA FISCAL
- ITEM(S)
- DATA DA NOTA FISCAL

Recebemos em ordem e na quantidade devida o material acima discriminado, que, após a inspeção de qualidade realizada por esta repartição, foi considerado de acordo com o solicitado, satisfazendo às especificações e demais exigências do empenho:

Em .... de .... de 2........

(Assinatura)   (Assinatura)   (Assinatura)

Obs.: Caso o atestado se refira a mais de uma nota fiscal, as mesmas deverão ser relacionadas no verso.

---

[2] Normalmente o Atestado de Recebimento de Material está representado por uma declaração de dois servidores no verso da Nota Fiscal do fornecedor. Entretanto, em sistemas informatizados pode ser gerado no próprio sistema como forma de eliminação de erros e inconsistências.

II – Nota de solicitação de material

ÓRGÃO: ....

SOLICITAÇÃO Nº ......

SETOR REQUISITANTE: ....

CODIFICAÇÃO	ESPECIFICAÇÃO	UNIDADE DE MEDIDA	QUANTIDADE	A SER PREENCHIDO PELO ALMOXARIFADO	
				Preço Unitário	Total

Recebi o material constante desta solicitação:

Em ____/____/____

_____
Requisitante

_____
Almoxarife

III – Demonstrativo mensal das operações

ÓRGÃO : ....

BENS EM ALMOXARIFADO
DEMONSTRATIVO MENSAL DAS OPERAÇÕES

Mês de .... de 2.........

☐ 01 – MATERIAL PERMANENTE

☐ 02 – MATERIAL DE CONSUMO

DISCRIMINAÇÃO	$	$

01 – Saldo do mês anterior ....
02 – ENTRADAS
    – Compras (1) ....
    – Doações (2) ....
    – Transferências (3) ....
    – Devoluções (4) ....

03 – SOMA – (01 + 02) ....
04 – SAÍDAS
    – Requisição para uso (5) ....
    – Baixas (6) ....
    – ....
    – ....

05 – VALOR DO ESTOQUE EM

_____/ _____/ _____   (03 – 04).........

Declaro que o estoque em _____/ _____/ _____ de material ....
importa em $ ....
(por extenso)

....

Elaborado por	Confere	Visto

---

(1) Indicar o(s) nº(s) do atestado de recebimento de material.
(5) Indicar o(s) nº(s) das notas de solicitação de material.
(2), (3), (4) e (6) Caracterizar o documento que gerou a operação de entrada ou de saída.

Elaborar um demonstrativo para material permanente e outro para material de consumo, assinalando com um "x" a quadrícula correspondente.

IV – Inventário das existências em 31 de dezembro

ÓRGÃO ....

BENS EM ALMOXARIFADO

INVENTÁRIO DAS EXISTÊNCIAS EM 31 DE DEZEMBRO DE 2......

CÓDIGO DE CLASSIFICAÇÃO	ESPECIFICAÇÃO	UNIDADE DE MEDIDA	SALDO DO EXERCÍCIO ANTERIOR (Quantidade)	MOVIMENTO DE 2 .... (Quantidade)		QUANTIDADE INVENTARIADA	VALOR – R$	
				Entradas	Saídas		Unitário	Total

Exercícios

a) Questões para revisão

1. Calcule o custo médio de unidade de certo produto que você encontrou no Almoxarifado, sabendo que o arrolamento informa o seguinte por data de aquisição. Preencha os claros indicados com (?):

DATA DA AQUISIÇÃO	QUANTIDADES (1)	CUSTO UNITÁRIO DE AQUISIÇÃO (2)	CÁLCULOS (1) × (2) ($)
Jun., 30	48	$ 2,60	$ 124,80
Jul., 27	15	$ 2,50	$ 37,50
Ago., 2	21	$ 2,90	$ 60,90
	(3) (a) ?	SOMA	(4) (b) $?
		VALOR MÉDIO (4): (3)	(c) $?

2. Organize uma folha de levantamento de inventário de acordo com o modelo. Para facilitar, utilize lápis preto para registrar as quantidades levantadas em data anterior à data-base do inventário e lápis vermelho para as quantidades levantadas em data posterior à data-base do inventário. Utilize os seguintes dados para responder a esta folha:

data-base do inventário: 31-12-2001

Item	Especificação	DL	Unid.	QE	Movimento E	Movimento S	QI	Valor Unit.	Valor Total ($)
1	Fichas de contabilidade	26.12	Cx.	20	10	15	(a) ...	2,00	(e) ...
2	Papel carbono	29.12	Cx.	15	8	13	(b) ...	2,50	(f) ...
3	Grampeador	05.01	Peça	20	12	30	(c) ...	2,25	(g) ...
4	Fita para máquina	06.01	Uma	40	38	34	(d) ...	2,30	(h) ..
								TOTAL	....

DL = Data do levantamento.
QE = Quantidade encontrada.
QI = Quantidade inventariada.

b) Questões objetivas

1. A contagem das unidades componentes da massa patrimonial (peso, comprimento etc.) corresponde:

(a) ao levantamento;

(b) à mensuração;

(c) ao inventário;

(d) ao arrolamento.

2. A Prefeitura de Asa Branca adquiriu os seguintes materiais:
   - Em 05/01: Máquina de escrever "A" – custo de $ 100.000,00.
   - Em 06/01: Máquina de fazer café "X" – custo de $ 50.000,00.
   - Em 10/01: Máquina de escrever "B" – custo de $ 150.000,00.

   Com base nos dados acima, qual o valor pelo qual serão contabilizadas as duas máquinas de escrever?

   (a) Máquina "A": $ 100.000,00; máquina "B": $ 150.000,00.

   (b) Máquina "A" e "B": pela média de $ 125.000,00.

   (c) Máquina "A", "B" e "X": pela média de $ 100.000,00.

   (d) Nenhuma das respostas acima.

3. A Secretaria de Saúde teve a seguinte movimentação do material denominado soro fisiológico nas seguintes datas:
   - Em 10/01: compra de 100 litros a $ 40,00 o litro.
   - Em 15/01: compra de 200 litros a $ 38,00 o litro.
   - Em 16/01: requisição de 180 litros.
   - Em 20/01: compra de 250 litros a $ 45,00 o litro.
   - Em 25/01: requisição de 150 litros.

   Com base nos dados acima, qual é o custo das requisições, segundo fórmula adotada na administração pública?

   (a) $ 1.340,16

   (b) $ 9.446,80

   (c) $ 13.401,63

   (d) $ 134.016,00

Bibliografia

ANGÉLICO, João. *Contabilidade pública*. 5. ed. São Paulo: Atlas, 1987.

BARROS, Julio d'Assunção. *Introdução à contabilidade*. Rio de Janeiro: Escol, 1959.

CHEVITARESE, Salvador. *Contabilidade industrial*. Rio de Janeiro: FGV, 1971.

LEONE, George S. Guerra. *Custos*: um enfoque administrativo. Rio de Janeiro: FGV, 1972.

MEIRELES, Hely Lopes. *Direito administrativo*. São Paulo: Revista dos Tribunais, 1982.

NASCIMENTO, José Olavo. *Apontamentos de contabilidade pública*. Porto Alegre: Faculdade de Ciências Econômicas da UFRS, 1965.

SILVA, F. V. Gonçalves. *O balanço e a demonstração de resultados*. Lisboa: Sá Costa, 1973.

SILVA, Lino Martins. *Contribuição ao estudo para implantação de sistema de custeamento na administração pública*. 1997. Tese (Livre docência) – Universidade Gama Filho, Rio de Janeiro.

4

Orçamento Público

4.1 Introdução

O orçamento como um ato preventivo e autorizativo das despesas que o Estado deve realizar em um exercício é um instrumento da moderna administração pública. Entretanto, em outras épocas foram aplicados diversos procedimentos rudimentares de controle dos gastos realizados pelo Estado ou pelo príncipe.

O estudo do orçamento pode ser considerado do ponto de vista objetivo ou subjetivo. No aspecto objetivo, designa o ramo das Ciências das Finanças que estuda a Lei do Orçamento e o conjunto de normas que se refere à sua preparação, sanção legislativa, execução e controle, ou seja, considera a fase jurídica de todas as etapas do orçamento (preventiva, executiva e crítica).

No aspecto subjetivo constitui a faculdade adquirida pelo povo de aprovar *a priori*, por seus representantes legitimamente eleitos, os gastos que o Estado realizará durante o exercício.

Desse modo, o orçamento está intimamente ligado ao desenvolvimento dos princípios democráticos, à ideia da soberania popular e, por conseguinte, ao triunfo dos sistemas representativos do Governo, em contraposição aos Estados antigos, quando o monarca considerava patrimônio próprio o tesouro público e a soberania do príncipe tinha fundamento divino. Nessa época, o povo não participava da fixação dos impostos e dos gastos públicos, pois o monarca impunha os tributos que desejava e gastava segundo o seu poder discricionário.

Apesar disso, a ideia de controle dos recursos públicos já era prevista em documentos muito antigos, como é o caso da legislação sancionada por Moisés, 1.300 anos antes de Cristo e na qual eram reguladas as funções da justiça e a arrecadação dos dízimos; do Código de Manu que regulava a arrecadação e a administração dos recursos públicos e de Salomão quando em um de seus livros canônicos denominado *Eclesiastes* estabeleceu preceitos aos filhos de Israel, recomendando-lhes: *"Quod cumpre trades, numera et appendi, datum vero et acceptum, omne describe"*, ou seja: "Onde negociares, verifica e pesa, encontrando exato e aceito, tudo descreve."

De modo geral, os estudos mostram que o modelo atual de orçamento têm origem na Inglaterra quando em 1215 foi outorgada a Carta Magna pelo Rei João Sem Terra e incluía dispositivo em que constava:

> *"Nenhum tributo ou subsídio será instituído no Reino, a menos que seja aprovado pelo Conselho do Reino."*

O Conselho do Reino era uma espécie de parlamento nacional e estava composto pelos barões e pelo clero, dele não fazendo parte os demais setores do povo.

Com tal redação, a nobreza não estava preocupada com as despesas do rei, mas com os tributos que este lhes impusera e, para muitos autores, foi a partir daí que se iniciou a luta pelo controle parlamentar das finanças públicas.

Ainda na Inglaterra, em 1689, após a Revolução de 1688 e da Declaração dos Direitos, ficou estabelecido que:

> *"A partir desta data nenhum homem será compelido a fazer qualquer doação, empréstimo ou caridade, ou a pagar imposto, sem consentimento comum, através de Lei do Parlamento."*

Na França, foi a partir de 1789 que a Constituição consagrou o princípio de que *"nenhum imposto pode ser cobrado sem o consentimento da nação"*. Este princípio foi reforçado em 1817 quando a Assembleia Nacional exigiu o controle sobre os recursos públicos, ficando estabelecido que a despesa de cada Ministério não deveria exceder o total da dotação a ele destinada.

Em 1765, nos Estados Unidos, os colonos de Virgínia fizeram a sua Assembleia Nacional votar que "somente a Assembleia Geral da Colônia tem o direito e o poder de exigir imposto dos seus habitantes".

Essa providência decorreu do fato de que os colonos ficaram revoltados com a determinação do Parlamento de lançar impostos que seriam cobrados na Colônia Americana para pagamento de despesas do governo inglês.

Após a revolução de 1774 foi firmada a "Declaração de Direitos", do Congresso da Filadélfia, na qual ficou consagrado o princípio de exclusão de todo imposto interno ou externo, que tivesse por finalidade levantar uma contribuição dos súditos da América sem o consentimento do povo.

4.2 O orçamento nas constituições brasileiras

Também no Brasil tivemos a luta pelo controle orçamentário, quando, após o Descobrimento do Brasil, as relações entre a Metrópole e a Colônia eram determinadas pelo denominado Pacto Colonial, que se caracterizava por uma relação de exclusividade comercial que a metrópole exercia sobre as colônias.

A exploração econômica estabelecida pelo sistema colonial provocou o crescimento interno da colônia e o seu crescimento demográfico, gerando, em decorrência, a formação de grupos sociais que passaram a contestar o Pacto Colonial e consequentemente a própria dominação portuguesa.

Várias lideranças surgiram contra a cobrança de impostos, entre elas a de Felipe dos Santos – 1720 e a de Joaquim José da Silva Xavier – o Tiradentes – 1789.

Somente a partir de 1808, com a vinda de D. João VI, é que foi criado, pelo Alvará de 28 de junho, o Erário Régio e instituído o Conselho da Fazenda para administrar, distribuir, contabilizar e proceder aos assentamentos necessários ao patrimônio real e fundos públicos do Estado do Brasil e domínios ultramarinos.

O Título II desse Alvará estabelece normas reguladores do método de escrituração e normas de contabilidade, conforme a seguir:

TÍTULO II

DO METHODO DA ESCRIPTURAÇÃO E CONTABILIDADE DO ERARIO[1]

I. Para que o methodo de escripturação, e formulas de contabilidade da minha Real Fazenda não fique arbitrario, e sujeito à maneira de pensar de cada um dos Contadores Geraes, que sou servido crear para o referido Erario: ordeno que a escripturação seja a mercantil por partidas dobradas, por ser a única seguida pelas Nações mais civilisadas, assim pela sua brevidade para o maneio de grandes sommas, como por ser a mais clara, e a que menos logar dá a erros e subterfugios, onde se esconda a malicia e a fraude dos prevaricadores.

II. Portanto haverá em cada uma das Contadorias Geraes um Diario, um Livro Mestre, e um Memorial ou Borrador, além de mais um Livro auxiliar ou de Contas Correntes para cada um dos rendimentos das Estações de Arrecadação, Recebedorias, Thesourarias, Contratos ou Administrações da minha Real Fazenda. E isto para que sem delongas se veja, logo que se precisar, o estado da conta de cada um dos devedores ou exactores das rendas da minha Coroa e fundos publicos.

III. Ordeno que os referidos livros de escripturação sejam inalteraveis, e que para ella se não possa augmentar ou diminuir nenhum, sem se me fazer saber, por consulta do Presidente, a necessidade que houver para se diminuir ou accrescentar o seu numero.

---

[1] Texto original extraído no sítio da *web* <http://www.planalto.gov.br/ccivil_03/revista/Rev_35/Alvara.htm>. Acesso em: 20 jan. 2009.

O exame das Constituições Brasileiras indica que a primeira, datada de 25 de março de 1824, incluía, apenas, no que se refere ao orçamento, a atribuição do Ministério da Fazenda de receber dos demais Ministérios os orçamentos relativos às despesas de suas repartições para apresentação à Câmara dos Deputados juntamente com todas as contribuições e rendas públicas, conferindo ao Poder Legislativo a competência para fixar, anualmente, as despesas públicas e repartir a contribuição direta.

A partir de 1891, foram definidas mais claramente as competências e atribuída ao Congresso Nacional a tarefa de, anualmente, orçar a receita e fixar a despesa federal. Mas o Poder Legislativo nunca exerceu tal função e sempre se valeu da proposta orçamentária encaminhada pelo Poder Executivo, através de projeto de lei.

Seguiram-se as Constituições de 1934 e 1937 que foram aprimorando o processo de elaboração, discussão e execução do orçamento, como, por exemplo, a introdução do conceito de despesas fixas e variáveis (art. 50, § 2º, da Constituição de 1934) e da classificação da despesa por itens para cada serviço, departamento, estabelecimento ou repartição (Constituição de 1937).

Durante longos anos após a Constituição de 1946, foi discutida a alteração da legislação referente a orçamentos, contabilidade e prestação de contas dos governantes, sendo que em 1964 foi editada a Lei nº 4.320, de 17 de março, representando um grande avanço, principalmente, no que se refere à padronização dos orçamentos e balanços da União, Estados, Distrito Federal e Municípios, com o rompimento da classificação da despesa, apenas, segundo sua natureza em Verba, Consignação e Subconsignação, passando a estabelecer a obrigatoriedade da classificação denominada de "funcional-programática", indicadora das ações do governo e que vigora até hoje.

A Constituição de 1967, por seu turno, estabeleceu o limite de 50% das Receitas Correntes para as despesas com pessoal, tanto da União como dos Estados e Municípios, além de retirar do Poder Legislativo a competência para fixar vencimentos e vantagens dos servidores públicos, conceder subvenções ou auxílios e criar ou aumentar a despesa pública. Também vedou a apresentação de emendas que provocassem aumento da despesa global ou de cada órgão, projeto ou programa ou que visasse modificar seu montante, natureza e objetivo, estabelecendo ainda que, se no decorrer do exercício financeiro a execução orçamentária demonstrasse a probabilidade de déficit superior a 10% do total da receita estimada, o Poder Executivo deveria propor ao Poder Legislativo as medidas necessárias para estabelecer o equilíbrio orçamentário.

Essa Constituição manteve todos os princípios orçamentários de 1946, reforçados, agora, pela Lei nº 4.320/64 e também estabeleceu que as Despesas de Capital obedeceriam a orçamentos plurianuais de Investimentos, e manteve a proibição para o estorno de verbas, concessão de créditos ilimitados e abertura, sem autorização legislativa, de créditos especiais e suplementares, incluindo como condição para a respectiva abertura desses créditos a existência de recursos compensatórios, conforme, aliás, já estava previsto nas regras sobre créditos adicionais da Lei nº 4.320/64.

É relevante citar, ainda, que nesta mesma época foi editado o Decreto-lei nº 200/67, que modificou substancialmente a forma de atuação da administração pública, estabelecendo normas mais precisas sobre o sistema de planejamento, orçamento e controle, que incluía a administração financeira, a contabilidade e a auditoria.

No que diz respeito ao sistema de controle, verifica-se que somente a partir de 1967, com a edição do Decreto-lei nº 200, ficou clara a obrigatoriedade do Poder Executivo manter um sistema de controle interno, com a finalidade de:

- criar condições indispensáveis para a eficácia do controle externo e para assegurar a regularidade à realização da receita e despesa;
- acompanhar a execução dos programas de trabalho e do orçamento;
- avaliar os resultados alcançados pelos administradores e verificar a execução dos contratos.

Atualmente, o processo orçamentário está definido na Constituição de 1988, que estabeleceu como instrumentos de planejamento governamental, os seguintes:

- Lei do Plano Plurianual;
- Lei de Diretrizes Orçamentárias;
- Lei do Orçamento Anual.

Nos capítulos seguintes, serão apresentados alguns conceitos desses instrumentos cuja hierarquia é apresentada na Figura 4.1.

Figura 4.1 *Estrutura dos instrumentos de planejamento.*

Com a edição da Constituição Federal de 1988, pode-se verificar que, tanto no Brasil como em outros países, foram necessários vários anos para que o controle do orçamento por parte dos representantes do povo fosse reconhecido em todos os países e, uma vez admitido por quem detinha o poder, se incorporasse às cartas constitucionais.

No que se refere à evolução histórica do orçamento, os estudos mostram que ele percorreu três etapas que são identificadas claramente na luta entre o Poder Legislativo e o Poder Executivo:

1ª) conquista da faculdade de votar impostos;

2ª) conquista da faculdade de discutir e autorizar despesas;

3ª) periodicidade do orçamento e especialização dos gastos.

A análise dessas etapas leva à conclusão de que o orçamento, como instrumento de controle preventivo, pressupõe, no mundo moderno, o estabelecimento de um novo ambiente sistematizado de planejamento, execução e controle dos recursos colocados à disposição dos administradores.

No Brasil, este ambiente está previsto desde a Constituição de 1988 que no art. 163 reserva à Lei Complementar dispor sobre:

- *finanças públicas;*
- *dívida pública externa e interna, incluída a das autarquias, fundações e demais entidades controladas pelo Poder Público;*
- *concessão de garantias pelas entidades públicas;*
- *emissão e resgate de títulos da dívida pública;*
- *fiscalização financeira da administração pública direta e indireta;*[2]
- *operações de câmbio realizadas por órgãos e entidades da União, dos Estados, do Distrito Federal e dos Municípios;*
- *compatibilização das funções das instituições oficiais de crédito da União, resguardadas as características e condições operacionais plenas das voltadas ao desenvolvimento regional.*

Essa determinação constitucional, principalmente a relativa a finanças públicas, foi atendida, em parte, pela Lei Complementar nº 101, de 4 de maio de 2000 (LRF), que estabeleceu as bases para a instituição desse novo ambiente de controle fiscal das contas públicas consubstanciado num rígido código de conduta dos administradores públicos. Esse código de conduta está centrado nos seguintes objetivos:

---

[2] O inciso V do art. 163 da Constituição Federal teve nova redação determinada pela Emenda Constitucional nº 40, de 29 de maio de 2003.

- melhora da administração das contas públicas, impondo aos governantes compromissos com a execução e controle do orçamento e das metas fiscais;
- estabelecimento de princípios e normas gerais das finanças públicas para as três esferas de governo;
- estabelecimento de uma gestão fiscal responsável, com ênfase no controle do gasto e do endividamento;
- melhora da transparência na gestão do gasto público a partir da padronização de contas e da ampliação do acesso da população, inclusive por meio eletrônico.

Nosso entendimento de que a Lei de Responsabilidade Fiscal atendeu em parte ao disposto na Constituição Federal decorre da ausência de votação e aprovação da Lei Complementar que disponha sobre o exercício financeiro, a vigência, os prazos, a elaboração e a organização do plano plurianual, da lei de diretrizes orçamentárias e da lei orçamentária anual, bem como estabelecer normas de gestão financeira e patrimonial da administração direta e indireta, bem como condições para a instituição e funcionamento de fundos (§ 9º do art. 165 da CF/88).

Estudo divulgado pela Associação Brasileira de Orçamento Público (Abop)[3] na época da discussão do projeto de lei que deu origem à LRF, informava que a ausência dessa votação *"vem dificultando a gestão da administração pública e, por consequência, a gestão fiscal, podendo, inclusive, inviabilizar a aplicabilidade da Lei de Responsabilidade Fiscal em razão da carência de instrumentos de gerência mais atualizados do que aqueles oferecidos pela Lei nº 4.320/64".*

4.3 Sistema de Planejamento

O processo de elaboração e discussão dos instrumentos de planejamento governamental deve ser capaz de expressar com maior veracidade a responsabilidade do Governo para com a sociedade, visto que o orçamento deve indicar com clareza os objetivos perseguidos pela nação da qual o governo é intérprete.

A Figura 4.2 mostra os fatores que influenciam o sistema de planejamento governamental.

---

[3] ABDALA FILHO, Nagib. *Estudo de interferência de dispositivos*: Lei nº 4.320/64, SPLC 135/96: proposta do executivo de alterações do SPLC 135/96; Lei Complementar 101 de 2000 – Lei de Responsabilidade Fiscal. Brasília: Abop, v. 3, nº 42, maio/ago. 99, p. 9.

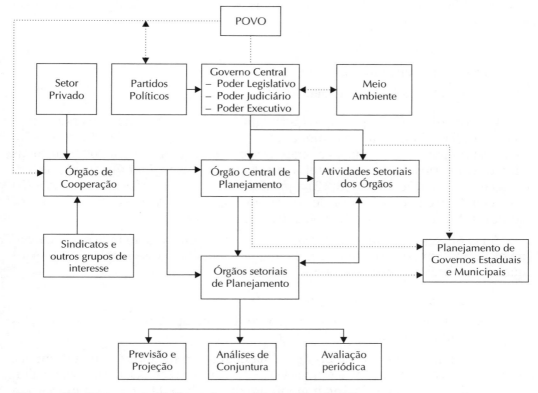

Figura 4.2 *Fatores que influenciam o sistema de planejamento.*

O planejamento deve ser anterior à realização das ações de governo, sendo entendido como um processo racional para definir objetivos, determinar os meios para alcançá-los e deve obedecer às seguintes características:

- diagnóstico da situação existente;
- identificação das necessidades de bens e serviços;
- definição clara dos objetivos para a ação;
- discriminação e quantificação de metas e seus custos;
- avaliação dos resultados obtidos;
- estar integrado com os demais instrumentos de planejamento.

Por outro lado, o processo de planejamento deve atender aos seguintes princípios:

Racionalidade e Razoabilidade: que reduz o número de alternativas apresentadas com vistas a obter compatibilidade com os recursos disponíveis.

Previsão: que estabelece a necessidade de antever as ações num certo lapso de tempo em função de:

- objetivos almejados;
- recursos disponíveis;
- possibilidade de controle.

Universalidade: é o princípio que engloba todas as fases do processo econômico, social e administrativo e, ainda, todos os setores e níveis de administração. Deve estar apoiado em estudos de base objetiva e racional que englobem os mais variados cenários da situação interna e externa de sorte a identificar: (1) as tendências de evolução em curso; (2) a previsibilidade da ocorrência dos fatos e (3) o elenco de argumentos ou razões de caráter objetivo e racional que levaram os administradores à escolha dos objetivos estabelecidos.

A Lei de Responsabilidade Fiscal reforçou este princípio ao indicar o planejamento como um dos principais eixos em que se apoia e, nesse sentido, estabelece que a responsabilidade fiscal pressupõe:

- ação planejada e transparente;
- prevenção de riscos e correção de desvios que afetem o equilíbrio das contas públicas;
- cumprimento das metas fiscais na qual serão incluídas as metas anuais, em valores correntes e constantes, relativas a receitas, despesas, resultado nominal e primário e montante da dívida pública, para o exercício a que se referirem e para os dois seguintes;
- obediência a limites e condições no que tange a:
  - renúncia de receitas;
  - geração de despesas com pessoal, da seguridade social e outras dívidas consolidada e mobiliária;
  - operações de crédito inclusive as antecipações de receita orçamentária (AROs);
  - concessão de garantias;
  - inscrição em Restos a Pagar.

Unidade: os planos devem ser integrados e coordenados entre si, conforme, inclusive, determinação Constitucional que estabelece:

- os planos e programas nacionais, regionais e setoriais previstos serão elaborados em consonância com o plano plurianual e apreciados pelo Congresso Nacional (§ 4º do art. 165);
- os orçamentos fiscal e de investimentos das empresas, compatibilizados com o plano plurianual, terão entre suas funções a de reduzir desigualdades inter-regionais, segundo critério populacional (§ 7º do art. 165).

Continuidade: como a entidade pública é responsável constitucionalmente por diversos serviços ofertados de modo continuo à população, o planejamento deve atender a essa premissa e ser permanente, tendo em vista que há sempre a necessidade de melhoria dos processos de trabalho além da racionalização de recursos e das ações.

A Lei de Responsabilidade Fiscal trata deste princípio ao estabelecer regras para a geração de despesas obrigatórias de caráter continuado e da sua projeção para dois exercícios seguintes (art. 17).

Aderência: indica que o planejamento deve estar necessariamente ligado às organizações. Vale dizer: todos os órgãos devem estar comprometidos com os objetivos que se pretende alcançar. É princípio fundamental do Estado moderno que os Poderes Legislativo, Executivo e Judiciário devem organizar e exercer suas atividades com planejamento permanente, atendendo às peculiaridades locais e aos princípios técnicos convenientes ao desenvolvimento econômico e social.

A Constituição Federal de 1988 estabeleceu como primeiro instrumento do processo de planejamento o Plano Plurianual, que se insere no processo global de planificação e pode ser estruturado como na Figura 4.3.

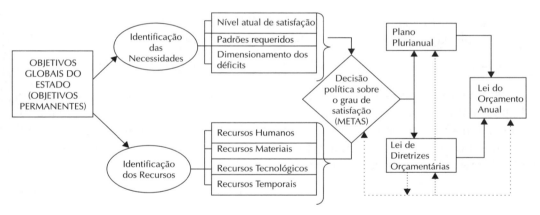

Figura 4.3 *Estrutura do processo global de planificação*.

O Plano Plurianual, a Lei de Diretrizes Orçamentárias e a Lei do Orçamento Anual são componentes básicos do planejamento governamental, que pode ser dividido em:

- estratégico, que tem como documento básico o Plano Plurianual;
- operacional, que tem como instrumentos a Lei de Diretrizes Orçamentárias e a Lei do Orçamento Anual.

O **Planejamento Estratégico** compreende as diretrizes e interações que relacionam o presente ao futuro da organização e que vão tornando harmônicas as medidas adotadas em direção a uma estrutura idealizada.

O instrumento constitucional utilizado para o planejamento estratégico é a lei do plano plurianual, que estabelecerá de forma regionalizada:

- diretrizes, objetivos e metas da administração pública para despesas de capital e outras despesas delas decorrentes;
- diretrizes, objetivos e metas da administração pública para programas de duração continuada.

O Plano, na forma como está definido na Lei Maior, abrange as ações coerentes e relacionadas com a finalidade da administração pública, integrados num todo que atue coordenada e continuadamente, em determinado período.

Portanto, na definição do objetivo e da natureza específicos da planificação estratégica, o governo deve pôr em realce quatro elementos principais:

- a importância da reflexão, essencialmente qualitativa, no futuro a longo prazo;
- a concentração da análise dos fatores essenciais das atividades-fins da administração pública;
- a natureza estratégica das decisões a tomar, decisões que comprometem de modo quase irreversível o futuro da Nação;
- o predomínio do processo sobre os planos que dele derivam.

Até a entrada em vigor da lei complementar que regule o assunto, a vigência do plano plurianual será até ao final do primeiro exercício financeiro do mandato subsequente, e o projeto de lei será encaminhado até quatro meses antes do encerramento do primeiro exercício financeiro, devendo ser devolvido para sanção até o encerramento da sessão legislativa.

O esquema da Figura 4.4 apresenta a estrutura da planificação estratégica.

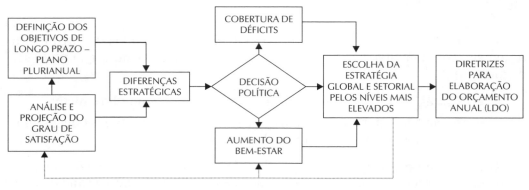

Figura 4.4 *Estrutura da planificação estratégica.*

A ausência da legislação reguladora do Plano Plurianual constitui um entrave para a implantação do processo orçamentário orientado para os princípios constitucionais da economicidade, eficiência e eficácia. Entretanto, cabe ressaltar que muitas administrações têm realizado um esforço para submeter ao Poder Legislativo projetos de lei que estejam em consonância com as diretrizes emanadas da Constituição de 88, de modo que toda a ação do Governo seja estruturada em programas orientados para a realização dos objetivos estratégicos definidos no Plano Plurianual (PPA) para o período de quatro anos. Entretanto, é da competência de cada unidade da federação estabelecer, em atos próprios, suas estruturas de programas, códigos e identificação.

Nesse sentido, cada entidade da federação deverá estabelecer, em atos próprios, suas estruturas de programas, códigos e identificação, respeitados os conceitos e determinações contidos em norma editada pela União.[4]

O **Planejamento Operacional** refere-se às diretrizes e interações presentes que, com base na situação atual e tendo em vista os recursos disponíveis, procura maximizar os resultados no período.

O propósito do plano operacional é medir a eficiência de cada unidade administrativa e globalmente do Governo e cuida, basicamente, de dimensionar os problemas e os recursos, e formular, a partir de uma solução técnica e uma opção política, os objetivos e metas a serem alcançados a curto prazo.

Para isso, é fundamental o conhecimento da realidade setorial, que pode ser assim detalhada:

- identificação das necessidades;
- identificação dos recursos.

No primeiro aspecto, o plano operacional deve identificar as necessidades com que se defronta a comunidade e a forma de satisfazê-las. Para isso, é necessário conhecer o estágio atual em que se encontra o setor, concluindo pela determinação do nível atual de satisfação de necessidades, pelo dimensionamento dos déficits e pela definição dos padrões de atendimento requeridos (prestação de serviços públicos, capacidade instalada etc.).

No segundo aspecto, o plano operacional deve conhecer os recursos reais disponíveis, sejam humanos, materiais, de equipamentos ou de tecnologia, para atender ao desenvolvimento dos programas em determinado tempo.

A variável *tempo* pode limitar o atendimento dos objetivos no lapso anual e, nesse caso, as alternativas serão:

---

[4] Portaria nº 42, de 14 de abril de 1999, do MOG – *DOU* de 15-4-99. Atualiza a discriminação da despesa por funções de que tratam o inciso I do § 1º do art. 2º e § 2º do art. 8º, ambos da Lei nº 4.320, de 17 de março de 1964, estabelece os conceitos de função, subfunção, programa, projeto, atividade, operações especiais, e dá outras providências.

- diminuir o ritmo da ação atual que leva à postergação na realização dos objetivos;
- proceder a uma combinação eficiente dos fatores, de modo a elevar a eficácia da ação;
- aumentar os recursos reais alocados ao setor, caso possa ocorrer fácil mobilidade dos mesmos.

Como instrumentos de planejamento operacional há a Lei de Diretrizes Orçamentárias e a Lei do Orçamento Anual.

A Lei de Diretrizes Orçamentárias compreende as metas e prioridades da administração, incluindo as despesas de capital para o exercício financeiro subsequente e terá como objetivos fundamentais:

- orientar a elaboração da lei orçamentária anual, bem como sua execução;
- dispor sobre as alterações na legislação tributária;
- estabelecer a política de aplicação das agências oficiais de fomento.

O exame da norma Constitucional revela a existência de algumas lacunas que certamente serão preenchidas quando da edição da Lei Complementar reguladora do assunto. Entre os assuntos que vislumbramos como passíveis de inclusão na Lei de Diretrizes, temos:

- detalhamento com base na conjuntura e nos recursos financeiros, humanos e materiais existentes e estimados para os próximos exercícios da prioridade das metas constantes do Plano Plurianual;
- limites orçamentários dos Poderes Legislativo e Judiciário, do Ministério Público e outros órgãos a que a Constituição tenha dado autonomia, especialmente nos casos de contingenciamento de recursos;
- normas sobre a concessão de vantagens ou aumento de remuneração, criação de cargos ou alterações de estrutura de carreiras e a admissão de pessoal, a qualquer título, pelos órgãos da administração pública;
- definição clara do que se entende por agências oficiais de fomento.

Até a entrada em vigor da Lei Complementar que regule o assunto, o projeto de Lei das Diretrizes Orçamentárias será encaminhado ao Poder Legislativo até oito meses antes do encerramento do exercício financeiro e devolvido para sanção até o encerramento do primeiro período da seção legislativa.

A Lei Orçamentária Anual obedecerá à orientação da Lei de Diretrizes Orçamentárias e compreenderá:

- o orçamento fiscal;
- o orçamento de investimentos das empresas estatais;
- o orçamento de seguridade social.

O orçamento fiscal demonstrará a ação governamental dos Poderes Legislativo, Executivo e Judiciário, seus fundos, órgãos e entidades da administração direta e indireta, excluídos:

- os investimentos das empresas;
- os órgãos, fundos e entidades vinculados ao sistema de seguridade social.

O orçamento de investimentos das empresas em que a administração pública detenha direta ou indiretamente a maioria do capital social com direito a voto detalhará as fontes de recursos e a programação de seus investimentos.

Para cumprir o mandamento Constitucional, o orçamento de investimentos de cada empresa deverá indicar os objetivos e metas compatibilizadas com o plano plurianual e as diretrizes orçamentárias e, ainda, discriminar as receitas e despesas operacionais para evidenciar o déficit ou superávit resultante.

O orçamento de seguridade compreende as ações integradas dos poderes públicos e da sociedade, destinadas a assegurar os direitos relativos à saúde, previdência e assistência social.

Nos termos do art. 195 da Constituição Federal, a seguridade social será financiada por toda a sociedade, de forma direta e indireta, nos termos da lei, mediante recursos provenientes dos orçamentos da União, dos Estados, do Distrito Federal e dos Municípios e das seguintes contribuições sociais:

- do empregador, da empresa e da entidade a ela equiparada, inclusive sobre a folha de salários, a receita ou o faturamento e o lucro;
- do trabalhador e dos demais segurados da previdência social nas condições estabelecidas;
- sobre a receita de concursos de prognósticos;
- do importador dos bens ou serviços do exterior ou de quem a lei a ele equiparar.

A Constituição Federal estabelece, ainda, que a proposta de orçamento de seguridade será elaborada de forma integrada pelos órgãos responsáveis pela saúde, previdência social e assistência social, tendo em vista as metas e prioridades estabelecidas na lei de diretrizes orçamentárias, assegurada a cada área a gestão de seus recursos.

Até a entrada em vigor da Lei Complementar que regule o assunto, o projeto de lei do orçamento anual será encaminhado até quatro meses antes do encerramento do exercício financeiro e devolvido para sanção até o encerramento da seção legislativa.

A Figura 4.5 mostra a estrutura do processo de planificação operacional.

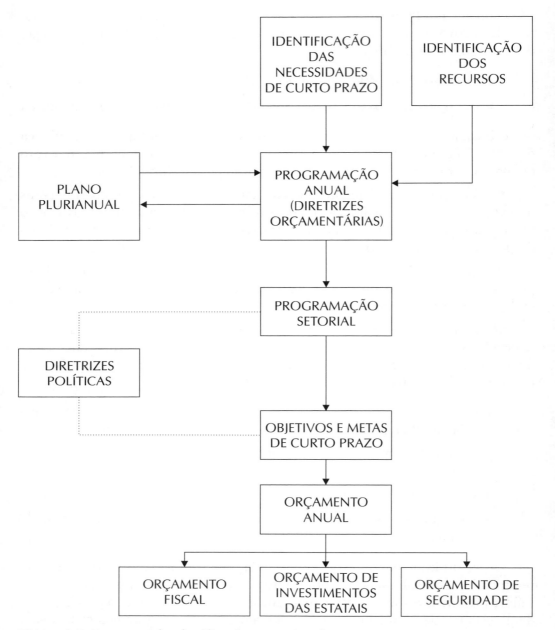

Figura 4.5 *Estrutura da planificação operacional.*

O processo de planejamento precede a elaboração orçamentária e tem como objetivo a seleção racional das alternativas para a ação governamental em compatibilidade com os meios disponíveis, pois se houvesse uma quantidade ilimitada de recursos, não haveria em princípio necessidade de planejamento.

O processo de planejamento é desenvolvido a partir da orientação estratégica na qual o governo estabelece as diretrizes, os macro-objetivos e os programas, que podem ser assim conceituados:

- **Diretriz**: conjunto de critérios de ação e de decisão que deve disciplinar e orientar os diversos aspectos envolvidos no processo de planejamento. Trata-se de um nível mais abstrato onde ocorre a formulação geral dos objetivos.
- **Macro-objetivos**: indicam o que deve ser feito para que a administração alcance os resultados desejados;
- **Programa**: é o instrumento de organização da atuação governamental que articula um conjunto de ações que concorrem para a concretização de um objetivo comum preestabelecido, mensurado por indicadores instituídos no plano, visando à solução de um problema ou ao atendimento de determinada necessidade ou demanda da sociedade.

As diretrizes, os macro-objetivos e programas são estruturados de modo crítico e podem ser avaliados conforme Figura 4.6.

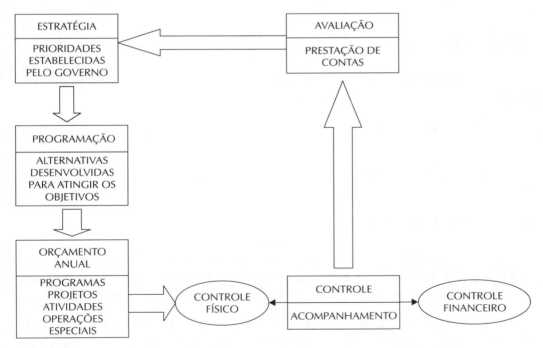

Figura 4.6 *Estrutura do processo de controle, acompanhamento e avaliação.*

O planejamento, a programação e o orçamento como um sistema integrado de gerência têm por objetivo avaliar os custos para a consecução das metas traçadas em comparação com os benefícios a serem esperados, e assim tornar possível o uso inteligente de recursos pelo setor público.

É claro que o esforço não está isento de contratempos. Sem dúvida, é mais fácil medir custos e benefícios que sejam sensíveis a uma avaliação do mercado do que medir os custos verdadeiros ou o verdadeiro valor dos efeitos mais intangíveis da atividade governamental que não está sujeita à avaliação do mercado. Assim, ao se avaliar a represa de Itaipu, por exemplo, é muito mais fácil medir os benefícios em termos de suprimento de água e suprimento de energia do que calcular os muitos outros efeitos acessórios, tais como: a redistribuição de renda, melhoria estética, e assim por diante.

A existência de um plano plurianual concebido em função de uma estratégia geral voltada para tornar realidade uma imagem para o país é da responsabilidade dos órgãos políticos e deve constituir uma síntese das aspirações gerais da população.

É fora de dúvida que o binômio Plano-Orçamento tem a sua origem no conteúdo do Plano Plurianual e suas diretrizes, que pretendem revelar toda a ação pública necessária para atingir os objetivos de curto, médio e longo prazos.

4.4 Características do orçamento

Os Orçamentos Públicos podem ser estudados em função das seguintes características:

- tipos de orçamento;
- princípios orçamentários;
- aspectos do orçamento.

4.4.1 Tipos de orçamento

É a característica que determina a maneira pela qual o orçamento é elaborado, dependendo do regime político vigente; daí dizer-se que os orçamentos variam segundo a forma de Governo e podem ser classificados em três tipos:

- **legislativo**: é o orçamento cuja elaboração, votação e aprovação é da competência do Poder Legislativo, cabendo ao Executivo a sua execução. Esse tipo é utilizado em países parlamentaristas;
- **executivo**: é o orçamento cuja elaboração, aprovação, execução e controle é da competência do Poder Executivo. É utilizado em países onde impera o poder absoluto;

- **misto**: é o orçamento elaborado e executado pelo Poder Executivo, cabendo ao Poder Legislativo a sua votação e controle. Esse tipo é utilizado pelos países em que as funções legislativas são exercidas pelo Congresso ou Parlamento, sendo sancionado pelo Chefe do Poder Executivo. Este é o tipo utilizado no Brasil.

4.4.2 Princípios orçamentários

O orçamento é dividido em duas partes ou seções separadas – Receitas e Despesas – tanto no aspecto jurídico como no aspecto contábil.

Em matéria de despesa pública, as previsões contidas no Orçamento – sejam as iniciais ou a ele incorporadas em virtude de créditos adicionais abertos durante o exercício – destacam um caráter limitativo e imperativo, inibindo e proibindo a administração de efetuar gastos além dos créditos concedidos.

Quanto à receita pública, ao estimar as receitas prováveis de cada fonte, o legislador não pretende limitar as faculdades de arrecadação do poder público. O objetivo de cálculo dos recursos é fundamentar o montante dos gastos e, por via de consequência, chegar ao nivelamento entre Receitas e Despesas. Entretanto, ao contrário das Despesas, tal previsão não constitui um limite, que, uma vez atingido, deve ter a arrecadação suspensa.

Dado seu caráter de documento legislativo que autoriza e limita a ação do Poder Público, o orçamento deve incluir todas as receitas e todas as despesas, pois essa é a condição essencial para que o controle do Poder Legislativo seja efetivo.

Esses princípios básicos objetivam assegurar o cumprimento dos fins a que se propõe o orçamento e podem ser resumidos em dois aspectos: gerais e específicos, conforme a seguir:

Princípios orçamentários	Princípios orçamentários gerais (de receita e de despesa)	Substanciais	– Anualidade – Unidade – Universalidade – Equilíbrio – Exclusividade
		Formais ou de apresentação	– Especificação – Publicidade – Clareza – Uniformidade – Precedência
	Princípios orçamentários específicos (só das receitas)		– Não afetação da receita – Legalidade da tributação

Anualidade

A aplicação desse princípio estabelece que o orçamento deve ter vigência limitada a um período anual; mas o preceito tem diferente alcance segundo se refira às despesas ou às receitas.

Em matéria de despesa, a regra é de aplicação direta, já que as autorizações para gastar são votadas pelo Poder Legislativo para o período de um ano. Mas no que se refere às receitas, o princípio não tem um sentido direto e concreto, uma vez que o cálculo dos prováveis ingressos constitui mera previsão dirigida à procura do equilíbrio orçamentário, pois as receitas dependem de leis impositivas especiais de vigência permanente e sempre votadas antes da Lei do Orçamento.

A regra da anualidade do orçamento tem fundamentos econômicos e institucionais. No primeiro fundamento, existem motivos práticos, pois seria difícil formular previsões de gastos para períodos superiores a um ano, mormente quando se trata de despesas de custeio, devidas à ação de fatores econômicos, tais como a variação do valor da moeda ou o aparecimento de novas necessidades coletivas.

A razão institucional que fundamenta a regra da anualidade consiste em que a prerrogativa de controle prévio e subsequente por parte do Poder Legislativo deve ser realizada do modo mais frequente possível; não fosse o princípio da anualidade, o Congresso ficaria impedido de exercer um controle mais eficaz.

Unidade

O princípio da unidade estabelece que todas as receitas e despesas devem estar contidas numa só lei orçamentária. Os orçamentos devem, por conseguinte, estar integrados num só ato político do Poder Legislativo, sempre com o objetivo maior de satisfazer às necessidades coletivas.

Em que pese à doutrina financeira insistir na necessidade de que se cumpra a regra da centralização de gastos e de receitas em uma só lei, todos os países, inclusive o Brasil, têm admitido na prática numerosas exceções, que vão sendo maiores à medida que se expande a intervenção estatal e a Fazenda Pública se transforma de ente econômico de distribuição e consumo em ente composto, em virtude de agregar também entes de produção.

A Constituição Federal estabeleceu o princípio da unidade quando definiu que a lei orçamentária anual compreenderá o orçamento fiscal referente aos poderes públicos, seus fundos, órgãos e entidades da administração direta e indireta, inclusive fundações e ainda o orçamento de investimentos das empresas e o orçamento de seguridade social.

Este princípio está relacionado estritamente com a prática da movimentação financeira do Tesouro consubstanciada no chamado princípio de unidade de caixa e significa que não deve haver recursos separados e independentes, pois todos os recursos devem fluir para uma caixa única e, portanto, as organizações públicas devem manter sob um só comando as disponibilidades.

É fácil concluir, pois, que o princípio da unidade facilita o cumprimento da fiscalização orçamentária e financeira por parte do Poder Legislativo.

Universalidade

O princípio da universalidade refere-se à compreensão que devemos ter do orçamento como plano financeiro global, pois, para que o orçamento atinja seu objetivo de controle da atividade econômica do Estado, não devem existir despesas ou receitas estranhas a esse controle. Isto é, o orçamento deve compreender todas as receitas e os gastos necessários para a manutenção dos serviços públicos. Ademais, essa regra de centralização das despesas e receitas num só documento tem por finalidade o orçamento equilibrado, pois este outro princípio estará seriamente ameaçado com a existência à margem de rubricas que dele deveriam constar.

Esse princípio é de fundamental importância, porque estabelece que todas as receitas e todas as despesas devem constar da Lei Orçamentária pelos seus totais, vedadas quaisquer deduções. É também denominado princípio do orçamento bruto.

No Brasil, alguns entes públicos têm consignado o orçamento por valores irreais em face do descumprimento deste princípio. Assim, se um ente público tem competência constitucional para fiscalizar, arrecadar e cobrar determinado imposto e em seguida entregar parte dele para outro ente público (Município, por exemplo) deve incluir essa receita tributária pelo seu total sem qualquer dedução.

Estaria cometendo erro técnico se elaborasse o orçamento incluindo apenas a receita líquida, visto que assim procedendo deixa de atender ao princípio da evidenciação e clareza dos atos administrativos a que estão sujeitos os agentes públicos.

Exemplificando, apresentam-se a seguir as duas situações:

ORÇAMENTO DO ESTADO X

a) Forma correta de evidenciação

Receita ICMS	200	Despesa de Transferência aos Municípios	50

b) Forma errada (sem evidenciação)

Receita ICMS	150	Despesa de Transferência aos Municípios	não consta

No mesmo sentido, alguns órgãos públicos têm subavaliado as despesas com pessoal sob o argumento de que parte do valor da folha de pagamento refere-se a descontos de imposto de renda retido na fonte que, por força de regras constitucionais, pertencem ao próprio ente da federação (inciso I do art. 157 e inciso I do art. 158 da Constituição Federal de 1988).

O exemplo a seguir ilustra a situação:

a) Valor da folha de pagamento do órgão "Y"
   - Valor bruto da folha .... $ 100
   - Desconto do IRRF .... $ (20)
   - Valor líquido da folha .... $ 80

b) Formas de registro

Correta	
Receita	Despesa
Receita de IRRF 20	Pessoal 100

Errada[5]	
Receita	Despesa
Receita de IRRF.... – 0 –	Pessoal 80

A leitura da Constituição de 1988 indica a preocupação que os constituintes tiveram com esse princípio, bastando verificar que o art. 167, § 1º, estabelece que "nenhum investimento cuja execução ultrapasse um exercício financeiro poderá ser iniciado sem prévia inclusão no plano plurianual, ou sem lei que autorize a inclusão, sob pena de crime de responsabilidade".

Equilíbrio

O conceito de equilíbrio orçamentário tem evoluído ao longo dos anos. Para os clássicos, que adotavam a política do *laissez-faire*, o Estado era um fator neutro da economia e a Fazenda Pública buscava somente reunir os recursos necessários à cobertura dos gastos mais elementares (Defesa, Justiça, Segurança).

Nesse Estado clássico, a regra do equilíbrio vigorava plenamente: as receitas de um período eram iguais às despesas desse mesmo período.

---

[5] Este exemplo está apoiado nos conceitos da teoria contábil e, portanto, sua análise não evoluiu a observação do aspecto jurídico da questão. Não é propósito desta obra entrar nas discussões de natureza jurídica ou financeira sobre a pertinência do procedimento eventualmente adotado por alguns órgãos. Nossa análise consiste em mostrar que sua adoção revela uma subavaliação da despesa e o descumprimento do princípio do orçamento bruto.

Mas com o desenvolvimento do processo capitalista, o Estado perdeu a sua condição de fator neutro para converter-se cada vez mais no catalisador das variáveis econômicas, e os técnicos em finanças públicas foram apercebendo-se de que tinham nas mãos armas eficazes de intervenção na economia.

Desse modo, em vez de proibir a importação de determinado item, basta elevar a sua tarifa aduaneira; em vez de obrigar a iniciativa privada a investir em determinado setor, basta reduzir algum imposto mediante renúncia de receitas ou criar algum incentivo fiscal, sempre com aprovação pela via legislativa.

A Constituição de 1988 introduziu a denominada "regra de ouro" ao proibir a realização de operações de crédito (empréstimos) que excedam o montante das despesas de capital, ressalvadas as autorizadas mediante créditos suplementares ou especiais com finalidade precisa, aprovados pelo Poder Legislativo por maioria absoluta. Trata-se de medida salutar incrustada na Constituição, mas que foi amenizada pelo art. 37 das Disposições Constitucionais Transitórias ao estabelecer o prazo de cinco anos para essa adaptação.

Por outro lado, a Fazenda Pública não deve ter por objetivo apurar superávits continuados, principalmente porque a eficiência do Estado não deve ser medida por tal critério econômico, mas pela satisfação das necessidades públicas.

Se o Estado perseguisse o superávit continuado, não estaria, certamente, satisfazendo as necessidades atuais da população e esta estaria sofrendo uma carga tributária não revertida em seu benefício.

No que se refere à Lei de Responsabilidade Fiscal, pode-se verificar que não há uma proibição explícita da existência de déficits orçamentários. Entretanto, o texto da Lei revela que o legislador procurou, por meio de diversos mecanismos, conter o desequilíbrio orçamentário com o objetivo de reduzir os níveis de endividamento.

Estabeleceu, por exemplo, que a estratégia para se alcançar o equilíbrio entre receitas e despesas seja revelada na Lei de Diretrizes Orçamentárias e, ainda, que a contratação de operações de crédito pode financiar o déficit. Tal dispositivo priorizou o resultado do orçamento corrente, procurando evitar uma diferença negativa entre receitas e despesas correntes e, por via de consequência, as operações de crédito devem, apenas, custear as despesas de capital (obras e aquisição de equipamentos) ou refinanciar o principal da dívida pública (rolagem). Esse princípio é denominado de "regra de ouro" das finanças públicas.

Segundo Giacomoni (2000, p. 85), a Constituição de 1967 exigia orçamentos equilibrados, conforme art. 66 a seguir:

> *"O montante da despesa autorizada em cada exercício financeiro não poderá ser superior ao total das receitas estimadas para o mesmo período. O artigo previa exceções nos casos de recessão econômica e nas situações em que é recomendada a abertura de créditos extraordinários."*

Em publicação elaborada pelo Instituto Brasileiro de Administração Municipal (IBAM) sob o patrocínio do Banco Nacional de Desenvolvimento Econômico (BNDES), Nascimento (2001) trata do equilíbrio entre receitas e despesas apresentando o seguinte comentário:

> "Deve-se entender equilíbrio das contas públicas não como a igualdade aritmética entre a receita estimada e a despesa fixada para um exercício, embora isto acabe se verificando na proposta orçamentária, mas sim, como a necessidade de a organização estatal planejar e executar o financiamento de suas ações com base, em princípio, nos recursos financeiros disponíveis. Isto significa dizer que caberá à Administração gastar somente em função da arrecadação do dinheiro sobre o qual não haja a reivindicação de terceiros, ou seja, que não constitua obrigação de pagamento."

Essa afirmativa pode ser demonstrada pelo exame da Lei Orçamentária anual, a seguir:

Receita	R$ 1,00	Despesa	R$ 1,00
Tributária	10.000	Pessoal	13.000
Patrimonial	5.000	Material de consumo	2.000
Serviços	2.000	Serviços de terceiros	5.000
		Encargos da dívida	500
Soma das receitas correntes	17.000	Soma das despesas correntes	20.500
Operações de crédito	12.000	Investimentos	8.000
Alienação de bens	1.000	Amortização da dívida	1.500
Soma das receitas de capital	13.000	Soma das despesas de capital	9.500
Total das receitas	30.000	Total das despesas	30.000

Sob o aspecto da "regra de ouro", referida na Lei de Responsabilidade Fiscal, a análise da Lei Orçamentária indica que o montante das despesas de capital no valor de $ 9.500, representadas pelo Investimento de $ 8.000 e Amortização da Dívida de $ 1.500, é inferior à Receita de Operações de Crédito de $ 12.000, indicando que parte das despesas correntes está sendo coberta por empréstimos, já que as Receitas Correntes da ordem de $ 17.000 não são suficientes para cobrir as Despesas da mesma natureza, conforme a seguir se verifica:

Receitas Correntes . . . . $ 17.000
Menos: Despesas Correntes . . . . $ (20.500)
Déficit do orçamento corrente . . . . . . $ 3.500

Assim, pode-se demonstrar o déficit total e os recursos que serão captados para sua cobertura durante o exercício a que se refere o orçamento:

	$	$
Receitas correntes		17.000
Despesas:		
Despesas correntes	20.500	
Despesas de capital	9.500	30.000
Déficit total		13.000
Recursos para cobertura:		
Alienação de bens	1.000	
Operações de crédito	12.000	13.000

Qualquer estudo que se realize sobre o equilíbrio orçamentário revelará que os administradores podem implementar diversas ações com o objetivo de dar cobertura aos déficits. Essas ações podem ser de dois tipos:

- ações administrativas internas, dentre as quais se destacam:
  - programas para incremento da receita tributária;
  - alienação de bens do ativo permanente – bens móveis, imóveis e de ações de empresas estatais (privatização);
  - implementação de programas de redução e contenção de despesas.

- ações administrativas externas, que decorrem de ações que dependem de agentes externos, entre as quais:
  - operações de crédito mediante lançamento de títulos públicos (dívida mobiliária);
  - operações de crédito mediante contratos de financiamento de programas de longo prazo.

O exame da Lei de Responsabilidade Fiscal mostra que diversos de seus dispositivos são orientadores do equilíbrio permanente das contas orçamentárias e para isso inclui alguns princípios para uma gestão fiscal responsável, que devem ser seguidos pelos administradores, entre os quais cabe destacar:

– equilíbrio entre as aspirações da sociedade e os recursos colocados à disposição para satisfazê-las, prevenindo déficits imoderados e reiterados;
– limitação da dívida pública a níveis prudentes, ou seja, compatíveis com a arrecadação e o patrimônio líquido, propiciando margem de segurança para a absorção de reconhecimento de obrigações imprevistas;

– gestão da dívida pública adequando seus custos e prazos de maturação a fim de preservá-la de desequilíbrios transitórios entre receitas e gastos;

– preservação do patrimônio público líquido em níveis adequados à manutenção das ações governamentais, propiciando margem de segurança para a absorção de reconhecimento de obrigações imprevistas;

– adoção de política tributária previsível e estável;

– limitação de gastos públicos continuados, compensando-se os efeitos financeiros do aumento duradouro do gasto;

– preservação de desequilíbrios fiscais estruturais e adoção de medidas corretivas e punitivas;

– administração prudente dos riscos fiscais – reconhecimento de obrigações imprevistas ou de efeitos de eventos imprevistos que afetem as contas públicas;

– transparência fiscal, através de amplo acesso da sociedade às informações sobre as contas públicas, passadas, atuais e futuras, bem como aos procedimentos de arrecadação e aplicação dos recursos públicos.

Com base nas questões apresentadas, pode-se afirmar que o princípio do equilíbrio tem conotação meramente financeira e deve ser observado necessariamente a longo prazo.

Exclusividade

O princípio da exclusividade é o que decorre do aspecto jurídico do orçamento, ou seja, como ato-condição, significando que a lei de meios não poderá conter dispositivo estranho à fixação das despesas e previsão das receitas, ressalvada a autorização para abertura de créditos suplementares e contratação de operações de crédito, ainda que por antecipação de receita, bem como a autorização para destinação do superávit ou cobertura do déficit.

Especificação

A regra da especificação refere-se à classificação e designação dos itens que devem constar do orçamento. É um aspecto formal do orçamento, mas de vital importância para que este instrumento da gestão dos negócios públicos cumpra a sua finalidade.

Como meio de controle prévio das receitas e despesas do Estado, é natural que o orçamento apresente estes dois grandes itens bem divididos e discriminados. A regra da especificação vincula-se, portanto, com a classificação das receitas e despesas, sendo que as primeiras obedecem a critérios estabelecidos no Código Tributário e as segundas obedecem a critérios econômicos, financeiros e institucionais.

Pela Lei de Responsabilidade Fiscal, passou a ser do órgão central de contabilidade da União, enquanto não implementado o Conselho de Gestão Fiscal, a edição de normas gerais para consolidação das contas públicas (§ 2º do art. 50 e art. 67 da LRF).

Nesse aspecto, é preciso considerar o entendimento de alguns estudiosos no sentido de que a LRF atribuiu ao Conselho de Gestão Fiscal *"o acompanhamento e a avaliação de forma permanente da política e da operacionalidade da gestão fiscal"* (art. 67, LRF). Tal autorização, segundo alguns, não inclui competência para alterações da estrutura da classificação da receita e despesa cuja competência permanece com o órgão central de orçamento. A questão tem sido resolvida por meio de atos conjuntos da Secretaria do Tesouro Nacional e da Secretaria de Orçamento Federal.

Como consequência do princípio da especificação, encontramos as seguintes proibições de natureza constitucional:

- início de programas ou projetos não incluídos na lei orçamentária anual;
- realização de despesas ou a assunção de obrigações diretas que excedam os créditos orçamentários ou adicionais;
- transposição, remanejamento ou a transferência de recursos de uma categoria de programação para outra ou de um órgão para outro, sem autorização legislativa;
- concessão de créditos ilimitados;
- utilização, sem autorização legislativa específica, de recursos dos orçamentos fiscal e da seguridade social para suprir necessidades ou cobrir déficit de empresas, fundações e fundos;
- instituições de fundos de qualquer natureza, sem prévia autorização legislativa.

A Constituição Federal estabelece, ainda, em reforço da aplicabilidade desse princípio orçamentário, que *"os recursos que, em decorrência de veto, emenda ou rejeição do projeto de lei orçamentária anual, ficarem sem despesas correspondentes, poderão ser utilizados, conforme o caso, mediante créditos especiais ou suplementares, com prévia e específica autorização legislativa"* (art. 166, § 8º).

Publicidade

Uma das bases essenciais dos governos democráticos e uma de suas características como forma de organização da autoridade dentro do Estado é a publicidade dos atos relativos à condução da coisa pública.

O orçamento como instrumento de controle prévio não pode escapar a esse princípio e, por isso, deve ser rodeado da mais completa publicidade, devendo chegar ao conhecimento não só dos representantes do povo como também de toda a comunidade. O orçamento deve ser objeto de publicidade tanto em sua preparação como em sua discussão legislativa, bem como em sua execução e controle subsequente.

Uma das inovações da Constituição Federal foi a obrigatoriedade de o Poder Executivo publicar, até 30 dias após o encerramento de cada bimestre, relatório resumido da execução orçamentária.

Por sua vez, a LRF estabelece como instrumentos de transparência da gestão fiscal, aos quais será dada ampla divulgação, inclusive, por meios eletrônicos de acesso ao público: os planos, orçamentos e leis de diretrizes orçamentárias; as prestações de contas e o respectivo parecer prévio; o relatório resumido da execução orçamentária e o relatório da gestão fiscal, bem como as versões simplificadas desses documentos.

Ampliando o princípio da publicidade, a LRF obriga que as contas apresentadas pelo Chefe do Poder Executivo devem ficar disponíveis durante todo exercício, no respectivo Poder Legislativo e no órgão técnico responsável pela sua elaboração, para consulta e apreciação pelos cidadãos e instituições da sociedade.

Clareza

A publicidade dos quadros orçamentários não é imperativo suficiente para aprovação por parte do Poder Legislativo. Esse princípio deve ser completado com outro preceito formal relativo à clareza do orçamento.

Sem descuidar das exigências da técnica orçamentária, especialmente em matéria de classificação das receitas e despesas, o orçamento deve ser claro e compreensível para qualquer indivíduo.

Se o orçamento é hermético e vem acompanhado de complicados quadros que só o técnico entende, é possível que os interessados não compreendam o seu conteúdo e alcance e, por via de consequência, não consigam descobrir coisas fundamentais para a vida do cidadão comum.

Uniformidade

No aspecto formal, o orçamento deve reunir também a condição de conservar estrutura uniforme por meio dos distintos exercícios, ou seja, deve atender ao princípio da uniformidade, também denominado consistência.

A variação dos critérios de classificação das receitas e despesas públicas não permite identificar a atenção que o Estado deu através dos anos às diversas necessidades coletivas, ou ainda o verdadeiro custo dos serviços.

Desse modo, é princípio fundamental que os dados orçamentários tenham homogeneidade nos vários exercícios, para permitir uma comparação ao longo do tempo.

Com referência especificamente às receitas provenientes de tributos, há, ainda, os seguintes princípios:

Não afetação da receita

É o princípio que postula o recolhimento de todos os recursos a uma caixa única do Tesouro, sem discriminação quanto a sua destinação. Entretanto, a norma constitucional (art. 167, inciso IV)[6] só consagrou este princípio para as receitas provenientes de impostos vedando sua vinculação a determinado órgão, fundo ou despesa, ressalvadas as seguintes:

a) a repartição do produto da arrecadação dos seguintes impostos:
- Imposto de Renda incidente na fonte sobre a renda e proventos de qualquer natureza;
- Imposto sobre a Propriedade Territorial Rural;
- Imposto sobre a Propriedade de Veículos Automotores;
- Imposto sobre a circulação de mercadorias e serviços de transporte interestadual e intermunicipal e de comunicação;
- Imposto de Renda;
- Imposto sobre Produtos Industrializados;
- contribuição de intervenção no domínio econômico.

b) a destinação de recursos para manutenção e desenvolvimento do ensino;
c) a prestação de garantias às operações de crédito por antecipação de receita;
d) a destinação de recursos para as ações e serviços públicos de saúde;
e) para realização de atividades a administração tributária.

Legalidade da tributação

É o princípio que diz respeito às limitações que o Estado possui quanto ao seu poder de tributar e inclui as seguintes vedações:

a) exigir ou aumentar tributo sem lei que o estabeleça;
b) instituir tratamento desigual entre contribuintes que se encontrem em situação equivalente, proibida qualquer distinção em razão de ocupa-

---

[6] O inciso IV do art. 167 da Constituição Federal teve nova redação dada pela Emenda Constitucional nº 42, de 19 de dezembro de 2003.

ção profissional ou função por eles exercida, independentemente da denominação jurídica dos rendimentos, títulos ou direitos;

c) cobrar tributos nas seguintes situações:

  (i) em relação a fatos geradores ocorridos antes do início da vigência da lei que os houver instituído ou aumentado;

  (ii) no mesmo exercício em que haja sido publicada a lei que os instituiu ou aumentou;

  (iii) antes de decorridos 90 dias da data em que haja sido publicada a lei que os instituiu ou aumentou, observada a regra do item anterior.[7]

d) utilizar tributo com efeito de confisco;

e) estabelecer limitações ao tráfego de pessoas ou bens, por meio de tributos interestaduais ou intermunicipais, ressalvada a cobrança de pedágio pela utilização de vias conservadas pelo Poder Público.

O texto constitucional (§ 1º do art. 150) inclui ressalva no sentido de que a União, os Estados, o Distrito Federal e os Municípios poderão instituir e cobrar alguns impostos sem obediência à vedação descrita no item c. Entre eles, citam-se:

- importação de produtos estrangeiros;
- exportação, para o exterior, de produtos nacionais ou nacionalizados;
- produtos industrializados;
- operações de crédito, câmbio e seguro, ou relativas a títulos e valores mobiliários;
- extraordinários, na eminência ou no caso de guerra externa.

Precedência

Para alguns autores existe, ainda, o denominado princípio da precedência, que pode ser conjugado com o da anualidade. Tal princípio resulta do fato de que a autorização prévia das despesas constitui, além de uma faculdade, um ato obrigatório para o Poder Legislativo, que não pode deixar de aprovar a lei orçamentária, já que, caso isto ocorresse, haveria paralisação dos serviços públicos ou, então, haveria pagamentos ilegais de despesa.

O Estado é uma pessoa jurídica de existência necessária e sua atividade não pode parar, qualquer que seja o motivo, e por isso é imperioso que todos os instrumentos de planejamento e orçamento (Plano Plurianual, Lei de Diretrizes e

---

[7] Este item foi acrescido pela Emenda Constitucional nº 42, de 19 de dezembro de 2003.

Orçamento Anual) sejam votados pelo Poder Legislativo nos prazos estabelecidos seja pela Constituição ou por lei complementar.

Esse princípio pode ser explicado pelo fato de que o orçamento é um instrumento autorizativo e a falta de sua votação oportuna leva necessariamente a uma das seguintes soluções:

- fica automaticamente considerada como proposta a lei anterior se o Poder Legislativo não receber a proposta de orçamento no prazo fixado;
- convocação extraordinária do Poder Legislativo por se tratar de matéria cuja votação deve ser efetuada antes do início do exercício;
- se o Poder Legislativo não aprovar a proposta antes do início do exercício, o Poder Executivo realizará suas despesas com base nos duodécimos do valor estimado.

Em qualquer dessas hipóteses, as regras devem ser incluídas na Lei de Diretrizes Orçamentárias de cada exercício financeiro.

No Poder Executivo, é recomendável que na falta de aprovação da Lei de Orçamento os gastos fiquem limitados a despesas de custeio, pois estas estão definidas na Lei nº 4.320/64, art. 12, como a seguir:

"Classificam-se como despesas de custeio as dotações para manutenção de serviços anteriormente criados, inclusive destinadas a atender a obras de conservação e adaptação de bens imóveis."

Assim, mesmo que a lei do orçamento não seja aprovada, a administração pode continuar operando os serviços sob pena de deixar de atender a suas finalidades precípuas. Trata-se do princípio da anterioridade legal aplicado às despesas.

O princípio da precedência dá origem ao conceito de que a Lei do Orçamento Anual, bem como a Lei do Plano Plurianual e a Lei das Diretrizes Orçamentárias, são de *iniciativa vinculada*, ou seja, a iniciativa, no caso brasileiro, é do Poder Executivo, mas este deverá fazer o encaminhamento de tais propostas em prazo determinado na Constituição ou em lei complementar.

O Quadro 4.1 evidencia os prazos de encaminhamento e devolução dos instrumentos de planejamento e orçamento.

Quadro 4.1 *Prazos de encaminhamento e devolução dos instrumentos de planejamento.*

CF/88 – § 2º art. 35 do ADCT Incisos	Projeto	Encaminhamento ao Poder Legislativo	Devolução ao Poder Executivo[8]
I	Plano Plurianual	4 meses antes do encerramento do primeiro exercício financeiro do mandato (31 de agosto)	Até o encerramento da sessão legislativa do exercício em que for encaminhado (22 de dezembro)
II	Lei de Diretrizes Orçamentárias	8 meses e meio antes do encerramento do exercício financeiro (15 de abril)	Até o encerramento do primeiro período da sessão legislativa (17 de julho)
III	Lei Orçamentária Anual	4 meses antes do encerramento do exercício financeiro (31 de agosto)	Até o encerramento da sessão legislativa (22 de dezembro)

4.4.3 Aspectos do orçamento

O orçamento é estudado sob vários aspectos:

- aspecto político;
- aspecto jurídico;
- aspecto econômico;
- aspecto financeiro.

a) Aspecto político

É o aspecto que diz respeito à sua característica de Plano de Governo ou Programa de Ação do grupo ou facção partidária que detém o Poder e que foi submetido à população durante o processo eleitoral, caracterizando desse modo o aspecto político do orçamento como instrumento que materializa as escolhas públicas.

A Figura 4.7 mostra os fatores políticos que influenciam a elaboração do orçamento.

---

[8] Prazos estabelecidos no art. 57 da Constituição Federal, com a redação dada pela Emenda Constitucional nº 50, de 14 de fevereiro de 2006.

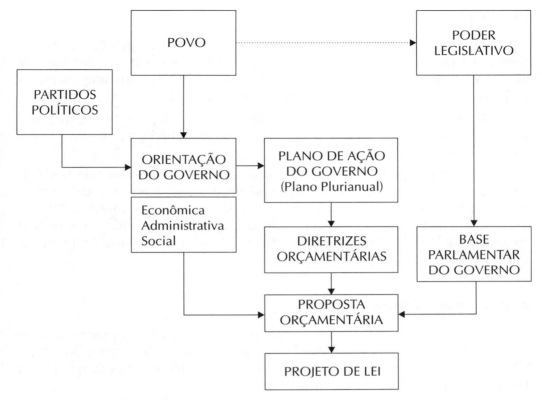

Figura 4.7 *Fatores políticos que influenciam a elaboração do orçamento.*

O aspecto político do orçamento estabelece que ele constitui um plano de ação política que se traduz, necessariamente, na continuidade de despesas anteriormente criadas e em despesas novas ou em redução de despesas. Por outro lado, aos governantes incumbe a tarefa de achar os meios para pagar as despesas, ou seja, gerar receitas – impostos – e determinar as distribuições desse ônus entre os indivíduos.

Entre o custo do programa anual de Governo, traduzido na proposta orçamentária, e a discussão e votação do projeto de lei de que surgirá a Lei Orçamentária para novo exercício, ocorrem dois conflitos básicos que aprimoram o orçamento sob o aspecto político. Assim, temos:

- de um lado, a proposta evidencia as orientações econômicas, administrativas e sociais do Governo que objetiva, em última análise, o cumprimento e execução das promessas e plataformas que o levaram ao exercício do poder;
- de outro lado, a consistência das bases parlamentares do Executivo, aferida pela maior ou menor dificuldade de aprovação do plano submetido ao Legislativo.

b) Aspecto jurídico

É o que define a Lei Orçamentária no conjunto de leis do país e constitui um aspecto bastante discutido, uma vez que para alguns autores o orçamento é sempre uma lei; para outros tanto pode ser uma lei, como mero ato administrativo; e, finalmente, para outros, o orçamento nunca é uma lei.

Sobre o assunto, Baleeiro (1958), na obra *Uma introdução à ciência das finanças*, citando Jèze, inclui orçamento na classe dos atos-condição, ou seja, ato que não acrescenta nada ao conteúdo da lei.

No Brasil, o orçamento constitui, portanto, uma lei aprovada pelo Legislativo, mas pelo princípio da exclusividade, só deve conter a previsão da receita e a fixação da despesa e, portanto, não pode criar ou extinguir tributos. Por isso, diz-se que o orçamento é uma lei de eficácia reduzida, pois nada acrescenta ao conteúdo das leis vigentes, e seu cumprimento é quase exclusivo dos administradores públicos.

c) Aspecto econômico

É o resultado da evolução das características políticas do orçamento. Se o orçamento público é peça fundamental ao cumprimento das finalidades do Estado, não há dúvida de que deverá observar que o melhor plano é aquele que resulta numa maior produção com um menor gasto.

Por outro lado, a evolução das características políticas imprimiu ao orçamento o papel de regulador da economia, uma vez que os Governos têm a precípua obrigação de:

- atender às necessidades econômicas e sociais da coletividade;
- aproveitar os recursos humanos e materiais, no sentido de aumentar a renda nacional;
- redistribuir a renda nacional, com o objetivo de elevar o nível da população, assegurando a todos uma existência digna.

Esses aspectos do estudo orçamentário são de suma importância, pois a intervenção do Estado na economia deve objetivar, entre outras coisas, a criação de empregos através de novas fontes de trabalho e assim intervir na solução dos problemas sociais.

Ao estudar o aspecto econômico, devemos ter em conta os riscos inerentes ao crescimento desmedido do setor estatal. São significativas as observações de Keynes, que identifica a necessidade de maior envolvimento do Estado na atividade econômica, mas simultaneamente alerta para a necessidade de criação de mecanismos intermediários entre a sociedade e o indivíduo, de um lado, e o complexo burocrático do outro.

d) Aspecto financeiro

É caracterizado pelo fluxo monetário das *entradas* da receita e das *saídas* da despesa, meio efetivo e normal da execução orçamentária.

Sob esse aspecto, o Poder Público deve ter em vista dois enfoques:

- obtenção de receitas para atender às necessidades coletivas;
- distribuição do ônus tributário pela população de forma equitativa.

A gestão financeira das entradas e saídas de numerário é feita por um órgão tradicionalmente denominado de Tesouro Público e que em alguns entes governamentais recebe o nome de Secretaria do Tesouro, como no caso da União ou Superintendência do Tesouro, como ocorre em diversos Estados e Municípios.

Qualquer que seja a denominação, o conceito de Tesouro Público envolve três aspectos:

- subjetivo;
- objetivo;
- funcional.

No aspecto subjetivo, o Tesouro corresponde ao próprio Estado nas suas relações monetárias.

No aspecto objetivo ou estático, o termo *Tesouro* pode ser identificado como o conjunto de recursos descritos na Lei Orçamentária Anual, na parte relativa ao orçamento fiscal.

No aspecto funcional, o Tesouro Público é caracterizado como a atividade de gestão dos recebimentos e pagamentos, cuja missão essencial, como em qualquer tesouraria, é dispor dos recursos líquidos necessários para fazer frente aos pagamentos nos momentos em que estes sejam exigíveis.

Em função desses aspectos, o órgão com as funções de Tesouro tem sempre um papel centralizador da atividade financeira e orçamentária, pois é nele que se produz a programação do desembolso dos ingressos gerando o vínculo jurídico decorrente das obrigações assumidas pelos gestores do orçamento.

A Figura 4.8 mostra os principais aspectos da visão financeira do orçamento, focalizando as fontes externas de recursos próprios e de terceiros e as fontes internas que decorrem da alienação de bens móveis ou imóveis, assim como as saídas de caixa para pagamento de juros, amortização de dívidas, despesas com aquisição de materiais e aquisição de investimentos.

FLUXO DE CAIXA

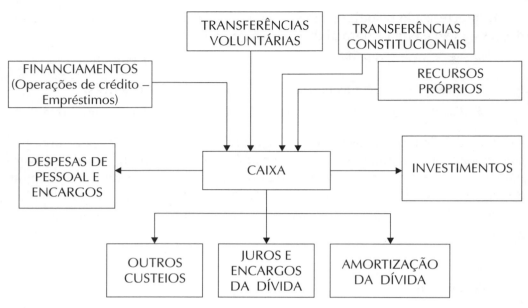

Figura 4.8 *Representação do fluxo de caixa do governo.*

4.5 Orçamento base zero ou por estratégia

4.5.1 Introdução

O Orçamento Base Zero (OBZ) ou por Estratégia constitui uma técnica para elaboração do Orçamento, cujas principais características são:

- a revisão crítica dos gastos tradicionais de cada área;
- a criação de alternativas para facilitar a escala de prioridades a serem levadas para decisão superior.

No processo tradicional, os orçamentos de cada exercício são elaborados tomando por base o nível de atividade do exercício anterior, determinando-se o seu custo e acrescentando-se a esse custo um incremento para compensar a inflação e uma carga de trabalho para o ano seguinte. Esse processo não requer revisão detalhada das operações em andamento e dos níveis de gastos.

O orçamento tradicional adota a base orçamentária existente e examina apenas os incrementos ou reduções que projetam o nível corrente de despesas para o futuro.

Se, por exemplo, o orçamento de um órgão no exercício de 20x1 era o seguinte:

DESPESAS	$	$
Pessoal Civil – Fixo	120	
Pessoal Civil – Variável	80	
Material de Consumo	10	
Serviços de Terceiros e Encargos	90	300

Uma proposta orçamentária tradicional para o exercício de 20x2 faria uma simples projeção, digamos de 100%. Então, teríamos:

Despesas Correntes	20x0	Projeção	20x1
Pessoal Civil Fixo	120	100%	240
Pessoal Civil – Variável	80	100%	160
Material de Consumo	10	100%	20
Serviço de Terceiros e Encargos	90	100%	180
TOTAL	300		600

Esse processo apresenta as seguintes desvantagens:

- não questiona a validade dos gastos;
- não compara os gastos com as quantidades físicas de necessidades atendidas;
- as solicitações de recursos não obedecem a nenhuma prioridade.

Em face deste problema que não era resolvido pelo orçamento tradicional, surgiu a técnica do Orçamento Base Zero, também denominado Orçamento por Estratégia, e que pode ser assim definido:

O Orçamento por Estratégia é um processo operacional, de planejamento e orçamento, que exige de cada administrador a justificativa detalhada dos recursos solicitados. Esse procedimento exige que todas as funções dos departamentos sejam analisadas e identificadas em pacotes de decisão, os quais serão avaliados e ordenados pela sua importância.

Portanto, a aplicação do Orçamento por Estratégia nada mais é do que um aperfeiçoamento do orçamento tradicional.

A implantação do Orçamento por Estratégia deve ter os seguintes objetivos:

- desenvolver um plano operacional e orçamentário para o próximo ano;
- conduzir a uma redução de custo;
- diagnosticar o que realmente está acontecendo na organização para melhorar o processo de planificação estratégica;

- alocar os custos do *staff* às linhas de produção ou centros de resultados em uma base mais real;
- validar o planejamento a longo prazo;
- auditar a efetividade dos programas;
- prover a administração de uma base de dados para reestruturar a organização.

Para ser aplicado, o Orçamento por Estratégia deve obedecer às seguintes etapas:

ETAPAS	DESCRIÇÃO
I	Definição dos objetivos com vistas à otimização do binômio custo-benefício.
II	Identificar as atividades homogêneas com um resultado concreto (Conjuntos de Decisão).
III	Analisar os conjuntos de decisão para definir as alternativas (níveis de atendimento).
IV	Identificação das prioridades.
V	Ordenar as alternativas de acordo com as prioridades.
VI	Estabelecer os pacotes consolidados para decisão.

O Orçamento por Estratégia apresenta as seguintes vantagens e desvantagens:

- **Vantagens**
  - o processo orçamentário concentra a atenção na análise de objetivos e necessidades;
  - conjuga planejamento e elaboração do orçamento no mesmo processo;
  - faz os gerentes de todos os níveis avaliarem melhor a aplicação eficiente das dotações nas suas atividades;
  - aumenta a participação dos gerentes de todos os níveis no planejamento das atividades e na elaboração dos orçamentos.

- **Desvantagens**
  - no início, o preparo do OBZ é mais demorado, mais trabalhoso e mais caro;
  - a preparação dos resumos de unidades de decisão e de pacotes orçamentários produz montanhas de papel;

- a implantação exige que os funcionários estejam motivados e treinados. A tradicional burocracia oficial opõe-se às mudanças, ao aumento de trabalho e, principalmente, ao dispêndio de grande esforço mental;
- um grande percentual do orçamento é intocável devido às exigências legais;
- pouca participação dos níveis hierárquicos superiores.

4.5.2 Aplicação do orçamento por estratégia na área governamental

Na área governamental, a técnica do Orçamento por Estratégia ou Base Zero foi implantada no Estado da Geórgia, EUA, no Governo Carter, que posteriormente levou a metodologia para a Administração Federal, embora na esfera federal não tenha obtido êxito na implantação.

A implementação do Orçamento por Estratégia, no setor público, exige que sejam formalizados três níveis de decisão denominados Colégios de Decisão, ou seja:

- **Colégio de Decisão ou 1º Colégio** – formado pelos dirigentes das Unidades de Despesa e presidido pelo dirigente da Unidade Orçamentária. Assim, teremos tantos Colégios de decisão I quantas forem as Unidades Orçamentárias;
- **Colégio de Decisão II ou 2º Colégio** – formado pelos dirigentes das Unidades Orçamentárias e presidido pelo titular da respectiva área (Ministério ou Secretaria);
- **Colégio de Decisão ou 3º Colégio** – formado pelos titulares das respectivas áreas (Ministro ou Secretário) e presidido pelo titular do respectivo Poder Executivo, Legislativo ou Judiciário, dentro das respectivas competências.

A Figura 4.9 mostra a estrutura dos Colégios de Decisão.

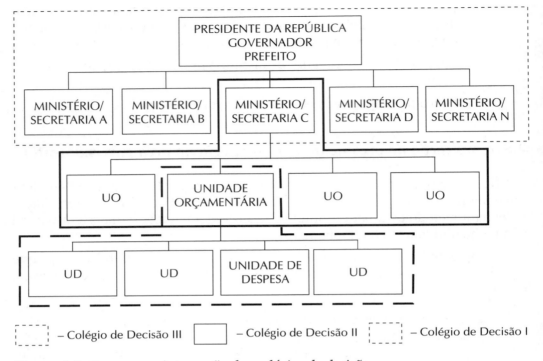

Figura 4.9 *Estrutura e integração dos colégios de decisão.*

Para implantação do orçamento por estratégia na área governamental são necessários os seguintes passos:

a) Os executivos de todos os níveis estabelecem os parâmetros de cada programa, considerando:

   (i) objetivos: propósito principal;

   (ii) padrões de desempenho: como avaliar;

   (iii) resultados: serviços ou produtos.

b) Identificação das áreas de decisão: conjuntos de decisão, em que os gerentes preparam os orçamentos.

c) Cada gerente das áreas de decisão estabelece três níveis de gastos para cada programa:

   (i) nível mínimo;

   (ii) nível atual;

   (iii) nível mais elevado.

d) Em cada nível da organização é efetuada a classificação (atribuição de prioridade) de acordo com:

   (i) importância do programa;

   (ii) volume de recursos financeiros para cada programa.

e) A consolidação e a classificação prosseguem em cada escalão gerencial. Os conjuntos de decisão do mesmo escalão são reunidos para ser encaminhados ao escalão mais elevado para a devida priorização, análise das possíveis vantagens por gerentes dotados de perspectivas mais amplas (colégios de decisão).

f) Os conjuntos decorrentes do 1º e 2º Colégios de Decisão vão aperfeiçoando-se até atingir o 3º Colégio de Decisão, do qual resulta o projeto definitivo de orçamento a ser encaminhado ao Poder Legislativo.

4.6 Recursos para execução dos programas

4.6.1 Exercício financeiro

Publicada a Lei Orçamentária Anual, começam os preparativos para sua execução a partir do primeiro dia do exercício financeiro. Por outro lado, a discriminação da receita obedece à Lei Orçamentária Anual, que obrigatoriamente contém dois anexos: o Quadro Demonstrativo da Receita (QDR) e o Quadro de Detalhamento da Despesa (QDD). Assim, identificados os recursos para atendimento dos programas de Governo, caberá ao Poder Executivo fixar cotas e prazos para sua utilização em consonância com o comportamento da receita e das disponibilidades do Tesouro.

A execução orçamentária constitui o conjunto de procedimentos adotados pela administração da entidade para que sejam alcançadas as metas estabelecidas, uma vez que é na execução orçamentária que se realiza efetivamente a atividade financeira do Estado.

O período durante o qual o orçamento é executado denomina-se exercício financeiro, que no Brasil sempre coincide com o ano civil.

A Figura 4.10 mostra as atividades orçamentárias executadas durante o exercício financeiro.

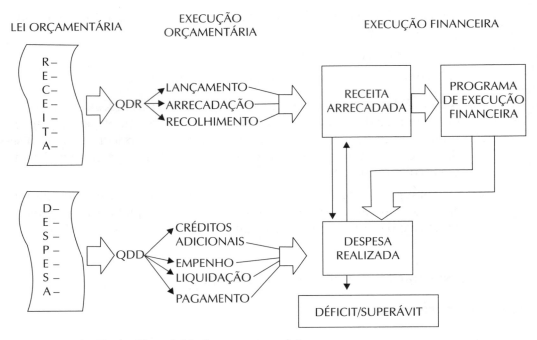

Figura 4.10 *Fluxo das atividades orçamentárias.*

É preciso não confundir o exercício financeiro, também denominado "período financeiro" com o período administrativo, vez que o período financeiro é representado pela anualidade orçamentária que, por sua vez, coincide com o ano civil, enquanto o período administrativo refere-se aos atos gestoriais que, embora tenham reflexos no orçamento anual, podem ser anteriores ou ulteriores à Lei de Meios.

4.6.2 Créditos orçamentários e adicionais

Os recursos para execução dos programas de trabalho do governo são especificados através dos *Créditos Orçamentários* aprovados pelo Poder Legislativo no orçamento anual. Tais créditos são discriminados pelos órgãos e unidades orçamentárias segundo a classificação institucional a ser estudada mais adiante.

Os créditos podem ser descentralizados para as unidades administrativas por meio de Provisões que passam a dispor desses créditos e consequentemente a ter condições de efetivar despesas orçamentárias.

Os créditos adicionais são autorizações de despesas não computadas ou insuficientemente dotadas na lei do orçamento.

Os créditos adicionais classificam-se em:

- **créditos suplementares** – que se destinam a reforçar a dotação orçamentária que se tornou insuficiente durante a execução do orçamento e objetivam a correção de erros de orçamentação;
- **créditos especiais** – que se destinam a atender a despesas para as quais não haja dotação orçamentária específica, ou seja, sua ocorrência indica a existência de erros de planejamento;
- **créditos extraordinários** – que são destinados ao atendimento de despesas imprevisíveis e urgentes, como as decorrentes de guerra, comoção interna ou calamidade pública.

Todos os créditos adicionais são abertos por decreto do Executivo. No entanto, os créditos *Especial* e *Suplementar* dependem da prévia autorização legislativa e de indicação dos recursos disponíveis que compensarão a abertura dos respectivos créditos.

Os créditos extraordinários, pela própria urgência que os motiva, não comportam autorização legislativa prévia. Por isso, inverte-se a situação: serão abertos por medida provisória do Poder Executivo e submetidos ao Congresso Nacional que, estando em recesso, será convocado extraordinariamente.

No âmbito dos Estados, Distrito Federal e Municípios prevalece a norma estabelecida na Lei nº 4.320/64, que determina a abertura do Crédito Extraordinário por decreto do Executivo que será imediatamente submetido ao Legislativo correspondente.

Os créditos suplementares podem ser autorizados na própria lei orçamentária, até determinada importância, o que usualmente é feito em termos percentuais, e tal autorização não fere o princípio da exclusividade, pois não se trata de matéria estranha à lei orçamentária.

Conforme já visto, os créditos suplementares e especiais só podem ser abertos com a indicação de recursos compensatórios entre os quais se destacam:

- **Superávit financeiro**, apurado no balanço patrimonial do exercício anterior, que é a diferença positiva entre o ativo e o passivo financeiros, conjugando-se ainda os saldos dos créditos adicionais transferidos e as operações de crédito a eles vinculadas.

O esquema a seguir exemplifica a hipótese:

a) Balanço anterior – 20x0

ATIVO	$	$	PASSIVO	$	$
Ativo Circulante			Passivo Circulante		
– Caixa	100		– Restos a Pagar	150	
– Bancos	500		– Serviço da Dívida a Pagar	50	
– Valores a Receber	200	800	– Depósitos	200	400
Ativo não Circulante			Passivo não Circulante		
– Bens Móveis	150		Dívida Fundada Interna	50	
– Dívida Ativa	50	200	Dívida Fundada Externa	100	150
			Patrimônio Líquido		0
TOTAL DO ATIVO		1.000	TOTAL DO PASSIVO		1.000

Ativo Financeiro (Disponível) .... $ 600
Menos: Passivo Financeiro .... $ (400)
Superávit Financeiro .... $ 200

b) Orçamento para 20x1 antes da abertura de crédito adicional

RECEITA	$	DESPESA	$
Tributária	500	Pessoal	600
Patrimonial	300	Material Permanente	200
Total	800	Total	800

Crédito suplementar para despesas constantes do orçamento inicial.

c) Orçamento para 20x1 após a abertura do crédito adicional

RECEITA	$	DESPESA	$	$	$
Tributária	500	Pessoal	600	150	750
Patrimonial	300	Material Permanente	200	50	250
Total	800	Total	800	200	1.000

No cálculo do superávit financeiro apurado em Balanço, é preciso verificar que nos termos do art. 35 da Lei nº 4.320/64, somente as receitas arrecadadas pertencem ao exercício financeiro e, portanto, no Ativo Financeiro devem ser considerados, apenas, os recursos disponíveis (Caixa e Bancos), pois os valores a receber nas organizações sem fins lucrativos são representados por uma Variação

Ativa do patrimônio e somente serão registrados como receita orçamentária no momento do ingresso efetivo dos recursos.

No final do mandato dos administradores, a Lei de Responsabilidade Fiscal inclui dispositivo ainda mais rígido, que estabelece ser vedado aos titulares de Poder contrair obrigações de despesa nos dois últimos quadrimestres do seu mandato, desde que não possa ser cumprida integralmente nesse período ou que tenha parcelas a serem pagas no exercício seguinte, sem que haja suficiente disponibilidade de caixa para pagamento.

Se o crédito adicional fosse necessário para um elemento de despesa não constante do orçamento – Obras, por exemplo –, a abertura de crédito especial seria por meio de Lei na qual o Poder Legislativo autorizaria essa nova despesa não prevista no orçamento inicial.

- **Os provenientes do excesso de arrecadação**, que é o saldo positivo das diferenças, acumuladas mês a mês, entre a arrecadação prevista e a realizada, considerando-se, ainda, a tendência do exercício, isto é, a possibilidade de arrecadação efetiva.

O exemplo a seguir evidencia o funcionamento desse tipo de compensação:

a) Orçamento para 20x0, antes do crédito adicional

RECEITA	$	DESPESA	$
Tributária	500	Pessoal	300
Patrimonial	200	Material de consumo	200
Industrial	200	Material permanente	400
Total	900	Total	900

b) Não houve créditos extraordinários no período de 1º-1 a 31-6

c) Excesso de arrecadação até junho de 20x0

Mês	Receita Prevista 20x0 (1)	Receita Arrecadada 20x0 (2)	Receita Arrecadada 19x9 (3)	Taxa de Incremento (4 = 2/3)
Janeiro	75	50	35	
Fevereiro	75	120	85	
Março	75	80	57	
Abril	75	150	107	
Maio	75	110	78	
Junho	75	90 600	64 426	40,84%
Julho	75		70	
Agosto	75		170	
Setembro	75		156	
Outubro	75		140	
Novembro	75		90	
Dezembro	75		100 726	
Totais	900		1.152	

O quadro mostra de que modo é calculado o excesso de arrecadação e toma por base o seguinte:

I – Cálculo da taxa de incremento ocorrido até junho de 20x0:

$$\frac{1^{\circ} \text{ período de 20x0 (2)}}{1^{\circ} \text{ período de 19x9 (3)}} = \frac{600}{426} = 1{,}4084 = (1{,}4084 - 1{,}0) = 0{,}4084$$

II – Arrecadação do 2º período de 19x9 (3) projetado para o 2º período de 20x0 (2):

$ 726 × 1,4084 = 1.022,50

III – Cálculo do excesso de arrecadação:

Arrecadação provável		
Realizada de 1º-1 a 30-6	600,00	
A realizar de 1º-7 a 31-12	1.022,50	1.622,50
Menos: receita inicial prevista em 20x0		(900,00)
Excesso provável arrecadação		722,50
Menos: créditos extraordinários abertos		0,0 –
Excesso de arrecadação		722,50

d) Orçamento para 20x0, após a abertura de crédito adicional:

RECEITA	$	DESPESA	$	$	$
Tributária	500	Pessoal	300	206,5	506,5
Patrimonial	200	Material de consumo	200	315,0	515,0
Industrial	200	Material permanente	400	201,0	601,0
Total	900	Total	900	722,5	1.622,5

- Os resultados de anulação parcial ou total de dotações orçamentárias ou de créditos adicionais autorizados em Lei, que são o recurso mais utilizado, pois basta examinar se a dotação ou saldo de dotação que se pretende anular não é mais necessário durante o exercício e transferir esse saldo ou dotação para outra em que é mais necessária.

a) Orçamento para 20x0, antes do crédito adicional

RECEITA	$	DESPESA	$
Tributária	400	Pessoal	400
Patrimonial	200	Material de consumo	200
Operações de crédito	100	Material permanente	100
Alienação de bens	100	Obras e instalações	100
Total	800	Total	800

b) Anulação parcial ou total de dotações orçamentárias

	ORÇAMENTO INICIAL	NECESSIDADE DE GASTO	ORÇAMENTO FINAL
Pessoal	400	(+) 100	500
Material de consumo	200	(–) 100	100
Material permanente	100	(–) 100	-0-
Obras e instalações	100	(+) 100	200
Total	800	– 0 –	800

c) Orçamento para 20x0, após o crédito adicional

RECEITA	$	DESPESA	$	$	$
Tributária	400	Pessoal	400	(+) 100	500
Patrimonial	200	Material de consumo	200	(–) 100	100
Operações de crédito	100	Material permanente	100	(–) 100	– 0 –
Alienação de bens	100	Obras e instalações	100	(+) 100	200
Total	800	Total	800	– 0 –	800

- **O produto de operações de crédito autorizadas**, em forma que juridicamente possibilite ao Poder Executivo realizá-las conforme diagrama a seguir:

a) Orçamento para 20x0, antes do crédito adicional

RECEITA	$	DESPESA	$
Tributária	500	Pessoal	300
Patrimonial	200	Material permanente	400
Total	700	Total	700

b) Autorização legislativa para emitir títulos

   Operação de crédito . . . . $ 300

RECEITA	$	DESPESA	$	$
Tributária	500	Pessoal	300	300
Patrimonial	200	Material permanente	400 + 300	700
Total	700	Total		1.000

4.6.3 Vigência dos créditos adicionais

Os créditos suplementares, em razão da sua natureza, têm vigência igual à da dotação suplementada, ou seja, vigoram desde a data da abertura até o último dia do exercício financeiro em que foram abertos.

Os créditos especiais e extraordinários, quando autorizados por ato promulgado dentro dos primeiros oito meses do exercício financeiro, têm vigência até o final do exercício financeiro em que foram autorizados, mas se forem autorizados por ato promulgado nos *últimos quatro meses do exercício*, ou seja, entre setembro e dezembro, terão seus saldos transferidos ao exercício financeiro subsequente.

Essa providência legal resulta do fato de que o orçamento de cada exercício deve ser encaminhado ao Poder Legislativo até agosto (União) ou setembro (Estados) e, por essa razão, torna-se impraticável a estimativa para o exercício seguinte.

A Figura 4.11 apresenta um esquema esclarecedor da vigência dos créditos adicionais.

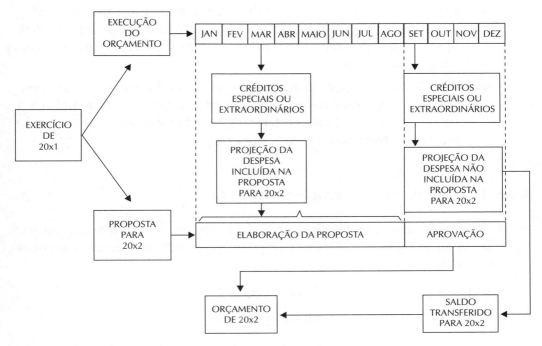

Figura 4.11 *Esquema de vigência dos créditos adicionais.*

4.6.4 Remanejamentos, transposições e transferências

A CF/88 incluiu entre as vedações orçamentárias *"a transposição, o remanejamento ou a transferência de recursos de uma categoria de programação para outra ou de um órgão para outro, sem prévia autorização legislativa"* (inciso VI, art. 167).

Como não estabeleceu os conceitos e regras de aplicabilidade, é necessário aguardar que a Lei Complementar estabeleça os limites, viabilizando a continuidade administrativa. Até que isso ocorra, devem ser incluídos na Lei de Diretrizes ou no Orçamento Anual dispositivos que estabeleçam regras precisas sobre o assunto.

No caso de remanejamentos, é fundamental para a gestão que a proibição não seja aplicada nos seguintes casos:

- reestruturação administrativa;
- movimentação de pessoal de uma unidade para outra;
- fusão, desmembramento e incorporação de entidades governamentais.

Também é necessário definir o que se entende por transposições e transferências:

- transposições são os movimentos de recursos entre projetos e atividades de um mesmo programa ou entre programas diferentes de uma mesma unidade, quando se apresentarem completamente executados ou quando forem cancelados;
- transferências correspondem aos movimentos de recursos de um item ou de um elemento de despesa de uma mesma categoria econômica, ou entre categorias econômicas diferentes de uma mesma unidade, quando consideradas necessárias pela administração.

4.6.5 Endividamento e operações de crédito

A Lei de Responsabilidade Fiscal tem como um dos seus principais focos o controle do endividamento público, que pode ser classificado em dois grandes grupos, a saber:

- dívida pública consolidada ou fundada;
- operação de crédito por antecipação de receita.

a) Dívida pública consolidada ou fundada

A dívida pública consolidada ou fundada é o montante total das obrigações financeiras do ente da federação, assumidas em virtude de leis, contratos, convênios ou tratados para amortização em prazo superior a 12 meses e pode ser dividida em:

- dívida pública mobiliária, quando representada por títulos emitidos, incluído o refinanciamento mediante a emissão de títulos para pagamento do principal acrescido da correção monetária;
- operações de crédito, quando representadas por compromisso financeiro assumido em razão de mútuo, abertura de crédito, emissão e aceite de título, aquisição financiada de bens, recebimento antecipado de valores proveniente de venda a termo de bens e serviços, arrendamento mercantil e outras operações assemelhadas, inclusive com derivativos financeiros;
- concessão de garantias representada por compromisso de adimplência de obrigação financeira ou contratual assumida por ente da Federação ou entidade vinculada.

Essas operações são destinadas à cobertura do déficit orçamentário e são consideradas receitas e classificadas como Receitas de Capital – Operações de Crédito.

São também denominadas Operações da Dívida Pública ou da Dívida Fundada, e os recursos são obtidos mediante colocação de Títulos do Tesouro (Letras) e empréstimos internos ou externos de longo prazo contraídos para atender a desequilíbrios orçamentários ou a financiamento de obras e serviços públicos.

A LRF, no que se refere às operações de crédito, determinou que se equiparam a elas as seguintes transações:

- assunção, reconhecimento ou confissão de dívidas;
- captação antecipada de receita tributária ou contribuição cujo fato gerador ainda não tenha ocorrido;
- recebimento antecipado de valores de empresa estatal da qual o Poder Público detenha direta ou indiretamente a maioria do capital, salvo lucros e dividendos;
- assunção direta de compromissos, confissão de dívida com fornecedor de bem, mercadoria ou serviço, mediante emissão, aceite ou aval de título de crédito, exceto no caso de empresa estatal dependente.
- assunção de obrigação, sem autorização orçamentária, com fornecedor para pagamento *a posteriori* de bens e serviços.

b) Operação de crédito por antecipação de receita

As operações de crédito por antecipação de receita *são antecipações de receita*, isto é, não são receitas. São empréstimos destinados a atender momentâneas insuficiências de caixa durante o exercício financeiro e cuja autorização depende do atendimento de diversas exigências na forma da LRF, tais como:

- verificação pelo Ministério da Fazenda dos limites e condições de realização;
- existência de prévia e expressa autorização legislativa;
- serem realizadas a partir do 10º dia do início do exercício e ser liquidada com juros e encargos incidentes até o dia 10 de dezembro de cada ano;
- não serem cobrados outros encargos que não a taxa de juros de operação, obrigatoriamente prefixada ou indexada à taxa básica financeira.

Por outro lado, a LRF proíbe a realização de operações de antecipação de receita: (a) enquanto existir operação anterior da mesma natureza não integralmente resgatada ou (b) no último ano do mandato do titular do Poder Executivo Federal, Estadual ou Municipal.

Além disso, as operações de antecipação de receita, quando forem efetuadas, devem ser decorrentes de abertura de crédito em instituição financeira vencedora em processo competitivo eletrônico promovido pelo Banco Central do Brasil (§ 2º, art. 38 da LRF).

As regras de contratação das operações de crédito para cobertura de déficits orçamentários são idênticas às relativas às operações de antecipação de receita orçamentária.

4.6.6 Reserva de contingência e passivos contingentes

A reserva de contingência é uma dotação global não especificamente destinada a determinado programa ou unidade orçamentária, cujos recursos serão utilizados para abertura de créditos suplementares, quando se evidenciarem insuficientes durante o exercício as dotações constantes do orçamento anual.

A partir da LRF, a forma de utilização e o montante da reserva de contingência será estabelecido na Lei de Diretrizes Orçamentárias e definido com base na Receita Corrente Líquida, objetivando o atendimento de passivos contingentes e outros riscos e eventos fiscais imprevistos.

São passivos contingentes as obrigações decorrentes de fatos imprevistos, como, por exemplo:

- sentenças judiciais contra sociedades de economia mista dependentes de recursos do Tesouro;
- despesas com calamidades públicas;
- despesas extraordinárias.

4.7 Execução do orçamento

4.7.1 Programação financeira de desembolso

Imediatamente após a promulgação da lei orçamentária e com base nos limites nela fixados, o Poder Executivo aprovará um quadro de cotas orçamentárias da despesa que cada unidade orçamentária fica autorizada a utilizar.

O instituto da programação financeira de desembolso veio tornar-se um dos instrumentos financeiros básicos da ação governamental e se integra no processo de planejamento-orçamento.

Os programas de trabalho fixados no Orçamento devem ser executados, cabendo a cada órgão, Ministério, Secretaria ou Departamento, a execução de sua parte, realizada pelas Unidades ou repartições públicas da administração direta a que o Orçamento atribui, especificamente, recursos para o atendimento de seus programas de trabalho e sobre os quais exercem o poder de disposição, ou seja, as Unidades Orçamentárias.

As Unidades Orçamentárias são, portanto, responsáveis pela execução dos projetos e atividades que lhes são consignadas no Orçamento e podem utilizar suas atribuições:

- diretamente;
- pelas Unidades Administrativas.

Assim, se a execução do orçamento for efetuada através das Unidades Administrativas, impõe-se a descentralização dos créditos do Orçamento, surgindo, então, a *Provisão*, que consiste na transferência do poder de disposição dos créditos orçamentários ou adicionais atribuídos a uma unidade orçamentária.

Ao ser feita provisão de crédito orçamentário para uma unidade administrativa que depende dessa provisão para a execução dos projetos e/ou atividades a seu cargo, essa Unidade Administrativa passa a ter o poder de disposição do mencionado crédito.

A Provisão poderá ser feita nos seguintes casos:

- pela Unidade Orçamentária em favor das Unidades Administrativas diretamente subordinadas;
- entre Unidades Orçamentárias ou por estas em favor de Unidades Administrativas integrantes do mesmo Ministério ou Secretaria de Estado, ou ainda, entre Unidades Orçamentárias de Ministérios ou Secretarias diferentes.

Com referência aos créditos orçamentários não consignados especificamente a um Ministério ou órgão (Encargos Gerais), eles serão distribuídos mediante o denominado Destaque de Crédito.

Assim, dentro do cronograma de desembolso será fixado o limite de saque para cada unidade e consequentemente serão liberadas cotas de recursos que viabilizem o pagamento das despesas correspondentes.

Em face das normas estabelecidas na Constituição Federal de 1988, é necessário estudar a legislação que regula a descentralização do crédito orçamentário, visto que a falta de autorização legislativa pode ensejar a prática de atos contrários à Lei Magna, mormente se a utilização do instrumento se referir à transposição, remanejamento ou à transferência de uma categoria de programação para outra, o que é expressamente vedado.

A Figura 4.12 evidencia o fluxo da programação orçamentária e financeira.

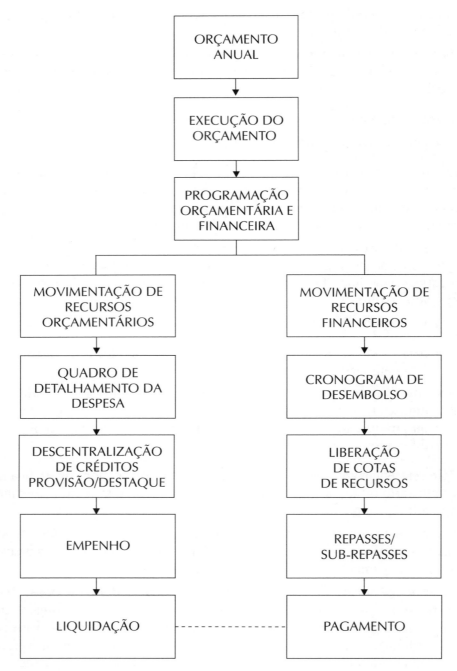

Figura 4.12 *Fluxo da programação orçamentária e financeira.*

4.7.2 Ciclo orçamentário

O ciclo orçamentário corresponde ao período em que se processam as atividades peculiares do processo orçamentário, definindo-se como uma série de etapas que se repetem em períodos prefixados, segundo os quais os orçamentos são preparados, votados, executados, os resultados, avaliados, e as contas, finalmente, aprovadas.

O ciclo orçamentário não se confunde com o exercício financeiro, pois este corresponde a uma das fases do ciclo, ou seja, à execução do orçamento, tendo em vista que a fase de preparação da proposta orçamentária e sua elaboração legislativa precedem o exercício financeiro, e a fase de avaliação e prestação de contas ultrapassa-o.

O fluxo a seguir representado pela Figura 4.13 mostra as fases da elaboração, execução e controle do orçamento:

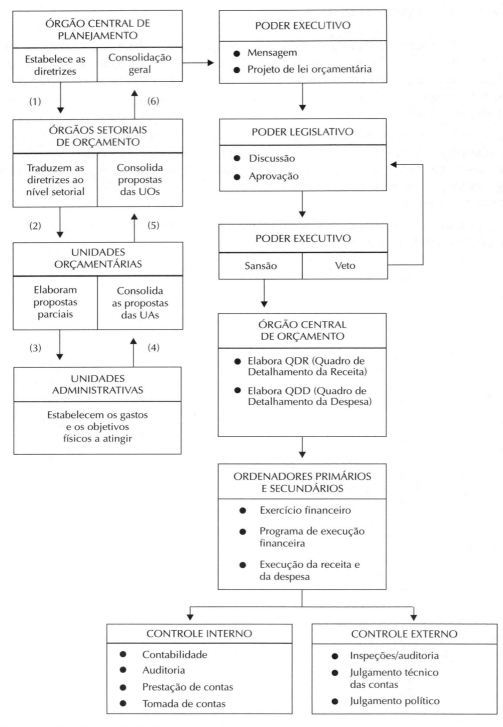

Figura 4.13 *Fluxo da elaboração, execução e controle do orçamento.*

4.8 Receitas públicas

4.8.1 Definição

Para fazer face a suas necessidades, o Estado dispõe de recursos ou rendas que lhe são entregues através da contribuição da coletividade.

O conjunto desses recursos constitui a denominada receita pública e com ela o Estado vai enfrentar todos os encargos com a manutenção de sua organização, com o custeio de seus serviços, com a segurança de sua soberania, com as iniciativas de fomento e desenvolvimento econômico e social e com seu próprio patrimônio.

Entre os recursos que o Estado aufere, há as entradas que se incorporam de forma definitiva ao patrimônio e aquelas que são restituíveis no futuro. No primeiro grupo, há as Receitas Públicas (*stricto sensu*); no segundo, os ingressos públicos, cuja característica é a restituibilidade futura, pois são simples movimentos de fundos.

A Figura 4.14 esclarece o assunto.

Figura 4.14 *Estrutura dos recebimentos do Estado.*

Desse modo, pode-se afirmar que os Ingressos ou Receitas correspondem a todas as quantias recebidas pelos cofres públicos, ao passo que as *receitas públicas* correspondem ao ingresso que, integrando-se ao patrimônio público sem quaisquer reservas, condições ou correspondência no passivo, vem acrescentar seu vulto como elemento novo e positivo.

Ao regular o assunto, a Lei de Responsabilidade Fiscal estabelece que constituem requisitos essenciais da responsabilidade na gestão fiscal a instituição, previsão e efetiva arrecadação de todos os tributos da competência constitucional do ente da Federação e, por outro lado, veda a realização de transferências voluntárias para o ente que não observar esta regra, no que se refere aos impostos (art. 11).

Sobre a obrigatoriedade de arrecadação de todos os tributos, Guedes (2001, p. 34) esclarece:

> *"a explicitação relativa à obrigatoriedade de instituir e arrecadar seus tributos derruba a tese de alguns financistas, que consideram voluntária essa competência institucional dos Municípios (isto é, admitem a possibilidade de deixarem de arrecadar o IPTU, por exemplo). O desdobramento em metas bimestrais de arrecadação, com a especificação das medidas acima, reforça o entendimento de que não basta somente efetuar o lançamento dos tributos, mas envidar todos os esforços para que o crédito tributário ingresse, sob a forma de numerário nos cofres municipais".*

Além disso, a LRF estabelece ainda que as previsões de receita observarão as normas técnicas e legais, considerarão os efeitos das alterações na legislação, da variação do índice de preços, do crescimento econômico ou de qualquer outro fator relevante e serão acompanhadas de demonstrativo de sua evolução nos últimos três anos, da projeção para os dois seguintes àquele a que se referirem, e da metodologia de cálculo e premissas utilizadas.

O Quadro 4.2 mostra algumas das variáveis que devem ser levadas em consideração pelos administradores públicos para atenderem às normas de previsão das receitas:

Quadro 4.2 *Demonstrativo das variáveis para a previsão das receitas.*

RECEITAS	REALIZADAS			EFEITOS			PREVISÃO		
	20x1	20x2	20x3	Preços	PIB	Legislação	20x4	20x5	20x6
Receitas Correntes: – Receita Tributária – Receita de Contribuições – Receita Patrimonial – Receita Agropecuária – Receita Industrial – Receita de Serviços – Transferências Correntes – Outras Receitas Correntes – Receitas Correntes Intraorçamentárias	Evolução dos últimos três anos			Efeitos: – da variação de preços; – do crescimento econômico (PIB) – das alterações na legislação tributária			Projeção para os dois exercícios subsequentes		
Receitas de Capital: – Operações de crédito – Alienação de Bens – Transferências de Capital – Outras Receitas de Capital – Receitas de Capital Intraorçamentárias									

4.8.2 Classificação das receitas

A receita da administração pública pode ser classificada nos seguintes enfoques:

- enfoque orçamentário;
- enfoque patrimonial.

a) Enfoque orçamentário

A receita sob o enfoque orçamentário corresponde a todos os ingressos disponíveis para cobertura das despesas orçamentárias e operações que, mesmo não havendo ingresso de recursos, financiam despesas orçamentárias. No enfoque orçamentário, a receita pode ser classificada da seguinte forma:

- Quanto à coercitividade
    - **Originária ou de economia privada**: é a receita proveniente de bens pertencentes ao patrimônio do Estado, vale dizer, é a receita segundo a qual os recursos ou meios financeiros são obtidos mediante a cobrança de PREÇO pela venda ou locação de bens e serviços. Nesse caso, o Estado funciona como particular mediante a exploração de atividades privadas e a arrecadação das receitas não depende de prévia autorização legislativa e é cobrada em função de vendas ou prestação de serviços.

        Exemplos: prestação de serviços públicos: estradas de ferro, água, luz, telefone, telecomunicações e venda de bens intermediários ou finais: minérios de ferro, petróleo e derivados.

    - **Derivada ou de economia pública**: receita proveniente do exercício da competência ou do poder de tributar os rendimentos ou o patrimônio da coletividade. É caracterizada pelo constrangimento legal para sua arrecadação.

        Exemplos: as receitas de tributos, receitas decorrentes de empréstimos e contribuições compulsórias e em geral todas as receitas cuja percepção dependa de disposição legal.

- Quanto às entidades destinatárias do orçamento:
    - *Receita Orçamentária Pública*: aquela executada por entidades públicas.
    - *Receita Orçamentária Privada*: aquela executada por entidades privadas e que consta na previsão orçamentária aprovada por ato de conselho superior ou outros procedimentos internos para sua consecução.

- Quanto ao impacto na situação líquida patrimonial:
  - *Receita Orçamentária Efetiva*: aquela que, no momento do seu reconhecimento, aumenta a situação líquida patrimonial da entidade. Constitui fato contábil modificativo aumentativo.
  - *Receita Orçamentária Não Efetiva*: aquela que não altera a situação líquida patrimonial no momento do seu reconhecimento, constituindo fato contábil permutativo.

b) Enfoque patrimonial

Sob o enfoque patrimonial, a receita representa um aumento nos benefícios econômicos durante o período contábil sob a forma de entrada de recursos ou aumento de ativos ou diminuição de passivos, que resultem em aumento do patrimônio líquido e que não sejam provenientes de aporte dos proprietários da entidade.[9]

O enfoque patrimonial pressupõe que a receita seja registrada no momento da ocorrência de seu fato gerador,[10] independentemente de recebimento, e, neste enfoque, a receita pode ser assim classificada:

- Quanto à entidade que apropria a receita:
  - Receita Pública: aquela auferida por entidade pública;
  - Receita Privada: aquela auferida por entidade privada.
- Quanto à dependência da execução orçamentária:
  - Receita resultante da execução orçamentária: são receitas arrecadadas de propriedade do ente, que resultam em aumento do patrimônio líquido. Exemplos: receita de tributos.
  - Receita independente da execução orçamentária: são fatos que resultam em aumento do patrimônio líquido, que ocorrem independentemente da execução orçamentária. Exemplos: inscrição em dívida ativa, incorporação de bens (doação) etc.

4.8.3 Classificação legal da receita orçamentária

Quanto aos aspectos legais, a estrutura da Receita Orçamentária obedece ao Anexo 3 da Lei Federal nº 4.320, de 17-3-1964, e complementarmente à própria Lei Orçamentária Anual.

---

[9] Resolução CFC nº 1.121, de 28 de março de 2008. NBC T 1 – Estrutura Conceitual para a Elaboração e Apresentação das Demonstrações Contábeis.

[10] O fato gerador aqui referido é o fato administrativo que materializa o efeito patrimonial da receita sobre o patrimônio e não deve ser confundido com o fato gerador tributário tendo em vista os impostos autolançados.

Conforme a LRF as contas públicas nacionais devem ser consolidadas (art. 51 da LRF) e para cumprir tal determinação os Secretários do Tesouro Nacional e de Orçamento Federal exercendo uma delegação dada pela própria LRF e enquanto não for implantado o Conselho de Gestão Fiscal, passaram a expedir atos relacionados com a Receita e a Depesa Nacional[11] que devem ser utilizados pela União, Estados, Distrito Federal e Municípios a partir do exercício financeiro de 2009 inclusive no que se refere à elaboração do respectivo projeto de lei orçamentária.

Sem dúvida, além de possibilitar a consolidação das contas públicas, a padronização e a unificação das classificações orçamentárias, nas três esferas de governo, trará incontestáveis benefícios sobre todos os aspectos, especialmente para o levantamento e análise de informações em nível nacional.

Tal classificação envolve os seguintes aspectos fundamentais para o entendimento da nomenclatura orçamentária vigente para todas as esferas de governo:

- Receitas quanto à natureza
- Estrutura da codificação
- Discriminação da Receita Orçamentária com base na Codificação por categorias econômicas.

Receitas quanto à natureza

A receita quanto à natureza está consubstanciada na codificação econômica da receita orçamentária que é composta pelos seguintes níveis:

1º Nível – Categoria Econômica

2º Nível – Origem

3º Nível – Espécie

4º Nível – Rubrica

5º Nível – Alínea

6º Nível – Subalínea

Estrutura da codificação

A identificação da natureza da receita será efetuada através de níveis conforme exemplo a seguir relacionado:

---

[11] Portaria Conjunta nº 3, de 14 de outubro de 2008. (Publicada no *DOU* de 16-10-2008). Aprova os Manuais de Receita Nacional e de Despesa Nacional e dá outras providências.

Dígitos	1º	2º	3º	4º	5º e 6º	7º e 8º
Níveis	Categoria Econômica	Origem	Espécie	Rubrica	Alínea	Subalínea
Denominação (exemplo)	Receita Corrente	Receita Tributária	Impostos	Impostos s/ Patrimônio e a Renda	Imposto sobre a Propriedade predial e territorial urbana	Imposto predial urbano
Codificação	1	1	1	2	02	01

Como exemplos da estrutura de codificação podem ser observados os seguintes:

	ESPECIFICAÇÃO	CÓDIGO	IDENTIFICAÇÃO
1º	Categoria Econômica	1.0.0.0.00.00	Receita Corrente
	Origem	1.1.0.0.00.00	Receita Tributária
	Espécie	1.1.1.0.00.00	Impostos
	Rubrica	1.1.1.2.00.00	Impostos sobre o Patrimônio e a Renda
	Alínea	1.1.1.2.02.00	Imposto sobre a Propriedade Predial e territorial urbana
	Subalínea	1.1.1.2.02.01	Imposto Predial Urbano
2º	Categoria Econômica	1.0.0.0.00.00	Receita Corrente
	Origem	1.9.0.0.00.00	Outras Receitas Correntes
	Espécie	1.9.1.0.00.00	Multas e Juros de Mora
	Rubrica	1.9.1.1.00.00	Multas e Juros de Mora dos Tributos
	Alínea	1.9.1.1.38.00	Multas e Juros de Mora do IPTU
3º	Categoria Econômica	2.0.0.0.00.00	Receita de Capital
	Origem	2.4.0.0.00.00	Transferências de Capital
	Espécie	2.4.7.0.00.00	Transferências de Convênios
	Rubrica	2.4.7.1.00.00	Transferências de Convênios da União e de suas entidades
	Alínea	2.4.7.1.02.00	
	Subalínea	2.4.7.1.02.01	Transferências de Convênios da União destinadas a Programa de Educação Programa Dinheiro Direto na Escola – PDDE.

Discriminação da Receita Orçamentária com base na Codificação por categorias econômicas.

O resumo, a seguir, mostra a estrutura dessa classificação até o desdobramento de 3º nível:[12]

ANEXO I
NATUREZA DA RECEITA

CÓDIGO	ESPECIFICAÇÃO
1000.00.00	**Receitas Correntes**
1100.00.00	Receita Tributária
1110.00.00	Impostos
1111.00.00	Impostos sobre o Comércio Exterior
01.00	Imposto sobre importação
02.00	Imposto sobre exportação
1112.00.00	Impostos sobre o Patrimônio e a Renda
01.00	Imposto sobre propriedade territorial rural
02.00	Imposto sobre a propriedade predial e territorial urbana
04.00	Imposto sobre a Renda e Proventos de Qualquer Natureza
05.00	Imposto sobre a propriedade de veículos automotores
07.00	Imposto sobre transmissão causa mortis e doação de bens e direitos
08.00	Imposto sobre transmissão inter vivos de bens imóveis e de direitos reais sobre imóveis
1113.00.00	Impostos sobre a Produção e a Circulação
01.00	Imposto sobre produtos industrializados
02.00	Imposto sobre operações relativas à circulação de mercadorias e sobre prestação de serviços de transporte interestadual e intermunicipal e de comunicações
03.00	Imposto sobre operações de crédito, câmbio e seguro ou relativas a títulos e valores mobiliários
05.00	Imposto sobre serviços de qualquer natureza
1115.00.00	Impostos extraordinários
1120.00.00	Taxas
1121.00.00	Taxas pelo Exercício do Poder de Polícia
1122.00.00	Taxas pela Prestação de Serviços
1130.00.00	Contribuição de Melhoria

---

[12] O detalhamento da classificação da receita consta do Manual da Receita Nacional (Portaria Conjunta STN/SOF nº 3, de 2008.

CÓDIGO	ESPECIFICAÇÃO
1200.00.00	Receita de Contribuições
1210.00.00	Contribuições Sociais
1220.00.00	Contribuições Econômicas
1300.00.00	Receita Patrimonial
1310.00.00	Receitas Imobiliárias
1320.00.00	Receitas de Valores Mobiliários
1330.00.00	Receita de Concessões e Permissões
1340.00.00	Compensações financeiras
1390.00.00	Outras Receitas Patrimoniais
1400.00.00	Receita Agropecuária
1410.00.00	Receita da Produção Vegetal
1420.00.00	Receita da Produção Animal e Derivados
1490.00.00	Outras Receitas Agropecuárias
1500.00.00	Receita Industrial
1510.00.00	Receita da Indústria Extrativa Mineral
1520.00.00	Receita da Indústria de Transformação
1530.00.00	Receita da Indústria de Construção
1590.00.00	Outras Receitas Industriais
1600.00.00	Receita de Serviços
1700.00.00	Transferências Correntes
1720.00.00	Transferências Intergovernamentais
1721.00.00	Transferências da União
1722.00.00	Transferências dos Estados
1723.00.00	Transferências dos Municípios
1724.00.00	Transferências Multigovernamentais
1730.00.00	Transferências de Instituições Privadas
1740.00.00	Transferências do Exterior
1750.00.00	Transferências de Pessoas
1760.00.00	Transferências de Convênios
1770.00.00	Transferências para combate à fome
1900.00.00	Outras Receitas Correntes
1910.00.00	Multas e Juros de Mora
1920.00.00	Indenizações e Restituições
1921.00.00	Indenizações
1922.00.00	Restituições
1930.00.00	Receita da Dívida Ativa
1931.00.00	Receita da Dívida Ativa Tributária

CÓDIGO	ESPECIFICAÇÃO
1932.00.00	Receita da Dívida Ativa Não Tributária
1990.00.00	Receitas Diversas
2000.00.00	**Receitas de Capital**
2100.00.00	Operações de Crédito
2110.00.00	Operações de Crédito Internas
2120.00.00	Operações de Crédito Externas
2200.00.00	Alienação de Bens
2210.00.00	Alienação de Bens Móveis
2220.00.00	Alienação de Bens Imóveis
2300.00.00	Amortização de Empréstimos
2400.00.00	Transferências de Capital
2420.00.00	Transferências Intergovernamentais
2421.00.00	Transferências da União
2422.00.00	Transferências dos Estados
2423.00.00	Transferências dos Municípios
2430.00.00	Transferências de Instituições Privadas
2440.00.00	Transferências do Exterior
2450.00.00	Transferências de Pessoas
2460.00.00	Transferências a outras instituições públicas
2470.00.00	Transferências de Convênios
2480.00.00	Transferências para combate à fome
2500.00.00	Outras Receitas de Capital
2520.00.00	Integralização do Capital Social
2530.00.00	Resultado do Banco Central do Brasil
2540.00.00	Remuneração das Disponibilidades do Tesouro Nacional
2550.00.00	Receita da Dívida Ativa proveniente de amortização de empréstimos e financiamentos
2560.00.00	Receita da Dívida Ativa da alienação de estoques de café – FUNCAFE.
2590.00.00	Outras Receitas

A Receita Orçamentária é classificada em *Categorias Econômicas*: Receitas Correntes e Receitas de Capital que, por sua vez, desdobram-se em origens, espécie, rubrica, alínea e subalínea.

Assim, são Receitas Correntes as receitas tributárias, patrimonial, agropecuária, industrial, de serviços e diversas e, ainda, as transferências correntes, ou seja, os recursos financeiros recebidos de outras pessoas de direito público ou privado, quando destinados a atender a despesas classificáveis em Despesas Correntes.

Receita Tributária é a resultante da cobrança de *tributos* que podem ser definidos como sendo a *receita derivada que o Estado arrecada mediante o emprego de sua soberania, nos termos fixados em lei, sem contraprestação diretamente equivalente, e cujo produto se destina ao custeio das atividades gerais ou específicas que lhe são próprias.*

São Receitas de Capital as provenientes da realização de recursos financeiros oriundos da constituição de dívidas (Operações de Crédito), da conversão em espécie de bens (alienação de bens) e direitos (amortização de empréstimos concedidos); as transferências de capital, ou seja, as decorrentes de recursos recebidos de outras pessoas de direito público ou privado, destinadas a atender despesas classificáveis em despesas de capital e, ainda, as outras receitas de capital:

4.8.4 Estágios ou etapas da receita orçamentária

A receita pública flui para os cofres públicos dentro de uma sistemática evolutiva, tendo em vista a sequência operacional de que resulta seu recebimento.

Os estágios são os seguintes:

- previsão;
- lançamento;
- arrecadação;
- recolhimento.

a) Previsão

A previsão indica a expectativa da receita por parte da Fazenda Pública e configura o que se pretende arrecadar no exercício financeiro com o objetivo de custear os serviços públicos programados para o mesmo período. Para cumprir este estágio, a administração fiscal deve atender às seguintes fases:

- organização das estimativas que servirão de base às parcelas indicadas na proposta orçamentária;
- conversão da proposta na Lei Orçamentária Anual (ato legislativo).

A projeção das receitas é fundamental na determinação das despesas, pois é a base para a fixação destas na Lei Orçamentária Anual, na execução do orçamento e para a determinação das necessidades de financiamento do Governo.

Existem diversas metodologias de projeção das receitas orçamentárias e a maioria toma por base a série histórica de arrecadação das mesmas ao longo dos anos ou meses anteriores (base de cálculo), corrigida por parâmetros de preço (efeito preço), de quantidade (efeito quantidade) e de alguma mudança de aplicação de alíquota em sua base de cálculo (efeito legislação).

O Manual da Receita Nacional da União,[13] dependendo da especificidade da receita, sugere a adoção dos seguintes modelos de previsão de receitas e, além disso, apresenta exemplos de cálculos práticos:

a) Modelo Sazonal;
b) Modelo Média;
c) Modelo Média Ajustada;
d) Modelo Média Móvel;
e) Modelo Média Móvel Variável (MMV). Ajuste prévio de arrecadações negativas na base de cálculo.

No estágio da Previsão, qualquer que seja o método adotado, são levados em consideração vários fatores de ordem política, social e econômica, de tal forma que o total da receita prevista esteja o mais possível dentro da realidade.

No que se refere à previsão, a Lei de Responsabilidade Fiscal estabelece que o Poder Legislativo somente poderá efetuar a reestimativa de receita se ficar comprovado erro ou omissão de ordem técnica ou legal e, ainda, que o montante previsto para as receitas de operações de crédito não poderá ser superior ao das despesas de capital constantes do projeto de lei orçamentária, conforme já verificado ao ser tratado o equilíbrio orçamentário.

Por outro lado, as receitas previstas serão desdobradas, pelo Poder Executivo, em metas bimestrais de arrecadação, com a especificação, em separado, quando cabível, das medidas:

- de combate à evasão e à sonegação;
- da quantidade e valores de ações ajuizadas para cobrança da dívida ativa;
- da evolução do montante dos créditos tributários passíveis de cobrança administrativa.

Ao estudar a sistemática para a previsão das receitas, os administradores devem ter atenção especial para os casos de renúncia de receitas cujo controle foi determinado não só pela Constituição Federal, como também pela LRF (art. 70 e 165, § 6º da CF e art. 14 da LRF).

A gestão fiscal responsável implementada pela LRF também estabelece que a concessão ou a ampliação de incentivo ou benefício de natureza tributária da qual decorra a renúncia de receita deverá estar acompanhada de estimativa do impacto orçamentário e financeiro no próprio exercício de sua vigência e nos dois subsequentes, devendo atender ao que dispuser a lei de diretrizes orçamentárias e a, pelo menos, uma das seguintes condições:

---

[13] O Manual da Receita Nacional aprovado pela Portaria Conjunta STN/SOF nº 3, de 2008, apresenta no Anexo I o modelo de projeção de receitas utilizado pela União.

- demonstração de que a renúncia foi considerada na estimativa de receita da lei orçamentária e que não afetará as metas de resultados fiscais previstas na Lei de Diretrizes Orçamentárias;
- estar acompanhada de medidas de compensação no exercício em que deva iniciar sua vigência e nos dois seguintes, por meio do aumento de receita, proveniente da elevação de alíquotas, ampliação da base de cálculo, majoração ou criação de tributo ou contribuição.

A renúncia compreende anistia, remissão, subsídio, crédito presumido, concessão de isenção em caráter não geral, alteração de alíquota ou modificação de base de cálculo que implique redução discriminada de tributos ou contribuições, e outros benefícios que correspondam a tratamento diferenciado.

Ao estabelecer regras para a renúncia de receitas, a LRF está dando sentido e finalidade a um dos princípios básicos da gestão fiscal responsável, qual seja, o equilíbrio das contas públicas visando a não ocorrência de déficits imoderados e reiterados com a consequente limitação da dívida a níveis prudentes e compatíveis com a receita e o patrimônio público.

Sem dúvida, para manter o equilíbrio orçamentário, é necessário, além de reduzir a despesa pública, ter o controle efetivo da renúncia de receita ou "gastos tributários" (*tax expenditure*) que na lição de Torres (1999, p. 165)

> "são os mecanismos financeiros empregados na vertente da receita pública (isenção fiscal, redução de base de cálculo ou de alíquota de imposto, depreciações para efeito de imposto de renda etc.) que produzem os mesmos resultados econômicos da despesa pública (subvenções, subsídios, restituições de impostos etc.)".

O tema – renúncia de receitas – também mereceu a atenção do Comitê do Setor Público da Ifac (Federação Internacional de Contadores)[14] que, em amplo estudo sobre o reconhecimento de receitas e despesas, esclarece que os gastos tributários representam uma receita antecipada do governo informando que o tema tem sido objeto de diversas discussões sobre a validade ou não do reconhecimento de tais gastos como despesa nas demonstrações financeiras.

O referido estudo informa que, embora normalmente as receitas antecipadas não sejam reconhecidas como despesas, é preciso levar em consideração o volume das transações envolvidas que, quando significativas, devem ser evidenciadas, pelo menos, em informação adicional às demonstrações contábeis (Notas Explicativas).

Não obstante, mesmo que esses gastos tributários não sejam incluídos nas demonstrações, é comum a inclusão de seu montante quando do encaminhamen-

---

[14] Ifac (International Federation of Accountants). Public Sector Commitee. *PSC-Study*, nº 10, dez. 1996.

to do projeto de lei orçamentária, apenas, como uma informação burocrática ao Poder Legislativo.

b) Lançamento

É o ato da repartição competente que verifica a procedência do crédito fiscal, a pessoa que lhe é devedora e inscreve o débito desta. Nos termos do art. 142 do Código Tributário Nacional, lançamento é o procedimento administrativo tendente a verificar o fato gerador da obrigação correspondente, determinar a matéria tributável, calcular o montante do tributo devido, identificar o sujeito passivo e, sendo o caso, propor a aplicação da penalidade cabível.

Assim, sob o aspecto tributário, é preciso considerar que a simples existência da obrigação tributária (art. 113 do CTN) não é suficiente para a exigência do pagamento do tributo, pois para isso o Estado deve fazer um lançamento, constituindo o crédito tributário a seu favor. Só então poderá exigir o objeto da prestação obrigacional, isto é, o pagamento. Portanto, o lançamento é ao mesmo tempo a formalização da obrigação tributária, além de proporcionar ao sujeito ativo (Estado) a possibilidade de exigir a prestação pecuniária que materializa definitivamente o crédito tributário.

Tratando do lançamento, a Lei nº 4.320/64, no art. 52, estabelece que somente "são objeto de lançamento os impostos diretos e quaisquer outras rendas com vencimento determinado em lei, regulamento ou contrato".

Sob a ótica do Código Tributário Nacional, o lançamento é identificado em três modalidades distintas, a saber:

Lançamento direto ou de ofício: é o lançamento feito unilateralmente pela autoridade administrativa, sem a participação do contribuinte ou quando a autoridade administrativa tiver condições de observar falhas, inexatidões ou omissões na declaração do sujeito passivo (contribuinte ou devedor). O Estado pode também realizar o lançamento quando se comprovar falha funcional ou fraude da autoridade.

Exemplos:

- Imposto sobre Propriedade Predial e Territorial Urbano (IPTU);
- Imposto sobre Propriedade Territorial Rural (ITR);
- Imposto sobre a Propriedade de Veículos Automotores (IPVA).

Lançamento por declaração ou misto: é o lançamento efetuado pela autoridade administrativa, com base na declaração do sujeito passivo ou de terceiro quando obrigados a prestar informações sobre matéria de fato, indispensável à sua efetivação.

Exemplos:

- Imposto sobre a Renda e Proventos de qualquer natureza;
- Imposto de importação cobrado com base em declaração de passageiro que chegou do exterior.

Lançamento por homologação ou autolançamento: esta modalidade de lançamento decorre da obrigação do sujeito passivo de prestar as informações solicitadas pelo Estado com relação a suas atividades, calculando o montante do tributo devido e antecipando o pagamento, antes de qualquer análise por parte da autoridade administrativa.

No estudo desta modalidade, é preciso considerar que o Código Tributário Nacional estabelece que a atividade de lançamento é privativa da autoridade administrativa que, consequentemente, só se opera com a homologação.

Exemplos:

- Imposto sobre Circulação de Mercadorias e Serviços (ICMS);
- Imposto sobre Produtos Industrializados (IPI).

O estágio do lançamento comporta as seguintes fases:

- determinação da matéria tributável (coleta de dados, fixação da base de cálculo etc.);
- cálculo do imposto;
- identificação do devedor (sujeito passivo);
- notificação.

Ainda, no estágio do lançamento, é importante esclarecer que as importâncias relativas a tributos, multas e créditos da Fazenda Pública devem ser registradas como valores a receber a partir da identificação do devedor e as não pagas até o final do exercício serão transferidas para a dívida ativa.

Também devem ser registradas no ativo as contribuições e multas de qualquer natureza lançadas e não arrecadadas, foros, laudêmios e aluguéis vencidos e não recebidos e, ainda, as responsabilidades apuradas contra servidores, reposições etc.

c) Arrecadação

O terceiro estágio da receita é o ato pelo qual o Estado recebe os tributos, multas e demais créditos a ele devidos. Tais recebimentos são promovidos pelos agentes da arrecadação, que recebem os recursos dos contribuintes e os entregam ao Tesouro Público.

Conforme já estudado, os agentes da arrecadação podem ser divididos em dois grupos:

- **agentes públicos** (tesourarias, coletorias, delegacias, postos fiscais etc.);
- **agentes privados** (bancos autorizados, loterias esportivas, rede de farmácias etc.).

A arrecadação das receitas pode ser:

- direta;
- indireta.

A **arrecadação direta** é realizada pelo próprio Estado ou por agentes credenciados e teve na sua evolução as seguintes modalidades:

- por coleta;
- por unidades administrativas;
- por via bancária.

Na arrecadação por coleta, o Estado nomeava coletores que visitavam o contribuinte para exigir o pagamento das obrigações fiscais.

Na arrecadação por unidades administrativas, o contribuinte comparece às repartições fiscais para efetuar o pagamento dos tributos e outras receitas.

Na arrecadação por via bancária, o Estado credencia os estabelecimentos bancários para receber os tributos e outras receitas.

A **arrecadação indireta** é aquela em que o Estado transfere a terceiros a responsabilidade pelo recolhimento de suas receitas e pode, também, ser dividida em três modalidades:

- arrendamento;
- retenção na fonte;
- estampilhas.

No arrendamento, o poder público transferia a um particular o direito de cobrar as receitas e a Fazenda Pública recebe um percentual dessa arrecadação. Essa modalidade não é praticada no Brasil, embora alguns administradores públicos já tenham tentado, sem êxito, terceirizar a cobrança da dívida ativa. De qualquer modo, essa terceirização sempre necessitará de autorização do Poder Legislativo, além do procedimento licitatório para a escolha da melhor proposta para cobrança desses ativos.

Na retenção na fonte, o Estado delega a pessoas físicas ou jurídicas a obrigação de reter e recolher o imposto que é devido por outras pessoas, como, por exemplo, a retenção do Imposto sobre a Renda relativa a rendimentos de assalariados, e outros.

A arrecadação por estampilhas ou selos de controle ocorre nos casos de selos colocados em bebidas alcoólicas, cigarros e selos vendidos em Consulados do Brasil no exterior ou, ainda, como meio de controle da arrecadação cartorária feita pelo Poder Judiciário.

d) Recolhimento

O recolhimento é constituído da entrega do numerário, arrecadado pelos agentes públicos ou privados, às repartições ou ao Banco Oficial. É o momento a partir do qual o valor está disponível para o Tesouro do Estado.

É nesse estágio que se verifica o princípio da unidade de tesouraria, segundo o qual devem ser englobadas no recolhimento todas as receitas orçamentárias e extraorçamentárias, bem como as provenientes de operações de crédito legalmente autorizadas. Como decorrência deste princípio, é vedada qualquer fragmentação das receitas para criação de caixas especiais.

A Figura 4.15 a seguir mostra, em resumo, os estágios da receita:

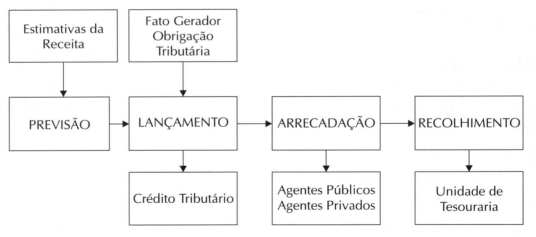

Figura 4.15 *Fluxo dos estágios da receita.*

4.8.5 Reconhecimento da receita orçamentária

Conforme já tratado quando do estudo sobre o reconhecimento dos resultados no setor público, a receita sob o enfoque orçamentário é reconhecida na forma estabelecida no inciso I do art. 35 da Lei nº 4.320/64 que estabelece:

Art. 35. Pertencem ao exercício financeiro:

I – As receitas nele arrecadadas

II – [...]

Esse dispositivo decorre do enfoque orçamentário e tem o objetivo de evitar que a execução das despesas orçamentárias ultrapasse o valor efetivamente arrecadado. Trata-se de uma indicação da necessidade de manutenção do equilíbrio entre a execução da receita e a realização das despesas orçamentárias.

Em consequência, não podem ser reconhecidos como receita orçamentária os recursos financeiros oriundos de:

a) Superávit Financeiro apurado no balanço (art. 43, § 1º, inciso I, da Lei nº 4.320/64), que corresponde à diferença positiva entre o ativo financeiro e o passivo financeiro, conjugando-se, ainda, os saldos dos créditos adicionais transferidos e as operações de créditos a eles vinculadas. Portanto, trata-se de saldo financeiro e não de nova receita a ser registrada. O superávit financeiro pode ser utilizado como fonte para abertura de créditos suplementares e especiais.

b) Cancelamento de despesas inscritas em Restos a Pagar (art. 38, da Lei nº 4.320/64). Consiste na baixa da obrigação constituída em exercícios anteriores, portanto, trata-se de restabelecimento de saldo de disponibilidade comprometida, originária de receitas arrecadadas em exercícios anteriores e não de uma nova receita a ser registrada.

4.8.6 Contabilização da receita orçamentária

A contabilização da receita orçamentária deve seguir os seguintes lançamentos conforme o Plano de Contas a ser utilizado. Considerando que o orçamento aprovado tinha a seguinte composição, no campo relativo à receita:

DISCRIMINAÇÃO	$	$
1. Receita tributária		
a. IPTU (autolançamento)	25	
b. ISS movimento econômico	25	50
2. Receita de Capital		
a. Operações de crédito	25	
b. Alienação de bens intangíveis (folha de pagamento)	25	50
TOTAL DO ORÇAMENTO DA RECEITA		100

a) Previsão da Receita a partir do início de vigência da Lei Orçamentária ou de Créditos adicionais abertos:

SUBSISTEMA	LANÇAMENTO	D	C
Orçamentário	Debite: Previsão Inicial da Receita Orçamentária	100	
	Credite: Receita Orçamentária a Realizar		100

b) Pelos carnês do IPTU correspondente ao lançamento tributário.[15]

SUBSISTEMA	LANÇAMENTO	D	C
Orçamentário	Debite: Receita Orçamentária a Realizar	25	
	Credite: Receita Orçamentária Lançada		25

c) Pelo registro dos valores do IPTU a receber quando do encaminhamento dos carnês de cobrança:

SUBSISTEMA	LANÇAMENTO	D	C
Não financeiro	Debite: Tributos a Receber	25	
	Credite: Variação Patrimonial Aumentativa – Tributária		25

d) Pelo ingresso dos recursos financeiros, supondo que todos os contribuintes do IPTU pagaram seus carnês dentro do prazo.

SUBSISTEMA	LANÇAMENTO	D	C
Não financeiro	Debite: Bancos c/ movimento	25	
	Credite: Tributos a Receber		25

e) Pelo registro no sistema orçamentário da arrecadação referente ao item acima que se refere a tributos já lançados anteriormente.

SUBSISTEMA	LANÇAMENTO	D	C
Orçamentário	Debite: Receita Orçamentária Lançada	25	
	Credite: Receita Orçamentária Realizada		25

---

[15] O registro do estágio do lançamento tributário no sistema orçamentário constitui informação importante para analisar o tratamento dado pelos administradores ao campo da receita. O referido registro serve, também, de mecanismo de controle para evitar o retardo na cobrança administrativa e, portanto, antes do envio para a cobrança judicial que onera os contribuintes.

f) Pelo ingresso dos recursos financeiros nos casos de receitas efetivas (ISS sobre movimento econômico) e não efetivas (operações de crédito e alienação de bens intangíveis).

(i) Arrecadação do ISS sobre o movimento econômico $ 25.

SUBSISTEMA	LANÇAMENTO	D	C
Financeiro	Debite: Bancos c/ movimento	25	
Não financeiro	Credite: Variação Patrimonial Aumentativa – Tributária		25

(ii) Operação de crédito no valor de $ 25.

SUBSISTEMA	LANÇAMENTO	D	C
Financeiro	Debite: Bancos c/ movimento	25	
Não financeiro	Credite: Dívida Fundada Interna		25

(iii) Alienação de intangíveis (folha de pagamento)[16]
   a) Reconhecimento do intangível

SUBSISTEMA	LANÇAMENTO	D	C
Não financeiro	Debite: Ativo Intangível	25	
Não financeiro	Credite: Variações Patrimoniais Aumentativa – Intangível		25

b) Pelo ingresso dos recursos

SUBSISTEMA	LANÇAMENTO	D	C
Financeiro	Debite: Bancos c/ movimento	25	
Não financeiro	Credite: Ativo intangível		25

---

[16] Nos termos do art. 11, da Lei nº 4.320/64, com a redação dada pelo Decreto-lei Federal nº 1.939, de 20 de maio de 1982, são consideradas receitas de capital as provenientes da realização de recursos financeiros oriundos de constituição de dívidas; **da conversão, em espécie, de bens e direitos**; os recursos recebidos de outras pessoas de direito público ou privado, destinados a atender despesas classificáveis em Despesas de Capital e, ainda, o *superávit* do Orçamento Corrente (grifo nosso). Neste caso, é necessário proceder ao reconhecimento do ativo intangível quando da concretização da operação.

g) Pelo registro no sistema orçamentário dos valores arrecadados e que não foram lançados previamente, relativos a:
   a) Imposto sobre serviços   – $ 25
   b) Operações de crédito   – $ 25
   c) Alienação de bens   – $ 25

SUBSISTEMA	LANÇAMENTO	D	C
Financeiro	Debite: Receita Orçamentária a Realizar	75	
Não financeiro	Credite: Receita Orçamentária Realizada		75

Após os lançamentos citados, é possível levantar o seguinte balancete da posição das contas segundo o subsistema a que pertencem:

SUBSISTEMA/CONTAS	MOVIMENTO DÉBITO	MOVIMENTO CRÉDITO	SALDOS DÉBITO	SALDOS CRÉDITO
FINANCEIRO				
1. Bancos conta movimento	100	–	100	
NÃO FINANCEIRO				
2. Tributos a Receber	25	25	–	–
3. Ativo Intangível	25	25	–	–
4. Dívida Fundada Interna	–	25	–	25
RESULTADO				
5. Variação Patrimonial Aumentativa				
a. Tributárias		50		50
b. Outras – Intangíveis		25		25
Total dos sistemas patrimoniais	150	150	100	100
ORÇAMENTÁRIO				
1. Previsão inicial da Rec. Orçamentária	100	–	100	–
2. Receita Orçamentária a Realizar	100	100	–	–
3. Receita Orçamentária Lançada	25	25	–	–
4. Receita Orçamentária Realizada	–	100	–	100
Total do sistema orçamentário	225	225	100	100

4.9 Despesas públicas

4.9.1 Definição

Constituem despesa todos os desembolsos efetuados pelo Estado no atendimento dos serviços e encargos assumidos no interesse geral da comunidade, nos termos da Constituição, das leis, ou em decorrência de contratos ou outros instrumentos.

A despesa pode ser definida sob dois aspectos fundamentais:

- sob o aspecto geral, designa o conjunto dos dispêndios do Estado no atendimento dos serviços e encargos assumidos no interesse da população. Constitui o programa anual de governo;
- sob o aspecto específico, a aplicação de certa quantia, em dinheiro, por parte da autoridade ou agente público competente dentro de uma autorização legislativa.

Assim, constituem despesas do Estado aquelas que a Constituição, leis ordinárias e decretos do Poder Executivo, bem como as decorrentes de contratos, determinam fique a cargo do Governo, seja para saldar os compromissos da dívida pública, consolidada ou flutuante, seja para atender às necessidades dos serviços criados no interesse e em benefício da população.

Temos, portanto, desembolsos que, dentro de uma autorização legislativa, reduzem o patrimônio de forma definitiva e aqueles que se referem a restituições de valores recebidos anteriormente. No primeiro grupo, temos as Despesas Públicas (*stricto sensu*); no segundo, temos os desembolsos, cuja característica é o fato de serem simples saídas de numerário sem afetação no patrimônio.

A Figura 4.16 é esclarecedora da afirmativa.

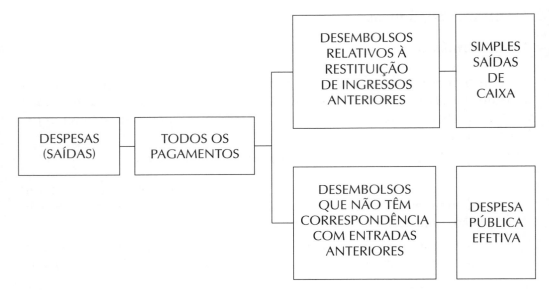

Figura 4.16 *Estrutura dos desembolsos do Estado*.

Desse modo, podemos afirmar que os desembolsos ou despesas correspondem a todas as quantias despendidas pela Fazenda Pública, ao passo que as despesas públicas correspondem ao desembolso que, dentro de uma autorização legislativa para execução dos programas de trabalho do Governo, vem diminuir o patrimônio público como elemento novo e negativo.

A realização de despesas do Estado deve obedecer aos diversos princípios constitucionais cabendo destaque para os relativos à impessoalidade, publicidade e eficiência que juntamente com os da legalidade e moralidade estão inseridos na Constituição Brasileira a partir de 1988.

Na área da Contábil tem prevalecido a ideia de que a legalidade como princípio de administração significa que o administrador público está em toda a sua atividade funcional sujeito aos mandamentos da lei e às exigências do bem comum, e deles não deve afastar-se sob pena de praticar ato inválido e expor-se a responsabilidade disciplinar, civil e criminal, conforme o caso.

Esse princípio da despesa pública é fundamental, pois na administração pública não há liberdade nem vontade pessoal. Enquanto na administração particular é lícito fazer tudo o que a lei não proíbe, na administração pública só é permitido fazer o que a lei autoriza. A lei, para o particular, significa "pode fazer assim", para o administrador público significa "deve fazer assim" (Meireles, 1982 p. 60).

Embora alguns órgãos de controle e auditoria pública mantenham o entendimento de que o princípio da legalidade prevalece sobre todos os demais é de fundamental importância que os estudiosos da ciência Contábil aplicada ao setor público reflitam sobre a lição de Barroso (2009, p. 165) quando em estudo lapidar esclarece:

> *"Toda interpretação constitucional se assenta no pressuposto da superioridade jurídica da Constituição sobre os demais atos normativos no âmbito do Estado. Por força da supremacia constitucional, nenhum ato jurídico, nenhuma manifestação de vontade pode subsistir validadamente se for incompatível com a Lei Fundamental."*

Neste aspecto, é preciso considerar, no caso das despesas orçamentárias, que a declaração da legalidade ou ilegalidade da despesa fica na dependência de decisão direta do Poder Legislativo ou do seu órgão auxiliar, o Tribunal de Contas, tendo em vista o disposto no art. 37 da Lei nº 4.320/64 a seguir enunciado:

> *Art. 37. As despesas de exercícios encerrados, para as quais o orçamento respectivo consignava crédito próprio, com saldo suficiente para atendê-las, que não se tenham processado na época própria, bem como os Restos a Pagar com prescrição interrompida e os compromissos reconhecidos após o encerramento do exercício correspondente poderão ser pagos à conta de dotação específica consignada no orçamento, discriminada por elementos, obedecida, sempre que possível, a ordem cronológica.*

Tal dispositivo refere-se, portanto, à forma como as despesas de exercícios encerrados serão reconhecidas no orçamento do ano em que serão processadas. Entretanto, cabe ao sistema de contabilidade patrimonial reconhecer e registrar, ainda que na forma de provisão, tais obrigações, sendo recomendável, inclusive, que o processamento orçamentário tenha como pré-requisito o registro contábil.

É preciso deixar claro que, sob o aspecto contábil, qualquer consumo ou utilização de ativos deve ser registrado a partir da afetação patrimonial que produz e não em função do entendimento de sua legalidade ou ilegalidade. Muitos estudiosos entendem que o simples fato de ocorrência de despesas sem prévio empenho implica numa ilegalidade. Entretanto, o próprio art. 37 da Lei nº 4.320/64 inclui a possibilidade de o gestor reconhecer compromissos após o encerramento do exercício financeiro, estabelecendo, apenas, como exigência para seu reconhecimento e pagamento, a existência de dotação específica.

Na realidade, o que o art. 60 da Lei nº 4.320/64 proíbe é a *"realização de despesa sem prévio empenho"*, cabendo, neste caso, buscar a verdadeira inteligência do termo *realização*. Para alguns, o termo tem ligações com o processo de planejamento e, portanto, os administradores não poderão sequer conceber projetos, atividades e ações sem que o crédito orçamentário esteja autorizado legalmente. Para estes, o fato gerador da despesa é periódico e, por fases distintas, cuja realização se põe ao longo de um período de tempo, ao término do qual se valorizam *n* fatos isolados que, somados, aperfeiçoam o fato gerador.

Para outros, o fato gerador da despesa pública é continuado, isto é, representado por situação que se mantém no tempo e que é mensurada em cortes temporais. O fato gerador continuado não busca computar fatos isolados ocorridos ao longo do tempo, para agregá-los num todo idealmente orgânico. Este entendimento está em consonância com os arts. 16 e 17 da Lei de Responsabilidade Fiscal (Lei Complementar nº 101/2000) no que se refere às despesas obrigatórias de caráter continuado.[17]

A economicidade foi introduzida pela Constituição Federal e significa que as atividades da administração devem ser avaliadas pela relação custo-benefício na aplicação dos recursos públicos. Assim, é preciso que os gestores coloquem entre suas preocupações os aspectos ligados à viabilidade, eficiência e eficácia das operações.

Não basta, por exemplo, decidir comprar 500 mil hidrômetros para uma companhia de águas, é preciso comprovar a viabilidade do investimento e fazer comparações com alternativas igualmente válidas, como, por exemplo, aumentar a estimativa segundo o critério da economia por pena-d'água ou, ainda, atribuir ao interessado o ônus pela aquisição do hidrômetro.

De qualquer modo, o princípio da economicidade só será aplicado plenamente quando forem determinados critérios legais para estabelecimento de parâmetros não financeiros de avaliação das atividades do setor público. Enquanto a administração privada utiliza o lucro como principal fator de avaliação dos resultados alcançados pelos administradores, as entidades públicas precisam identificar critérios para avaliação do denominado resultado social.

4.9.2 Classificação das despesas

A despesa pode ser classificada nos seguintes enfoques:

a) Enfoque orçamentário

A despesa sob o enfoque orçamentário corresponde ao fluxo que tem origem na utilização do crédito consignado na Lei Orçamentária ou em Créditos Especiais e Extraordinários abertos posteriormente.

---

[17] Não será o registro das despesas na Contabilidade que produz a sua ilegalidade porque para conhecer tais valores basta a qualquer auditor, mesmo sem experiência, determinar se todas as despesas obrigatórias e visíveis foram provisionadas. Evidente que o registro destas provisões deve ser feito de modo criterioso após apuração das razões que levaram a sua ocorrência.

Nesse enfoque, a despesa pode ser classificada da seguinte forma:

- **Quanto à geração de despesas**

A Lei de Responsabilidade Fiscal estabelece (art. 16) que os atos voltados para a criação, a expansão ou o aperfeiçoamento de ação governamental que acarretem aumento da despesa, serão acompanhados de:

- estimativa do impacto orçamentário-financeiro no exercício em que deva entrar em vigor e nos dois subsequentes, acompanhada das premissas e da metodologia de cálculo utilizadas;
- declaração do ordenador da despesa de que o aumento tem adequação orçamentária e financeira com a lei orçamentária anual e compatibilidade com o plano plurianual e com a lei de diretrizes orçamentárias.

- **Quanto à obrigatoriedade e continuidade**

A gestão fiscal responsável pressupõe que os administradores públicos, no exercício da gestão orçamentária e financeira, não podem desconhecer que muitos programas, projetos e atividades, uma vez iniciados, passam a ter um ciclo próprio e, por conseguinte, não ficam limitados ao ano fiscal ou exercício financeiro a que corresponde a autorização inicial, resultando daí a sua inclusão em planos de médio e longo prazo (Plano Plurianual).

Sem dúvida, as decisões orçamentárias têm que se basear, não somente nas necessidades relativas de hoje, mas sobretudo em previsões das necessidades futuras, seja para o próximo ano, ou para os próximos cinco anos. O problema mais dramático será a decisão de qualquer governante de investir na construção de um hospital sem levar em consideração que, nos exercícios subsequentes, esse equipamento público terá que funcionar com plena capacidade, seja em número de leitos, atendimentos ambulatoriais ou em cirurgias.

É exatamente este o propósito da LRF, que considera como obrigatória de caráter continuado a despesa corrente derivada de lei, medida provisória ou ato administrativo normativo que fixem para o ente a obrigação legal de sua execução por um período superior a dois exercícios (art. 17 da LRF).

Por outro lado, os atos que criarem ou aumentarem despesas de caráter continuado, excluídos os que se refiram a despesas destinadas ao serviço da dívida e os relativos ao reajustamento de remuneração de pessoal, devem:

a) ser instruídos com a estimativa do impacto orçamentário-financeiro no exercício em que deva entrar em vigor e nos dois subsequentes;

b) demonstrar a origem dos recursos para seu custeio;

c) ser acompanhados de *comprovação* de que a despesa criada ou aumentada não afetará as metas de resultados fiscais, devendo seus efeitos financeiros, nos períodos seguintes, ser compensados pelo *aumento permanente de receita* ou pela redução permanente de despesa.

Para os fins dessa comprovação, a LRF considera:

a) como aumento permanente de receita a proveniente de:
- elevação de alíquotas;
- ampliação da base de cálculo;
- majoração ou criação de tributo ou contribuição.

b) como análise da afetação das metas as informações sobre:
- as premissas e metodologia de cálculo utilizado;
- a compatibilidade da despesa com as demais normas do Plano Plurianual e da Lei de Diretrizes Orçamentárias.

- **Quanto às entidades destinatárias do orçamento:**
  - *Despesa orçamentária pública*: aquela executada por entidade pública e que depende de autorização legislativa para sua realização, por meio da Lei Orçamentária Anual ou de Créditos Adicionais, pertencendo ao exercício financeiro da emissão do respectivo empenho.
  - *Despesa orçamentária privada*: aquela executada por entidade privada e que depende de autorização orçamentária aprovada por ato de conselho superior ou outros procedimentos internos para sua consecução.

- **Quanto ao impacto na situação líquida patrimonial:**
  - *Despesa orçamentária efetiva*: aquela que, no momento da sua realização, reduz a situação líquida patrimonial da entidade. Constitui fato contábil modificativo diminutivo. Em geral, a Despesa Orçamentária Efetiva coincide com a Despesa Corrente. Entretanto, há despesa corrente não efetiva, como, por exemplo, a despesa com a aquisição de materiais para estoque e a despesa com adiantamento, que representam fatos permutativos.
  - *Despesa orçamentária não efetiva*: aquela que, no momento da sua realização, não reduz a situação líquida patrimonial da entidade e constitui fato contábil permutativo.

b) **Enfoque patrimonial**

Sob o enfoque patrimonial, as despesas são decréscimos nos benefícios econômicos durante o período contábil sob a forma de saída de recursos ou redução de ativos ou incremento em passivos, que resultem em decréscimo do patrimônio líquido e que não sejam provenientes de distribuição aos proprietários da entidade.[18]

O enfoque patrimonial pressupõe que a despesa deve ser registrada no momento da ocorrência do seu fato gerador que corresponde à efetiva entrega dos bens e serviços e, portanto, independe do pagamento. Neste enfoque, a despesa pode ser assim classificada:

- Quanto à entidade que apropria a despesa:
    - *Despesa pública*: aquela efetuada por entidade pública;
    - *Despesa privada*: aquela efetuada pela entidade privada.

- Quanto à dependência da execução orçamentária:
    - *Despesa resultante da execução orçamentária*: são despesas que dependem de autorização orçamentária para sua realização. Exemplo: despesa com salário, despesa com serviço etc.
    - *Despesa independente da execução orçamentária*: são as despesas cuja realização independe de autorização orçamentária. Exemplo: constituição de provisão, despesa com depreciação etc.

4.9.3 Classificação legal da despesa orçamentária

Quanto ao aspecto legal, a despesa orçamentária pode ser estudada de acordo com os seguintes enfoques:

- jurídico;
- administrativo-legal.

a) Enfoque jurídico

Sob este aspecto, a despesa desdobra-se em:

- fixa;
- variável.

As *despesas fixas* são as que têm caráter permanente. São estabelecidas por lei e, por conseguinte, só por outra lei podem ser alteradas. São exemplos de despesas fixas: despesas com pessoal, custeio dos serviços e outras fixadas em lei.

---
[18] Resolução CFC nº 1.121, de 28 de março de 2008.

Essas despesas vinculam anualmente o Poder Legislativo à concessão das respectivas dotações. A origem das despesas fixas pode ser:

- **constitucional**: quando originárias de dispositivo expresso nas Constituições (Federal ou Estadual) correspondentes aos subsídios e vencimentos dos membros dos Poderes Legislativo, Executivo e Judiciário; as relativas ao atendimento de precatórios judiciais, bem como às participações na receita por parte das várias esferas de Governo;
- **legal**: as decorrentes de leis ordinárias federais, estaduais ou municipais e correspondentes em cada área de competência, aos vencimentos do funcionalismo civil e militar, bem como as destinadas à amortização da dívida pública e aos respectivos serviços de juros.

A partir da decisão do administrador de realizar o gasto, todas as despesas caracterizadas na Lei de Responsabilidade Fiscal como despesas obrigatórias de caráter continuado estão incluídas na classificação de despesas fixas, sejam elas constitucionais ou legais.

As *despesas variáveis* são as que somente serão realizadas de acordo com as necessidades dos serviços, como, por exemplo: diárias, ajuda de custo, serviços extraordinários, investimentos etc.

As despesas variáveis que envolvem desembolsos e aplicações, sejam de custeio, sejam de investimentos, encontram-se consignadas, apenas, na Lei de Orçamento e, portanto, sua realização está condicionada ao poder discricionário das autoridades encarregadas da execução orçamentária.

b) Enfoque administrativo-legal

Sob o enfoque administrativo-legal, a despesa combina as seguintes classificações:

- institucional;
- funcional;
- programática;
- natureza da despesa.

Classificação institucional

A classificação *institucional* é subordinada aos três níveis de Governo: União, Estados e Municípios, cada um com autonomia financeira própria, nos termos da Constituição. A classificação institucional corresponde à estrutura organizacional de alocação dos créditos orçamentários, e está estruturada em dois níveis hierárquicos: órgão orçamentário e unidade orçamentária. A unidade orçamentária é o agrupamento de serviços subordinados ao mesmo órgão ou repartição a que serão consignadas dotações próprias (art. 14 da Lei nº 4.320/64).

As dotações são consignadas às unidades orçamentárias, responsáveis pela realização das ações. Desse modo, o orçamento deverá indicar a estrutura do poder público a que se referir, conforme exemplo a seguir com base na estrutura orçamentária de um Município qualquer:

ÓRGÃO	UNIDADE ORÇAMENTÁRIA
1100 – Gabinete do Prefeito	1101 – Gabinete do Prefeito
	1151 – Companhia Municipal de limpeza Urbana
1400 – Secretaria Municipal de Fazenda	1401 – Gabinete do Secretário M. de Fazenda
	1403 – Coordenação de Licenciamento e Fiscalização
1800 – Secretaria Municipal de Saúde	1805 – Coordenadoria de Saúde da AP-1 (Área de Planejamento)
	1815 – Vigilância Sanitária
	1861 – Hospital Municipal Souza Aguiar

Classificação funcional

A classificação funcional segrega as dotações orçamentárias em funções e subfunções, buscando responder basicamente à indagação "em que" área de ação governamental a despesa será realizada.[19] As funções e subfunções servem como elemento agregador dos gastos públicos por área de ação governamental nas três esferas de Governo.

Classificação programática

Toda a ação do Governo está estruturada, em programas orientados para a realização dos objetivos estratégicos definidos no Plano Plurianual – PPA para o período de quatro anos.

Neste sentido é significativo entender alguns conceitos que vêm sendo utilizados pelos órgãos de planejamento e orçamento e que, impactam as demonstrações contábeis e as prestações de contas dos governos.

    a) Programa – é o instrumento de organização da atuação governamental que articula um conjunto de ações que concorrem para a concretização

---

[19] A classificação funcional foi instituída pela Portaria nº 42, de 14 de abril de 1999, do então Ministério do Orçamento e Gestão.

de um objetivo comum preestabelecido, mensurado por indicadores instituídos no plano, visando à solução de um problema ou ao atendimento de determinada necessidade ou demanda da sociedade.

Assim, o programa é o módulo comum integrador entre o plano e o orçamento. O plano termina no programa e o orçamento começa exatamente nesse mesmo programa conferindo a esses instrumentos uma integração desde a origem. Portanto, o programa constitui o módulo integrador e as ações correspondem aos instrumentos de realização dos programas.

b) Ações – são operações das quais resultam produtos (bens ou serviços), que contribuem para atender ao objetivo de um programa. Incluem-se também no conceito de ação as transferências obrigatórias ou voluntárias a outros entes da federação e a pessoas físicas e jurídicas, na forma de subsídios, subvenções, auxílios, contribuições, doações, entre outros, e os financiamentos. As ações, conforme suas características podem ser classificadas como atividades, projetos ou operações especiais, como a seguir:

– *Atividade,* é um instrumento de programação utilizado para alcançar o objetivo de um programa, envolvendo um conjunto de operações que se realizam de modo contínuo e permanente, das quais resulta um produto ou serviço necessário à manutenção da ação de Governo. Exemplo: "Fiscalização de atividades econômicas; Ações de segurança pública e justiça.

– *Projeto* é um instrumento de programação utilizado para alcançar o objetivo de um programa, envolvendo um conjunto de operações, limitadas no tempo, das quais resulta um produto que concorre para a expansão ou o aperfeiçoamento da ação de Governo. Exemplo: Intervenções paisagístico-ambientais em espaços urbanos; Rio Comunidade – Obras viárias em comunidade de baixa renda.

– *Operação Especial* corresponde a despesas que não contribuem para a manutenção, expansão ou aperfeiçoamento das ações de governo, das quais não resulta um produto, e não gera contraprestação direta sob a forma de bens ou serviços.

A Figura 4.17 mostra a integração entre o PPA e o Orçamento.

Orçamento Público 257

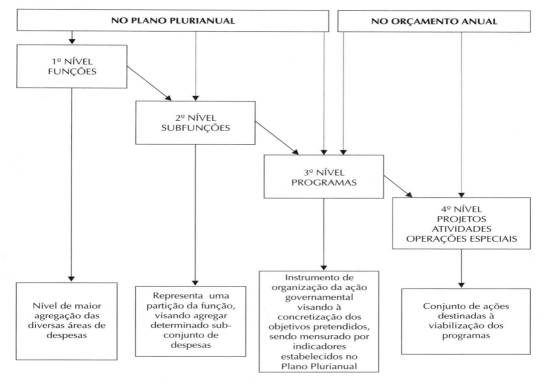

Figura 4.17 *Níveis de despesas segundo a classificação funcional programática.*

A classificação funcional é constituída das seguintes funções e subfunções:

FUNÇÕES E SUBFUNÇÕES DE GOVERNO

FUNÇÕES	SUBFUNÇÕES
01 – Legislativa	031 – Ação Legislativa 032 – Controle Externo
02 – Judiciária	061 – Ação Judiciária 062 – Defesa do Interesse Público no Processo Judiciário
03 – Essencial à Justiça	091 – Defesa da Ordem Jurídica 092 – Representação Judicial e Extrajudicial
04 – Administração	121 – Planejamento e Orçamento 122 – Administração Geral 123 – Administração Financeira 124 – Controle Interno 125 – Normalização e Fiscalização 126 – Tecnologia da Informação

FUNÇÕES	SUBFUNÇÕES
04 – Administração	127 – Ordenamento Territorial 128 – Formação de Recursos Humanos 129 – Administração de Receitas 130 – Administração de Concessões 131 – Comunicação Social
05 – Defesa Nacional	151 – Defesa Aérea 152 – Defesa Naval 153 – Defesa Terrestre
06 – Segurança Pública	181 – Policiamento 182 – Defesa Civil 183 – Informação e Inteligência
07 – Relações Exteriores	211 – Relações Diplomáticas 212 – Cooperação Internacional
08 – Assistência Social	241 – Assistência ao Idoso 242 – Assistência ao Portador de Deficiência 243 – Assistência à Criança e ao Adolescente 244 – Assistência Comunitária
09 – Previdência Social	271 – Previdência Básica 272 – Previdência do Regime Estatutário 273 – Previdência Complementar 274 – Previdência Especial
10 – Saúde	301 – Atenção Básica 302 – Assistência Hospitalar e Ambulatorial 303 – Suporte Profilático e Terapêutico 304 – Vigilância Sanitária 305 – Vigilância Epidemiológica 306 – Alimentação e Nutrição
11 – Trabalho	331 – Proteção e Benefício ao Trabalhador 332 – Relações de Trabalho 333 – Empregabilidade 334 – Fomento ao Trabalho
12 – Educação	361 – Ensino Fundamental 362 – Ensino Médio 363 – Ensino Profissional 364 – Ensino Superior 365 – Educação Infantil 366 – Educação de Jovens e Adultos 367 – Educação Especial

FUNÇÕES	SUBFUNÇÕES
13 – Cultura	391 – Patrimônio Histórico, Artístico e Arqueológico
	392 – Difusão Cultural
14 – Direitos da Cidadania	421 – Custódia e Reintegração Social
	422 – Direitos Individuais, Coletivos e Difusos
	423 – Assistência aos Povos Indígenas
15 – Urbanismo	451 – Infraestrutura Urbana
	452 – Serviços Urbanos
	453 – Transportes Coletivos Urbanos
16 – Habitação	481 – Habitação Rural
	482 – Habitação Urbana
17 – Saneamento	511 – Saneamento Básico Rural
	512 – Saneamento Básico Urbano
18 – Gestão Ambiental	541 – Preservação e Conservação Ambiental
	542 – Controle Ambiental
	543 – Recuperação de Áreas Degradadas
	544 – Recursos Hídricos
	545 – Meteorologia
19 – Ciência e Tecnologia	571 – Desenvolvimento Científico
	572 – Desenvolvimento Tecnológico e Engenharia
	573 – Difusão do Conhecimento Científico e Tecnológico
20 – Agricultura	601 – Promoção da Produção Vegetal
	602 – Promoção da Produção Animal
	603 – Defesa Sanitária Vegetal
	604 – Defesa Sanitária Animal
	605 – Abastecimento
	606 – Extensão Rural
	607 – Irrigação
21 – Organização Agrária	631 – Reforma Agrária
	632 – Colonização
22 – Indústria	661 – Promoção Industrial
	662 – Produção Industrial
	663 – Mineração
	664 – Propriedade Industrial
	665 – Normalização e Qualidade
23 – Comércio e Serviços	691 – Promoção Comercial
	692 – Comercialização
	693 – Comércio Exterior
	694 – Serviços Financeiros
	695 – Turismo

FUNÇÕES	SUBFUNÇÕES
24 – Comunicações	721 – Comunicações Postais
	722 – Telecomunicações
25 – Energia	751 – Conservação de Energia
	752 – Energia Elétrica
	753 – Petróleo
	754 – Álcool
26 – Transporte	781 – Transporte Aéreo
	782 – Transporte Rodoviário
	783 – Transporte Ferroviário
	784 – Transporte Hidroviário
	785 – Transportes Especiais
27 – Desporto e Lazer	811 – Desporto de Rendimento
	812 – Desporto Comunitário
	813 – Lazer
28 – Encargos Especiais	841 – Refinanciamento da Dívida Interna
	842 – Refinanciamento da Dívida Externa
	843 – Serviço da Dívida Interna
	844 – Serviço da Dívida Externa
	845 – Transferências
	846 – Outros Encargos Especiais

Assim, considerando como exemplo uma Secretaria Municipal de Educação, a classificação funcional-programática estará estruturada conforme o quadro a seguir:

DESDOBRAMENTO	INTERPRETAÇÃO	CÓDIGO
Função................	– Educação	12
Subfunção............	– Ensino fundamental	361
Programa.............	– Reformas e melhorias de imóveis	0057
Atividade.............	– Manutenção e revitalização das unidades da rede de ensino	2.081

Classificação pela natureza da despesa

A codificação econômica da despesa orçamentária é composta pelos seguintes níveis:

1º Nível – Categoria Econômica
2º Nível – Grupo de Despesas
3º Nível – Modalidade de aplicação
4º Nível – Elemento
5º Nível – Item ou Subelemento

A identificação da natureza da despesa será efetuada através de níveis, conforme exemplo a seguir relacionado:

a) Estrutura da codificação

Dígitos	1º	2º	3º e 4º	5º	6º e 7º
Níveis	Categoria Econômica	Grupo de Despesa	Modalidade de Aplicação	Elemento da Despesa	Item ou subelemento da despesa (objeto final do gasto)
Denominação (exemplo)	Despesa Corrente	Pessoal e Encargos Sociais	Aplicações Diretas	Vencimentos e Vantagens Fixas – Pessoal Civil	Vencimentos e salários
Codificação	3	1	90	2	02

b) Exemplos:

	ESPECIFICAÇÃO	CÓDIGO	IDENTIFICAÇÃO
1º	Categoria Econômica	3.0.00.00.00	Despesa Corrente
	Grupo de Despesa	3.1.00.00.00	Pessoal e Encargos Sociais
	Modalidade de Aplicação	3.1.90.00.00	Aplicação Direta
	Elemento	3.1.90.11.00	Vencimentos e Vantagens Fixas – Pessoal Civil
	Item ou Subelemento	3.1.90.11.01	Vencimentos e Salários
2º	Categoria Econômica	3.0.00.00.00	Despesa Corrente
	Grupo de Despesa	3.3.00.00.00	Outras Despesas Correntes
	Modalidade de Aplicação	3.3.90.00.00	Aplicação Direta
	Elemento	3.3.90.30.00	Material de Consumo
	Item ou Subelemento	3.3.90.30.27	Material de Expediente
3º	Categoria Econômica	4.0.00.00.00	Despesa de Capital
	Grupo de Despesa	4.4.00.00.00	Investimentos
	Modalidade de Aplicação	4.4.90.00.00	Aplicação Direta
	Elemento	4.4.90.52.00	Equipamentos e Material Permanente
	Item ou Subelemento	4.4.90.52.24	Mobiliário em geral

Uma vez conhecida a formatação da classificação da despesa é necessário considerar todos os elementos constitutivos dessa formatação, a saber:

a) Categoria econômica
b) Grupo de natureza da despesa
c) Modalidade de aplicação
d) Elemento e subelementos ou itens de despesa.
e) Descriminação da Despesa Orçamentária até nível de elemento de despesa para a Modalidade de Aplicação Direta (90)

Categoria Econômica

A despesa orçamentária é classificada em duas categorias econômicas, com os seguintes códigos:

(3) Despesas Correntes
(4) Despesas de Capital

Grupo de Natureza da Despesa

O grupo de natureza da despesa é um grupo cujo objetivo é agregar os elementos de despesa que tenham as mesmas características quanto ao objeto de gasto, conforme discriminado a seguir:

1. Pessoal e Encargos Sociais
2. Juros e Encargos da Dívida
3. Outras Despesas Correntes
4. Investimentos
5. Inversões Financeiras
6. Amortização da Dívida
7. Reserva do Regime Próprio da Previdência Social.
9. Reserva de Contingência

Modalidade de Aplicação

A modalidade de aplicação tem por finalidade indicar se os recursos são aplicados diretamente por órgãos ou entidades no âmbito da mesma esfera de Governo ou por outro ente da Federação e suas respectivas entidades. O objetivo da modalidade de aplicação é evitar a dupla contagem dos recursos transferidos ou descentralizados. Tem a seguinte codificação:

(20) Transferências à União

(30) Transferências a Estados e ao Distrito Federal

(40) Transferências a Municípios

(50) Transferências a Instituições Privadas sem Fins Lucrativos.

(60) Transferências a Instituições Privadas com Fins Lucrativos.

(70) Transferências a Instituições Multigovernamentais

(71) Transferências a Consórcios Públicos

(80) Transferências ao Exterior

(90) Aplicações Diretas

(91) Aplicação Direta Decorrente de Operação entre Órgãos, Fundos e Entidades Integrantes dos orçamentos Fiscal e da Seguridade Social

(99) A definir.

Elementos e subelementos ou itens de despesa.[20]

Tem por finalidade identificar os objetos de gasto, tais como vencimentos e vantagens fixas, juros, diárias, material de consumo, serviços de terceiros prestados sob qualquer forma, subvenções sociais, obras e instalações, equipamentos e material permanente, auxílios, amortização e outros que a administração pública utiliza para a consecução de seus fins, conforme a seguir:

CÓDIGO	DISCRIMINAÇÃO DO ELEMENTO
01	Aposentadoria e Reformas
03	Pensões
04	Contratações por tempo determinado
05	Outros benefícios previdenciários
06	Benefício Mensal ao Deficiente e ao Idoso
07	Contribuição a Entidades Fechadas de Previdência
08	Outros Benefícios Assistenciais
09	Salário-família
10	Outros Benefícios de natureza Social
11	Vencimentos e Vantagens Fixas – Pessoal Civil
12	Vencimentos e Vantagens Fixas – Pessoal Militar
13	Obrigações Patronais

---

[20] Tratamos aqui apenas dos elementos. Os subelementos ou itens correspondem a desdobramentos dos respectivos elementos e devem ser estabelecidos pelas respectivas esferas de Governo principalmente a partir da exigência para que no setor público seja implementado um sistema de custos conforme art. 50, § 3º da Lei de Responsabilidade Fiscal.

CÓDIGO	DISCRIMINAÇÃO DO ELEMENTO
14	Diárias – Civil
15	Diárias – Militar
16	Outras Despesas Variáveis – Pessoal Civil
17	Outras Despesas Variáveis – Pessoal Militar
18	Auxílio Financeiro a Estudantes
19	Auxílio-Fardamento
20	Auxílio Financeiro a Pesquisadores
21	Juros sobre a Dívida por Contrato
22	Outros Encargos sobre a Dívida por Contrato
23	Juros, Deságios e Descontos da Dívida Mobiliária
24	Outros Encargos sobre a Dívida Mobiliária
25	Encargos sobre Operações de Crédito por Antecipação de Receita
26	Obrigações decorrentes de Política Monetária
27	Encargos por Honra de Avais, Garantias, Seguros e Similares
28	Remuneração de Cotas de Fundos Autárquicos
30	Material de Consumo
31	Premiações Culturais, Artísticas, Científicas, Desportivas e Outras
32	Material de Distribuição Gratuita
33	Passagens e Despesas com locomoção
34	Outras Despesas de Pessoal decorrentes de Contratos de Terceirização
35	Serviços de Consultoria
36	Outros Serviços de Terceiros – Pessoa física
37	Locação de Mão de Obra
38	Arrendamento Mercantil
39	Outros Serviços de Terceiros – Pessoa Jurídica
41	Contribuições
42	Auxílios
43	Subvenções Sociais
45	Equalização de Preços e Taxas
46	Auxílio-Alimentação
47	Obrigações Tributárias e Contributivas
48	Outros Auxílios financeiros a Pessoas Físicas
49	Auxílio-Transporte
51	Obras e Instalações
52	Equipamentos e Material Permanente
61	Aquisição de Imóveis
62	Aquisição de Produtos para Revenda
63	Aquisição de Títulos de Crédito

CÓDIGO	DISCRIMINAÇÃO DO ELEMENTO
64	Aquisição de Títulos Representativos de Capital já Integralizado
65	Contribuição e aumento de Capital de Empresas
66	Concessão de Empréstimos e Financiamentos
67	Depósitos Compulsórios
71	Principal da Dívida Contratual Resgatado
72	Principal da Dívida Mobiliária Resgatado
73	Correção Monetária ou Cambial da Dívida Contratual Resgatada
74	Correção Monetária ou Cambial da Dívida Mobiliária Resgatada
75	Correção Monetária da Dívida de Operações de Crédito Antecipação da Receita
76	Principal Corrigido da Dívida Mobiliária Refinanciado
77	Principal Corrigido da Dívida Contratual Refinanciado
81	Distribuição Constitucional ou Legal de Receitas
92	Despesas de Exercícios Anteriores
93	Indenizações e Restituições
94	Indenizações e Restituições Trabalhistas
95	Indenizações pela Execução de Trabalhos de Campo
96	Ressarcimento de Despesas de Pessoal Requisitado
99	A classificar

Descriminação da Despesa Orçamentária até nível de elemento de despesa para a Modalidade de Aplicação Direta (90)

CODIGO	DESCRIÇÃO ATÉ NÍVEL DE ELEMENTO E ITEM (OU SUBELEMENTO)
3.0.00.00.00	DESPESAS CORRENTES
3.1.00.00.00	PESSOAL E ENCARGOS SOCIAIS
3.1.90.00.00	Aplicações Diretas
3.1.90.01.00	Aposentadorias e Reformas
3.1.90.04.00	Contratação por Tempo Determinado
3.1.90.07.00	Contribuição a Entidades Fechadas de Previdência
3.1.90.08.00	Outros Benefícios Assistenciais
3.1.90.09.00	Salário-Família
3.1.90.11.00	Vencimentos e Vantagens Fixas – Pessoal Civil
3.1.90.11.01	Vencimentos e Salários
3.1.90.11.02	Subsídios
3.1.90.13.00	Obrigações Patronais

CODIGO	DESCRIÇÃO ATÉ NÍVEL DE ELEMENTO E ITEM (OU SUBELEMENTO)
3.1.90.16.00	Outras Despesas Variáveis – Pessoal Civil
3.1.90.34.00	Outras Despesas de Pessoal decorrentes de Contratos de Terceirização
3.1.90.67.00	Depósitos compulsórios
3.1.90.91.00	Sentenças Judiciais
3.1.90.92.00	Despesas de Exercícios Anteriores
3.1.90.94.00	Indenizações e Restituições Trabalhistas
3.1.90.96.00	Ressarcimento de Despesas de Pessoal Requisitado
3.2.00.00.00	JUROS E ENCARGOS DA DÍVIDA
3.2.90.00.00	Aplicações Diretas
3.2.90.21.00	Juros sobre a Dívida por Contrato
3.2.90.22.00	Outros Encargos da Dívida por Contratos
3.2.90.23.00	Juros, Deságios e Descontos da Dívida Mobiliária
3.2.90.24.00	Outros Encargos sobre a Dívida Mobiliária
3.2.90.25.00	Encargos sobre operações de crédito por antecipação de receita
3.2.90.91.00	Sentenças Judiciais
3.2.90.92.00	Despesas de Exercícios Anteriores
3.2.90.93.00	Indenizações e Restituições
3.3.00.00.00	OUTRAS DESPESAS CORRENTES
3.3.90.00.00	Aplicações Diretas
3.3.90.30.00	Material de Consumo
3.3.90.35.00	Serviços de Consultoria
3.3.90.36.00	Outros Serviços de Terceiros – Pessoa Física
3.3.90.39.00	Outros Serviços de Terceiros – Pessoa Jurídica
3.3.90.47.00	Obrigações Tributárias e Contributivas
3.3.90.92.00	Despesas de Exercícios Anteriores
3.3.90.93.00	Indenizações e Restituições
3.3.90.94.00	Indenizações e Restituições Trabalhistas
4.0.00.00.00	DESPESAS DE CAPITAL
4.4.00.00.00	INVESTIMENTOS
4.4.90.00.00	Aplicações Diretas
4.4.90.51.00	Obras e Instalações
4.4.90.52.00	Equipamentos e Material Permanente
4.5.00.00.00	INVERSÕES FINANCEIRAS
4.5.90.00.00	Aplicações Diretas

CODIGO	DESCRIÇÃO ATÉ NÍVEL DE ELEMENTO E ITEM (OU SUBELEMENTO)
4.5.90.61.00	Aquisição de imóveis
4.5.90.62.00	Aquisição de Bens para Revenda (e o desdobramento correspondente)
4.6.00.00.00	AMORTIZAÇÃO DA DÍVIDA
4.6.90.00.00	Aplicações Diretas
4.6.90.71.00	Principal da Dívida Contratual Resgatado
4.6.90.91.00	Sentenças Judiciais
4.6.90.92.00	Despesas de Exercícios Anteriores.
7.7.99.99.99	Reserva do Regime Próprio de Previdência Social
9.9.99.99.99	Reserva de Contingência

A interpretação dos desdobramentos da Despesa segundo a classificação econômica é a seguinte:

DESDOBRAMENTO	INTERPRETAÇÃO	CÓDIGO
Categoria Econômica	Despesas Correntes	3
Grupo de Natureza de Despesa	Pessoal e Encargos Sociais	1
Modalidade de aplicação	Aplicações Diretas	90
Elemento de despesa	Vencimentos e Vantagens Fixas – Pessoal Civil	11

4.9.4 Estágios ou etapas da despesa orçamentária

A despesa orçamentária compreende o conjunto dos créditos ou autorizações consignadas na Lei de Orçamento e se realiza por meio da denominada administração de créditos.

A administração de créditos corresponde, em *sentido amplo*, à própria realização da despesa e, em *sentido explícito*, à competência para baixar o Quadro de Detalhamento da Despesa, empenhar, liquidar, requisitar adiantamentos e ordenar pagamentos, ou seja, praticar todos os atos necessários à realização da despesa.

A despesa pública percorre os seguintes estágios:

- fixação;
- empenho;
- liquidação;
- pagamento.

a) Fixação

A fixação despesa orçamentária insere-se no processo de planejamento e compreende a adoção de medidas voltadas para o cumprimento das ações definidas para os programas, projetos e atividades. A fixação constitui etapa obrigatória da despesa pública, e está consubstanciada em vários dispositivos Constitucionais, senão vejamos:

A Constituição Federal veda, expressamente, a realização, por qualquer dos Poderes, de despesas que excedam os créditos orçamentários ou adicionais.

Por outro lado, o mesmo dispositivo reforça o princípio de que a despesa é fixada, quando impõe restrição ao próprio Poder Legislativo, vedando a *concessão de créditos ilimitados*, e proibindo a abertura de crédito especial ou suplementar sem prévia autorização legislativa e, ainda, a transposição de recursos de uma categoria de programação para outra.

O estágio da fixação da despesa orçamentária é concluído com a autorização dada pelo Poder Legislativo por meio da Lei Orçamentária Anual e pode ser subdividido nas seguintes etapas:

- organização das estimativas;
- conversão da proposta em orçamento público (autorização legislativa e sanção do Executivo);
- programação das despesas.

b) Empenho

O empenho é o ato emanado de autoridade competente que cria para o Estado uma obrigação de pagamento pendente ou não de implemento de condição que será cumprido com a entrega do material, a medição da obra ou a prestação dos serviços.

É preciso considerar que o empenho, nos termos da legislação, constitui uma obrigação contratual de natureza jurídica e, nessa condição, deve ser registrado nas contas de compensação e de controle extrapatrimonial. Não constitui uma obrigação no sentido patrimonial e, portanto, não faz parte do passivo até que seja materializado o implemento de condição representado pela entrega do material, medição da obra ou prestação do serviço.

O empenho é prévio, ou seja, precede à realização da despesa e tem de respeitar o limite do crédito orçamentário. No conceito de realização de despesa, estamos entre os que entendem o fato gerador das despesas como um fato continuado, considerando principalmente que o orçamento público no Brasil é elaborado e aprovado como lei autorizativa e não mandatória.

A importância da despesa empenhada é deduzida do crédito orçamentário respectivo e constitui uma garantia para o fornecedor. Desse modo, o empenho cria, para o poder público, a obrigação de pagar e, por conseguinte, a falta do empenho não obriga ao pagamento.

Em princípio, se uma autoridade, qualquer que seja, autoriza a realização de uma despesa, sem providenciar o empenho, a responsabilidade pelo pagamento deveria ser sua e não da entidade. Em situações excepcionais, pode ocorrer a realização de despesa sem empenho e, nesses casos, os responsáveis pela entidade deveriam apurar a responsabilidade do ordenador antes do reconhecimento da dívida para fins de empenhamento. Entretanto, a prática tem revelado que essa responsabilidade é de difícil apuração, pois na maioria das vezes tais despesas têm caráter compulsório e sua descontinuidade pode afetar a continuidade dos serviços públicos.

O empenho compreende três fases:

- a licitação ou sua dispensa;
- a autorização;
- a formalização.

Licitação ou dispensa

A licitação ou dispensa precede ao empenho da despesa e tem por objetivo verificar, entre vários fornecedores, quem oferece condições mais vantajosas à administração.

A licitação destina-se a garantir a observância do princípio constitucional da isonomia e da seleção de proposta mais vantajosa para a administração. Para garantir essas premissas, é necessário que a licitação seja processada e julgada em estrita conformidade com os princípios básicos da legalidade, da impessoalidade, da moralidade, da igualdade, da publicidade, da probidade administrativa, da vinculação ao instrumento convocatório, do julgamento objetivo e de outros que lhe sejam correlatos. Tais dispositivos têm levado ao entendimento de que o processo licitatório só será democrático a partir da permissão para que qualquer um, ainda que cadastrado no último minuto da abertura da seção de sua instauração.

Nesse aspecto, verifica-se no Brasil certa dificuldade em discutir questões referentes à premissa de que as licitações devem ser abertas a todos os que estejam cadastrados. Essa tem sido uma exigência da classe política e da população pautada pelo noticiário. Entretanto, em muitos países, a questão foi resolvida por meio de escolha das empresas em função da importância e da natureza das obras a partir da constatação de que elas reconhecidamente sejam capazes de executar o trabalho ou fornecer os materiais com requisitos de qualidade.

Estudando a evolução dos métodos de licitação de obras públicas em diversos países Ducret (1954) faz referência a uma comissão formada pelo Ministro de Obras Públicas da Inglaterra para exame minucioso e aprofundado do conjunto dos problemas relativos aos métodos de licitação das obras e edificações informando que o relatório dessa comissão assim concluiu:

> "A licitação aberta a todos fatalmente dá lugar a obras de qualidade duvidosa, e impõe à indústria da construção em seu conjunto, em vista da preparação das propostas, um gasto inútil de energia, tempo e dinheiro..."

A legislação que rege a matéria estabelece seis modalidades de licitação: concorrência, tomada de preços, convite, concurso, leilão e o pregão.

- **concorrência**: é a modalidade de licitação entre quaisquer interessados que, na fase inicial de habilitação preliminar, comprovem possuir os requisitos mínimos de qualificação exigidos no edital para execução de seu objeto;
- **tomada de preços**: é a modalidade de licitação entre interessados, devidamente cadastrados, ou que atenderem a todas as condições exigidas para o cadastramento até o terceiro dia anterior à data do recebimento das propostas, observada a necessária qualificação;
- **convite**: é a modalidade de licitação entre interessados do ramo pertinente ao seu objeto, cadastrados ou não, escolhidos e convidados em número mínimo de 3 (três) pela unidade administrativa, a qual afixará, em local apropriado, cópia do instrumento convocatório e o estenderá aos demais cadastrados na correspondente especialidade que manifestarem seu interesse com antecedência de até 24 (vinte e quatro) horas da apresentação das propostas;
- **concurso**: é a modalidade de licitação entre quaisquer interessados para escolha de trabalho técnico, científico ou artístico, mediante a instituição de prêmios ou remuneração aos vencedores, conforme critérios constantes de edital publicado na imprensa oficial com antecedência mínima de 45 (quarenta e cinco) dias;
- **leilão**: é a modalidade de licitação entre quaisquer interessados para venda de bens móveis inservíveis para a administração, ou produtos legalmente apreendidos ou penhorados a quem oferecer maior lance, igual ou superior ao da avaliação;
- **pregão**: é a modalidade para aquisição de bens e serviços comuns, assim considerados aqueles cujos padrões de desempenho e qualidade possam ser objetivamente definidos pelo edital, por meio de especificações usuais no mercado.

A legislação ainda prevê hipóteses de dispensa e inexigibilidade de licitação que devem ser aplicadas com bastante cuidado, visto que o princípio licitatório deve prevalecer e os casos elencados como dispensa ou inexigibilidade são exceções.

Atendendo ao princípio da publicidade, a legislação prevê os seguintes prazos para divulgação dos procedimentos licitatórios:

MODALIDADE	PRAZOS
Concurso	45 dias
Concorrência, quando o contrato a ser celebrado contemplar o regime de empreitada integral ou quando a licitação for do tipo "melhor técnica" ou "técnica e preço"	
Concorrência, nos casos não especificados	30 dias
Tomada de preços, quando a licitação for do tipo "melhor técnica" ou "técnica e preço"	
Tomada de preços, nos casos não especificados	15 dias
Leilão	
Convite	5 dias
Pregão[21]	Não inferior a 8 dias úteis

Autorização

A autorização constitui a decisão, manifestação ou despacho do Ordenador, isto é, a permissão dada pela autoridade competente para realização da despesa.

Essa decisão é efetuada pelos ordenadores de despesa que são definidos como *toda e qualquer autoridade de cujos atos resultarem reconhecimento de dívida, emissão de empenho, autorização de pagamento, concessão de adiantamento, suprimento de fundos ou dispêndio de recursos do Estado ou pelos quais este responda.*

De modo geral, são competentes para autorizar despesas nas respectivas esferas de competência:

- o Presidente da República/o Governador/o Prefeito;
- as autoridades do Poder Judiciário indicadas por lei ou nos respectivos regimentos;
- as autoridades do Poder Legislativo, indicadas no respectivo regimento;
- o Presidente do Tribunal de Contas da União/do Estado ou, quando houver, do Município;
- os Ministros de Estado, os Secretários Estaduais e Municipais;
- os titulares de autarquias, empresas públicas, de sociedade de economia mista e de fundações, de acordo com o estabelecido em lei, decreto ou estatuto.

---

[21] O pregão foi instituído pela Lei nº 10.520, de 17 de julho de 2002.

A competência para autorizar despesas poderá ser objeto de delegação, mediante ato normativo expresso que deve ser comunicado ao respectivo órgão de controle e ao Tribunal de Contas.

Formalização

A *formalização* corresponde à dedução do valor da despesa feita no saldo disponível da dotação, e é comprovada pela emissão das Notas de Empenho que em determinadas situações previstas na legislação específica poderá ser dispensado, como no caso de despesas relativas a: Pessoal e Encargos Sociais, Juros e Encargos da Dívida, Sentenças Judiciárias etc.

A formalização é atribuída aos servidores ou órgãos executivos que emitem as Notas de Empenho e aos órgãos de contabilidade pelo registro e contabilização lhe dão validade.

Os empenhos são classificados nas seguintes modalidades:

- **ordinário**: quando destinado a atender a despesa de valor fixo e previamente determinado, cujo pagamento deva ocorrer de uma só vez;
- **estimativo**: quando destinado a atender despesas cujo montante não se pode determinar previamente, tais como serviços de fornecimento de água e energia elétrica, aquisição de combustíveis e lubrificantes e outros;
- **global**: quando destinado a atender a despesas contratuais ou outras de valor determinado, sujeitas a parcelamento, como, por exemplo, os compromissos decorrentes de aluguéis.

O empenho, seja no ato da autorização ou da formalização, deverá conter:

- nome do credor;
- especificação da despesa;
- indicação do código orçamentário onde a despesa será apropriada;
- importância da despesa;
- declaração de ter sido o valor deduzido do saldo da dotação própria, firmada pelo servidor encarregado e visada por autoridade competente;
- declaração expressa, quando se tratar de despesa de caráter secreto ou reservado.

c) Liquidação

A liquidação da despesa é o ato do órgão competente que, após o exame da documentação, torna, em princípio, líquido e certo o direito do credor contra a

Fazenda Pública. A liquidação da despesa implica, portanto, no reconhecimento de um passivo no patrimônio.

Assim, a liquidação da despesa consiste na verificação desse direito do credor, tendo por base os títulos e documentos comprobatórios do respectivo crédito.

As despesas somente serão pagas quando ordenadas após sua regular liquidação.

Na liquidação, o órgão contábil deverá apurar:

- origem e objeto do que se deve pagar;
- importância exata a pagar;
- a quem se deve pagar a importância, para extinguir a obrigação.

A liquidação da despesa por fornecimento feito, serviço prestado ou obra executada terá por base:

- contrato, ajuste ou acordo, se houver;
- nota de empenho;
- comprovantes da entrega do material, da prestação efetiva do serviço ou execução da obra;
- prova de quitação, pelo credor, das obrigações fiscais incidentes sobre o objeto da liquidação para prevenir os casos de corresponsabilidade imputada por autoridades fiscais e fazendárias.

d) Pagamento

O pagamento é o ato pelo qual a Fazenda Pública satisfaz o credor e extingue a obrigação, devendo obedecer às seguintes formalidades:

- é promovido por meio de ordem de pagamento, definida como "o despacho exarado por autoridade competente, determinando que a despesa, devidamente liquidada, seja paga" (art. 64 da Lei Federal nº 4.320/64);
- a ordem de pagamento só pode ser exarada em documento processado pelos órgãos de contabilidade;
- os pagamentos serão feitos em cheques nominativos, ordens de pagamento, crédito em conta;
- nenhuma quitação será feita sob reserva ou condição;
- os pagamentos devidos pela Fazenda Pública, em virtude de sentença judiciária, far-se-ão na ordem de apresentação dos precatórios e à conta dos créditos respectivos, sendo vedada a designação especial de casos ou pessoas nas dotações orçamentárias e nos créditos adicionais abertos para esse fim;

- para que o pagamento seja efetivado, o órgão competente examinará se:
    1. constam o nome do credor e a importância a pagar; no caso de ordens coletivas, o nome e o número de credores, bem como as quantias parciais e o total do pagamento;
    2. a despesa foi liquidada pelos órgãos de contabilidade.

A responsabilidade pela correção e regularidade da despesa pode ser dividida nas seguintes fases e respectivas responsabilidades:

FASE	DESCRIÇÃO	RESPONSÁVEL
1. Operacional	Referente a todo o fluxo da aquisição de bens e serviços, até a entrega do objeto.	Ordenadores de Despesa – Membros das Comissões de Licitação e responsáveis pela atestação do recebimento dos bens ou serviços.
2. Sistêmica	Referente ao atendimento das normas dos órgãos centrais dos sistemas de Pessoal, Material, Transportes, Serviços etc.	Dirigentes desses órgãos centrais.
3. Contábil e de Auditoria	Referente à liquidação da despesa com o exame do cumprimento das condições contratuais e o reconhecimento da obrigação.	Dirigentes dos órgãos de contabilidade e auditoria interna.
4. Pagamento	Referente à emissão da Obrigação de Pagamento (OP) para crédito na conta do fornecedor.	Dirigente do órgão financeiro – Tesouro – Diretor Financeiro.

No final do exercício, as despesas empenhadas e não pagas constituem os Restos a Pagar que estão assim definidos:

> *"Consideram-se Restos a Pagar as despesas empenhadas mas não pagas até o dia 31 de dezembro, distinguindo-se as processadas das não processadas"* (art. 36, Lei Federal nº 4.320/64).

Essa conceituação, embora constante da Lei, deve ser vista com reservas e analisada, agora, segundo a Lei de Responsabilidade Fiscal, que estabelece como normas de escrituração das contas públicas a observância de que a despesa e a assunção de compromisso sejam registradas segundo o regime de competência, apurando-se, em caráter suplementar, o resultado dos fluxos financeiros pelo regime de caixa (art. 50, II, da LTF).

A regra anterior de inscrição pura e simples das despesas empenhadas e não pagas, denominados de restos a pagar não processados e cujo material, serviço ou obra ainda não tinha sido executado, levava ao não atendimento da independência dos exercícios, criando-se, muitas vezes, exigibilidades fictícias que serviam para liquidar e pagar despesas que pelo princípio da competência eram do exercício subsequente.

Antes da LRF era bastante comum a inscrição de despesas como Restos a Pagar Não Processados que dariam cobertura a despesas relativas a contas de telefone, gás, energia elétrica e até mesmo serviços de conservação e limpeza que, na realidade, pertencem a outro exercício.

Pelo enfoque estritamente legal, é necessário considerar que as despesas cujos empenhos não foram liquidados correspondem a uma autorização legislativa decorrente da Lei Orçamentária do exercício a que correspondem, e sua apropriação ao patrimônio poderá ocorrer ao longo do exercício contábil seguinte. Em razão dessa consideração é que são observados, cada vez em maior número, movimentos no sentido de segregar os atos de execução orçamentária dos fatos inerentes à movimentação do patrimônio. Nesse sentido, quando a inscrição em restos a pagar do exercício anterior tiver como contrapartida o registro de um ativo em formação (Bens a incorporar ou imobilizações em andamento), parece defensável a inscrição em restos a pagar correspondente ao valor do ativo em andamento ou a incorporar.

Supondo que a entidade possuía autorização orçamentária para realizar um investimento da ordem de $ 20 que foi totalmente empenhado, mas cuja execução somente ocorrerá no exercício seguinte, é possível efetuar a inscrição desse empenho como Restos a Pagar não processados como contraponto ao registro no Ativo não financeiro desse mesmo valor na conta Obra em Andamento correspondente ao ativo em formação.[22]

Os arts. 16 e 17 da Lei de Responsabilidade Fiscal, ao tratarem das despesas obrigatórias de caráter continuado, indicam, claramente, a necessidade de trazer para a contabilidade os comprometimentos gerados à conta de uma lei orçamentária (exercício da inscrição em Restos a Pagar não processados), mas cuja repercussão financeira ocorrerá em exercício posterior.

Nesses casos, o registro contábil seria o seguinte:

Não financeiro	1.2.2	D: Ativo: Investimentos a Incorporar	
Financeiro	2.1.2	C: Restos a Pagar – Não processados	20

---

[22] Tal raciocínio só é pertinente para as despesas de capital que tenham como contrapartida a formação de um ativo.

Como os Restos a Pagar não processados constituem conta do passivo financeiro e tendo em vista a apuração da suficiência ou insuficiência de caixa ao final do exercício, caberá à contabilidade evidenciar de modo claro que a quitação desse ativo não influencia as disponibilidades constantes do balanço, tendo em vista que sua quitação será efetuada com recursos a serem arrecadados nos exercícios da efetiva medição da obra ou entrega do material que serão a base para liquidação da despesa.

As demonstrações contábeis evidenciariam esta situação do seguinte modo:

Balanço Patrimonial	
Obras em andamento	20
Menos: Restos a Pagar não processados	(20)

A Figura 4.18 mostra o fluxo correto das despesas segundo a competência de exercícios.

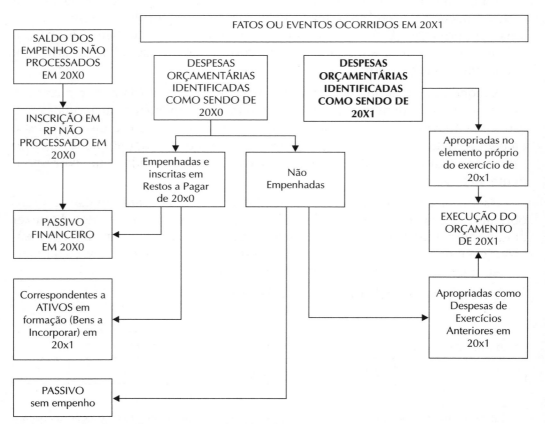

Figura 4.18 *Fluxo das inscrições dos passivos e apropriação aos orçamentos.*

4.9.5 Reconhecimento da despesa orçamentária

Sob o aspecto orçamentário, a despesa é reconhecida na forma estabelecida no inciso II do art. 35 da Lei nº 4.320/64, que estabelece:

> Art. 35. Pertencem ao exercício
>
> I – [...]
>
> II – As despesas nele legalmente empenhadas.

Entretanto, a Lei de Responsabilidade Fiscal estabelece que a despesa e a assunção de compromissos serão registradas segundo o regime de competência, apurando-se, em caráter complementar, o resultado dos fluxos financeiros pelo regime de caixa.

Em decorrência desse dispositivo da LRF pode-se concluir que o ato da emissão do empenho não constitui passivo para a administração pública, em virtude de ainda não ter havido a entrega do bem/serviço contratado. Na maioria das vezes, o momento mais adequado para o reconhecimento da obrigação no ente público coincide com a liquidação da despesa orçamentária, conforme art. 63 da Lei nº 4.320/1964 a seguir transcrito:

> Art. 63. A liquidação da despesa consiste na verificação do direito adquirido pelo credor tendo, por base os títulos e documentos comprobatórios do respectivo crédito.

No final do exercício, as despesas orçamentárias empenhadas e não pagas serão inscritas em Restos a Pagar e constituirão a Dívida Flutuante. Podem-se distinguir dois tipos de Restos a Pagar: os Processados e os Não processados. Os Restos a Pagar Processados são aqueles em que a despesa orçamentária percorreu os estágios de empenho e liquidação, restando pendente, apenas, o estágio do pagamento e por isso não devem ser cancelados.

Por força da LRF (art. 50, § 2º), somente poderão ser inscritas em Restos a Pagar as despesas de competência do exercício financeiro, considerando-se como despesa liquidada aquela em que o serviço, obra ou material contratado tenha sido prestado ou entregue e aceito pelo contratante, e não liquidada, mas de competência do exercício, aquela em que o serviço ou material contratado tenha sido prestado ou entregue e que se encontre, em 31 de dezembro de cada exercício financeiro, em fase de verificação do direito adquirido pelo credor ou quando o prazo para cumprimento da obrigação assumida pelo credor estiver vigente.

Pelo princípio da anualidade orçamentária, as parcelas dos contratos e convênios somente deverão ser empenhadas e contabilizadas no exercício financeiro se a execução for realizada até 31 de dezembro ou se o prazo para cumprimento da obrigação assumida pelo credor estiver em vigor. Já as parcelas remanescentes do contrato deverão ser registradas nas Contas de Compensação e contas de Controle e incluídas na previsão orçamentária para o exercício financeiro em que estiver prevista a competência da despesa.

No caso de despesas cuja entrega do material ou serviço ainda esteja em apuração quando do final do exercício, é necessário fazer uma análise para determinar os empenhos que não se converteram em passivos e, por isso, devem ser anulados e quais os que devem ser inscritos no Passivo como Restos a Pagar Não Processados.[23]

No que se refere à regra estabelecida no art. 42 da Lei de Responsabilidade Fiscal, que veda ao titular de poder ou órgão, nos últimos dois quadrimestres do seu mandato, contrair obrigação de despesa que não possa ser cumprida integralmente dentro dele, ou que tenha parcelas a serem pagas no exercício seguinte sem que haja suficiente disponibilidade de caixa para este efeito, é necessário examinar tal regra sob dois critérios: o critério jurídico e o critério contábil.

Pelo critério jurídico, as discussões estão focadas na ideia de que a despesa pública é representada por obrigação de despesa apoiada em instrumento contratual e, por via de consequência, todo o contrato assinado nos últimos dois quadrimestres do mandato deve estar lastreado por recursos financeiros que suportem integralmente a obrigação assumida.

Tal interpretação jurídica pode implicar, na prática, na assinatura de contratos durante os últimos oito meses do mandato com prazo de vencimento para 31 de dezembro, conduzindo à descontinuidade administrativa com a necessidade, quando do início do novo mandato, de contratações emergenciais.

Por sua vez, o critério contábil decorre da aplicação do princípio da competência e, nesse caso, a expressão *obrigação de despesa*, constante do referido art. 42 da LRF, representa a despesa liquidada e contabilizada no passivo financeiro que deve ter seu pagamento efetuado dentro do exercício financeiro ou, quando a obrigação não seja satisfeita até ao final do exercício, indica a obrigatoriedade de existirem recursos em caixa disponíveis para darem cobertura ao respectivo passivo.

Assim, sob o aspecto contábil, a expressão *cumprida integralmente* equivale ao implemento de condição que restringe a noção do empenho como instrumento obrigacional e deve ser entendida como as parcelas de qualquer contrato que tenham vencimento até o final do exercício e, portanto, apenas em relação a estas o administrador fica submetido ao cumprimento integral da obrigação.

Exigir que as disponibilidades de caixa sejam suficientes para dar cobertura a todos os contratos assinados, como tem sido exigido por alguns setores, significa desconsiderar o princípio da continuidade.

4.9.6 Contabilização da despesa orçamentária

A contabilização da despesa orçamentária deve seguir os seguintes lançamentos, conforme Plano de Contas a ser utilizado e considerando que o orçamento aprovado tinha a seguinte composição, no campo relativo à despesa.

---

[23] Tal verificação pode dar origem a uma liquidação forçada do empenho e na sua inscrição como Restos a Pagar Processados. No lugar de "liquidação forçada preferimos utilizar liquidações pendentes ou liquidações em ser".

DISCRIMINAÇÃO	$	$
1. Despesa Correntes		
a. Pessoal e Encargos	50	
b. Outras correntes Material de Consumo	20	70
2. Despesa de Capital		
a. Investimentos – compra de equipamentos	5	
b. Amortização da Dívida (resgate total)	25	30
TOTAL DO ORÇAMENTO DA DESPESA		100

a) Fixação da Despesa a partir do início de vigência da Lei Orçamentária ou de Créditos adicionais abertos:

SUBSISTEMA	LANÇAMENTO	D	C
Orçamentário	Debite: Despesa Orçamentária Fixada	100	
	Credite: Crédito Orçamentário Disponível		100

b) Pela emissão de empenho para todas as despesas acima:

SUBSISTEMA	LANÇAMENTO	D	C
Orçamentário	Debite: Crédito Orçamentário Disponível	100	
	Credite: Crédito Empenhado a Liquidar		100

c) Pela liquidação das despesas relativas a pessoal e encargos, sendo:
   (i) Valor bruto da folha   – $ 50
   (ii) Valor desconto para IRRF – $ (5)
   (iii) Valor líquido $ 45

SUBSISTEMA	LANÇAMENTO	D	C
Não financeiro	Debite: Variação Patrimonial Diminutiva – Pessoal	50	
Financeiro	Credite: Contas a Pagar		45
	Credite: Imposto de Renda a Apropriar		5

d) Pelo registro da liquidação da despesa no sistema orçamentário referente ao item anterior:

SUBSISTEMA	LANÇAMENTO	D	C
Orçamentário	Debite: Crédito Empenhado a Liquidar	50	
	Credite: Crédito Empenhado Liquidado		50

e) Pela liquidação das despesas de capital, sendo:
   (i) Investimentos

SUBSISTEMA	LANÇAMENTO	D	C
Não financeiro	Debite: Ativo – Investimentos	5	
Financeiro	Credite: Contas a Pagar		5

(ii) Amortização da dívida

SUBSISTEMA	LANÇAMENTO	D	C
Não financeiro	Debite: Dívida Fundada Interna	25	
Financeiro	Credite: Contas a Pagar		25

(iii) Registro no sistema orçamentário das liquidações acima

SUBSISTEMA	LANÇAMENTO	D	C
Orçamentário	Debite: Crédito Empenhado a Liquidar	30	
	Credite: Crédito Empenhado Liquidado		30

f) Pagamento do valor líquido da folha de pagamento:

SUBSISTEMA	LANÇAMENTO	D	C
Financeiro	Debite: Contas a Pagar	45	
	Credite: Bancos c/ movimento		45

g) Pela conversão em receita do valor relativo ao Imposto de Renda Retido na Fonte que, segundo as normas Constitucionais, pertence à entidade pública retentora:[24]

SUBSISTEMA	LANÇAMENTO	D	C
Financeiro	Debite: Imposto de Renda a Apropriar	5	
Não financeiro	Credite: Variação Patrimonial Aumentativa – Transferências		5

h) Pelo registro orçamentário do pagamento de pessoal e conversão do IRRF:

SUBSISTEMA	LANÇAMENTO	D	C
Orçamentário	Debite: Crédito Empenhado Liquidado	50	
	Credite: Crédito Pago		50

i) Pelo registro orçamentário da receita efetiva decorrente da conversão do IRRF:

SUBSISTEMA	LANÇAMENTO	D	C
Orçamentário	Debite: Receita Orçamentária a Realizar	5	
	Credite: Receita Orçamentária Realizada		5

j) Pagamento das contas a pagar relativas aos itens (e)

SUBSISTEMA	LANÇAMENTO	D	C
Financeiro	Debite: Contas a Pagar	30	
	Credite: Bancos conta movimento		30

---

[24] Preferimos o registro do Imposto Retido na Fonte como Receita de Transferência, tendo em vista que a competência constitucional tributária é da União, cabendo aos entes da Federação apenas a retenção e a respectiva conversão de um passivo em receita.

k) Registro orçamentário do pagamento:

SUBSISTEMA	LANÇAMENTO	D	C
Orçamentário	Debite: Crédito Empenhado Liquidado	30	
	Credite: Crédito Pago		30

l) Liquidação referente à compra de material de consumo que ficou depositado no almoxarifado aguardando requisições de consumo:

SUBSISTEMA	LANÇAMENTO	D	C
Não financeiro	Debite: Almoxarifado	20	
	Credite: Fornecedores		20

m) Registro orçamentário da liquidação:

SUBSISTEMA	LANÇAMENTO	D	C
Orçamentário	Debite: Créditos empenhados a liquidar	20	
	Credite: Crédito empenhado liquidado		20

n) Pago fatura do fornecedor do material depositado em almoxarifado:

SUBSISTEMA	LANÇAMENTO	D	C
Financeiro	Debite: Fornecedores	20	
	Credite: Bancos conta movimento		20

o) Pelo registro orçamentário:

SUBSISTEMA	LANÇAMENTO	D	C
Orçamentário	Debite: Crédito empenhado liquidado	20	
	Credite: Crédito pago		20

Após esses lançamentos, é possível levantar o seguinte balancete da posição das contas segundo o subsistema a que pertencem:

SUBSISTEMA/CONTAS	DÉBITO	CRÉDITO	DÉBITO	CRÉDITO
FINANCEIRO				
1. Bancos conta movimento		95	–	95
2. Contas a pagar	75	75	–	–
3. Fornecedores	20	20	–	–
4. Imposto de Renda a apropriar	5	5		–
NÃO FINANCEIRO				
5. Almoxarifado	20	–	20	–
6. Ativo Imobilizado – Investimentos	5	–	5	–
7. Dívida Fundada Interna	25	–	25	–
RESULTADO				
8. Variação Patrimonial Aumentativa				
a. Transferências		5		5
9. Variação Patrimonial Diminutiva				
a. Pessoal e Encargos	50	–	50	–
Total dos sistemas patrimoniais	200	200	100	100
ORÇAMENTÁRIO				
10. Despesa Orçamentária Fixada	100	–	100	–
11. Crédito Orçamentário Disponível	100	100	–	–
12. Crédito Empenhado a Liquidar	100	100	–	–
13. Crédito Empenhado Liquidado	100	100	–	–
14. Crédito Pago	–	100	–	100
15. Receita Orçamentária a Realizar	5	–	5	–
16. Receita Orçamentária Realizada	–	5	–	5
Total do sistema orçamentário	405	405	105	105

Exercícios

a) Questões para revisão

1. Na elaboração do Projeto de Lei Orçamentária, qual é o limite das operações de crédito?

2. Uma Prefeitura resolve cancelar Restos a Pagar por insubsistentes e o Secretário de Fazenda determina que a contabilidade inclua esse valor na conta da Receita Corrente Líquida. Você está de acordo com tal procedimento?

3. O ente público de qualquer esfera de governo pode alienar um bem, móvel ou imóvel, e por estar em dificuldades financeiras utilizar os recursos relativos a essa venda para quitar a folha de pagamento dos funcionários que estão há seis meses sem receber?

4. Qual é o verdadeiro sentido do art. 42 da Lei de Responsabilidade Fiscal (LRF), ao estabelecer que nos dois últimos quadrimestres o mandatário não pode deixar despesa a ser paga pela próxima administração?

5. Se no final do exercício a administração do Município resolve cancelar despesas já empenhadas e liquidadas com o objetivo de evitar a inscrição em Restos a Pagar tendo em vista a insuficiência de recursos financeiros, qual seria a sanção prevista?

6. Como devem ser considerados os precatórios que não tenham sido pagos durante a execução orçamentária do exercício em que foram incluídos.

b) Questões objetivas

1. A melhoria da administração das contas públicas, impondo aos governantes compromissos com a execução e controle do orçamento e das metas fiscais além do estabelecimento de princípios e normas gerais de finanças públicas para as três esferas de governo, constituem regras de um novo código de conduta dos administradores públicos decorrente da Lei de Responsabilidade Fiscal:

    (a) ambas são verdadeiras;

    (b) falsa somente a primeira;

    (c) ambas são falsas;

    (d) falsa somente a segunda.

2. O princípio que está relacionado estritamente com a prática da movimentação financeira do Tesouro e significa que não deve haver recursos financeiros separados e independentes é denominado de:

    (a) unidade de caixa ou tesouraria;

    (b) unidade orçamentária;

    (c) orçamento bruto;

    (d) não afetação das receitas.

    Examine o resumo do Orçamento a seguir e responda às Questões 3, 4, e 5:

RECEITAS	$	DESPESAS	$
Receitas Correntes		Despesas Correntes	
Tributária	200	Pessoal e Encargos	100
Patrimonial	50	Outras Correntes	170
Soma	250	Soma	270
Receita de Capital		Despesas de Capital	
Operações de Crédito	200	Investimentos	200
Alienação de Bens	100	Amortiz. da Dívida	80
Soma	300	Soma	280
TOTAL	550	TOTAL	550

3. O resultado do orçamento corrente é:

   (a) superávit de $ 20;

   (b) déficit de $ 20;

   (c) resultado nulo;

   (d) nenhuma das respostas acima.

4. Qual o resultado total:

   (a) superávit de $ 250;

   (b) déficit de $ 250;

   (c) déficit de $ 300;

   (d) superávit de $ 300.

5. No caso de déficit, quais os recursos que lhe darão cobertura:

   (a) operações de crédito de $ 200 e alienação de bens de $ 100;

   (b) receita tributária de $ 200;

   (c) receita patrimonial de $ 50;

   (d) nenhuma das respostas acima.

6. De acordo com a classificação funcional-programática, o maior agregado das ações do Governo é:

   (a) a categoria econômica;

   (b) o programa;

   (c) a função;

   (d) a subfunção.

7. A Lei de Responsabilidade Fiscal estabelece como instrumentos de transparência da gestão fiscal:

   (a) os planos, orçamentos e leis de diretrizes;

   (b) os planos, orçamentos e leis de diretrizes orçamentárias; as prestações de contas e o respectivo parecer prévio; o relatório resumido da execução orçamentária e o relatório da gestão fiscal, bem como as versões simplificadas desses;

   (c) as prestações de contas e o respectivo parecer prévio;

   (d) o relatório da gestão fiscal.

8. Prefeitura Gestão Responsável pretende solicitar a abertura de crédito especial por excesso de arrecadação. Para tanto, a área de orçamento em conjunto com a área financeira e de contabilidade verificou o seguinte:

   a) de uma receita prevista, até o mês de $ 120, já tinham sido arrecadados $ 170, mas estima-se que, no restante do exercício, deixarão de ser arrecadados $ 10;

   b) já havia sido aberto um crédito extraordinário de $ 5;

   c) o Balanço Patrimonial do exercício anterior apresenta $ 10 no disponível e $ 20 no superávit financeiro;

   d) está sendo reaberto um crédito especial de $ 15, autorizado em setembro do exercício anterior;

   e) a Prefeitura obteve um empréstimo de $ 25 para fazer face a novas despesas;

   f) uma análise da execução orçamentária do exercício mostrou que dotações no valor de $ 15 não serão mais utilizadas e, portanto, podem ser anulados.

   Com base nesses dados, responda à questão a seguir:

   Adotando uma postura conservadora no sentido de não considerar no ativo financeiro qualquer valor a receber, pode-se afirmar que o valor disponível para abertura do Crédito Especial é de:

   (a) $ 70;

   (b) $ 40;

   (c) $ 50;

   (d) $ 80.

9. Quando enfocamos as receitas em relação à afetação que produzem no patrimônio líquido, podemos dividi-las em:

   (a) efetivas e por mutações patrimoniais;

   (b) correntes e de capital;

(c) correntes líquidas e restituições;

(d) tributárias e não tributárias.

10. O lançamento feito unilateralmente pela autoridade administrativa, sem a intervenção do contribuinte, denomina-se:

    (a) homologação;

    (b) declaração;

    (c) inscrição;

    (d) direto ou de ofício.

11. Levando em consideração a Lei de Responsabilidade Fiscal, marque a única alternativa que não comprova aumento permanente da receita:

    (a) elevação de alíquotas;

    (b) a realização de concurso para Fiscal de Rendas;

    (c) ampliação da base de cálculo;

    (d) majoração ou criação de tributo ou contribuição.

12. As despesas correntes derivadas de lei, medida provisória ou ato administrativo normativo que fixem para o ente a obrigação legal de sua execução por um período superior a dois exercícios, denominam-se:

    (a) obrigatórias de caráter continuado;

    (b) obrigatórias de caráter fixo;

    (c) obrigatórias ou compulsórias;

    (d) facultativas ou compulsórias.

13. São despesas fixas aquelas de caráter permanente:

    (a) cuja ocorrência depende de decisão dos administradores;

    (b) cuja ocorrência decorre de normas constitucionais e legais;

    (c) cuja ocorrência decorre de decisão judicial;

    (d) cuja ocorrência decorre de decisão dos ordenadores.

Bibliografia

ABDALA FILHO, Nagib. *Estudo de interferência de dispositivos*: Lei nº 4.320/64, SPLC 135/96: Proposta do executivo de alterações do SPLC 135/96; Lei Complementar 101 de 2000 – Lei de Responsabilidade Fiscal. Brasília: ABOP, v. 3, nº 42, maio/ago. 99, p. 9.

BALEEIRO, Aliomar. *Uma introdução à ciência das finanças*. Rio de Janeiro: Forense, 1958.

BARROSO, Luis Roberto. *Interpretação e aplicação da constituição*. 7. ed. São Paulo: Saraiva, 2009, p. 165.

BRASIL – Ministério da Fazenda. Portaria Conjunta nº 3, de 14 de outubro de 2008. (Publicada no *DOU* de 16-10-2008). Aprova os Manuais de Receita Nacional e de Despesa Nacional e dá outras providências.

BRASIL – Ministério da Fazenda. Conselho Federal de Contabilidade. Resolução CFC nº 1.121, de 28 de março de 2008.

_____. <http://www.planalto.gov.br/ccivil_03/revista/Rev_35/Alvara.htm>. Acesso em: 20 jan. 2009>.

MEIRELES, Hely Lopes. *Direito Administrativo*. São Paulo: Revista dos Tribunais, 1982.

_____. Ministério de Orçamento e Gestão. Portaria nº 42, de 14 de abril de 1999, do MOG – *DOU* de 15-4-99. Atualiza a discriminação da despesa por funções de que tratam o inciso I do § 1º do art. 2º e § 2º do art. 8º, ambos da Lei nº 4.320, de 17 de março de 1964.

BURKEAD, Jesse. *Orçamento público*. Rio de Janeiro: FGV, 1971.

CFC – Conselho Federal de Contabilidade. Resolução CFC nº 1.121, de 28 de março de 2008. NBC T 1 – Estrutura Conceitual para a Elaboração e Apresentação das Demonstrações Contábeis.

DUCRET, A. P. *Evolução dos métodos de licitação de obras públicas em diversos países*. Tradução de Fernando Viola Reis Dias. São Paulo: Sinduscon-SP, 1984.

GIACOMONI, James. *Orçamento público*. 9. ed. São Paulo: Atlas, 2000.

GUEDES, José Rildo de Medeiros. *Comentários à lei de responsabilidade fiscal*. Rio de Janeiro: Ibam, 2001.

IFAC – International Federation of Accountants. Public Sector Committee. *PSC-Study*, nº 10, dez. 1996.

NASCIMENTO, Cláudio. *Elaboração das diretrizes orçamentárias e do orçamento*. Rio de Janeiro: Ibam, 2001.

PREMCHAND, A. *Government budgeting and expenditure controls*: theory and practice. Washington, DO: International Monetary Fund, 1983.

SILVA, José Afonso da. *Orçamento*: programa no Brasil. São Paulo: Revista dos Tribunais, 1973.

TORRES, Ricardo Lobo. *Curso de direito financeiro e tributário*. 6. ed. Rio de Janeiro: Renovar, 1999.

5

Escrituração na Administração Pública

5.1 Introdução

A escrituração dos fatos administrativos de qualquer entidade é sempre feita segundo o método de escrituração e o sistema de contas adotado.

O método de escrituração é norma de caráter permanente observada no registro dos fatos administrativos e pode ser: por partidas simples ou por partidas dobradas, sendo este último consagrado universalmente e utilizado na Contabilidade Pública.

O sistema de contas constitui o conjunto de contas agrupadas em um plano de acordo com a natureza básica das operações.

5.2 Normas de escrituração

5.2.1 Objetivos

A escrituração contábil objetiva o acompanhamento das movimentações do patrimônio, em decorrência das variações patrimoniais; é, portanto, obrigatório o registro de todos os fatos contábeis que imprimam ou possam imprimir, pelas situações jurídicas deles decorrentes, alterações qualitativas ou quantitativas nos elementos que integram o patrimônio do Estado.

A escrituração permite o levantamento de demonstrativos orçamentários, financeiros e patrimoniais, que servirão de apoio, não só às decisões dos administradores, como também às prestações de contas e audiências públicas.

É princípio fundamental que nenhum registro contábil poderá ser efetuado sem que tenha por base um comprovante hábil que, por sua vez, servirá de apoio a um lançamento de escrituração onde sejam movimentados quaisquer dos elementos do patrimônio.

Os comprovantes classificam-se em comprovantes de caixa e extracaixa. Os primeiros são documentos que servem de comprovação de pagamentos ou recebimentos em dinheiro efetuados pelos setores financeiros ou pela rede bancária, enquanto os segundos dizem respeito a documentos que fundamentam registros onde não existe movimentação de numerário.

Os comprovantes que constituem a base da escrituração são aqueles que historiam os "fluxos econômicos" e as "transferências de registros contábeis".

Constituem "fluxos econômicos" as movimentações de bens, direitos e obrigações que se poderão processar:

- entre o Estado e terceiros: fluxos econômicos externos (exemplo: pagamento de salários e fornecedores);
- entre os diversos setores do próprio Estado: fluxos econômicos internos (exemplo: transferência de materiais do almoxarifado a setores de consumo).

As "transferências de registros contábeis" são atos de natureza administrativa, técnico-contábil destinados a:

- retificar erros em registros contábeis anteriormente executados (estornos);
- desintegrar ou aglutinar valores de uma ou várias contas em outra ou outras (exemplo: reunião na conta Resultado Patrimonial do Exercício de todas as variações ativas e passivas).

Somente podem ter origem na contabilidade os comprovantes relativos a transferências de registros contábeis, que devem historiar, com clareza e concisão, a razão do lançamento a efetuar, exigindo-se, ainda, para sua validade, conter o visto do responsável pela contabilidade que na atualidade é representado pela declaração de conformidade contábil.

5.2.2 Classificação contábil

Os comprovantes serão classificados contabilmente, segundo a conceituação do Plano de Contas, mediante a inscrição da correspondente codificação das contas.

A codificação será registrada nos documentos de fluxos econômicos externos, compreendendo os comprovantes de pagamentos e recebimentos, e nos documentos de fluxos econômicos internos, compreendendo os comprovantes extracaixa.

Na ordenação dos comprovantes para fins de escrituração, para cada dia, os documentos devem ser separados e agrupados da seguinte forma:

- reunir em um só grupo todos os documentos relativos a partidas idênticas, envolvendo as contas de Razão sintético como mencionadas no Plano de Contas;
- dentro dos grupos assim organizados, formar subgrupos, reunindo em cada um deles as partidas que envolvam idênticos desdobramentos de 1º grau, procedendo de igual forma para os desdobramentos de 2º, 3º, 4º e 5º graus.

5.2.3 Livros e registros

A escrituração será efetuada através dos seguintes livros ou fichas a serem escrituradas pelos órgãos setoriais:

- Diário Setorial;
- Razão Setorial;
- Registro de Movimento Bancário.

Tais livros são escriturados pelo órgão central, quando for adotado o sistema centralizado pelo qual cada órgão efetua registros setoriais que são encaminhados para consolidação:

- Diário central;
- Livro de Centralização dos Balancetes Setoriais.

a) Diário Setorial

O Diário Setorial escriturado pelo órgão setorial conterá a reprodução individual e clara de todas as fichas de lançamento emitidas com base nas operações resultantes da atividade econômica e financeira desenvolvida e, ainda, no final de cada exercício, os balancetes orçamentário, financeiro e patrimonial, bem como a respectiva demonstração da conta Variações Patrimoniais.

O Diário, conforme modelo a seguir, é um livro cronológico, fundamental e obrigatório no qual são lançados todos os fatos que alterem, quantitativa ou qualitativamente, a estrutura do patrimônio.

Modelo do livro Diário

(1) Rio de Janeiro, 02 de janeiro de 2xxx.

(2)	(3)	(4)		(6)	(7)	(8)
		a	PREVISÃO INICIAL DA RECEITA ORÇAMENTÁRIA RECEITA ORÇAMENTÁRIA A REALIZAR (5) Receita prevista para o exercício conforme Lei nº ...			800
		a	DOTAÇÃO ORÇAMENTÁRIA INICIAL CRÉDITOS ORÇAMENTÁRIOS DISPONÍVEIS Créditos disponíveis para o exercício conforme Lei nº ...			800
		A	BANCOS C/ MOVIMENTO VARIAÇÃO PATRIMONIAL AUMENTATIVA Recebimento de Receitas Correntes			500
		A	RECEITA ORÇAMENTÁRIA A REALIZAR RECEITA ORÇAMENTÁRIA REALIZADA Controle da receita realizada			500

b) Razão Setorial

O Razão é o livro classificador das contas e seus desdobramentos, de tal modo que toda partida lançada no Diário deve ser transcrita no Razão em duas páginas ou fichas, pelo menos: uma (ou mais) correspondente à conta debitada (ou às contas debitadas) e outra (ou mais) relativa à conta creditada (ou contas creditadas). Assim:

O livro Razão, conforme modelo a seguir, é facultativo, fundamental e sistemático:

Modelo do livro Razão

RECEITA ORÇAMENTÁRIA A REALIZAR

2XXX			DÉBITO			2XXX			CRÉDITO		
Jan.	03	a	Receita Orçamentária Realizada.		500	Jan.	02	de	Previsão inicial da Receita Orçamentária		800

(1) Título da conta e desdobramento.
(2) Mês.
(3) Dia.
(4) Preposição "a".
(5) Contrapartida (conta creditada).
(6) Folha do Diário.
(7) Importância.
(8) Preposição "de".
(9) Contrapartida (conta debitada).

c) Registro de movimento bancário

Nesse livro, são registradas as operações de depósitos e emissão de cheques, calculando-se o saldo da respectiva conta bancária após cada operação.

Portanto, é um registro que facilita o controle dos saldos bancários disponíveis e por isso cada folha representa uma conta bancária que é escriturada, dia a dia, à vista das cópias de cheques emitidos, dos comprovantes de depósitos efetuados e dos avisos de crédito recebidos dos bancos.

Os lançamentos no Registro de Movimento Bancário obedecem ao seguinte formato:

Registro de movimento bancário

Vamos supor que o estabelecimento bancário remeta o seguinte extrato:

CONTA 97.00738-5 PREFEITURA DE ASA BRANCA – CONVÊNIO "X"

10/1/XX	Valor creditado		500.000	C	500.000
16/1/XX	Cheque nº 001	20.000		C	480.000
16/1/XX	Valor creditado		150.000	C	630.000
18/1/XX	Estorno	50.000		C	580.000

Pelo menos uma vez por mês deve ser efetuado o confronto dos saldos apresentados no livro com os extratos das contas bancárias fornecidos pelos bancos. Se o confronto dos saldos acusar diferenças, é necessário investigar as causas que podem ser as seguintes:

- cheques ainda não apresentados;
- depósitos não correspondidos pelo banco;
- depósitos não registrados na contabilidade.

A conciliação bancária deve obedecer ao seguinte modelo.

Conciliação Bancária

CHEQUES EMITIDOS E AINDA NÃO APRESENTADOS		PROCEDIMENTO DE CONCILIAÇÃO	
NÚMERO	VALOR	1. Determinar os depósitos não creditados pelo banco. 2. Determinar os débitos vários efetuados pelo banco e ainda não contabilizados na escrita. 3. No quadro reservado à esquerda anotar os cheques emitidos e ainda não apresentados no banco. 4. Determinar os créditos vários efetuados pelo banco e não contabilizados na escrita. **SUGESTÕES PARA ENCONTRAR DIFERENÇAS** Determinar o valor da diferença. Revisar as somas, subtrações e correções, neste formulário e em seus registros. Assegurar-se de que tenha anotado em seus registros os débitos em função dos cheques e outros débitos e créditos recebidos do banco. Verificar os transportes das somas e saldos em seus registros.	
002	80.000		
TOTAL	80.000		
SOMAR OS SALDOS DOS ITENS 1 E 2		SALDO DO EXTRATO DE CONTA NO ÚLTIMO DIA DO MÊS (18/01/XX)	580.000
^^		1. Depósitos ainda não creditados neste extrato – anexo I	70.000
^^		2. Depósitos vários não contabilizados na escrita – anexo II	–,–
SUBTRAIR DO SUBTOTAL A SOMA DOS ITENS 3 E 4		SUBTOTAL	650.000
^^		3. Cheques emitidos e ainda não apresentados — 80.000 4. Créditos vários não contabilizados na escrita – anexo III — –,–	(80.000)
^^		SALDO QUE TEM DE COINCIDIR COM OS REGISTROS CONTÁBEIS	570.000

ELABORADO POR — VISTO

Responsável pela Contabilidade — Responsável pela emissão de cheques

d) Diário Central

O Diário Central obedece ao mesmo formato do Diário Setorial e nele serão registradas as operações resultantes da centralização dos balancetes dos órgãos setoriais e, ainda, ao final de cada exercício, os balanços orçamentários financeiro e patrimonial consolidados e a respectiva conta de Variações Patrimoniais.

e) Livro de Centralização dos Balancetes

Esse livro destina-se ao registro, para fins de centralização, do conteúdo dos balancetes oriundos dos órgãos setoriais e será escriturado em fichas, uma para cada conta vinculada pelos órgãos setoriais.

O Livro de Centralização dos Balancetes obedece ao seguinte modelo:

Livro de centralização dos balancetes

CÓDIGO DA CONTA	NOME DA CONTA			
ÓRGÃOS SETORIAIS	MOVIMENTO DE		MOVIMENTO DE	
	DÉBITO	CRÉDITO	DÉBITO	CRÉDITO
"A" "B" "C"				
TOTAL MENSAL				
SALDO ANTERIOR				
SALDO ATUAL				

O funcionamento da Centralização pode ser mais bem observado no seguinte diagrama:

BALANCETES SETORIAIS

DO ÓRGÃO "A" MÊS DE JANEIRO

CONTAS	MOVIMENTO D	MOVIMENTO C	SALDO D	SALDO C
Bancos	120	80	40	–
Despesas Realizadas	80	–	80	–
Restos a Pagar	–	80	–	80
Patrimônio	–	40	–	40
SOMA	200	200	120	120

DO ÓRGÃO "B" MÊS DE JANEIRO

CONTAS	MOVIMENTO D	MOVIMENTO C	SALDO D	SALDO C
Bancos	150	50	100	–
Despesas Realizadas	50	–	50	–
Restos a Pagar	–	50	–	50
Patrimônio	–	100	–	100
SOMA	200	200	150	150

DO ÓRGÃO "C" MÊS DE JANEIRO

CONTAS	MOVIMENTO D	MOVIMENTO C	SALDO D	SALDO C
Bancos	200	120	80	–
Despesas Realizadas	130	–	130	–
Restos a Pagar	–	80	–	80
Patrimônio	–	130	–	130
SOMA	330	330	210	210

LIVRO DE CENTRALIZAÇÃO

CONTA: BANCOS

ÓRGÃO	MOVIMENTO JANEIRO D	MOVIMENTO JANEIRO C	MOVIMENTO FEVEREIRO D	MOVIMENTO FEVEREIRO C
"A"	120	80	–	–
"B"	150	50	–	–
"C"	200	120	–	–
TOTAL MENSAL	470	250	–	–
SALDO ANTERIOR	–	–	–	–
SALDO ATUAL	220	–	–	–

CONTA: DESPESA REALIZADA

ÓRGÃO	MOVIMENTO JANEIRO D	MOVIMENTO JANEIRO C	MOVIMENTO FEVEREIRO D	MOVIMENTO FEVEREIRO C
"A"	80	–	–	–
"B"	50	–	–	–
"C"	130	–	–	–
TOTAL MENSAL	260	–	–	–
SALDO ANTERIOR	–	–	–	–
SALDO ATUAL	260	–	–	–

CONTA: RESTOS A PAGAR

ÓRGÃO	MOVIMENTO JANEIRO D	MOVIMENTO JANEIRO C	MOVIMENTO FEVEREIRO D	MOVIMENTO FEVEREIRO C
"A"	–	80	–	–
"B"	–	50	–	–
"C"	–	80	–	–
TOTAL MENSAL	–	210	–	–
SALDO ANTERIOR	–	–	–	–
SALDO ATUAL	–	210	–	–

CONTA: PATRIMÔNIO

ÓRGÃO	MOVIMENTO JANEIRO D	MOVIMENTO JANEIRO C	MOVIMENTO FEVEREIRO D	MOVIMENTO FEVEREIRO C
"A"	–	40	–	–
"B"	–	100	–	–
"C"	–	130	–	–
TOTAL MENSAL	–	270	–	–
SALDO ANTERIOR	–	–	–	–
SALDO ATUAL	–	270	–	–

Dos registros anteriores no Livro de Centralização é extraído no órgão central o Balancete Consolidado, conforme segue:

Balancete consolidado mês janeiro

CONTAS	MOVIMENTO		SALDOS	
	D	C	D	C
Bancos	470	250	220	–
Despesa Realizada	260	–	260	–
Restos a Pagar	–	210	–	210
Patrimônio	–	270	–	270
TOTAL	730	730	480	480

As Figuras 5.1 e 5.2 apresentam o fluxo dos documentos, bem como dos lançamentos e registros contábeis em um órgão setorial e no órgão central.

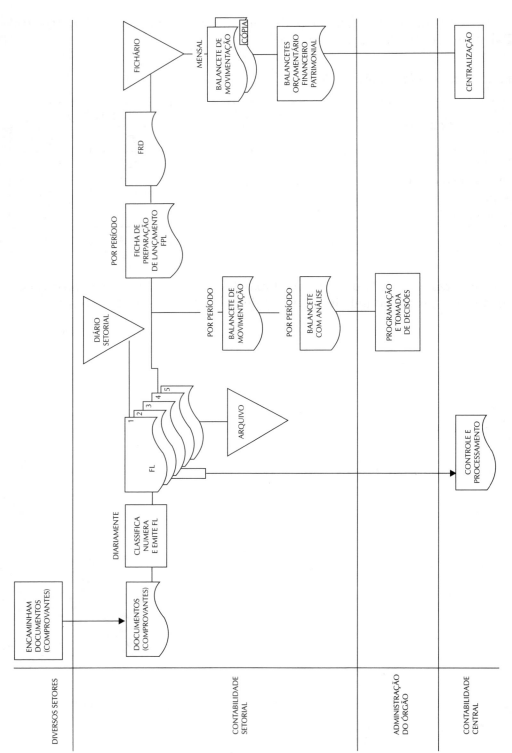

Figura 5.1 *Fluxo contábil setorial.*

Escrituração na Administração Pública 299

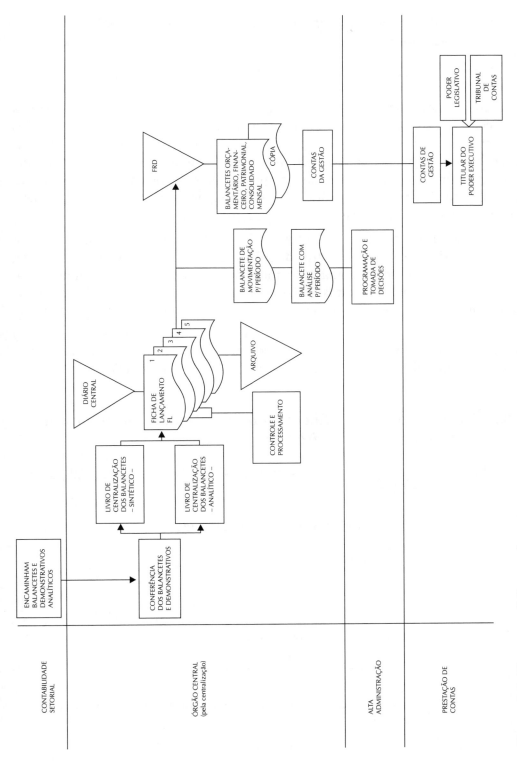

Figura 5.2 *Fluxo contábil central.*

5.3 Duas aplicações práticas: modelo tradicional × modelo patrimonialista

5.3.1 Introdução

Para melhor entendimento da sistemática de integração entre o subsistema financeiro e o subsistema patrimonial, são apresentados a seguir dois exemplos hipotéticos supondo uma posição patrimonial inicial, o registro de algumas operações típicas e uma posição final do patrimônio, com o objetivo de mostrar que, nas duas situações, o resultado patrimonial é o mesmo. Deixamos de apresentar exemplos do sistema orçamentário porque o assunto já foi objeto de comentário na parte relativa ao orçamento, receita e despesa orçamentária.

A primeira com a sistemática tradicional em que o sistema orçamentário exerce forte influência sobre os registros do subsistema financeiro e este, por sua vez, influencia o sistema patrimonial que apresenta numa única conta contábil (variações patrimoniais), conceitos patrimoniais (receitas e despesas efetivas) e orçamentários (variações ativas e passivas resultantes da execução orçamentária).

A segunda com a integração entre os subsistemas financeiro e patrimonial que recebem os fluxos decorrentes da execução do subsistema orçamentário, mas com a manutenção das características peculiares de cada um deles.

5.3.2 Sistemática com a influência do subsistema orçamentário sobre os subsistemas financeiro e patrimonial

A Prefeitura ABC apresentava o seguinte Balanço Patrimonial inicial para um determinado exercício:

Balanço Patrimonial inicial

ATIVO		PASSIVO	
Circulante		Circulante	
– Caixa	100	Contas a Pagar	50
Permanente		Patrimônio líquido	
– Imóveis	200	Fundo Social	250
Total	300		300

1. Durante o exercício foram efetuadas as seguintes operações e respectivos lançamentos na contabilidade:

    a. Recebimento em dinheiro das seguintes receitas:

i. Receita Corrente – Receita Tributária .... $ 120
ii. Receita de Capital
   1. Alienação de bens imóveis .... $ 30
   2. Operações de crédito (empréstimo) .... $ 50   <u>200</u>

SUBSISTEMA	INTERPRETAÇÃO DA OPERAÇÃO	Débito/ Crédito	LANÇAMENTO
Financeiro	Pelo ingresso dos recursos	Debite	D: Caixa

	Pela apropriação da receita	Credite	C: Receitas Correntes
			   Receita Tributária 120
			C: Receita de Capital
			   Alienação de bens imóveis 30
			   Operações de crédito 50 200

SUBSISTEMA	INTERPRETAÇÃO DA OPERAÇÃO	Débito/ Crédito	LANÇAMENTO

Patrimonial	Pelo reflexo no patrimônio da alienação de imóveis	Debite	D: Variações Passivas
			   Mutações Patrimoniais da Receita
			   Alienação de imóveis

	Pela baixa do imóvel alienado	Credite	C: Imóveis 30

SUBSISTEMA	INTERPRETAÇÃO DA OPERAÇÃO	Débito/ Crédito	LANÇAMENTO

Patrimonial	Pelo reflexo no patrimônio do empréstimo obtido	Debite	D: Variações Passivas
			   Mutações Patrimoniais da Receita
			   Empréstimos tomados

	Pela operação de crédito (empréstimo)	Credite	C: Dívida Fundada 50

2. Pagamento
   a. Pagamento em dinheiro das seguintes despesas
      i. Despesas Correntes – Pessoal e Encargos .... $ 50
      ii. Despesas de Capital
         1. Aquisição de móveis .... $ 10
         2. Amortização de empréstimos .... $ 40

SUBSISTEMA	INTERPRETAÇÃO DA OPERAÇÃO	Débito/ Crédito	LANÇAMENTO

Financeiro	Pela apropriação das despesas	Debite	D: Despesa Corrente
			    Pessoal e Encargos 50
			D: Despesa de Capital
			    Aquisição de móveis 10
			    Amortização da dívida 40

	Pelo desembolso de recursos	Credite	C: Caixa 100

SUBSISTEMA	INTERPRETAÇÃO DA OPERAÇÃO	Débito/ Crédito	LANÇAMENTO
Patrimonial	Pela aquisição de móveis	Debite	D: Móveis

	Pelo reflexo no patrimônio da aquisição de bens móveis	Credite	C: Variações Ativas
			    Mutações Patr. Despesa
			    Aquisição de móveis 10

SUBSISTEMA	INTERPRETAÇÃO DA OPERAÇÃO	Débito/ Crédito	LANÇAMENTO
Patrimonial	Pela amortização de empréstimos	Debite	D: Dívida Fundada

	Pelo reflexo no patrimônio da amortização de empréstimos	Credite	C: Variações Ativas
			    Mutações Patr. Despesa
			    Amort. de empréstimos 40

Com esses dados é possível mostrar a movimentação nas contas do sistema financeiro e do sistema patrimonial por meio dos seguintes registros e levantar o balancete de verificação, como a seguir:

Balanço Patrimonial inicial

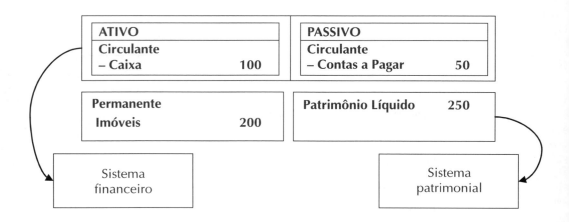

SISTEMA FINANCEIRO		SISTEMA PATRIMONIAL	
Caixa (si) 100 | 100 (4) (1) 200	**Contas a Pagar** | 50 (si)	**Imóveis** 200 (si) | 30 (2)	**Patrimônio Líquido – Fundo Social** | 250 (si)
		Móveis (5) 10 |	**Dívida Fundada** (6) 40 | 50 (3)
Despesa Corrente Pessoal e Encargos (4) 50 |	**Receita Corrente Receita Tributária** | 120 (1)		
Despesa de capital Aquisição de móveis (4) 10 |	**Receita de Capital Alienação de Bens imóveis** | 30 (1)	**V. Passivas Mutações Patr. da Receita Alienação de bens imóveis** (2) 30 |	**V. Ativas Mutações Patr. da Despesa – Aquisição de bens móveis** | 10 (5)
Despesa de capital Amortização da dívida (4) 40 |	**Receita de Capital Operações de Crédito** | 50 (1)	**V. Passivas Mutações Patr. da Receita Empréstimos tomados** (3) 50 |	**V. Ativas Mutações Patr. da Despesa – amortização de empréstimos** | 40 (6)

Balancete de Verificação

Contas	Saldo anterior		Movimento		Saldo final	
	D	C	D	C	D	C
Caixa	100		200	100	200	
Contas a Pagar		50	–	–	–	50
Móveis	–		10		10	
Imóveis	200		–	30	170	
Dívida Fundada		–	40	50		10
Patrimônio Líquido-Fundo		250	–	–		250
Receita Corrente – R. Tributária				120		120
Receita de Capital – Alienação de bens imóveis – Operações de crédito				30 50		30 50
Despesa Corrente – Pessoal e Encargos			50		50	
Despesa de Capital – Aquisição de móveis – Amortização dívida			10 40		10 40	
Variações Ativas – MPD – Aq. Bens móveis – MPD – Amortização de empréstimos				10 40		10 40
Variações Passivas – MPR – Alienação imóveis – MPR – Emp. Tomados			30 50		30 50	
Total	300	300	430	430	560	560

A análise do balancete de verificação mostra as contas integrais que representam os bens e direitos (ativo) e as obrigações (passivo) e as contas diferenciais, misturando num mesmo documento o resultado financeiro com o resultado econômico. Neste sentido, é possível destacar do referido balancete os seguintes elementos:

    a) As contas de receita correntes que representam receitas efetivas e, portanto, constituem-se em fatos modificativos que geram aumento do patrimônio líquido, com a seguinte posição:

Contas	Saldo anterior	Movimento	Saldo final
Receita Corrente – R. Tributária		120	120

b) As contas de receita de capital que representam receitas por mutações patrimoniais e constituem-se em fatos permutativos que não geram alterações no patrimônio líquido, vale dizer, não são receitas no sentido patrimonial e sim ingressos de numerário conforme destaques a seguir:

Contas	Saldo anterior	Movimento	Saldo final
Receita de Capital – Alienação de bens imóveis – Operações de crédito		30 50	30 50
Variações Passivas – MPR – Alienação imóveis – MPR – Emp. Tomados		30 50	30 50

c) As contas de despesas correntes que representam despesas efetivas e, portanto, constituem-se em fatos modificativos que geram diminuição do patrimônio líquido, com a seguinte posição:

Contas	Saldo anterior	Movimento	Saldo final
Despesa Corrente – Pessoal e Encargos		50	50

d) As contas de despesa de capital que representam despesas por mutações patrimoniais e constituem-se em fatos permutativos que não geram alterações no patrimônio líquido, vale dizer, não são despesas no sentido patrimonial e sim desembolsos de numerário, conforme abaixo:

Contas	Saldo anterior	Movimento	Saldo final
Despesa de Capital – Aquisição móveis – Amortização de dívida		10 40	10 40
Variações Ativas – MPD – Aquisição bens móveis – MPD – Amortização de empréstimos		10 40	10 40

Com tais destaques é possível verificar que somente os relativos às letras "a" e "c" produzem movimentos aumentativos ("a") e diminutivos ("c") no patrimônio líquido da entidade pública, enquanto os movimentos representados nas letras "b" e "d" indicam que o registro na receita de capital (b) e na despesa de capital (d) foi compensado com o registro nas contas variações passivas (mutações patrimoniais da receita) e variações ativas (mutações patrimoniais da despesa), produzindo em consequência um efeito nulo sobre o patrimônio líquido.

Nesta sistemática de apuração, o exercício é encerrado em duas etapas. A primeira para transferir o resultado do sistema financeiro para o sistema patrimonial e o segundo para apurar o resultado do exercício, conforme fluxos a seguir:

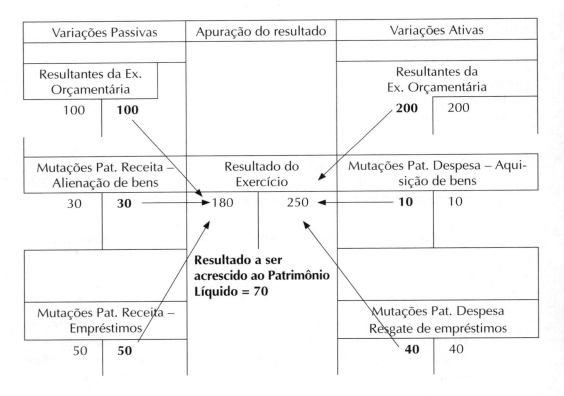

A folha de trabalho apresentada a seguir mostra os registros necessários para levantamento do balanço no final do exercício.

Balancete de Verificação

Contas	Saldo anterior D	Saldo anterior C	Movimento D	Movimento C	Saldo final D	Saldo final C	Integração do resultado financeiro para o resultado patrimonial D	Integração do resultado financeiro para o resultado patrimonial C	Saldo final após integração D	Saldo final após integração C	Resultado patrimonial D	Resultado patrimonial C	Balanço Final D	Balanço Final C
Caixa	100		200	100	200				200				200	
Contas a Pagar		50	–	–	–	50				50				50
Móveis	–		10	–	10				10				10	
Imóveis	200		–	30	170				170				170	
Dívida Fundada		–	40	50		10				10				10
Patrimônio Líquido-Fundo social		250	–	–		250				250				250
Receita Correntes – R. Tributária				120		120	120 [1]		–	–				
Receita de Capital – Alienação de bens imóveis – Operações de crédito				30 50		30 50	30 [1] 50 [1]		– –	– –				
Despesa Corrente – Pessoal e Encargos			50		50			50 [2]	–	–				
Despesa de Capital – Aquisição móveis – Amortização dívida			10 40		10 40			10 [2] 40 [2]	– –	– –				
Variações Ativas MPD – Aquisição bens móveis – MPD – Amortiz. de empréstimos				10 40		10 40				10 40	10 [3] 40 [3]			
Variações Passivas – MPR – Alienação imóveis – MPR – Empréstimos tomados			30 50		30 50				30 50			30 [4] 50 [4]		
Variações Ativas – REO							200 [1]			200	200 [3]			
Variações Passivas REO								100 [2]	100			100 [4]		
Resultado do Exercício											180 [4]	250 [3]		70
Total	300	300	430	430	560	560	300	300	560	560	430	430	380	380

O registro dessas transações permite a identificação de dois tipos de resultados:

a) o resultado financeiro;
b) o resultado patrimonial.

O resultado financeiro é apurado pelo Balanço Financeiro, cujo objetivo é o confronto entre as receitas e despesas orçamentárias, bem como que movimentos positivos e negativos afetaram o saldo final disponível. Corresponde às ações decorrentes da execução registradas no subsistema orçamentário.

Portanto, o resultado financeiro é calculado a partir do destaque do movimento das contas de Receita e Despesa Orçamentária constantes no balancete de verificação, conforme quadro a seguir:

Contas	Saldo anterior		Movimento		Saldo final	
Receita Corrente – R. Tributária				120		
Receita de Capital – Alienação de bens – Operações de crédito				30 50		
Despesa Corrente – Pessoal e Encargos			50			
Despesa de Capital – Aquisição imóveis – Amortização dívida			10 40			
Total	–	–	100	200		

Com estas informações é possível conhecer a composição do resultado financeiro, como a seguir:

Receita Orçamentária		Despesa Orçamentária		Variações
Receita Corrente – Receita Tributária	120	Despesa Corrente – Pessoal e Encargos	50	+ 70
Receita de Capital – Alienação de bens – Operações de crédito	30 50	Despesa de Capital – Aquisição de imóveis – Amortização dívida	10 40	+ 20 + 10
Soma dos ingressos	200	Soma dos desembolsos	100	+ 100
Disponibilidade anterior	100	Disponibilidade no final do período	200	(100)
Total	300	Total	300	–

No exemplo, verifica-se que o resultado financeiro é positivo e corresponde ao acréscimo ocorrido nos recursos disponíveis que, no início do período, eram da ordem de $ 100 e no final do período atingiram o montante de $ 200. Poderia, também, ocorrer um decréscimo no saldo disponível e então teríamos um resultado financeiro negativo.

O resultado econômico, por sua vez, é obtido dos movimentos ocorridos no patrimônio e decorre do reconhecimento patrimonial das receitas e despesas mediante a aplicação do princípio da competência nos termos das Normas Brasileiras de Contabilidade aplicadas ao setor público e é evidenciado na Demonstração das Variações Patrimoniais, como a seguir:

VARIAÇÕES PASSIVAS		VARIAÇÕES ATIVAS	

Resultantes da Execução Orçamentária:
• Despesa Corrente
  – Pessoal e Encargos
• Despesa de Capital
  – Aquisição de móveis
  – Amortização da Dívida
	
	50
	
	10
	40
		Resultantes da Execução Orçamentária
		• Receita Corrente
		  – Tributária
		• Receita de Capital
		  – Alienação de bens imóveis
		  – Operações de crédito
			
			120
			
			30
			50

Mutações Patrimoniais da Receita – Alienação de bens – Empréstimos tomados	 30 50	Mutações Patrimoniais da Despesa – Aquisição móveis – Amortização de empréstimos	 10 40
Soma	180	Soma	250
Resultado do exercício	70		
Total	250	Total	250

É preciso não confundir a receita e despesa orçamentária como elementos de controle do sistema orçamentário voltado para o cálculo do resultado financeiro do exercício nos termos do art. 35 da Lei nº 4.320/64, com os fatos administrativos que provocam aumentos ou reduções do patrimônio líquido e que são evidenciados nas variações ativas e nas variações passivas representadas na demonstração do resultado econômico do exercício.

O exemplo apresentado demonstra como, partindo do Balanço Patrimonial do exercício anterior, os registros são desmembrados no subsistema financeiro e no subsistema patrimonial, mas sempre mantendo a equação patrimonial básica, ou seja:

$$\boxed{\text{ATIVO} = \text{PASSIVO} + \text{PATRIMÔNIO LÍQUIDO}}$$

Portanto, a Prefeitura ABC apresenta no final do exercício o seguinte Balanço Patrimonial final.

ATIVO		PASSIVO	
Circulante		Circulante	
– Caixa	200	Contas a Pagar	50
Permanente		Permanente (não circulante)	
– Móveis	10	– Dívida fundada	10
– Imóveis	170	Patrimônio líquido	
		Fundo Social	250
		Resultado do exercício	70
Total	380		380

Assim, durante todo o exercício, os registros do sistema financeiro correspondem a reflexos dos fatos registrados na execução da receita e despesa orçamentária do sistema orçamentário e, por sua vez, o sistema patrimonial recebe a influência dos dois anteriores.

Este modelo contábil apresenta como foco o sistema orçamentário e produz uma série de deficiências na evidenciação do patrimônio entre as quais destacam-se o não reconhecimento dos seguintes elementos patrimoniais:

- recebíveis decorrentes do lançamento tributário;
- perdas dos ativos imobilizados decorrentes da depreciação, da exaustão ou da amortização;
- passivos relacionados com obrigações ocorridas sem suporte orçamentário.

Para os que defendem este método de contabilização o mais importante é o conhecimento estático da execução orçamentária de cada exercício isoladamente. Consequentemente, deixam de lado qualquer ato potencial ou contrato que possa afetar outros exercícios.

5.3.3 Sistemática com enfoque no patrimônio utilizando como insumos o sistema orçamentário, financeiro, patrimonial e de custos

A sistemática apresentada no item anterior revela a ênfase que tem sido dada ao processo orçamentário e financeiro e o cumprimento de parte da Lei nº 4.320/64, basicamente até ao art. 82. Dessa forma, o sistema patrimonial passou a ter a função secundária de receptor dos fatos oriundos da gestão orçamentária e financeira. Em consequência, os demais fatos são registrados somente de forma residual ou em decorrência da descoberta de falhas administrativas, entre as quais, num retrospecto histórico, podem ser encontradas as seguintes:

a) No início da vigência da Lei nº 4.320/64, o estágio da liquidação da despesa constituía mero ato administrativo sem qualquer registro contábil e isto representava uma dificuldade para que tanto o Governo como a sociedade soubessem, no final de cada mês, o valor das despesas liquidadas a pagar. Tal informação só era possível no final do exercício quando as despesas liquidadas pendentes de pagamento eram inscritas em restos a pagar e passavam a constar no passivo financeiro do balanço. Foi preciso que alguns parlamentares fossem alertados de que dos superávits financeiros mensais apresentados nas demonstrações, deveriam ser abatidos os valores a pagar decorrentes de despesas já liquidadas para que os sistemas de contabilidade dessem início ao registro da despesa no momento da liquidação da despesa com sua inclusão no passivo a partir do seu reconhecimento, vale dizer, da liquidação da despesa.

b) O valor dos precatórios a pagar não eram provisionados como passivo no momento que o responsável pela entidade tomava conhecimento da obrigação e, portanto, não constavam das demonstrações contábeis. Em consequência, só eram registrados quando do efetivo pagamento. Nesse caso, a exigência para apropriação como Variação Passiva e reconhecimento da obrigação no passivo a partir da data da comunicação recebida do Poder Judiciário só foi iniciado a partir de recomendação feita no relatório da CPI dos precatórios.[1]

Em decorrência desses fatos, diversos profissionais de contabilidade em conjunto com o Conselho Federal de Contabilidade vêm estudando de que forma podem dar sentido e finalidade ao conceito de que a contabilidade tem o patrimônio como seu objeto de estudo.

O objetivo dessa comparação é mostrar que a nova contabilidade pública tem o propósito de fazer um refinamento das informações, agregando mais informações nos elementos do ativo, do passivo e do resultado com a inclusão integral dos dados relacionados com as movimentações do patrimônio e evitando a ocorrência de dados fora do balanço *"dados off balance"*. Na realidade, é preciso esclarecer que a nova contabilidade pública não pretende fazer mudanças na sistemática de apuração de resultados já existente, conforme o exemplo a seguir pretende demonstrar.

---

[1] A **CPI dos Títulos Públicos**, também conhecida como **CPI dos Precatórios**, foi uma comissão parlamentar do Senado que investigou durante 90 dias, no transcorrer de 1997, irregularidades relacionadas à autorização, emissão e negociação de títulos públicos, estaduais e municipais, nos exercícios de 1995 e 1996, dos governos de Alagoas, Pernambuco e Santa Catarina e de prefeituras como São Paulo, Campinas e Osasco. O principal foco das apurações acabou recaindo sobre a emissão de títulos públicos destinados a saldar precatórios judiciais.

A seguir é apresentado o mesmo exemplo anterior mas com os registros dentro do enfoque patrimonial:

ATIVO		PASSIVO	
Circulante		Circulante	
– Caixa	100	– Contas a Pagar	50
Permanente		Patrimônio líquido	
– Imóveis	200	– Fundo Social	250
Total	300		300

1. Durante o exercício foram efetuadas as seguintes operações e respectivos lançamentos na contabilidade:

    1.1 Recebimento em dinheiro das seguintes receitas:

        1.1.1 Receita Corrente – Receita Tributária .... $ 120

        1.1.2 Receita de Capital

            1.1.2.1 Alienação de bens imóveis .... $ 30

            1.1.2.2 Operações de crédito (empréstimo)... $ 50 200

(i) Registro das Receitas Correntes – Receita Tributária (receita efetiva)

SUBSISTEMA	INTERPRETAÇÃO DA OPERAÇÃO	Débito/ Crédito	LANÇAMENTO
Financeiro	Pelo ingresso dos recursos	Debite	D: Caixa
Não financeiro	Pela apropriação da receita efetiva.	Credite	C: Variação Patrimonial Aumentativa Receitas Correntes Receita Tributária 120

(ii) Registro da Receita de Capital (mutações patrimoniais)

    a) Alienação de bens imóveis pelo mesmo valor de aquisição.

SUBSISTEMA	INTERPRETAÇÃO DA OPERAÇÃO	Débito/ Crédito	LANÇAMENTO
Financeiro	Pelo ingresso dos recursos	Debite	D: Caixa
Não financeiro	Pela baixa do imóvel alienado	Credite	C: Imóveis 30

b) Operações de crédito (empréstimos)

SUBSISTEMA	INTERPRETAÇÃO DA OPERAÇÃO	Débito/Crédito	LANÇAMENTO
Financeiro	Pelo ingresso dos recursos	Debite	D: Caixa
Não financeiro	Pela registro da obrigação	Credite	C: Dívida Fundada 50

1.2 Pagamento em dinheiro das seguintes despesas
    1.2.1 Despesas Correntes – Pessoal e Encargos .... $ 50
    1.2.2 Despesas de Capital
        1.2.2.1 Aquisição de móveis .... $ 10
        1.2.2.2 Amortização de empréstimos .... $ 40

(i) Registro das Despesas Correntes – Pessoal e Encargos (Despesa efetiva)

SUBSISTEMA	INTERPRETAÇÃO DA OPERAÇÃO	Débito/Crédito	LANÇAMENTO
Não financeiro	Pela apropriação da despesa efetiva.	Debite	D: Variações Pat. Diminutiva Despesa Corrente Pessoal e Encargos
Financeiro	Pelo desembolso de caixa	Credite	C: Caixa 50

(ii) Registro das Despesas de Capital (Mutação patrimonial)
    a. Aquisição de móveis

SUBSISTEMA	INTERPRETAÇÃO DA OPERAÇÃO	Débito/Crédito	LANÇAMENTO
Não financeiro	Pela aquisição de móveis	Debite	D: Móveis
Financeiro.	Pelo desembolso de caixa	Credite	C: Caixa 10

    b. Amortização de empréstimos

SUBSISTEMA	INTERPRETAÇÃO DA OPERAÇÃO	Débito/Crédito	LANÇAMENTO
Não financeiro	Pelo resgate da dívida	Debite	D: Dívida Fundada
Financeiro	Pelo desembolso de caixa	Credite	C: Caixa 40

Com esses dados é possível mostrar a integração no patrimônio do sistema financeiro e do sistema não financeiro com as seguintes movimentações das contas:

Balanço Patrimonial inicial

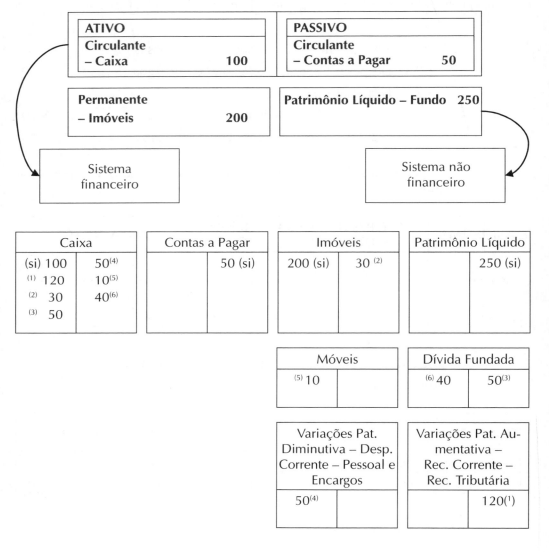

A diferença básica nessa forma de contabilização é que, desse modo, o sistema contábil estará efetuando o registro das movimentações do patrimônio de modo integral. Na sistemática anterior, ainda defendida por alguns profissionais, era necessária a separação dos sistemas financeiro e patrimonial que estavam juntos no início do exercício e ficavam separados durante o exercício financeiro até ao final do exercício seguinte, quando deveriam unir-se novamente para formar o balanço patrimonial.

Nessa sistemática, temos uma integração efetiva, tanto sob o enfoque financeiro como do enfoque não financeiro do patrimônio, para contabilização e registro dos fatos administrativos, tanto espontâneos como decorrentes da ação dos administradores.

Com a contabilização feita, é possível fazer de modo imediato o levantamento do saldo final das contas e da apuração do resultado patrimonial, conforme folha de trabalho a seguir:

Balancete de Verificação

Contas	Saldo anterior		Movimento		Saldo final		Resultado patrimonial		Balanço final	
	D	C	D	C	D	C	D	C	D	C
Caixa	100		200	100	200				200	
Contas a Pagar		50	–	–	–	50				50
Móveis	-		10		10				10	
Imóveis	200		–	30	170				170	
Dívida Fundada		–	40	50		10				10
Patrimônio Líquido		250	–	–		250				250
Variações Pat. Aumentativas – Receita Corrente – R. Tributária				120		120	120[1]		–	–
Variações Pat. Diminutivas Despesa Corrente – Pessoal e Encargos			50		50			50[2]	–	–
Resultado do Exercício							50[2]	120[1]		70
Total	300	300	300	300	430	430	170	170	380	380

Conforme pode ser observado, o balancete de verificação apresenta as contas integrais que representam os bens e direitos (ativo) e as obrigações (passivo). Por outro lado, o resultado do exercício corresponde à diferença entre as Variações Aumentativas (120) e as Variações Diminutivas (50), atingindo o montante de $ 70, exatamente idêntico à sistemática anterior.

Com base no exemplo anterior é possível fazer o confronto entre o fluxo econômico e o fluxo financeiro, averiguando as causas das divergências encontradas. Assim, temos as seguintes posições no exercício x2 comparado com o exercício anterior:

ATIVO			PASSIVO E PL		
	X1	X2		X1	X2
Circulante			Circulante		
Caixa	100	200	Contas a pagar	50	50
Patrimonial			Não circulante	–	
Imóveis	200	170	Dívida Fundada		10
Móveis	–	10	Patrimônio Líquido	250	250
			Resultado do Exercício	–	70
TOTAL	300	380	TOTAL	300	380

Essa demonstração revela que o resultado econômico foi o seguinte:

Variações Pat. Aumentativas	$ 120
Variações Pat. Diminutivas	$ (50)
Resultado Econômico	$ 70

A questão que se levanta na comparação entre o fluxo econômico e o fluxo financeiro é por que obtivemos um resultado econômico de $ 70 e um acréscimo de caixa (resultado financeiro) de $ 100.

Analisando essa diferença de $ 30, verifica-se que:

Fluxo financeiro – acréscimo de caixa	$ 100
(–) Fluxo econômico – resultado econômico	$ (70)
Variação a ser analisada	$ 30

Essa é uma das vantagens da aplicação do sistema integrado com ênfase no patrimônio como objeto de estudos da contabilidade. Nele, a própria movimentação das contas representativas das disponibilidades indica de que modo a entidade, partindo de um saldo em caixa de $ 100, atingiu no final do exercício um saldo de $ 200, conforme a seguir:

- Saldo disponível em X1 $ 100
  Entradas
  – Receita tributária   120
  – Alienação de imóveis   30
  – Empréstimos (operações de crédito)   50   200

Saídas

– Despesa pessoal	50	
– Aquisição de móveis	10	
– Amortização de dívidas	_40_	100
Excesso de entradas sobre as saídas		$ 100
Saldo no final de X2		**$ 200**

Uma vez efetuada a demonstração do fluxo financeiro, podemos compará-lo com o fluxo econômico:

CONTAS	FLUXO ECONÔMICO	FLUXO FINANCEIRO	VARIAÇÕES
Receita Tributária	120	120	–
Alienação de imóveis	–	30	30
Empréstimos (operações de crédito)	–	50	50
Soma (1)	120	200	80
Menos:			
Despesa com Pessoa e Encargo	50	50	–
Aquisição de móveis	–	10	(10)
Amortização de dívidas	–	40	(40)
Soma (2)	50	100	(50)
Resultado Final	70	100	30

O quadro mostra que o resultado econômico ($ 70) foi menor que o financeiro ($ 100) pelos motivos identificados na coluna de variações. A apresentação do demonstrativo atende à obrigação prevista na Lei de Responsabilidade Fiscal, conforme inciso II do art. 50 a seguir:

> *Art. 50. Além de obedecer às demais normas de contabilidade pública, a escrituração das contas públicas observará as seguintes:*
>
> *I – [...]*
>
> *II – a despesa e a assunção de compromisso serão registradas segundo o regime de competência, apurando-se em caráter complementar, o resultado dos fluxos financeiros pelo regime de caixa.*

5.4 Registro de operações típicas com foco no patrimônio

5.4.1 Introdução

A gestão de qualquer entidade pode ser caracterizada pelo desenvolvimento de operações classificadas em dois grupos:

a) Operações relativas a atividades-meio comuns a todas as entidades em geral, independentemente da atividade lucrativa ou não, como, por exemplo, contratos de locação e pagamento de aluguéis, contratos de trabalho e suas consequências financeiras, aquisição de equipamento e de material de consumo para uso administrativo, cumprimento de obrigações de natureza fiscal e previdenciária.

b) Operações relativas a atividades-fim que são peculiares à atividade do Estado, como é o caso da imposição e arrecadação tributária ou lançamento de títulos da dívida mobiliária para financiamento de investimentos e controle orçamentário.

Nos exemplos de operações a seguir são apresentados, principalmente, os registros referentes ao plano de contas já referido, iniciando pelo registro da previsão da receita orçamentária e da despesa orçamentária que, na atividade governamental, constituem temas do maior interesse para o conhecimento da relevação da gestão com vistas à prestação de contas que todo administrador público está obrigado. Tais registros estão apoiados em contas que são utilizadas de modo geral.

5.4.2 Balanço Patrimonial Inicial

A Prefeitura de Asa Branca levantou o balanço encerrado em 31-12-20X7, conforme abaixo:

BALANÇO ENCERRADO EM 31-12-20X7

ATIVO CIRCULANTE	$	$	PASSIVO CIRCULANTE	$	$
Caixa e Equivalentes		100.			
Dívida Ativa Tributária		70.			
ATIVO NÃO CIRCULANTE			PASSIVO NÃO CIRCULANTE		
Bens Móveis		200.			
			PATRIMÔNIO		
			Patrimônio Social		370.
Total do Ativo	–,–	370.	Total do Passivo	–,–	370.

5.4.3 Operações durante o exercício

1. Contabilização de operações derivadas diretamente da execução do orçamento

    1.1 Previsão da receita orçamentária

Receita Corrente – Tributária – impostos	$ 500	
Receita de Capital		
– Alienação de bens móveis	$ 200	
– Operações de crédito	$ 100	300
Total da receita		800

SUBSISTEMA	INTERPRETAÇÃO	GRUPO	LANÇAMENTO	
ORÇAMENTÁRIO	Pela receita prevista	5.2.1	D: PREVISÃO INICIAL DA REC. ORÇAMENTÁRIA	
	Pela contrapartida	6.2.1	C: RECEITA ORÇ. A REALIZAR – Impostos 500 C: RECEITA ORÇ. A REALIZAR – Operações de crédito 100 C: RECEITA ORÇ. A REALIZAR – Alienação de bens 200	800

1.2 Pela arrecadação de receita corrente

Receita Efetiva – Tributos – Impostos $ 500 referentes a tributos autolançados pelo próprio contribuinte.

SUBSISTEMA	INTERPRETAÇÃO	GRUPO	LANÇAMENTO	
FINANCEIRO	Recebimento	1.1.1	D: CAIXA E EQUIVALENTES	
RESULTADO	Apropriação ao resultado	4.1.1	C: VARIAÇÃO PATRIMONIAL AUMENTATIVA Impostos	500
ORÇAMENTÁRIO	Baixa na previsão	6.2.1	D: RECEITA ORÇ. A REALIZAR – Impostos	
	Controle da receita	6.2.1	C: RECEITA ORÇAMENTÁRIA REALIZADA – Impostos	500

1.3 Pela arrecadação de receita de capital

Receita por Mutações – Alienação de bens móveis – $ 200

SUBSISTEMA	INTERPRETAÇÃO	GRUPO	LANÇAMENTO	
FINANCEIRO	Recebimento	1.1.1	D: CAIXA E EQUIVALENTES	
NÃO FINANCEIRO	Baixa no ativo	1.2.3	C: BENS MÓVEIS	200
ORÇAMENTÁRIO	Baixa na previsão	6.2.1	D: REC. ORÇ. A REALIZAR – Alienação de Bens	
	Controle da receita	6.2.1	C: RECEITA ORÇAMENTÁRIA REALIZADA – Alienação de Bens	200

1.4 Pela arrecadação de receita de capital

Receita por Mutações – Operações de crédito – $ 100

SUBSISTEMA	INTERPRETAÇÃO	GRUPO	LANÇAMENTO	
FINANCEIRO	Recebimento	1.1.1	D: CAIXA E EQUIVALENTES	
NÃO FINANCEIRO	Aumento no passivo	2.2.2	C: EMPRÉSTIMO DE LONGO PRAZO (Dívida Interna)	100
ORÇAMENTÁRIO	Baixa na previsão	6.2.1	D: RECEITA ORÇ. A REALIZAR – Op. de crédito	
	Controle da receita	6.2.1	C: RECEITA ORÇAMENTÁRIA REALIZADA – Op. de crédito	100

1.5 Pela arrecadação de receita corrente

Receita por Mutações – Cobrança da dívida ativa – $ 50

SUBSISTEMA	INTERPRETAÇÃO	GRUPO	LANÇAMENTO	
FINANCEIRO	Recebimento	1.1.1	D: CAIXA E EQUIVALENTES	
NÃO FINANCEIRO	Baixa do ativo	1.2.3	C: DÍVIDA ATIVA TRIBUTÁRIA	50
ORÇAMENTÁRIO	Baixa na previsão	6.2.1	D: RECEITA ORÇ. A REALIZAR – Cobrança da Dívida Ativa	
	Controle da receita	6.2.1	C: RECEITA ORÇAMENTÁRIA REALIZADA – Cobrança da Dívida Ativa	50

1.6 Fixação da despesa orçamentária

Despesas Correntes – Outras despesas correntes		$ 450
Despesas de Capital		
Investimentos – Móveis	$ 300	
Amortização da Dívida	$ 50	350
Total		800

SUBSISTEMA	INTERPRETAÇÃO	GRUPO	LANÇAMENTO	
ORÇAMENTÁRIO	Pelo orçamento	5.2.2	D: DOTAÇÃO ORÇAMENTÁRIA INICIAL	
	Pelo crédito disponível	6.2.2	C: CRÉDITOS ORÇ. DISPONÍVEIS Outras correntes – Serv. Terceiros Investimentos – Móveis Amortização da Dívida	450 300 50

1.7 Pelo comprometimento da despesa (Empenho)
a) Despesas Correntes Outras $ 200

SISTEMA	INTERPRETAÇÃO	GRUPO	LANÇAMENTO	
ORÇAMENTÁRIO	Pela baixa no crédito	6.2.2	D: CRÉDITOS ORÇ. DISPONÍVEIS – Outras correntes	
	Pelo empenho	6.2.2	C: CRÉDITOS EMPENHADOS A LIQUIDAR – O. Correntes	200

b) Despesas de Capital
Investimentos – Móveis $ 150

SISTEMA	INTERPRETAÇÃO	GRUPO	LANÇAMENTO	
ORÇAMENTÁRIO	Pela baixa no crédito disponível	6.2.2	D: CRÉDITOS ORÇ. DISPONÍVEIS – Investimentos	
	Pelo empenho	6.2.2	C: CRÉDITOS EMPENHADOS A LIQUIDAR – Investimento	150

c) Despesas de Capital
Amortização da dívida $ 50

SISTEMA	INTERPRETAÇÃO	GRUPO	LANÇAMENTO	
ORÇAMENTÁRIO	Pela baixa no crédito disponível	6.2.2	D: CRÉDITOS ORÇ. DISPONÍVEIS – Amortização dívida	
	Pelo empenho	6.2.2	C: CRÉDITOS EMPENHADOS A LIQUIDAR – Amort. dívida	50

1.8 Pela liquidação das despesas:

Despesas Correntes – Despesa Efetiva – Outras correntes – Serviços de Terceiros – $ 200

SUBSISTEMA	INTERPRETAÇÃO	GRUPO	LANÇAMENTO	
RESULTADO	Pela apropriação da despesa	3.7.2	D: VARIAÇÃO PATRIMONIAL DIMINUTIVA – Serviços	
FINANCEIRO	Pelo registro da dívida (despesa liquidada a pagar)	2.1.3	C: FORNECEDORES (F) – (nome do fornecedor)	200
ORÇAMENTÁRIO	Pela baixa no empenho	6.2.2	D: CRÉDITO EMPENHADO A LIQUIDAR – O. Correntes	
	Pelo registro da liquidação	6.2.2	C: CRÉDITO EMPENHADO LIQUIDADO A PAGAR – Outras Correntes	200

1.9 Pela liquidação das despesas:

Despesa de Capital – Despesa por Mutações – Investimento – $ 150

SUBSISTEMA	INTERPRETAÇÃO	GRUPO	LANÇAMENTO	
NÃO FINANCEIRO	Pelo aumento do ativo	1.2.3	D: BENS MÓVEIS	150
FINANCEIRO	Pelo valor a pagar	2.1.3	C: FORNECEDORES (F) (nome do fornecedor)	
ORÇAMENTÁRIO	Pela baixa do empenho	6.2.2	D: CRÉDITO EMPENHADO A LIQUIDAR – Investimentos	
	Pelo registro da liquidação	6.2.2	C: CRÉDITO EMPENHADO LIQUIDADO A PAGAR – Investimentos	150

1.10 Pela liquidação das despesas:

Despesas de Capital – Despesas por Mutações – Amortização de Dívidas – $ 20

SUBSISTEMA	INTERPRETAÇÃO	GRUPO	LANÇAMENTO	
NÃO FINANCEIRO	Pela diminuição do passivo	2.2.2	D: EMPRÉSTIMOS DE LONGO PRAZO (Dívida interna)	
FINANCEIRO	Pelo registro da dívida	2.1.3	C: CONTAS A PAGAR (P)	20
ORÇAMENTÁRIO	Pela baixa do empenho	6.2.2	D: CRÉDITOS EMPENHADOS A LIQUIDAR – Amort. Dívida	
	Pelo registro da execução da despesa	6.2.2	C: CRÉDITOS EMPENHADOS LIQUIDADOS A PAGAR – Amort. Dívida	20

1.11 Pelo pagamento de despesas já liquidadas conforme item 1.8 – $ 200

SUBSISTEMA	INTERPRETAÇÃO	GRUPO	LANÇAMENTO	
FINANCEIRO	Pela baixa do passivo	2.1.3	D: FORNECEDORES (nome do fornecedor)	
	Pelo pagamento ao fornecedor	1.1.1	C: CAIXAS OU EQUIVALENTE	200
ORÇAMENTÁRIO	Pela baixa p/pagamento	6.2.2	D: CRÉDITO EMPENHADO LIQUIDADO A PAGAR – Outras Correntes	
	Pelo registro da execução	6.2.2	C: CRÉDITO EMPENHADO PAGO – Outras Correntes	200

2 Contabilização de operações que na origem não têm relação direta com o orçamento

2.1 Lançamento do valor referente ao IPTU com as guias encaminhadas aos contribuintes para pagamento – $ 450

SUBSISTEMA	INTERPRETAÇÃO	GRUPO	LANÇAMENTO	
NÃO FINANCEIRO	Valores a arrecadar	1.1.2	D: TRIBUTOS A RECEBER – Impostos	
RESULTADO	Apropriação do resultado	4.1.1	C: VARIAÇÃO PATRIMONIAL AUMENTATIVA Impostos	450

Nota: Este lançamento não gera qualquer registro no sistema Orçamentário, pois é, apenas, indicativo dos valores a receber, e a afetação ao orçamento somente deve ser feita quando da efetiva arrecadação.

2.2 Valor de auto de infração relativo ao ISS em que o contribuinte devedor solicitou parcelamento em 90 dias no valor de $ 100

SUBSISTEMA	INTERPRETAÇÃO	GRUPO	LANÇAMENTO	
NÃO FINANCEIRO	Valores a arrecadar	1.1.2	D: TRIBUTOS A RECEBER – Impostos	
RESULTADO	Apropriação do resultado	4.1.1	C: VARIAÇÃO PATRIMONIAL AUMENTATIVA Impostos	100

Nota: O ISS sobre movimento econômico é um imposto também autolançado pelo próprio contribuinte, mas, neste caso, trata-se de auto de infração lavrado pelo Fisco.

2.3 Recebido valor de $ 400 relativo ao IPTU lançado, conforme 2.1:

SUBSISTEMA	INTERPRETAÇÃO	GRUPO	LANÇAMENTO	
FINANCEIRO	Valor da arrecadação	1.1.1	D: CAIXA E EQUIVALENTES	
RESULTADO	Baixa nos valores a receber	1.1.2	C: TRIBUTOS A RECEBER – Impostos	400
ORÇAMENTÁRIO	Baixa na previsão	6.2.2	D: RECEITA ORÇ. A REALIZAR – Impostos	
	Controle da receita	6.2.2	C: RECEITA ORÇAMENTÁRIA REALIZADA – Impostos	400

2.4 Valor de $ 50 inscrito em Dívida Ativa decorrente da diferença entre o valor lançado *ex officio* ($ 450) conforme item 2.1 e o valor arrecadado ($ 400) conforme 2.3:

SUBSISTEMA	INTERPRETAÇÃO	GRUPO	LANÇAMENTO	
NÃO FINANCEIRO	Pelo aumento do ativo – Valores ajuizados	1.1.2	D: DÍVIDA ATIVA TRIBUTÁRIA	
FINANCEIRO	Pela baixa dos valores a arrecadar	1.1.2	C: TRIBUTOS A RECEBER – Impostos	50

2.5 Recebimento de depósitos para garantia contratual – $ 100

SUBSISTEMA	INTERPRETAÇÃO	GRUPO	LANÇAMENTO	
FINANCEIRO	Pelo recebimento	1.1.2	D: CAIXA E EQUIVALENTES	
	Pelo registro da obrigação	2.1.5	C: VALORES RESTITUÍVEIS (F) Depósitos)	100

2.6 Registro do recurso entregue a servidor como suprimento de fundos ou adiantamento para despesas de pequeno porte $ 50

SUBSISTEMA	INTERPRETAÇÃO	GRUPO	LANÇAMENTO	
FINANCEIRO	Pelo aumento do ativo	1.1.3	D: DEMAIS CRÉDITOS E VALORES DE CURTO PRAZO (Adiantamento concedido)	
	Pelo pagamento	1.1.1	C: CAIXA E EQUIVALENTES	50

2.7 Pela prestação de contas relativa ao suprimento de fundos com apropriação da despesa ao resultado

SUBSISTEMA	INTERPRETAÇÃO	GRUPO	LANÇAMENTO	
NÃO FINANCEIRO	Pela apropriação ao resultado	3.7.1	D: VARIAÇÃO PATRIMONIAL DIMINUTIVA Uso de material de consumo	
FINANCEIRO	Baixa no ativo	1.1.3	C: DEMAIS CRÉDITOS E VALORES DE CURTO PRAZO (Adiantamento concedido)	50

Nota: Além deste lançamento deve ser realizado o registro nas contas orçamentárias nos moldes já indicados anteriormente.

2.8 Incorporação de bem imóvel recebido em doação – $ 20

SUBSISTEMA	INTERPRETAÇÃO	GRUPO	LANÇAMENTO	
NÃO FINANCEIRO	Incorporação do bem doado	1.2.3	D: BENS IMÓVEIS	
RESULTADO	Pela apropriação ao resultado	4.9.9	C: VARIAÇÃO PATRIMONIAL AUMENTATIVA Diversas	20

Escrituração na Administração Pública   325

2.9 Pela provisão para precatórios a pagar que é efetuada no momento em que o Poder Judiciário informa os valores para fins de inclusão na proposta orçamentária – valor de $ 45

SUBSISTEMA	INTERPRETAÇÃO	GRUPO	LANÇAMENTO	
RESULTADO	Pela apropriação ao resultado	3.9.9	D: VARIAÇÃO PATRIMONIAL DIMINUTIVA Diversas	
NÃO FINANCEIRO	Provisão para precatórios a pagar	2.1.8	C: PROVISÕES DE CURTO PRAZO (Precatórios)	45

2.10 Pelo reconhecimento da depreciação sobre bens móveis $ 45

SUBSISTEMA	INTERPRETAÇÃO	GRUPO	LANÇAMENTO	
RESULTADO	Pela apropriação ao resultado	3.7.3	D: VARIAÇÃO PATRIMONIAL DIMINUTIVA Depreciação	
NÃO FINANCEIRO	Pela depreciação acumulada	1.2.3	C: DEPRECIAÇÃO ACUMULADA Depreciação de Bens Móveis	45

5.4.4 Razonetes

DATA/ITEM	TÍTULO/CONTA	SALDO ANTERIOR DÉBITO	SALDO ANTERIOR CRÉDITO	MOVIMENTO DÉBITO	MOVIMENTO CRÉDITO	SALDO ATUAL DÉBITO	SALDO ATUAL CRÉDITO

CONTA: (1.1.1) CAIXA E EQUIVALENTES DE CAIXA

Data/Item	Histórico	D	C	D	C	D	C
	Saldo inicial	100					
1.2	Recebimento		–	500	–		
1.3	Recebimento		–	200	–		
1.4	Recebimento		–	100	–		
1.5	Recebimento		–	50	–		
1.11	Pagamento		–	–	200		
2.3	Recebimento		–	400	–		
2.5	Recebimento		–	100	–		
2.6	Pagamento		–	–	50		
	Soma	100	–	1.350	250	1.200	

DATA/ITEM	TÍTULO/CONTA	SALDO ANTERIOR		MOVIMENTO		SALDO ATUAL	
		DÉBITO	CRÉDITO	DÉBITO	CRÉDITO	DÉBITO	CRÉDITO

CONTA: (1.1.2) TRIBUTOS A RECEBER – Impostos

Data/Item	HISTÓRICO	D	C	D	C	D	C
2.1	Valores a arrecadar		–	450	–		–
2.2	Valores a arrecadar		–	100	–		–
2.3	Redução do ativo		–	–	400		–
2.4	Baixa p/ valores ajuizados		–	–	50		–
	Soma	–	–	550	450	100	

CONTA: (1.1.3) DEMAIS CRÉDITOS E VALORES DE CURTO PRAZO

Data/Item	HISTÓRICO	D	C	D	C	D	C
2.6	Aumento do ativo			50			–
2.7	Redução do ativo				50		–
	Soma	–	–	50	50	–	–

CONTA: (1.1.2) DÍVIDA ATIVA TRIBUTÁRIA

	Saldo inicial	70					
1.5	Baixa do ativo		–		50	–	–
2.4	Valores ajuizados			50			
	Soma	70	–	50	50	70	

CONTA: (1.2.3) BENS IMÓVEIS

Data/Item	HISTÓRICO	D	C	D	C	D	C
2.8	Aumento do ativo		–	20	–		
	Soma	–	–	20		20	

CONTA: (1.2.3) BENS MÓVEIS

Data/Item	HISTÓRICO	D	C	D	C	D	C
	Saldo inicial	200					
1.3	Baixa do ativo				200		
1.9	Aumento do ativo		–	150	–		
	Soma	200	–	150	200	150	

CONTA: (1.2.3) DEPRECIAÇÃO ACUMULADA – Depreciação de Bens Móveis

Data/Item	HISTÓRICO	D	C	D	C	D	C
2.10	Pela depreciação acumulada		–		45		
	Soma	–	–	–	45		45

DATA/ITEM	TÍTULO/CONTA	SALDO ANTERIOR		MOVIMENTO		SALDO ATUAL	
		DÉBITO	CRÉDITO	DÉBITO	CRÉDITO	DÉBITO	CRÉDITO

CONTA: (2.1.3) FORNECEDORES

Data/Item	HISTÓRICO	D	C	D	C	D	C
1.8	Pelo registro da dívida		–		200		
1.9	Pelo valor a pagar				150		
1.11	Baixa no passivo			200			
	Soma	–	–	200	350		150

CONTA: (2.1.3) CONTAS A PAGAR

Data/item	HISTÓRICO	D	C	D	C	D	C
1.10	Registro da dívida				20		
	Soma	–	–	–	20	–	20

CONTA: (2.1.5) VALORES RESTITUÍVEIS – Depósitos

Data/item	HISTÓRICO	D	C	D	C	D	C
2.5	Registro da obrigação				100		
	Soma	–	–	–	100		100

CONTA: (2.1.8) PROVISÃO DE CURTO PRAZO – Precatórios

Data/Item	HISTÓRICO	D	C	D	C	D	C
2.9	Aumento do passivo		–		45		
	Soma	–	–	–	45	–	45

CONTA: (2.2.2) EMPRÉSTIMO DE LONGO PRAZO – Dívida Interna

Data/Item	HISTÓRICO	D	C	D	C	D	C
1.4	Aumento do passivo		–	–	100		
1.10	Diminuição do passivo			20			
	Soma	–	–	20	100		80

CONTA: (2.5.1) PATRIMÔNIO SOCIAL

Data/Item	HISTÓRICO	D	C	D	C	D	C
	Saldo inicial		370		–		
	Soma	–	370	–	–	–	370

CONTA: (3.7.1) VARIAÇÃO PATRIMONIAL DIMINUTIVA – Uso de material de consumo

Data/Item	HISTÓRICO	D	C	D	C	D	C
2.7	Pela apropriação ao resultado		–	50	–		
	Soma	–	–	50		50	

DATA/ITEM	TÍTULO/CONTA	SALDO ANTERIOR		MOVIMENTO		SALDO ATUAL	
		DÉBITO	CRÉDITO	DÉBITO	CRÉDITO	DÉBITO	CRÉDITO

CONTA: (3.7.2) VARIAÇÃO PATRIMONIAL DIMINUTIVA – Serviços

Data/Item	HISTÓRICO	D	C	D	C	D	C
1.8	Pela apropriação		–	200	–		
	Soma	–	–	200	–	200	–

CONTA: (3.7.3) VARIAÇÃO PATRIMONIAL DIMINUTIVA – Depreciação

Data/Item	HISTÓRICO	D	C	D	C	D	C
2.10	Pela depreciação			45			
	Soma	–	–	45		45	

CONTA: (3.9.9) VARIAÇÃO PATRIMONIAL DIMINUTIVA – Diversas

Data/Item	HISTÓRICO	D	C	D	C	D	C
2.9	Pela apropriação ao resultado			45			
	Soma			45		45	

CONTA: (4.1.1) VARIAÇÃO PATRIMONIAL AUMENTATIVA – Impostos

Data/Item	HISTÓRICO	D	C	D	C	D	C
1.2	Apropriação ao resultado			–	500		
2.1	Apropriação ao resultado			–	450		
2.2	Apropriação ao resultado				100		
	Soma	–	–	–	1.050		1.050

CONTA: (4.9.9) VARIAÇÃO PATRIMONIAL AUMENTATIVA – Diversas

Data/Item	HISTÓRICO	D	C	D	C	D	C
2.8	Pela apropriação ao resultado		–		20		
	Soma	–	–	–	20		20

CONTA: (5.2.1) PREVISÃO INICIAL DA RECEITA ORÇAMENTÁRIA

Data/Item	HISTÓRICO	D	C	D	C	D	C
1.1	Pela rec. Prevista		–	800	–		
	Soma	–	–	800		800	

DATA/ITEM	TÍTULO/CONTA	SALDO ANTERIOR		MOVIMENTO		SALDO ATUAL	
		DÉBITO	CRÉDITO	DÉBITO	CRÉDITO	DÉBITO	CRÉDITO

CONTA: (6.2.1) RECEITA ORÇAMENTÁRIA A REALIZAR – Impostos

Data/Item	HISTÓRICO	D	C	D	C	D	C
1.1	Pela contrapartida			–	–	500	
1.2	Baixa na previsão			500			
2.3	Baixa na previsão			400			
	Soma	–	–	900	500	400	

CONTA: (6.2.1) RECEITA ORÇAMENTÁRIA A REALIZAR – Operações de crédito

Data/Item	HISTÓRICO	D	C	D	C	D	C
1.1	Pela contrapartida			–	–	100	
1.4	Baixa na previsão			100			
	Soma	–	–	100	100	–	–

CONTA: (6.2.1) RECEITA ORÇAMENTÁRIA A REALIZAR – Alienação de bens

Data/Item	HISTÓRICO	D	C	D	C	D	C
1.1	Pela contrapartida			–	–	200	
1.3	Baixa na previsão			200			
	Soma	–	–	200	200	–	–

CONTA: (6.2.1) RECEITA ORÇAMENTÁRIA A REALIZAR – Cobrança da Dívida Ativa

Data/Item	HISTÓRICO	D	C	D	C	D	C
1.5	Baixa na previsão			50			
	Soma	–	–	50	–	50	–

CONTA (6.2.1) RECEITA ORÇAMENTÁRIA REALIZADA – Impostos

Data/Item	HISTÓRICO	D	C	D	C	D	C
1.2	Controle da receita				500		
2.3	Controle da receita				400		
	Soma	–	–	–	900		900

CONTA: (6.2.1) RECEITA ORÇAMENTÁRIA REALIZADA – Alienação de bens

Data/Item	HISTÓRICO	D	C	D	C	D	C
1.3	Controle da Receita		–		200		
	Soma	–	–	–	200	–	200

DATA/ITEM	TÍTULO/CONTA	SALDO ANTERIOR		MOVIMENTO		SALDO ATUAL	
		DÉBITO	CRÉDITO	DÉBITO	CRÉDITO	DÉBITO	CRÉDITO

CONTA: (6.2.1) RECEITA ORÇAMENTÁRIA REALIZADA – Operações de crédito

Data/Item	HISTÓRICO	D	C	D	C	D	C
1.4	Controle da receita		–	–	100		
	Soma	–	–	–	100	–	100

CONTA: (6.2.1) RECEITA ORÇAMENTÁRIA REALIZADA – Cobrança da Dívida Ativa

Data/Item	HISTÓRICO	D	C	D	C	D	C
1.5	Controle da receita		–		50		
	Soma	–	–	–	50	–	50

CONTA: (5.2.2) DOTAÇÃO ORÇAMENTÁRIA INICIAL

Data/Item	HISTÓRICO	D	C	D	C	D	C
1.6	Pelo orçamento		–	800	–		
	Soma	–	–	800	–	800	–

CONTA: (6.2.2) CRÉDITOS ORÇAMENTÁRIOS DISPONÍVEIS – Outras Correntes

Data/Item	HISTÓRICO	D	C	D	C	D	C
1.6	Pelo crédito disponível		–		450		
1.7a	Pela baixa no crédito			200			
	Soma	–	–	200	450	–	250

CONTA: (6.2.2) CRÉDITOS ORÇAMENTÁRIOS DISPONÍVEIS – Investimentos

Data/Item	HISTÓRICO	D	C	D	C	D	C
1.6	Pelo crédito disponível		–		300		
1.7b	Pela baixa no crédito			150			
	Soma	–	–	150	300	–	150

CONTA: (6.2.2) CRÉDITOS ORÇAMENTÁRIOS DISPONÍVEIS – Amortização da Dívida

Data/Item	HISTÓRICO	D	C	D	C	D	C
1.6	Pelo crédito disponível		–		50		–
1.7c	Pela baixa no crédito		–	50			–
	Soma	–	–	50	50	–	–

CONTA: (6.2.2) CRÉDITOS EMPENHADOS A LIQUIDAR – Outras Correntes

Data/Item	HISTÓRICO	D	C	D	C	D	C
1.7a	Pelo empenho		–		200		
1.8	Baixa do empenho		–	200			
	Soma	–	–	200	200	–	–

CONTA: (6.2.2) CRÉDITOS EMPENHADOS A LIQUIDAR – Investimentos

DATA/ITEM	TÍTULO/CONTA	SALDO ANTERIOR DÉBITO	SALDO ANTERIOR CRÉDITO	MOVIMENTO DÉBITO	MOVIMENTO CRÉDITO	SALDO ATUAL DÉBITO	SALDO ATUAL CRÉDITO

Data/Item	HISTÓRICO	D	C	D	C	D	C
1.7b	Pelo empenho		–		150		–
1.9	Baixa do empenho			150			
	Soma	–	–	150	150	–	–

CONTA: (6.2.2) CRÉDITOS EMPENHADOS A LIQUIDAR – Amortização da Dívida

Data/Item	HISTÓRICO	D	C	D	C	D	C
1.7c	Pelo empenho		–		50		
1.10	Baixa no empenho			20			
	Soma	–	–	20	50		30

CONTA: (6.2.2) CRÉDITOS EMPENHADOS LIQUIDADOS A PAGAR – Outras Correntes

Data/Item	HISTÓRICO	D	C	D	C	D	C
1.8	Pelo registro da liquidação		–	–	200		–
1.11	Baixa p/pagamento			200			–
	Soma	–	–	200	200	–	–

CONTA: (6.2.2) CRÉDITOS EMPENHADOS LIQUIDADOS A PAGAR – Investimentos

Data/Item	HISTÓRICO	D	C	D	C	D	C
1.9	Pelo registro da liquidação		–	–	150		
	Soma	–	–	–	150		150

CONTA: (6.2.2) CRÉDITOS EMPENHADOS LIQUIDADOS A PAGAR – Amortização da Dívida

Data/Item	HISTÓRICO	D	C	D	C	D	C
1.10	Pelo registro da liquidação		–	–	20		
	Soma	–	–	–	20	–	20

CONTA: (6.2.2) CRÉDITO ORÇAMENTÁRIO PAGO – Outras Correntes

Data/Item	HISTÓRICO	D	C	D	C	D	C
1.11	Registro da execução				200		
	Soma	–	–	–	200		200

5.4.5 Levantamento do Balancete de verificação

Após o registro das operações típicas da atividade pública com lançamentos digráficos e da sistematização das contas por meio do livro razão, como demonstrado, é possível examinar o estado em que se encontra o patrimônio da entidade e qual o resultado obtido com as operações do período. No primeiro caso, trata-se do balanço patrimonial ou de ativo e passivo e, no segundo caso, da demonstração do resultado do exercício e da execução orçamentária do período.

As demonstrações referidas são importantes para a prestação de contas que todo administrador deve fazer ao final de cada período anual ou quando exigido em períodos menores, como é o caso das audiências públicas previstas na Lei de Responsabilidade Fiscal. Tais prestações de contas têm o objetivo de satisfazer:

a) aos interesses do cidadão;
b) aos interesses dos órgãos responsáveis pela fiscalização das contas públicas;
c) às exigências da legislação.

No atendimento aos usuários, é preciso considerar que o levantamento de balanços subordina-se ao processo de relevação de que se serve a entidade e, particularmente, ao regime contábil observado. De qualquer modo, após os registros é possível levantar o balancete de verificação como preliminar ao levantamento do resultado e a elaboração das demonstrações, como a seguir:

(i) Do sistema Patrimonial e de Resultado

	Título/Conta	Saldo anterior		Movimento		Saldo atual	
		Débito	Crédito	Débito	Crédito	Débito	Crédito
1.1.1	Caixa e Equivalentes	100	–	1.350	250	1.200	
1.1.2	Tributos a Receber – Impostos	–	–	550	450	100	
1.1.2	Dívida Ativa Tributária	70	–	50	50	70	
1.1.3	Demais Créditos e Valores de Curto Prazo	–	–	50	50	–	
1.2.3	Bens imóveis	–	–	20	–	20	
1.2.3	Bens móveis	200	–	150	200	150	
1.2.3	Depreciação acumulada – Bens Móveis	–	–	–	45		45
2.1.3	Fornecedores	–	–	200	350		150
2.1.3	Contas a Pagar	–	–	–	20		20
2.1.5	Valores Restituíveis (Depósitos)	–	–	–	100		100
2.1.8	Provisão de Curto Prazo – Precatórios	–	–	–	45		45

	Título/Conta	Saldo anterior		Movimento		Saldo atual	
		Débito	Crédito	Débito	Crédito	Débito	Crédito
2.2.2	Empréstimo de Longo Prazo – Dívida Interna	–	–	20	100		80
2.5.1	Patrimônio Social	–	370	–	–		370
3.7.1	Variação Pat. Diminutiva – Uso matéria de consumo	–	–	50	–	50	
3.7.2	Variação Pat. Diminutiva – serviços	–	–	200	–	200	
3.7.3	Variação Pat. Diminutiva – Depreciação			45		45	
3.9.9.	Variação Pat. Diminutiva – Diversas			45		45	
4.1.1	Variação Pat. Aumentativa – Impostos	–	–	–	1.050		1.050
4.9.9	Variação Pat. Aumentativa – Diversas	–	–	–	20		20
	Soma	**370**	**370**	**2.730**	**2.730**	**1.880**	**1.880**

(ii) Do sistema de Controle

	Título/Conta	Saldo anterior		Movimento		Saldo atual	
		Débito	Crédito	Débito	Crédito	Débito	Crédito
6.2.1	Previsão inicial da rec. Orçamentária	–	–	800	–	800	
6.2.1	Receita Orç. a Realizar – Impostos	–	–	900	500	400	
6.2.1	Receita Orç. a Realizar – Op. de crédito	–	–	100	100	–	
6.2.1	Receita Orç. a Realizar – Alienação de bens	–	–	200	200	–	
6.2.1	Receita Orç. a Realizar – Cobrança da Dívida Ativa	–	–	50	–	50	
6.2.1	Receita Orç. Realizada – Impostos	–	–	–	900		900
6.2.1	Receita Orç. Realizada – Alienação de bens	–	–	–	200		200
6.2.1	Receita Orç. Realizada – Op. de crédito	–	–	–	100		100
6.2.1	Receita Orç. Realizada – Cobrança da Dívida Ativa	–	–	–	50		50
	Soma	–	–	**2.050**	**2.050**	**1.250**	**1.250**

	Título/Conta	Saldo anterior		Movimento		Saldo atual	
		Débito	Crédito	Débito	Crédito	Débito	Crédito
5.2.2	Dotação Orçamentária Inicial	–	–	800	–	800	
6.2.2	Créditos Orçs Disponíveis – O. Correntes	–	–	200	450		250
6.2.2	Créditos Orçs. Disponíveis – Invest.	–	–	150	300		150
6.2.2	Créditos Orçs. Disponíveis – Amort. Dívida	–	–	50	50	–	
6.2.2	Créditos Empenhados a Liq. – O. Correntes	–	–	200	200		–
6.2.2	Créditos Empenhados a Liq. – Invest.	–	–	150	150	–	
6.2.2	Créditos Empenhados a Liq. – Amort. Dívida	–	–	20	50	–	30
6.2.2	Créditos Empenhados Liquidados a Pagar. – O. Correntes	–	–	200	200	–	–
6.2.2	Créditos Empenhados Liquidados a Pagar – Investimento	–	–	-	150		150
7.4	Créditos Emp. Liquidados a Pagar – Amort. Dívida	–	---	–	20		20
7.4	Créditos Empenhados Pagos – O. Correntes	–	–		200		200
	Soma	–	–	1.770	1.770	800	800
	Total Geral de todos os sistemas	370	370	6.550	6.550	3.930	3.930

5.5 Demonstrações contábeis básicas

5.5.1 Introdução

Encerrado o exercício financeiro, o setor de Contabilidade deve proceder ao levantamento das demonstrações contábeis que fazem parte da prestação de contas a ser apresentada não só aos órgãos institucionais do Poder Legislativo e Tribunal de Contas, como também para os diversos usuários.

No aspecto institucional, a obrigatoriedade de prestação de contas decorre de disposição expressa da Constituição Federal, das Constituições Estaduais e das Leis Orgânicas Municipais, de acordo com as respectivas esferas de governo. Assim, a Constituição Federal estabelece no parágrafo único do art. 70:

"*Art. 70. [...]*

Parágrafo único. Prestará contas qualquer pessoa física ou jurídica, pública ou privada, que utilize, arrecade, guarde, gerencie ou administre dinheiros, bens e valores públicos ou pelos quais a União responda, ou que, em nome desta, assuma obrigações de natureza pecuniária."

No âmbito dos municípios, existe a obrigatoriedade de levar ao conhecimento da sociedade o mandamento constitucional que obriga nos termos do § 3º do art. 31:

Art. 31. [...]

§ 3º As contas dos Municípios ficarão, durante 60 (sessenta) dias, anualmente, à disposição de qualquer contribuinte, para exame e apreciação, o qual poderá questionar-lhes a legitimidade, nos termos da lei.

Além desse dispositivo, relativo à esfera municipal, cabe observar a obrigatoriedade da transparência da gestão fiscal, conforme indicado no art. 48 e seu parágrafo único da Lei de Responsabilidade Fiscal, a seguir:

Art. 48. São instrumentos de transparência da gestão fiscal, aos quais será dada ampla divulgação, inclusive em meios eletrônicos de acesso público: os planos, orçamentos e leis de diretrizes orçamentárias; as prestações de contas e o respectivo parecer prévio; o Relatório Resumido da Execução Orçamentária e o Relatório de Gestão Fiscal; e as versões simplificadas desses documentos.

Parágrafo único. A transparência será assegurada também mediante incentivo à participação popular e realização de audiências públicas, durante os processos de elaboração e de discussão dos planos, lei de diretrizes orçamentárias e orçamentos.

Note-se que a participação popular nos municípios é restrita aos contribuintes e, portanto, pelo menos aparentemente, exclui os não contribuintes. Já a Lei de Responsabilidade Fiscal trata da participação popular indicando, como é natural, o direito de todo e qualquer cidadão de obter informações sobre a forma como os recursos da sociedade são alocados.

Os estudos relativos aos balanços públicos e às prestações de contas, salvo algumas exceções decorrentes de pesquisas no campo acadêmico, têm sido efetuados de modo burocrático, em que o objetivo é muito mais cumprir a lei do que realmente servir de instrumento para informar os cidadãos e os órgãos institucionais.

Na Contabilidade Pública, os resultados da gestão são demonstrados mensalmente, por meio de balancetes, conforme já verificamos, e anualmente, mediante balanços gerais completados com quadros analíticos das operações.

Utilizando os mesmos dados das operações típicas do item anterior a partir do balancete de verificação, é possível por meio de folha de trabalho, conforme a seguir, apurar o resultado do exercício que, em caso de superávit, será incorporado ao Patrimônio Líquido e, em caso de déficit, será dele deduzido. Tais registros dão origem ao Balanço Final, conforme a seguir se apresenta:

Apuração do resultado e do balanço final

Título/Conta	Saldo anterior D	Saldo anterior C	Movimento D	Movimento C	Saldo final D	Saldo final C	Resultado do Exercício D	Resultado do Exercício C	Balanço Final D	Balanço Final C
Caixa e Equivalentes	100		1.350	250	1.200				1.200	
Tributos a Receber – Impostos	–		550	450	100				100	
Dívida Ativa Tributária	70	–	50	50	70				70	
Demais Créditos e Valores de Curto Prazo	–	–	50	50	–				–	
Bens imóveis	–	–	20	–	20				20	
Bens móveis	200	–	150	200	150				150	
Depreciação acumulada – Bens Móveis	–	–	–	45		45				45
Fornecedores	–	–	200	350		150				150
Contas a Pagar	–	–	–	20		20				20
Valores Restituíveis (Depósitos)	–	–	–	100		100				100
Provisão de Curto Prazo – Precatórios	–	–	–	45		45				45
Empréstimo de Longo Prazo - Dívida Interna	–	–	20	100		80				80
Patrimônio Social	–	370	–	–		370				370
Variação Pat. Diminutiva – Uso matéria de consumo	–	–	50	–	50		50[1]			
Variação Pat. Diminutiva – Serviços	–	–	200	–	200		200[1]			
Variação Pat. Diminutiva – Depreciação			45		45		45[1]			
Variação Pat. Diminutiva – Diversas			45		45		45[1]			
Variação Pat. Aumentativa – Impostos	–	–	–	1.050		1.050		1.050[2]		
Variação Pat. Aumentativa – Diversas	–	–	–	20		20		20[2]		
Resultado do Exercício							340[1]	1.070[2]		730
Soma	370	370	2.730	2.730	1.880	1.880	1.410	1.410	1.540	1.540

Com este levantamento, a Contabilidade poderá apresentar as seguintes demonstrações contábeis do exercício, conforme estabelecem as Normas Brasileiras de Contabilidade Aplicadas ao setor público:[2]

---

[2] Resolução CFC nº 1.133/2008, com a redação dada p/ Resolução CFC nº 1.268/09.

- Balanço Patrimonial.
- Demonstrações das Variações Patrimoniais.
- Balanço Orçamentário.
- Balanço Financeiro.
- Demonstração do Fluxo de Caixa.
- Demonstração do Resultado Econômico.

5.5.2 Balanço patrimonial

O balanço patrimonial compreende as contas do Ativo, do Passivo e do Patrimônio Líquido e evidencia qualitativa e quantitativamente a situação patrimonial da entidade pública.

A classificação, tanto dos ativos como dos passivos, tem gerado inúmeras discussões, tendo em vista o entendimento de alguns autores no sentido de que a Lei nº 4.320/64 estabeleceu um critério rígido e imutável ao estabelecer que os elementos patrimoniais devem estar segregados em Financeiro, quando a movimentação independa de autorização orçamentária, e em Permanente, na hipótese em que é exigida a autorização legislativa.

Entretanto, sem desconsiderar tal classificação, que é sinalizadora para a ação legislativa, é preciso considerar que, a partir da Constituição Federal de 1988, é o cidadão o destinatário das ações governamentais e, consequentemente, a prestação de contas e os balanços extraídos da contabilidade deixaram de ser uma forma dos administradores "evidenciarem perante a Fazenda Pública",[3] ou seja, de ficarem restritos aos estreitos muros de uma burocracia dominante (a Fazenda Pública), para constituírem um canal de comunicação entre os administradores públicos e a população.

A partir da Constituição Federal e da Lei de Responsabilidade Fiscal ficou caracterizado que, além da classificação rígida estabelecida pela Lei nº 4.320/64, é necessária a identificação de instrumentos que facilitem a transparência e evidenciação das contas públicas. Em resposta a essa necessidade, a ciência contábil possibilita a classificação dos elementos patrimoniais com base nos atributos da conversibilidade (transformação em numerário) e exigibilidade (vencimento de compromissos). Em consequência, é preciso considerar que a melhor evidenciação contábil será aquela que permite a produção de demonstrativos conforme a

---

[3] Se considerarmos que a Fazenda Pública é o conjunto de órgãos da administração *pública* destinados à arrecadação e à fiscalização de tributos, bem como à guarda dos recursos financeiros e títulos representativos de ativo e de direitos do Estado, podemos verificar na redação do art. 83 da Lei nº 4.320/64 a prevalência da teoria personalista das contas que o tempo e a Constituição de 1988, bem como a LRF se encarregaram de mostrar ineficaz em relação às exigências do cidadão como destinatário das ações do governo.

natureza e as exigências dos usuários das informações, aqui incluídos os órgãos institucionais do Poder Executivo, do Legislativo e do Judiciário.

Tomando por base tais premissas, são apresentados a seguir alguns dos demonstrativos previstos nas Normas Brasileiras de Contabilidade aplicada ao setor público.

Balanço patrimonial

ATIVO	Ex. atual	Ex. anterior	PASSIVO	Ex. atual	Ex. anterior
ATIVO CIRCULANTE			PASSIVO CIRCULANTE		
– Caixa e Equivalentes	1.200	100	– Fornecedores	150	–
– Tributos a receber –			– Contas a Pagar	20	–
impostos	100	–	– Valores Restituíveis		
– Dívida Ativa Tributária	70	70	(depósitos)	100	–
			– Provisão C/Prazo –		
			precatórios	45	–
SOMA	1.370	170	SOMA	315	-
ATIVO NÃO CIRCULANTE (Permanente)			PASSIVO NÃO CIRCULANTE		
– Bens imóveis	20		– Empréstimos de longo		
– Bens móveis	150	200	prazo – Dívida Interna	80	–
Menos: Deprec. Acumulada	(45)				
SOMA	125	200	SOMA	80	–
			PATRIMÔNIO LÍQUIDO		
			– Fundo social	370	370
			– Resultado do exercício	730	–
Total	1.495	370		1.495	370

5.5.3 Demonstração das variações patrimoniais

Essa demonstração, que também pode ser denominada de Balanço de Resultados, evidencia as alterações ocorridas no Patrimônio durante o exercício, resultantes ou independentes da execução orçamentária, apurando o resultado patrimonial do período, quer ele seja positivo, negativo ou nulo.

Nas alterações da situação líquida patrimonial, devem, ainda, ser computadas as superveniências e insubsistências ativas e passivas.

Na lição de Viana (1955, p. 317), as superveniências e insubsistências têm origem em fatos administrativos imprevistos ou fortuitos, sendo que as superveniências consistem no aumento dos elementos patrimoniais do ativo e do passivo e as insubsistências na diminuição dos mesmos componentes patrimoniais e, nesse sentido, alerta:

> *"Muitos autores incorrem no equívoco de qualificar as superveniências e as insubsistências em ativas ou passivas, segundo se refletem no ativo ou no passivo. O qualificativo ativo ou passivo deriva, porém, da espécie da variação sobre a situação líquida. Ninguém denomina variação ativa o pagamento de juros pelo simples fato de se refletir numa variação do ativo.*

Portanto, com base nesse conceito, verifica-se que as superveniências e insubsistências são geradoras das seguintes variações na situação líquida de qualquer entidade:

Alterações nos elementos do patrimônio	Tipo de alteração	Exemplos	Em relação ao resultado do exercício.
– aumento do ativo	Superveniência do ativo	– Incorporação de bens doados. – Incorporação decorrente do nascimento de animais no Jardim Zoológico. – Recebimento de um crédito já excluído em face da insolvência do devedor.	Superveniências ativas
– aumento do passivo	Superveniência do passivo	– Reconhecimento de dívidas não constantes no passivo. – Restabelecimento de restos a pagar. – Valores a pagar por decisão judicial. (precatórios)	Superveniências passivas
– diminuição do ativo	Insubsistência do ativo	– Roubo de um bem do ativo. – Cancelamento de valores a receber por insubsistência ou por anistia.	Insubsistências Passivas
– diminuição do passivo	Insubsistência do passivo	– Cancelamento de Restos a Pagar. – Cancelamento de dívidas passivas.	Insubsistências Ativas

As superveniências e as insubsistências são chamadas *Ativas* quando promovem um aumento da situação líquida patrimonial; são denominadas *Passivas* quando determinam uma diminuição da situação líquida.

Com base nos dados apresentados, a demonstração das variações patrimoniais terá a seguinte composição:

Demonstração das Variações Patrimoniais

VARIAÇÕES QUANTITATIVAS	Exercício atual
Variações aumentativas operacionais	
– Impostos	1.050
– Diversas	20
Total das variações aumentativas operacionais	1.070
Variações diminutivas operacionais	
– Uso de matérias de consumo	50
– Serviços	200
– Depreciação	45
– Diversas	45
Total das variações diminutivas operacionais	340
Superávit/ (déficit) das atividades operacionais	730
Resultado financeiro líquido	–
Ganhos e perdas não operacionais	–
Resultado da equivalência patrimonial	–
Superávit/ (déficit) patrimonial do período	730

Além das variações quantitativas, o sistema contábil poderá levantar as variações qualitativas que dizem respeito a alterações dos componentes patrimoniais sem afetar o patrimônio líquido.

A segregação dos elementos qualitativos permitirá acrescentar na demonstração acima as informações referentes a fatos permutativos que, em princípio, não têm como foco a alteração do patrimônio líquido. Em consequência dessa segregação, as variações qualitativas estarão assim evidenciadas:

Variações Qualitativas Diminutivas		Variações Qualitativas Aumentativas	
Mutações patrimoniais da receita – Desincorporação de ativos não financeiros (Alienação de bens)	200	Mutações patrimoniais da despesa – Incorporação de ativos não financeiros (Aquisição de móveis)	150
– Incorporação de Passivos não financeiros (Empréstimos tomados)	100	– Desincorporação de passivos não financeiros (Amortização de empréstimos)	20

O levantamento das variações qualitativas decorrentes da execução orçamentária correspondem às mutações patrimoniais da receita e da despesa que, na realidade, no modelo adotado pela Lei nº 4.320/64 referem-se, respectivamente, a contas redutoras da receita e da despesa conforme demonstrado a seguir:

Variações passivas		Variações ativas	
Resultantes da execução orçamentária [2]		Resultantes da execução orçamentária [1]	
– Despesa corrente – Serviços	200	– Receita corrente – imposto	900
		– Receita corrente – Dívida Ativa	50
Soma	200	Soma	950
– Despesa de Capital – aquisição de móveis	150	Receita de capital – Alienação de bens	200
– Despesa de Capital – amortização de dívidas	20	Receita de Capital – Operações de crédito	100
Soma	170	Soma	300
Mutações patrimoniais da Receita		Mutações Patrimoniais da Despesa	
– Alienação de bens	200	– Aquisição de móveis	150
– Empréstimos tomados	100	– Amortização de empréstimos	20
Soma	300	Soma	170
Independentes da execução orçamentária		Independentes da execução orçamentária	
– Baixa na Dívida Ativa	50	– Inscrição em Tributos a receber	150
– Demais créditos de curto prazo	50	– Recebido bens em doação	20
– Provisionamento de precatórios	45	– Inscrição na Dívida Ativa	50
– Depreciação	45		
Soma	190	Soma	170
Total	860	Total	1.590
Resultado do Exercício	730		

(1) Os dados relativos às variações ativas resultantes da execução orçamentária podem ser extraídos da movimentação da conta Receita Orçamentária Realizada, do sistema orçamentário.

(2) Os dados relativos às variações passivas resultantes da execução orçamentária podem ser extraídos da movimentação da conta Crédito Empenhado Liquidado, do sistema orçamentário.

5.5.4 Balanço orçamentário

O balanço orçamentário evidencia as receitas e as despesas orçamentárias, por categoria econômica, confrontando orçamento inicial e suas alterações com a execução, demonstrando o resultado orçamentário e discriminando as receitas por fonte e as despesas por grupo de natureza.

Embora a estrutura do balanço orçamentário esteja bem definida, é preciso considerar sua dependência à própria estrutura da Lei Orçamentária. Assim, se o Poder Legislativo competente resolver modificar a estrutura de apresentação das receitas e despesas orçamentárias, estaremos diante de duas discussões importantes, a primeira sobre a competência do Legislativo em proceder a tal mudança e a segunda sobre a apresentação do demonstrativo quando da prestação de contas. Certamente, a prestação de contas deve seguir a mesma estrutura estabelecida na Lei Orçamentária, embora os responsáveis pelo sistema contábil possam elaborar demonstrações suplementares ou incluir notas explicativas.

Assim, o balanço orçamentário constitui o produto final da contabilidade orçamentária, ou subsistema orçamentário que objetiva basicamente:

- registrar os elementos do orçamento público, nos termos em que este foi aprovado pelo Poder Legislativo;
- registrar a execução do orçamento, com as modificações que vão sendo introduzidas;
- registrar a posição dos valores executados quando do encerramento do exercício, comparada com as previsões iniciais do orçamento.

Encerrado o exercício, a administração pública levanta um balanço geral do movimento, condensando toda a receita e despesa paga ou realizada, comprovada pelo balanço orçamentário, o qual evidencia o déficit ou o superávit do período administrativo, por meio de quadros demonstrativos, não só da receita arrecadada como também da despesa realizada.

O quadro a seguir mostra o modelo do balanço orçamentário:

Balanço orçamentário

TÍTULOS	Previsão $	Execução $	Diferença $	TÍTULOS	Fixação $	Execução $	Diferença $

RECEITAS CORRENTES
– Tributária – impostos
– Cobrança da Dívida
  Ativa
	500
	–
		900
		50
			400
			50
				Créditos Orçamentários e Suplementares
				– Despesas Correntes
				  Outras Correntes
					450	200	(250)

RECEITA DE CAPITAL – Operações de crédito – Alienação de Bens	100 200	100 200	– –	Despesas de Capital Investimentos Amortização da dívida	300 50	150 50	(150) –
Soma	800	1.250	450	Soma	800	400	(400)
Déficits	–	–	–	Superávits da execução	–	850	850
TOTAL	800	1.250	450	TOTAL	800	1.250	450

5.5.5 Balanço financeiro

O Balanço Financeiro evidencia a movimentação financeira das entidades do setor público no período a que se refere, e discrimina:

a) a receita orçamentária realizada por destinação de recurso;
b) a despesa orçamentária executada por destinação de recurso e o montante não pago como parcela retificadora;
c) os recebimentos e os pagamentos extraorçamentários;
d) as transferências ativas e passivas decorrentes, ou não, da execução orçamentária;
e) o saldo inicial e o saldo final das disponibilidades.

Um dos elementos fundamentais do balanço financeiro é o registro dos Restos a Pagar que é apresentado como "receita extraorçamentária". Na realidade, trata-se de uma conta redutora das despesas orçamentárias apropriadas no exercício, com vistas à correta apresentação das disponibilidades.

O quadro a seguir evidencia a questão:

Balancete financeiro

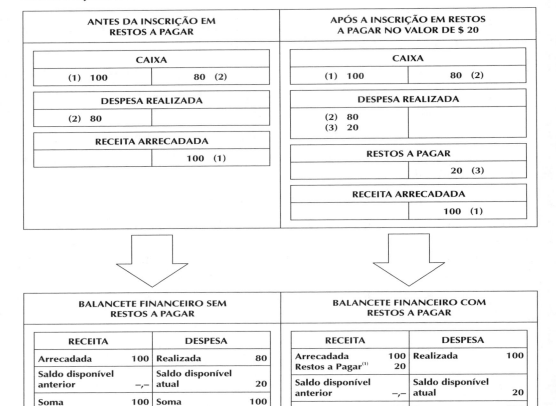

(1) Nota:
A conta Restos a Pagar de 20 que aparece como ingresso (Receita) representa, na verdade, uma conta redutora da Despesa Realizada. Para a apresentação do resultado final é indiferente se os Restos a Pagar são incluídos como ingresso ou como conta redutora, embora se o enfoque for a comunicação com o mundo exterior, vale dizer o cidadão, parece claro que a utilização de conta redutora facilitará o entendimento. Nesse caso, a apresentação da demonstração do balancete financeiro seria da seguinte forma:

RECEITA		DESPESA	
Arrecadada	100	Realizada	100
		Menos: Restos a Pagar	(20)
		Despesa Paga	80
Saldo disponível anterior	–,–	Saldo disponível anterior	20
Soma	100	Soma	100

Portanto, o balanço financeiro, ou de receita e despesa, deixa em evidência a situação das disponibilidades, depois de conhecido o total da receita arrecadada e o seu emprego na realização da despesa.

Balanço financeiro

INGRESSOS TÍTULOS	$	$	DISPÊNDIOS/DESEMBOLSOS TÍTULOS	$	$
Receita Orçamentária			Despesa Orçamentária		
			FUNÇÃO: Administração		
RECEITAS CORRENTES			DESPESA CORRENTE		
Receita Tributária	900		– Outras Correntes		200
Outras Receitas Diversas					
Cobrança da Dívida Ativa	50	950			
RECEITA DE CAPITAL					
Operações de Crédito	100				
Alienação de Bens	200	300			
Recebimentos extraorçamentários			Pagamentos Extraorçamentários		
– Depósitos Restituíveis (Depósitos)		100	– Demais créditos e valores de curto prazo de fundos		50
Disponibilidade do exercício anterior			Disponibilidade p/ o exercício seguinte		
– Caixa e Equivalentes de Caixa		100	– Caixa e Equivalentes de Caixa		1.200
TOTAL		1.450	TOTAL		1.450

5.5.6 Demonstração dos Fluxos de Caixa

A Demonstração dos Fluxos de Caixa permite aos usuários projetar cenários de fluxos futuros de caixa e elaborar análise sobre eventuais mudanças em torno da capacidade de manutenção do regular financiamento dos serviços públicos. Essa demonstração deve ser elaborada pelo método direto ou indireto e evidenciar as movimentações havidas no caixa e seus equivalentes, nos seguintes fluxos:

a) das operações, que compreendem os ingressos, inclusive decorrentes de receitas originárias e derivadas, e os desembolsos relacionados com a ação pública e os demais fluxos que não se qualificam como de investimento ou financiamento;

b) dos investimentos, que incluem os recursos relacionados à aquisição e à alienação de ativo não circulante, bem como recebimentos em dinheiro por liquidação de adiantamentos ou amortização de empréstimos concedidos e outras operações da mesma natureza;

c) os financiamentos, que incluem os recursos relacionados à captação e à amortização de empréstimos e financiamentos.

O quadro a seguir mostra a Demonstração do Fluxo de Caixa considerando o exercício apresentado no capítulo anterior:

INGRESSOS ESPECIFICAÇÃO	$	$	DISPÊNDIOS/ DESEMBOLSOS ESPECIFICAÇÃO	$	$
OPERACIONAIS			OPERACIONAIS		
– Tributárias	900		– Fornecedores	200	
– Cobrança da Dívida Ativa	50		– Demais créditos e valores	50	250
– Valores restituíveis (depósitos)	100	1.050	a curto prazo		
DE INVESTIMENTOS			DE INVESTIMENTOS		–
– Alienação de ativo não financeiro (bens móveis)		200			
DE FINANCIAMENTO			DE FINANCIAMENTO		–
– Operações de crédito		100			
Disponível do ex. anterior		100	Disponível p/ ex. seguinte		1.200
TOTAL		1.450	TOTAL		1.450

Exercícios

a) Questões de revisão

1. Qual o objetivo da escrituração contábil?
2. Qual a diferença entre fluxos econômicos e transferências de registros contábeis?
3. Faça um breve resumo da diferença básica entre a contabilidade tradicional (influenciada pelo orçamento) e a contabilidade voltada para o enfoque patrimonial.

b) Questões objetivas

1. Quando do lançamento *ex officio* das receitas tributárias como do Imposto sobre a Propriedade Predial e Territorial Urbana (IPTU), a contabilidade deve proceder ao seguinte lançamento:

	Débito	Crédito
(a)	Valores a Arrecadar no Exercício	Variações Patrimoniais Aumentativas – Tributárias e Contributivas
(b)	Valores a Arrecadar no Exercício	Variações Patrimoniais Diminutivas
(c)	Valores a Arrecadar no Exercício	Variações Passivas – Resultantes da Execução Orçamentária
(d)	Valores a Arrecadar no Exercício	Créditos Fiscais Inscritos

2. Quando, no exercício de 20x1, o Poder Executivo recebe do Tribunal de Justiça a informação sobre o montante dos precatórios a pagar no exercício de 20x2, a Contabilidade deve efetuar o seguinte lançamento ainda no exercício de 20x1:

	Débito	Crédito
(a)	Créditos Fiscais Inscritos	Variações Patrimoniais Aumentativas
(b)	Variações Patrimoniais Aumentativas	Provisão para Precatórios a Pagar
(c)	Variações Patrimoniais Diminutivas – Diversos	Provisão para Precatórios a Pagar
(d)	Variação Patrimonial Ativa – Resultante da Execução Orçamentária	Dívida Flutuante

3. O regime que se baseia no princípio de que a receita e a despesa são reconhecidas no momento do recebimento e do pagamento do numerário é denominado de regime de:

    (a) caixa;

    (b) competência;

    (c) misto;

    (d) competência ajustado.

4. O regime em que as receitas e despesas são registradas segundo o período em que foram ganhas ou incorridas mesmo quando ainda não recebidas ou pagas, denomina-se:

    (a) caixa;

    (b) competência;

    (c) misto;

    (d) caixa ajustado.

5. Quando as despesas somente podem ser reconhecidas se estiverem legalmente empenhadas, diz-se que esse reconhecimento se baseia no enfoque:

    (a) contábil;

    (b) econômico;

    (c) financeiro;

    (d) orçamentário-jurídico.

6. Se as despesas são apropriadas quando da efetiva execução do serviço, independentemente de qualquer instrumento jurídico ou contratual, diz-se que esta apropriação se baseia no enfoque:

    (a) patrimonial-contábil;

    (b) econômico;

(c) financeiro;

(d) jurídico.

7. As discussões relativas à apropriação das receitas e despesas decorrem do fato de que o orçamento é elaborado e aprovado tendo por base o regime:

(a) de competência;

(b) misto;

(c) de caixa;

(d) de custos diretos.

8. Modernamente, a contabilidade deve evoluir, cada vez mais, para registrar, além das receitas e despesas tradicionalmente incluídas, as receitas de que o Estado abre mão em face de programas de incentivo a certas atividades econômicas. A Constituição denomina estes incentivos de:

(a) renúncia de receitas;

(b) manutenção diferida;

(c) regime de caixa;

(d) regime misto.

9. A área da Contabilidade Pública que objetiva o acompanhamento de todo o movimento de ingressos e desembolsos denomina-se:

(a) contabilidade patrimonial;

(b) contabilidade orçamentária;

(c) contabilidade de resultados;

(d) contabilidade financeira.

10. A área da Contabilidade Pública que objetiva a determinação das causas das variações ocorridas no patrimônio líquido denomina-se:

(a) contabilidade patrimonial;

(b) contabilidade orçamentária;

(c) contabilidade de resultados;

(d) contabilidade financeira.

11. Quando o art. 83 da Lei nº 4.320/64 determina que *"todas as operações de que resultem débitos e créditos de natureza financeira, não compreendidas na execução orçamentária, serão também objeto de registro, individuação e controle contábil"*, significa que, independentemente do regime de apuração orçamentário e financeiro, a Contabilidade Pública deve adotar o regime:

(a) de caixa;

(b) de competência;

(c) de caixa ajustado;

(d) misto.

12. Ao elaborar o Plano de Contas, devemos ter preocupação com os fatos que a conta registra, ou seja, para que ela serve e qual o papel que desempenha na escrituração. A isto denominamos:

(a) elenco das contas;

(b) funcionamento das contas;

(c) articulação das contas;

(d) função das contas.

13. Qual é o valor do ativo permanente (não financeiro) considerando os dados a seguir extraídos do balanço patrimonial em que o passivo era assim evidenciado e sabendo que esse mesmo balanço ainda revela um superávit financeiro da ordem de $ 30:

– Passivo real – $ 790

– Passivo real a descoberto – $ 10

– Passivo circulante – $ 190

– Passivo compensado – $ 140

(a) $ 790;

(b) $ 600;

(c) $ 560;

(d) $ 780.

Bibliografia

CFC – Conselho Federal de Contabilidade. Resolução 1.133 CFC nº 1.133/2008.

HENDRIKSEN, Elson S.; BREDA, Michael F. Van. *Teoria da contabilidade*. São Paulo: Atlas, 1999.

MENEGHETTI NETO, Alfredo. A distribuição dos serviços públicos: teorias e evidências. Disponível em: <http://revistas.fee.tche.br/index.php/indicadores/article/viewFile/693/937>. Acesso em: 5 abr. 2009.

VIANA, Cibilis da Rocha. *Teoria geral da contabilidade*. 2. ed. Porto Alegre: Sulina, 1959.

6

A Nova Contabilidade Pública

6.1 Transparência e evidenciação no âmbito governamental

A noção de "transparência" no âmbito governamental é cada vez mais empregada em países que defendem o processo democrático de acesso às informações sobre a ação dos gestores públicos, em especial no que se refere à política fiscal e à capacidade contributiva. A ênfase a essa abertura constitui um dos alicerces da democracia representativa, pois incentiva o comportamento voltado para o espírito público e inibe a ação dos que se julgam donos da informação. Paralelamente, fornece informações de apoio à decisão dos administradores tanto em relação à redução dos custos de monitoramento das ações como à promoção de melhorias na governança corporativa dos governos.

Porém, a palavra *transparência* tem sido utilizada de forma imprecisa por se referir ao número de características de um sistema aberto sem análise, independentemente da complexidade de que se reveste a administração do Estado.

A transparência pode estar em confronto com outros importantes valores da democracia e, em alguns casos, sua defesa e aplicação pode ser contraproducente. Por outro lado, o uso da palavra em oposição a *segredo* e *desonestidade*, acaba por enfraquecer a própria ideia de transparência por colocar o assunto numa difícil discussão retórica. O tema *transparência* no processo orçamentário foi estudado por Garrett e Vermeule, (2006, p. 44), que identificaram como um processo de escolhas públicas opaco pode levar a *boas* deliberações, enquanto, em troca, a abertura ampla pode limitar a margem de negociação com grupos de interesses preferenciais para quem a informação é uma *commodity*.

Por outro lado, não existe razão para acreditar que o grau de transparência para os atores políticos alcançou o ponto ótimo do ponto de vista da sociedade, vez que os próprios agentes políticos podem ser incentivados a manter em segredo alguns aspectos das discussões orçamentárias, principalmente na parte em que decidem pela distribuição de recursos em benefício de determinados segmentos sociais ou econômicos com o propósito de traduzirem tais benefícios em apoios e votos nas próximas eleições.

Tratando do fenômeno "pagar para jogar" o jogo das escolhas públicas, Monteiro (2006) esclarece que "tem sido alvo de crescente atenção dos economistas e não deixa de ser paradoxal que, nas discussões sobre a presença (orçamentária ou não orçamentária) do Governo na economia brasileira, relevantes aspectos da interação dos políticos com grupos de interesses especiais sejam deixados de lado.

O mesmo autor trata também da dupla configuração de cortar ou não cortar gasto público e do comprometimento dos atendimentos preferenciais a determinados segmentos da economia em épocas eleitorais, mostrando como os políticos lançam mão do que denominam de *estratégia de ameaça* e, por outro lado, como certos grupos de interesses encaminham aos políticos suas reivindicações com o objetivo da apresentação de emendas à Lei de Orçamento de forma que os favoreçam.

Como os recursos são escassos e as demandas da sociedade são amplas, fica caracterizado que a ideia de transparência está sempre ligada a ações de curto prazo que revelam uma estreita ligação com os ciclos políticos orçamentários (*political budget cycles theory*), em que os tomadores de decisão preocupam-se em demonstrar sua competência administrativa no curto prazo com o objetivo da obtenção de um certificado dos Tribunais de Contas como uma espécie de salvo-conduto a ser apresentado durante o processo eleitoral.

Ao tratar das evidências dos ciclos políticos na economia brasileira, Bittencourt (2002) esclarece:

> Quando um político tem por objetivo principal a implantação de um programa, usa-se o termo *partidário* para caracterizá-lo, já quando o objetivo principal é manter-se no cargo, refere-se a ele como *oportunista*.

Por sua vez, ao estudar o modelo de ciclo político e as variáveis orçamentárias, o mesmo autor faz referência aos estudos de Blanco (2000a, b e c) sobre os determinantes da política fiscal nos estados brasileiros com a identificação dos efeitos do ciclo eleitoral sobre as variáveis orçamentárias agregadas e revela que esse mesmo autor utilizando um conjunto de dados de painel, e incluindo variáveis *dummies*, para o período 1985-1997, identifica que os grandes grupos de despesa dos Estados sofrem efeito do período eleitoral, concluindo da seguinte forma:

> Para as três variáveis de despesa estadual estudadas em Blanco (2000a) – despesa total, despesa corrente e despesa de capital –, o autor identifica a presença de ciclos políticos. Dado que o sinal esperado se verificou e que o

coeficiente foi significativo, os resultados mostram que em anos eleitorais pode se esperar um aumento dos gastos eleitorais entre 10% e 15%.

Estudando a teoria das escolhas públicas, os interesses individuais e o bem comum Alves e Moreira (2004) fazem referência a David Hume, que em vários de seus ensaios assumiu de forma sistemática a perspectiva de que os indivíduos agiam motivados essencialmente pelos seus próprios interesses, mas esclarece mais adiante que uma boa governança depende essencialmente da adoção de uma correta abordagem moral por parte de quem detém o poder e a este propósito afirma:

> Todos os governos absolutos dependem em grande medida da administração; e este é um dos grandes inconvenientes desta forma de governo. Mas um Governo republicano e livre seria um óbvio absurdo se os controles e restrições previstos pela Constituição não tivessem nenhuma influência e não fizessem com que fosse do interesse, mesmo de homens maus, agir para o bem público.

Além das reflexões sobre os interesses individuais e o bem comum que tem relação com os ciclos políticos de curto prazo e sua influência sobre a administração do patrimônio público, Alves e Moreira (2004) revelam diversos estudos entre os quais destacam-se os de SHUMPETER sobre a democracia como um sistema de competição pelo poder; de PARETO, sobre o critério do ótimo social e de WICKESELL ao tratar da proteção das minorias e da unanimidade revelando preocupação com a ineficiência e a injustiça que poderiam resultar de medidas e políticas aprovadas por uma maioria de votos.

Os estudos dos ciclos políticos de curto prazo mostram que a transparência[1] tem fortes ligações com a responsabilidade fiscal por representar a capacidade de resposta dos governos aos cidadãos, ou seja, obrigação de informar e explicar seus atos na gestão pública, tendo como instrumentos, segundo a Lei de Responsabilidade Fiscal, o Planejamento, a *Transparência*, o Controle e a Responsabilização. Cabendo destacar que a transparência é materializada pelos seguintes instrumentos da Gestão Fiscal (art. 48 da LRF):

- os planos, orçamentos e leis de diretrizes orçamentárias;
- as prestações de contas e o respectivo parecer prévio;
- o Relatório Resumido da Execução Orçamentária;
- o Relatório de Gestão Fiscal;
- as versões simplificadas desses documentos.

---

[1] São exemplos de transparência:
Na União, o Portal da Transparência: <http://www.portaltransparencia.gov.br/default.asp>.
No Município do Rio de Janeiro, o Portal Rio Transparente: <http://riotransparente.rio.rj.gov.br/>.

- as contas ficarão disponíveis, durante todo o exercício, no respectivo Poder Legislativo e no órgão técnico responsável pela sua elaboração, para consulta e apreciação pelos cidadãos e instituições da sociedade.

Em reforço ao conceito de que a transparência está ligada a ações de curto prazo, basta verificar que a alteração efetuada no Código Penal pela lei dos crimes contra as finanças públicas[2] estabeleceu penas de reclusão para os que ordenarem, autorizarem ou realizarem operações de crédito, interno ou externo, sem prévia autorização legislativa ou, ainda, quem ordenar ou autorizar a inscrição em restos a pagar, de despesa que não tenha sido previamente empenhada ou que exceda limite estabelecido em lei. Trata-se, portanto, de atos de gestão realizados em determinado exercício que devem ser examinados à luz das regras da transparência e, consequentemente, do ciclo político a que se refiram, ou seja, de curto prazo.

Em contraponto com a regra da transparência, é preciso considerar que os atos produzidos pela execução orçamentária implicam na aquisição ou produção de ativos que, certamente, a partir da sua incorporação ao patrimônio, serão capazes de gerar benefícios futuros para o cidadão. Por sua vez, os atos dos administradores também podem constituir obrigações de curto e longo prazo que devem ser registrados no passivo da entidade pública.

Por essa razão, a teoria contábil separa os elementos de evidenciação do patrimônio em duas categorias, as contas diferenciais que acumulam valores relativos às contas de receita e despesa com vistas à identificação do resultado do período e as contas integrais que indicam os elementos do ativo (bens e direitos) e passivo (obrigações). As primeiras são postas em relevo por intermédio da transparência, enquanto as segundas estão relacionadas com o processo de evidenciação, que significa pôr em evidência, ou seja, mostrar com clareza e comprovar de modo insofismável a prática da divulgação (*disclousure*) de todas as informações positivas ou negativas, que possam influenciar o processo decisório.

Além da ênfase à transparência e dos ciclos políticos de curto prazo, a Lei de Responsabilidade Fiscal incluiu no art. 4º uma espécie de evidenciação proativa ao indicar que a Lei de Diretrizes Orçamentárias deve incluir, entre outros temas, o seguinte:

- evolução do patrimônio líquido nos últimos três exercícios;
- destaque para a origem e a aplicação dos recursos obtidos com a alienação de ativos;
- avaliação da situação financeira e atuarial;
- regimes geral de previdência social e próprio dos servidores públicos;

---
[2] Lei nº 10.028, de 19 de outubro de 2000.

- demais fundos públicos e programas estatais de natureza atuarial;
- demonstrativo da estimativa e compensação da renúncia de receita e da margem de expansão das despesas obrigatórias de caráter continuado;
- anexo de Riscos Fiscais, onde serão avaliados os passivos contingentes e outros riscos.

Por outro lado, a mesma Lei indica especificamente que a contabilidade das entidades públicas deve (art. 50):

- obedecer às normas de contabilidade pública;
- segregar as disponibilidades de caixa, dos recursos vinculados;
- Registrar as despesas pelo regime de competência para Despesa e compromissos;
- fazer apuração complementar do resultado do fluxo financeiro;
- apresentar receitas e despesas previdenciárias em demonstrativos específicos;
- evidenciar na escrituração o montante e variação da dívida pública;
- destacar a aplicação das receitas de alienações;
- fazer avaliação da eficiência dos programas com a manutenção da contabilidade de custos;
- consolidar as contas nacionais e por esfera de Governo;
- adotar normas gerais editadas pelo Conselho de Gestão Fiscal.

A Figura 6.1 a seguir mostra as áreas onde se situam as práticas da transparência e da evidenciação com base no comando Constitucional do controle interno integrado previsto no art. 74 da CF/88, dando origem ao que pode ser denominada de a nova Contabilidade Pública apoiada, tanto nos princípios fundamentais de contabilidade, como nas normas brasileiras de contabilidade aplicadas ao setor público.

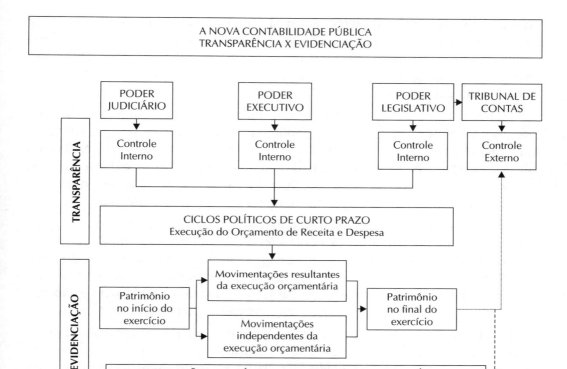

Figura 6.1 *A nova contabilidade pública – evidência e transparência.*

A edição dos Princípios de Contabilidade sob a perspectiva do setor público e das Normas Brasileiras de Contabilidade aplicadas ao setor público representa uma nova etapa da Contabilidade Pública, que passa a incluir, além do enfoque orçamentário, a visão patrimonial, já que o patrimônio constitui seu objeto de estudos. A partir dessa nova visão, será possível aos contadores públicos vencer o desafio para considerar a Contabilidade do setor público como uma aplicação da Ciência Contábil a uma área específica – como ocorre na contabilidade bancária, na contabilidade de instituições financeiras e na contabilidade de organizações sem fins lucrativos.

Por outro lado, é preciso considerar que a medida da eficiência não está restrita a conceitos orçamentários e financeiros. Tanto nas organizações públicas como nas privadas é preciso absorver os conceitos de custos, de restrições e de oportunidade, uma vez que não pode existir um sistema eficiente de controle interno que não seja sustentado por uma contabilidade patrimonial que atue na medição integral e real do patrimônio.

A necessidade da visão integral do ativo, do passivo e do patrimônio líquido no setor público é imprescindível, pois não resta dúvida de que, desde os primórdios, o patrimônio é o objeto de estudos da Contabilidade. O que ocorre na administração pública é tão somente um problema que diz respeito à ênfase dada aos aspectos orçamentário-legalistas para fins de apuração de responsabilidades imediatas com vistas ao processo eleitoral, em detrimento da correta e adequada evidenciação patrimonial em médio e longo prazo.

Assim, enquanto a transparência tem relações estreitas com o orçamento e refere-se à limpidez decorrente do fenômeno através dos quais se distinguem nitidamente as escolhas orçamentárias,[3] a evidenciação orienta os sistemas contábeis para o patrimônio como objeto de estudos da Contabilidade desde a edição da Lei nº 4.320/64, que nos arts. 83 e 90 utiliza a expressão *evidenciar*, que significa mostrar com clareza, comprovar de modo a não oferecer dúvidas.

De qualquer modo, tanto sob o enfoque da transparência na discussão e aprovação do orçamento, como na evidenciação do patrimônio quando da prestação de contas é necessário que exista uma adequada relação dos elementos do sistema orçamentário com os elementos do sistema de contabilidade. Neste contexto, o principal elemento para obter a integração está condicionado pela harmonia que devem ter as classificações orçamentárias com o plano de contas.

Essa integração, entretanto, não deve ser impeditiva de que cada um dos subsistemas mantenha sua independência e cada um adote os princípios e normas em consonância com as necessidades dos usuários. Assim, enquanto o orçamento e sua execução apura o resultado sob a perspectiva da anualidade orçamentária considerando como pertencentes ao exercício as receitas nele arrecadadas e as despesas nele legalmente empenhadas, a Contabilidade, em obediência aos princípios fundamentais da ciência contábil, apura o resultado por intermédio do reconhecimento do efeito financeiro das transações e eventos segundo os períodos em que ocorrem independentemente do recebimento ou pagamento.

Na Contabilidade Pública a partir da edição das Normas específicas para o setor, os resultados, financeiro e econômico, são obtidos no encerramento do exercício de modo diferente, estabelecendo-se para o primeiro o confronto entre a Receita Orçamentária Arrecadada e a Despesa Orçamentária Realizada; o segundo consubstancia as Variações Patrimoniais Ativas, que produzem aumento no Patrimônio Líquido, e as Variações Patrimoniais Passivas, que produzem diminuição do Patrimônio Líquido.

Os balanços assim levantados instruem a prestação de contas do Governo a ser apresentada ao Poder Legislativo (Congresso Nacional, Assembleia Legislativa ou Câmara dos Vereadores) e ao Tribunal de Contas, que, na qualidade de órgão técnico do controle externo, irá apreciar os resultados alcançados pelos administradores.

---

[3] O uso do termo *transparência* nos estudos de orçamento parece estar sendo utilizado no sentido figurado de algum objeto encoberto que se deixa adivinhar facilmente.

Os balanços são levantados pelos órgãos de Contabilidade com base nos registros da escrituração e visam oferecer aos administradores públicos e, principalmente, à população, a posição em que se encontram o patrimônio público, bem como o andamento dos projetos e atividades que fazem parte do Plano Plurianual.

O balanço e demonstrativos, como instrumentos que objetivam prestar contas à população, devem obedecer aos princípios básicos da clareza, integridade e sinceridade, pois só assim estaremos democratizando as informações e praticando o princípio da evidenciação.

6.2 Demonstração do resultado econômico

Esta é uma demonstração que foi instituída no setor público a partir da edição das NBC TSP e tem o propósito de evidenciar o resultado econômico de ações do setor público. Sua implantação e elaboração exigem a existência de uma interligação com o sistema de custos e, portanto, acredita-se que levará algum tempo para sua inclusão nas prestações de contas apresentadas aos órgãos institucionais representados pelo Poder Legislativo e à sociedade com vistas ao cumprimento das regras da transparência e evidenciação.

Como é uma demonstração nova, é preciso que os estudiosos incluam o tema nas suas reflexões teóricas e aplicações práticas futuras. Ao incluir o assunto nesta obra, temos o propósito, a partir da inclusão de alguns dados complementares ao registro das operações típicas do setor público, de apresentar os conceitos básicos de receita econômica e de custo de oportunidade.

Todos os que atuam no setor público sabem que a decisão de gastar é uma decisão política do Governo mediante, na maioria das vezes, a utilização de fórmulas e justificativas imprecisas como as de que tal ou qual projeto atende ao bem-estar geral, o interesse público, ou visa atender a uma necessidade pública. Sobre o tema, são significativos os estudos relacionados com a *public choice* na busca da identificação sistemática dos interesses coletivos, evitando que os governantes atuem motivados essencialmente pelos seus próprios interesses.

Sob o tema, Meneghetti Neto (1992), em interessante estudo, tratou das teorias e evidências na distribuição dos serviços públicos, identificando na literatura sobre finanças públicas que a distribuição dos serviços públicos tem duas vertentes teóricas. A primeira defendida por Shoup (1989), que estabelece regras de alocação, tais como, discriminação racial e de classe de renda, favoritismo da elite, decisões burocráticas, reclamações e pedidos, preferências pelos bairros que pagam mais impostos etc. e a de Heros (1988), que questiona seriamente se os tomadores de decisão realmente aplicam qualquer regra de alocação e, portanto, rejeita que a distribuição dos serviços públicos possa estar ligada a alguma regra de alocação.

Em que pesem todas as teorias referidas, é certo que todos os que atuam com responsabilidade no processo decisório dos governos devem preocupar-se com a busca da racionalidade econômica, tendo em vista a escassez de recursos. Além disso, toda a decisão governamental depende da aprovação dos projetos por parte do Poder Legislativo onde estarão presentes todas as correntes para discussão quando da aprovação do Plano Plurianual e da Lei Orçamentária Anual.

Todo o gasto público supõe um custo monetário para o Governo. No conceito corrente sempre associamos custos àquilo que temos de pagar por alguma coisa. Dizemos que uma impressora custa "X" reais, ou que uma geladeira custou "Y" reais. O conceito econômico de custos é diferente, pois o custo de uma atividade não se limita ao que pagamos por ela. Inclui tudo o que deixamos de obter por ter canalizado recursos para uma atividade e não para outra, a melhor alternativa que tenhamos para a atividade empreendida.

Portanto, o administrador público pode ter que decidir entre construir uma usina termoelétrica, hidroelétrica ou atômica, que representam projetos distintos com diferentes benefícios e custos econômicos que devem ser conhecidos com o objetivo de respaldar a decisão política a ser tomada.

A comparação entre os benefícios e os custos de determinada obra pública ou programa de atividade do Governo com o objetivo de decidir sobre sua execução entre projetos alternativos é um critério de sentido comum que, entretanto, se torna complexo a partir das ambiguidades sempre presentes no processo decisório do setor público.

Segundo Slomski (2001), para mensuração do resultado econômico em entidades públicas é necessário considerar que o cidadão representa o gerador das fontes de recursos para manutenção da entidade e esta, por sua vez, tem a missão de prestar serviços voltados para o bem-estar social da coletividade. Finalmente, justifica a preocupação com o cálculo do resultado econômico, tendo em vista que a não existência do serviço público levaria o cidadão a buscar o menor preço de mercado à vista para contratação dos serviços.

Nos termos da NBC TSP, que trata da demonstração do resultado econômico, receita econômica é o valor apurado a partir de benefícios gerados à sociedade pela ação pública, obtido por meio da multiplicação da quantidade de serviços prestados, bens ou produtos fornecidos, pelo custo de oportunidade, enquanto o custo econômico de uma atividade traduz as oportunidades perdidas com essa atividade.

Por sua vez, custo de oportunidade é o valor que seria desembolsado na alternativa desprezada de menor valor entre aquelas consideradas possíveis para a execução da ação pública. Aqui cabe observar que o conceito de custos não está associado ao uso corrente que fazemos do termo.

Assim, a demonstração do Resultado Econômico deve apresentar a seguinte estrutura:

(+) Receita econômica.
(–) Custo dos serviços prestados.
(=) Margem bruta.
(–) Depreciações.
(–) Custos indiretos alocados ao serviço.
(=) Resultado econômico.

Supondo que o órgão governamental seja uma Prefeitura que, conforme verificado, possui um imóvel doado no valor de $ 20 e móveis no montante de $ 150 dos quais $ 45 representam a depreciação. Com estes equipamentos, a Prefeitura resolveu instalar um pequeno hospital de 50 leitos e para isso a contabilidade efetuou o seguinte levantamento:

a) Equipamentos e móveis existentes:

Quantidade	Equipamentos	Valor unitário	Valor total	Tempo de vida útil sem valor residual	Depreciação Anual	Depreciação mensal
2	Tomógrafos	500	1.000	10 anos	100	8,30
50	Camas	350	17.500	10 anos	1.750	145,8
1	Computador	400	400	10 anos	40	3,30
5	Mesas de consultório	100	500	10 anos	50	4,10
5	Cadeiras de escritório	60	300	10 anos	30	2,50
	Total		19.700		1.970	164,00

b) Recursos humanos

O quadro de funcionários do hospital terá a seguinte composição:

Quantidade	Cargo	Valor mensal
1	Diretor médico	1.000,00
1	Médicos	1.500,00
1	Enfermeira	250,00
1	Maqueiro	150,00
	Total	2.900,00
	Encargos sociais diversos	870,00
	Total	3.770,00

Os dados revelam um custo mensal para manter o hospital em funcionamento de $ 3.934,00, assim representado:

(i)	Custo direto de pessoal	$ 2.900,00	
(ii)	Custo indireto de pessoal	$ 870,00	$ 3.770,00
(iii)	Depreciação mensal		$ 164,00
	Total		$ 3.934,00

Portanto, o custo mensal de um leito é de $ 78,68 ($ 3.934 : 50 leitos), correspondendo a um valor diário de $ 2,62.

O titular da Prefeitura efetuou pesquisa junto ao mercado de hospitais e casas de saúde com o mesmo nível das instalações que pretende inaugurar e verificou que na Casa de Saúde Santa Luzia o valor diário de um leito corresponde a $ 5,00. Com tais informações, solicitou que a Contabilidade da Prefeitura efetue o demonstrativo do resultado econômico com o objetivo de fazer a divulgação.

A contabilidade, por sua vez, multiplicou o valor do custo do leito-dia de $ 5,00 pela quantidade de leitos do hospital público, considerando o mês de 30 dias, e calculou a Receita Econômica sobre o qual deduziu os custos de operação da própria Prefeitura, conforme quadro a seguir:

RECEITA ECONÔMICA: $ 5,00 × 50 leitos × 30 dias	7.500,00
(–) Custo dos serviços prestados	2.900,00
Margem bruta	4.600,00
(–) Depreciação	164,00
(–) Custos indiretos	870,00
Resultado Econômico	3.566,00

O demonstrativo do resultado econômico possibilita a realização de diversos estudos voltados para o processo decisório, pois permite que os administradores enxerguem além da simples execução orçamentária em que as únicas informações estão representadas pela execução da receita e despesa nas suas diversas etapas.

Um dos instrumentos a serem utilizados é a análise do ponto do equilíbrio, cujo cálculo e estudo é consequência direta do comportamento dos custos diante do volume de atividade e corresponde ao ponto em que a atividade da entidade não apresenta resultado, ou seja, o montante da receita econômica será exatamente igual ao montante dos custos a ela relativos.

Tal demonstrativo quando utilizado dentro do sistema de informações pode ter os seguintes objetivos:

a) determinar o custo dos serviços ou produtos de modo a permitir a valorização dos inventários finais e apuração dos resultados;

b) proporcionar informação válida para o processo de tomada de decisões numa perspectiva de planejamento e controle da gestão pública.

O propósito do demonstrativo é reduzir a carência atual existente no processo decisório do setor público, tendo em vista os desafios enfrentados pelos administradores, que diariamente têm que tomar decisões sobre a aquisição e utilização mais econômica de recursos escassos para cumprir as metas predefinidas. Se a informação relativa a receitas e despesas não tiver aderência com a realidade, é possível que a decisão tomada não seja a mais adequada.

Nesse sentido, a demonstração do resultado econômico permite fazer uma análise custo-volume-resultado para determinar quais as consequências no comportamento de receitas, custos e resultados em função das alterações no nível de atividade, no preço de venda, nos custos variáveis unitários ou nos custos fixos.

É preciso alertar, entretanto, que a análise do custo-volume-resultado, além de estar apoiada na demonstração acima, deve estar baseada nos seguintes pressupostos:

a) o preço de venda (receita econômica), os custos variáveis unitários e os custos fixos são conhecidos e constantes;

b) quando ocorrer a produção de múltiplos produtos ou serviços, o *mix* de vendas permanecerá constante;

c) a entidade não terá condições de nivelamento entre receitas e despesas se o preço unitário de venda for maior do que o custo marginal apurado, ou seja, quando (p < m).

Um conceito chave no cálculo do ponto de equilíbrio consiste na noção de margem de contribuição que corresponde à diferença entre as receitas e o total dos custos variáveis. Esse conceito tem como desdobramento o ponto de equilíbrio ou ponto crítico, que consiste no nível de atividade em que as receitas se igualam aos custos, ou seja, em que o resultado é nulo.

Na utilização do conceito de ponto de equilíbrio, após a separação dos custos fixos e variáveis, podemos utilizar as seguintes abreviaturas:

a) Preço unitário de venda = p

b) Custo variável unitário = m

c) Custos fixos = f

d) Quantidade = x

Com base no exemplo apresentado no demonstrativo do resultado econômico, é possível calcular as quantidades no ponto de equilíbrio da seguinte forma:

a) Identificação dos custos fixos e variáveis:

		Valores unitários diários
RECEITA ECONÔMICA: $ 5,00 × 50 leitos × 30 dias	7.500,00	5,00
Custos Variáveis (–) Custo dos serviços prestados 2.900,00 (–) Custos indiretos 870,00	3.770,00	2,51
Margem de contribuição	3.730,00	
Custos fixos: (–) Depreciação	164,00	5,46
Resultado Econômico	3.566,00	

b) Cálculo da quantidade de leitos no ponto de equilíbrio:

Fórmula:

$$x = \frac{f}{p - m}$$

$$x = \frac{5,46}{5,00 - 2,51} = 2,19$$

Com o cálculo das quantidades no ponto de equilíbrio é possível montar a tabela seguinte que auxiliará no processo decisório, mostrando exatamente que o ponto de equilíbrio está situado entre o segundo e o terceiro leito. A possibilidade de comparação com o ponto de equilíbrio da Casa de Saúde que serviu de comparação poderá revelar a eficiência entre o setor público e o setor privado na prestação de serviços equivalentes.

	Número de leitos	Custo Fixo/Dia	Custo Variável	Custo Total	Receita Econômica	Resultado
	1	5,46	1 × 2,51 = 2,51	7,97	1 × 5,00 = 5,00	(2,97)
	2	5,46	2 × 2,51 = 5,02	10,48	2 × 5,00 = 10,00	(0,48)
PONTO DE EQUILÍBRIO	2,19	5,46	2,19 × 2,51 = 5,49	10,95	2,19 × 5,00 = 10,95	0
	3	5,46	3 × 2,51 = 7,53	12,99	3 × 5,00 = 15,00	2,01
	4	5,46	4 × 2,51 = 10,04	15,50	4 × 5,00 = 20,00	4,05

6.3 Convergência para as normas internacionais aplicadas ao setor público

6.3.1 Preliminares da convergência

O desenvolvimento dos sistemas contábeis nos diversos países foram sendo estruturados segundo as suas próprias características ambientais, como língua, cultura, sistemas políticos, econômicos e legais, gerando uma diversidade de conceitos sobre temas contábeis que dificulta a análise comparativa, cada vez mais necessária nas decisões de alocação de recursos no mundo globalizado.

Sem dúvida, o desenvolvimento da contabilidade está intimamente influenciado por características particulares de cada país ou região, entre as quais podem ser destacadas:

a) Sistema legal do tipo codificado ou *civil law* em contraposição ao *common law*. O primeiro estabelece como condição indispensável à vigência das normas de contabilidade a existência de dispositivo legal-normativo. Consequentemente, os profissionais de tais países têm restrições para considerar a Contabilidade como ciência que estuda os fenômenos patrimoniais, além de terem aversão ao risco e considerarem no exercício profissional que as normas devem sempre estar atreladas ao conceito da legalidade. Já nos países que adotam uma estrutura legal baseada no direito comum ou *common law*, as normas contábeis são aprovadas pelo consenso profissional e aceitas pela comunidade contábil.

b) O nível de desenvolvimento do mercado de capitais em relação à existência de empresas familiares em que a gerência do patrimônio não tem qualquer segregação das funções de proprietário e de acionista. Esta característica afeta consideravelmente a qualidade das informações financeiras geradas para o mercado.

A partir da constatação dessas divergências foi iniciado pelo Conselho Federal de Contabilidade o processo de edição das Normas Brasileiras de Contabilidade aplicadas ao setor público (NBC T SP). Nesse aspecto deve ser considerado que, em que pese a existência de normas para o setor privado, os contabilistas brasileiros nunca tiveram a preocupação com a edição de normas para o setor público.[4]

Essa lacuna foi resolvida a partir da edição das Normas Brasileiras de Contabilidade Aplicadas ao Setor Público conforme já tratado no Capítulo 1.

Os estudos do setor público que levaram à edição das Normas revelaram que no Brasil o sistema de informações contábeis reflete um conjunto de valores, sistemas políticos, econômicos e jurídicos decorrentes não só da adoção do sistema legal codificado, como também da ênfase dada à lei orçamentária a partir das discussões quando da apresentação, no início da República, do projeto do Código de Contabilidade Pública da União, conforme já tratado em outro capítulo, com discussões entre autoridades do Ministério da Fazenda e o Tribunal de Contas da União. O primeiro amplamente contrário à implantação do sistema contábil do patrimônio e o segundo, na pessoa de Dídimo da Veiga, em defesa férrea da implantação de uma contabilidade voltada para a evidenciação do patrimônio do Estado.

Essa ênfase à legalidade e aos aspectos orçamentários da gestão governamental levou a contabilidade pública brasileira a adotar como fundamental a Contabilidade Orçamentária e Financeira, deixando relegado a segundo plano a Contabilidade Patrimonial, em que pese os dispositivos constantes da Lei nº 4.320/64 relativos à evidenciação do patrimônio.

Com a edição das NBC TSP foi aberto campo propício para a uniformização dos procedimentos contábeis internos e o reconhecimento da contabilidade com ciência que estuda o patrimônio, sendo, naturalmente, mantida a estrutura de informações decorrente da execução do orçamento da receita e despesa.

Comprida esta etapa, é possível verificar que o sistema contábil brasileiro passou a ter um grau de harmonização das práticas contábeis dos entes públicos, como a adoção do princípio da competência para a mensuração do patrimônio e a manutenção do regime misto no que se refere ao confronto entre receitas e despesas orçamentárias. Tal evolução permite concluir que o Brasil vem orientando sua contabilidade para a convergência com as normas internacionais editadas pelo IFAC.

Entre as consequências da convergência podem ser verificados, entre outros, aspectos relacionados com a base da contabilidade a utilizar. Na contabilidade empresarial, a base de contabilidade adotada constante da estrutura conceitual é do princípio da competência (*accrual basis*), que liga o reconhecimento das operações e de outros fenômenos à inocorrência de custos ou à realização de receitas independentemente do seu pagamento ou recebimento.

---

[4] Essa constatação pode ser feita pela leitura das primeiras Normas editadas pelo Conselho Federal de Contabilidade que deixavam uma lacuna ao tratar do setor público.

Isso não significa, entretanto, que os profissionais de contabilidade tenham colocado fora de suas preocupações a base de caixa, pelo contrário, reconhecem a utilidade da base de caixa quando definem um conjunto completo de demonstrações financeiras e nele incluem a demonstração do fluxo de caixa. A utilidade desta demonstração é cada vez mais reconhecida e sempre foi preferencialmente efetuada pelo setor público. Entretanto, esta preferência provoca deficiências e insuficiências muito grandes na informação financeira que é divulgada, pois desconhece completamente o que a entidade tem a receber e a pagar na data da prestação de contas.

Assim, ao final deste processo de construção das Normas voltadas para o setor público espera-se a convergência às 31 normas editadas pelo IFAC a seguir relacionadas:

NORMA	CONTEÚDO
IPSAS 1	Apresentação das demonstrações financeiras
IPSAS 2	Demonstração do fluxo de caixa
IPSAS 3	Práticas contábeis, alterações nas estimativas contábeis e erros
IPSAS 4	Efeitos das variações nas taxas de câmbio de moedas estrangeiras
IPSAS 5	Juros de empréstimos
IPSAS 6	Demonstrações financeiras consolidadas e separadas
IPSAS 7	Investimentos em entidades coligadas
IPSAS 8	Ganhos em negócios conjuntos (*joint ventures*)
IPSAS 9	Receitas de transações comerciais (Receitas originárias)
IPSAS 10	Informações financeiras em economias hiperinflacionárias
IPSAS 11	Contratos de construção
IPSAS 12	Estoques
IPSAS 13	Arrendamento mercantil – *leasing*
IPSAS 14	Eventos subsequentes ao fechamento dos balanços
IPSAS 15	Instrumentos financeiros: apresentação e evidenciação
IPSAS 16	Propriedades de investimentos
IPSAS 17	Propriedades, instalações e equipamentos
IPSAS 18	Informação financeira por setores
IPSAS 19	Provisões, ativos e passivos contingentes
IPSAS 20	Divulgações das partes relacionadas
IPSAS 21	Desvalorização de ativos não monetários (*impairment*)
IPSAS 22	Divulgação de informação sobre os setores do governo em geral
IPSAS 23	Receitas derivadas e transferências (impostos e transferências)

NORMA	CONTEÚDO
IPSAS 24	Apresentação da informações orçamentárias nas demonstrações financeiras
IPSAS 25	Benefícios dos empregados
IPSAS 26	Desvalorização de ativos monetários (*impairment*)
IPSAS 27	Agricultura
IPSAS 28	Apresentação de instrumentos financeiros
IPSAS 29	Instrumentos financeiros reconhecimento e avaliação
IPSAS 30	Evidenciação dos instrumentos financeiros
IPSAS 31	Ativos intangíveis.

6.3.2 Modelo das demonstrações contábeis constantes das Normas Internacionais do IFAC

As demonstrações contábeis previstas nas Normas Internacionais orientam os órgãos públicos para a adoção do princípio da competência e estão resumidas nos tópicos a seguir, com a indicação da respectiva IPSAS, e que foram selecionadas em face da importância que revestem no processo de convergência às normas do IFAC que vem sendo conduzido pelo Conselho Federal de Contabilidade com prazo para conclusão nos próximos anos:

a) **IPSA 1 – Demonstração da Posição Financeira a partir de 31 de dezembro de 20X2 (Em milhares de unidades monetárias)**

	20x2	20x1
ATIVOS		
Ativos circulantes		
Caixa e equivalentes de caixa	X	X
Contas a receber	X	X
Inventários	X	X
Pagamentos antecipados	X	X
Outros ativos correntes	X	X
Ativos não circulantes		
Contas a receber	X	X
Investimentos em entidades associadas	X	X
Outros ativos financeiros	X	X
Infraestrutura, instalações e equipamento	X	X
Propriedades e edifícios	X	X
Ativos intangíveis	X	X
Outros ativos não financeiros	X	X
Total dos Ativos	X	X

	20x2	20x1
PASSIVOS		
Passivos circulantes		
Contas a pagar	X	X
Empréstimos a curto prazo	X	X
Parcela de curto prazo de empréstimos de longo prazo	X	X
Provisões de curto prazo	X	X
Encargos sociais	X	X
Benefícios de Aposentadoria	X	X
Soma	X	X
Passivos não circulantes		
Contas a pagar	X	X
Empréstimos	X	X
Provisões	X	X
Encargos Sociais	X	X
Benefícios de Aposentadoria	X	X
Total dos Passivos	X	X
Ativos líquidos		
Patrimônio líquido		
Capital integralizado por outras entidades governamentais	X	X
Reservas	X	X
Superávit/Déficits acumulados	X	X
Participação minoritária	X	X
Total do Patrimônio líquido	X	X

b) **IPSA 1 – Demonstração do desempenho financeiro (por função)**
Em 31 de dezembro de 20X2 (em milhares de unidades monetárias)

	20x2	20x1
RECEITAS – Impostos – Taxas, multas, penalidades e licenças – Receita de transações comerciais (receita originária) – Transferências de outras entidades governamentais – Outras receitas	X X X X X	X X X X X
Total das receitas	X	X
DESPESAS – Serviços públicos em geral – Defesa – Segurança e ordem pública – Educação – Saúde – Proteção social – Habitação e lazer comunitário – Lazer, cultura e religião – Assuntos econômicos – Proteção ambiental – Outras despesas – Custos financeiros	(X) (X) (X) (X) (X) (X) (X) (X) (X) (X) (X) (X)	(X) (X) (X) (X) (X) (X) (X) (X) (X) (X) (X) (X)
Total das despesas	(X)	(X)
Participações em sociedades coligadas	X	X
Superávit/Déficit do período	X	X
Atribuível – Proprietários da entidade controlada – Participações minoritárias	X X	X X
Soma	X	X

c) **IPSA 1 – Demonstração do Desempenho Financeiro (por natureza)**
   Ano 20X2 – (Em milhares de unidades monetárias)

	20x2	20x1
RECEITAS – Impostos – Taxas, multas, penalidades e licenças – Receita de transações comerciais (receita originária) – Transferências de outras entidades governamentais – Outras receitas	 X X X X X	 X X X X X
Total das receitas	X	X
DESPESAS – Salários e encargos sociais – Concessões e outros pagamentos – Suprimento e material de consumo – Despesas de amortização e depreciação – Desvalorização (*impairment*) de propriedades, instalações e equipamentos – Outras despesas – Custos financeiros	 (X) (X) (X) (X) (X) (X) (X)	 (X) (X) (X) (X) (X) (X) (X)
Total das despesas	(X)	(X)
Participação em sociedades coligadas	X	X
Superávit/Déficit do período	X	X
Atribuível a: – Proprietário de entidades controlada – Participações minoritárias	 X X	 X X
Soma	X	X

d) IPSA 1 – Demonstração das Mutações no Patrimônio Líquido
Ano 20x2 – (em milhares de unidades monetárias)

	Atribuível aos proprietários da entidade controlada					Partici-pações minoritárias	Total do patrimônio líquido
	Capital Integra-lizado	Outras Reservas	Reserva cambial	Superávit/ Déficit acumulados	Total		
Saldo em 31 de dezembro de 20X0	X	X	(X)	X	X	X	X
Mudanças nas práticas contábeis				(X)	(X)	(X)	(X)
Republicação do Balanço	X	X	(X)	X	X	X	X
Mutações no patrimônio líquido em 20x1 – Ganho na reavaliação de ativos – Perda em investimentos – Diferenças cambiais na conversão de operações externas	X (X)		(x)		X (x) (x)	X (x) (x)	X (x) (x)
Receita líquida reconhecida diretamente no patrimônio líquido Superávit Líquido para o Período	X	(x)	X	X X	X X	X X	X X
Total das receitas e despesas reconhecidas no período		X	(x)	X	X	X	X
Saldo em 31 de Dezembro de 20X1	X	X	(X)	X	X	X	X
Mutações do patrimônio líquido em 20x2 – Perdas na reavaliação de ativos – Ganhos em investimentos – Diferenças cambiais na conversão de operações externas	(x) X		(x)		(x) X (x)	(x) X (x)	(x) X (x)
Receita líquida reconhecida diretamente no patrimônio líquido Déficit do período	(x)	(x)		(x)	(x) (x)	(x) (x)	(x) (x)
Total das receitas e despesas reconhecidas		(x)	(x)	(x)	(x)	(x)	(x)
Saldo em 31 de dezembro de 2002	X	X	(x)	X	X	X	X

e) IPSA 2 – Demonstração do Fluxo de Caixa

1. Método Direto

Em 31 de Dezembro de 20X2 (Em milhares de unidades monetárias)

FLUXO DE CAIXA RELACIONADO ÀS ATIVIDADES OPERACIONAIS	20x2	20x1
– Recebimentos		
Impostos	X	X
Venda de mercadorias e serviços	X	X
Concessões	X	X
Juros recebidos	X	X
Outros recebimentos	X	X
Total de recebimentos	X	X
– Pagamentos		
Custo com pessoal	(x)	(x)
Aposentadorias	(x)	(x)
Juros pagos	(x)	(x)
Outros pagamentos	(x)	(x)
Fluxo de caixa líquido oriundo das atividades operacionais	X	X
FLUXO DE CAIXA RELACIONADO A ATIVIDADES DE INVESTIMENTO		
Compra de instalações e equipamentos	(x)	(x)
Renda da venda de instalações e equipamentos	X	X
Renda da venda de equipamentos	X	X
Compra de títulos em moeda estrangeira	(X)	(X)
Fluxo de caixa líquido oriundo de atividades de investimento	(X)	(X)
FLUXO DE CAIXA RELACIONADO COM ATIVIDADES DE FINANCIAMENTO		
Renda proveniente de empréstimos	X	X
Reembolso de empréstimos	(x)	(x)
Distribuição de dividendos	(x)	(x)
Fluxo de caixa líquido oriundo de atividades de financiamento	X	X
Aumento (redução) líquido de caixa e equivalentes de caixa	X	X
Caixa e equivalentes de caixa no início do período	X	X
Caixa e equivalentes de caixa no final do período	X	X

2. Método Indireto

Em 31 de Dezembro de 20X2 (Em milhares de unidades monetárias)

FLUXO DE CAIXA RELACIONADO ÀS ATIVIDADES OPERACIONAIS	20x2	20x1
Superávit/(déficit) de atividades operacionais	X	X
Operações extracaixa – Depreciação – Amortização – Aumento da provisão para devedores duvidosos – Aumento das contas a pagar – Aumento de empréstimos – Aumento de provisões relacionadas a custos com folha de pagamento – Ganhos (perdas) na venda de bens móveis ou imóveis – Ganhos (perdas) na venda de investimentos – Aumento em outros ativos circulantes – Aumento em investimentos decorrentes de reavaliação – Aumento nas contas a receber	X X X X X X (x) (x) (x) (x) (x)	X X X X X X (x) (x) (x) (x) (x)
Fluxo líquido de caixa oriundo de atividades operacionais	X	X

f) **IPSA 22 – Demonstração da posição financeira prevista na IPSA-22 e relativa à consolidação do setor público**

31 de dezembro de 20X2 (em milhares de unidades monetárias)

	GGS		PFC E PNFC		Eliminações		Total das contas governamentais	
	20X2	20X1	20X2	20X1	20X2	20X1	20X2	20X1
ATIVOS								
Ativos circulantes								
Caixa e equivalentes de caixa	X	X	X	X	(X)	(X)	X	X
Contas a Receber	X	X	X	X	(X)	(X)	X	X
Estoques	X	X	X	X			X	X
Pagamentos antecipados	X	X	X	X	(X)	(X)	X	X
Investimentos	X	X	X	X			X	X
Outros ativos circulantes	X	X	X	X			X	X
	X	X	X	X	(X)	(X)	X	X
Ativos não circulantes								
Contas a Receber	X	X	X	X	(X)	(X)	X	X
Investimentos	X	X	X	X			X	X
Investimentos em outros setores	X	X	X	X	(X)	(X)	X	X
Outros ativos financeiros	X	X	X	X	(X)	(X)	X	X
Infraestrutura, instalações e equipamentos	X	X	X	X			X	X
Terrenos e Edifícios	X	X	X	X			X	X
Ativos intangíveis	X	X	X	X			X	X
Outros ativos não circulantes	X	X	X	X			X	X
	X	X	X	X	(X)	(X)	X	X
TOTAL DE ATIVOS	X	X	X	X	(X)	(X)	X	X
PASSIVOS								
Passivos Circulantes								
Contas a Pagar	X	X	X	X	(X)	(X)	X	X
Empréstimos de Curto Prazo	X	X	X	X			X	X

	GGS		PFC E PNFC		Eliminações		Total das contas governamentais	
	20X2	20X1	20X2	20X1	20X2	20X1	20X2	20X1
Parcela de curto prazo em empréstimos de longo prazo	X	X	X	X			X	X
Provisões de curto prazo	X	X	X	X			X	X
Encargos sociais	X	X	X	X			X	X
Outros passivos	X	X	X	X	(X)	(X)	X	X
Passivo não circulante								
Contas a Pagar	X	X	X	X	(X)	(X)	X	X
Empréstimos de longo prazo	X	X	X	X			X	X
Provisões	X	X	X	X			X	X
Encargos sociais	X	X	X	X			X	X
Outros passivos	X	X	X	X	(X)	(X)	X	X
TOTAL DE PASSIVOS	X	X	X	X	(X)	(X)	X	X
ATIVOS LÍQUIDOS	X	X	X	X	(X)	(X)	X	X
PATRIMÔNIO LÍQUIDO								
Reservas	X	X	X	X	(X)	(X)	X	X
Superávit/Déficit acumulados	X	X	X	X	(X)	(X)	X	X
	X	X	X	X	(X)	(X)	X	X
TOTAL ATIVOS/PATRIMÔNIO LÍQUIDO	X	X	X	X	(X)	(X)	X	X

Nota: A IPSA 22 trata da consolidação das contas do Governo Central, devido às disposições do Manual de Estatísticas de Finanças Públicas (*Government Finance Statistics Manual*), ou GFSM, e do Sistema de Contas Nacionais (*System of National Accounts*), ou SNA, ambos do Fundo Monetário Internacional. Tais sistemas de estatísticas fiscais exigem que os Governos consolidem informações financeiras do chamado Setor Governo Geral (*General Government Sector* – GCS).

A definição do GGS inclui as unidades governamentais ou governos central, estadual ou municipal, fundos de seguridade social em cada nível governamental e as instituições sem fins lucrativos controladas pelo governo e não inclui as corporações públicas financeiras (*Public Finance Corporations,* ou PFCs) e não financeiras (*Public Non-finance Corporations*, ou PNFC).

g) **IPSA 24 – Demonstração comparativa do orçamento inicial com a execução orçamentária**

Ano 20X2

Orçamento considerando o Regime de Caixa

(Classificação dos Pagamentos pelas Funções em milhares de unidades monetárias)

	VALORES DO ORÇAMENTO		EXECUÇÃO ORÇAMEN-TÁRIA	DIFERENÇA ENTRE O ORÇAMENTO FINAL E O EXECUTADO
	Inicial	Final		
RECEBIMENTOS				
Tributação	X	X	X	X
Contratos de subvenções e auxílios				
– Agências internacionais	X	X	X	X
– Outras doações e auxílios	X	X	X	X
Juros de empréstimos	X	X	X	X
Renda de locação de instalações e equipamentos	X	X	X	X
Atividades de comercialização	X	X	X	X
Outros recebimentos	X	X	X	X
Total de recebimentos	X	X	X	X
PAGAMENTOS				
Saúde	(X)	(X)	(X)	(X)
Educação	(X)	(X)	(X)	(X)
Segurança e Ordem pública	(X)	(X)	(X)	(X)
Assistência social	(X)	(X)	(X)	(X)
Defesa	(X)	(X)	(X)	(X)
Habitação e lazer comunitário	(X)	(X)	(X)	(X)
Lazer, cultura e religião	(X)	(X)	(X)	(X)
Assuntos econômicos	(X)	(X)	(X)	(X)
Outro	(X)	(X)	(X)	(X)
Total de pagamentos	**(X)**	**(X)**	**(X)**	**(X)**
Recebimentos e pagamentos líquidos	X	X	X	X

Bibliografia

ALVES, André Azevedo; MOREIRA, José Manuel. *O que é escolha pública?* Para uma análise econômica da política. Cascais: Principia, 2004.

BITTENCOURT, Jeferson Luis. *Evidências de ciclo político na economia brasileira*: um teste para a execução orçamentária dos governos estaduais – 1983/2000. 2002. Orientador Prof. Dr. Ronald Otto Hillbrecht. Dissertação (Mestrado em Economia) – Programa de pós-graduação em Economia da Faculdade de Ciências Econômicas da Universidade Federal do Rio Grande do Sul. Porto Alegre.

GARRETT, E.; VERMEULE, A. Transparency in the budget process. University of Southern California Law School Law and Economics, *Working Paper Series*, nº 44, 2006.

MENEGHETTI NETO, Alfredo. *A distribuição dos serviços públicos*: teorias e evidências. Disponível em: <http://revistas.fee.tche.br/index.php/indicadores/article/viewFile/693/937>. Acesso em: 5 abr. 2009.

MONTEIRO, Jorge Vianna. Intermediação política, transparência decisória e atendimentos preferenciais. *Revista de Administração Pública*, v. 40, nº 4, Rio de Janeiro, jul./ago. 2006. <http://www.scielo.br/scielo.php?pid=S0034-76122006000400012&script=sci_arttext>.

SLOMSKI, Valmor. *Manual de contabilidade pública*. um enfoque na contabilidade municipal, de acordo com LRF. São Paulo: Atlas, 2001.

atlas

www.grupogen.com.br

Pré-impressão, impressão e acabamento

grafica@editorasantuario.com.br
www.editorasantuario.com.br

Aparecida-SP